International Trade

国际贸易

（第2版）

薛荣久◎主编　崔凡　杨凤鸣◎副主编

清华大学出版社
北京

内 容 简 介

本书以国际贸易专业本科生为主要使用对象。其目标是使学生初步掌握和学会运用国际贸易中的基本理论、基本知识和基本技能，构建分析和解决国际贸易问题的能力，为进一步深造奠定良好的基础。本专业的研究生和相关领域的研究人员也可以将此书作为研读的参考用书。

本书封面贴有清华大学出版社防伪标签，无标签者不得销售。
版权所有，侵权必究。举报：010-62782989,beiqinquan@tup.tsinghua.edu.cn。

图书在版编目(CIP)数据

国际贸易/薛荣久主编.—2版.—北京：清华大学出版社,2020.1(2024.7重印)
21世纪经济管理精品教材. 国际贸易系列
ISBN 978-7-302-53444-0

Ⅰ.①国… Ⅱ.①薛… Ⅲ.①国际贸易－高等学校－教材 Ⅳ.①F74

中国版本图书馆 CIP 数据核字(2019)第 163005 号

责任编辑：张 伟
封面设计：李召霞
责任校对：宋玉莲
责任印制：沈 露

出版发行：清华大学出版社
网　　址：https://www.tup.com.cn,https://www.wqxuetang.com
地　　址：北京清华大学学研大厦 A 座　　邮　编：100084
社 总 机：010-83470000　　邮　购：010-62786544
投稿与读者服务：010-62776969,c-service@tup.tsinghua.edu.cn
质量反馈：010-62772015,zhiliang@tup.tsinghua.edu.cn
课件下载：https://www.tup.com.cn,010-83470158

印 装 者：三河市铭诚印务有限公司
经　　销：全国新华书店
开　　本：185mm×260mm　　印　张：18.5　　字　数：426 千字
版　　次：2015 年 1 月第 1 版　2020 年 1 月第 2 版　印　次：2024 年 7 月第 5 次印刷
定　　价：49.00 元

产品编号：084306-02

第2版前言

"国际贸易"课程是国际贸易专业的一门专业理论课,是国际贸易专业的先行入门课程。学习这门课程可为学好其他专业课打下理论基础。

"国际贸易"是一门综合性、应用性和时效性较强的课程。随着我国改革开放的深入发展,特别是在中国加入世界贸易组织以后,我国的对外贸易事业得到了快速发展。在积极参与国际分工、利用国内国外两个市场的过程中,在构建开放型经济体系,从贸易大国发展成为贸易强国的过程中,了解并掌握国际贸易理论、政策和组织的变动情况与发展趋势,培养适应建设社会主义现代化国家需要的、具备从事国际贸易及其他国际经济贸易活动的经营与管理能力的专门人才是国际贸易专业教学的一项重要任务。

本课程设置的目的,是使本专业学生通过学习,能够较好地了解国际贸易产生与发展的原因,知悉国际贸易的作用和利益,掌握国际贸易理论、政策、措施和有关组织的基本知识,学会一些基本的研究方法,以提高分析和解决国际贸易问题的能力。

本书由15章构成,可分为五个部分。第一章、第二章为第一部分,内容为国际贸易的产生与发展、基本概念和国际贸易的作用。第三章至第五章为第二部分,内容为国际贸易产生的基础、活动的区域与交换的基础,其中包括国际分工与理论、世界市场的构成与竞争、世界市场交换的依据(世界市场价格)。第六章至第八章为第三部分,内容是贸易政策的演变与相应的理论、国家与贸易关系、区域经济一体化。第九章至第十四章为第四部分,内容是世界贸易组织及其管理和实施的贸易规则涉及的关税、非关税壁垒、国际服务贸易,与贸易有关的知识产权保护、国际投资与国际贸易。第十五章是第五部分,内容为世界贸易中的中国。

在本书编著中,力求做到以下几点。

第一,体例完整。本书覆盖了当今国际贸易的全部领域的基本内容。

第二,内容求新。本书包括国际贸易的最新理论、最新知识、最新数据资料和图表。

第三,有机结合。如历史与现状结合,以今为主;国际贸易理论与政策有机结合;国际贸易政策、措施与WTO规则有机结合。

第四,便于使用。教材目录明晰,便于查找;每章前有学习目标,后有思考题。

本书在编著中,得到对外经济贸易大学国际经济贸易学院、图书馆的支持,得到薛艳女士的协助,特表谢意。

望本书使用者多提宝贵意见,以进一步修改和完善。

对外经济贸易大学  教授

2019年5月11日于耕斋

第一章 导论 ··· 1

- 第一节 国际贸易的含义、产生与发展 ··· 1
- 第二节 对外贸易与国内贸易的异同 ··· 5
- 第三节 对外贸易的分类 ··· 6
- 第四节 国际贸易的基本概念 ··· 8
- 本章小结 ··· 12
- 思考题 ··· 13
- 习题 ··· 13

第二章 国际贸易的作用 ··· 14

- 第一节 国际贸易与国家 ··· 14
- 第二节 国际贸易与企业 ··· 16
- 第三节 国际贸易与国民 ··· 18
- 第四节 国际贸易与世界 ··· 20
- 本章小结 ··· 22
- 思考题 ··· 22
- 习题 ··· 23

第三章 国际分工 ··· 24

- 第一节 国际分工的产生与发展 ··· 24
- 第二节 当代国际分工 ··· 26
- 第三节 国际分工的发展条件 ··· 29
- 第四节 国际分工理论 ··· 32
- 第五节 全球价值链 ··· 47
- 本章小结 ··· 53
- 思考题 ··· 54
- 习题 ··· 54

第四章　世界市场 ······ 55

第一节　世界市场的发展与构成 ······ 55
第二节　世界市场的开拓 ······ 58
第三节　当代世界市场竞争 ······ 64
本章小结 ······ 69
思考题 ······ 69
习题 ······ 69

第五章　世界市场价格 ······ 70

第一节　世界市场价格的确立基础 ······ 70
第二节　世界市场价格的形成与类别 ······ 72
第三节　当代世界市场价格的变动态势 ······ 76
第四节　世界市场价格的作用 ······ 81
本章小结 ······ 83
思考题 ······ 83
习题 ······ 83

第六章　国际贸易政策 ······ 84

第一节　对外贸易政策概述 ······ 84
第二节　重商主义 ······ 87
第三节　自由贸易政策与理论 ······ 89
第四节　保护贸易政策与理论 ······ 92
第五节　超保护贸易政策与理论 ······ 94
第六节　当代国际贸易政策与理论 ······ 97
本章小结 ······ 101
思考题 ······ 102
习题 ······ 102

第七章　国际贸易促进、救济与管制 ······ 103

第一节　重视经济外交 ······ 103
第二节　设立经济特区 ······ 105
第三节　出口促进 ······ 110
第四节　贸易救济 ······ 112
第五节　商务违规惩罚 ······ 119
第六节　出口管制 ······ 123
第七节　贸易制裁 ······ 127
本章小结 ······ 130

思考题 ……………………………………………………………………… 131
　　习题 ………………………………………………………………………… 131

第八章　区域经济一体化 ……………………………………………………… 132

　　第一节　区域经济一体化概述 …………………………………………… 132
　　第二节　区域经济一体化效应 …………………………………………… 135
　　第三节　区域经济一体化理论 …………………………………………… 138
　　本章小结 …………………………………………………………………… 141
　　思考题 ……………………………………………………………………… 142
　　习题 ………………………………………………………………………… 142

第九章　世界贸易组织 …………………………………………………………… 143

　　第一节　WTO确立与发展的基础 ………………………………………… 143
　　第二节　WTO的产生 ……………………………………………………… 147
　　第三节　WTO机制 ………………………………………………………… 152
　　第四节　WTO建立后的业绩 ……………………………………………… 157
　　第五节　WTO面临的挑战与改革 ………………………………………… 164
　　本章小结 …………………………………………………………………… 167
　　思考题 ……………………………………………………………………… 168
　　习题 ………………………………………………………………………… 168

第十章　关税 ……………………………………………………………………… 169

　　第一节　关税概述 ………………………………………………………… 169
　　第二节　关税类别 ………………………………………………………… 171
　　第三节　关税征收、关税减免与关税配额 ……………………………… 174
　　第四节　关税保护度 ……………………………………………………… 178
　　第五节　关税减让谈判 …………………………………………………… 180
　　第六节　当前WTO主要成员关税态势 …………………………………… 184
　　本章小结 …………………………………………………………………… 187
　　思考题 ……………………………………………………………………… 187
　　习题 ………………………………………………………………………… 187

第十一章　非关税壁垒 …………………………………………………………… 188

　　第一节　非关税壁垒的产生与发展 ……………………………………… 188
　　第二节　传统的非关税壁垒与管理 ……………………………………… 189
　　第三节　技术性贸易壁垒与管理 ………………………………………… 193
　　第四节　绿色贸易壁垒与管理 …………………………………………… 196
　　第五节　市场准入壁垒与管理 …………………………………………… 199
　　本章小结 …………………………………………………………………… 203
　　思考题 ……………………………………………………………………… 203

习题 ··· 203

第十二章　国际服务贸易 ··· 204

第一节　国际服务贸易概述 ··· 204
第二节　当代国际服务贸易状况 ··· 207
第三节　国际服务贸易壁垒与自由化 ··· 210
本章小结 ··· 214
思考题 ··· 214
习题 ··· 214

第十三章　与贸易有关的知识产权保护 ··· 215

第一节　知识产权概述 ··· 215
第二节　知识产权保护制度 ··· 216
第三节　与贸易有关的知识产权保护的加强 ··· 221
第四节　WTO 对与贸易有关的知识产权的保护 ··· 225
第五节　国际知识产权交易 ··· 228
本章小结 ··· 229
思考题 ··· 230
习题 ··· 230

第十四章　国际投资与国际贸易 ··· 231

第一节　国际投资概论 ··· 231
第二节　对外直接投资效应 ··· 236
第三节　对外直接投资限制与自由化 ··· 238
第四节　跨国公司 ··· 245
第五节　对外直接投资和跨国公司理论 ··· 252
本章小结 ··· 256
思考题 ··· 256
习题 ··· 257

第十五章　世界贸易中的中国 ··· 258

第一节　中国对外贸易的建立与大发展 ··· 258
第二节　中国对外贸易政策的演变 ··· 263
第三节　中国参与国际分工与世界市场融合 ··· 270
第四节　中国与国际经贸条约、区域合作和经贸组织 ··· 276
本章小结 ··· 284
思考题 ··· 285
习题 ··· 285

参考文献 ··· 286

第一章 导　论

本章介绍对外贸易或国际贸易的含义、国际贸易产生的条件与发展、对外贸易与国内贸易的异同、对外贸易的分类,并分析国际贸易的基本概念。通过学习,学生应知道国际贸易产生与发展的条件,准确地把握国际贸易的各种概念,为以后的学习打下初步基础。

第一节　国际贸易的含义、产生与发展

一、对外贸易或国际贸易的含义

对外贸易或国际贸易是指世界各国各地区之间货物、服务和生产要素交换的活动。国际贸易是各国各地区之间分工的表现形式,反映了世界各国各地区在经济上的相互依存。从国家角度可称为对外贸易,从国际角度可称为国际贸易。

二、国际贸易的产生与发展

(一)国际贸易产生的条件

国际贸易的产生必须具备两个条件:第一,有可供交换的剩余产品;第二,出现了政治实体。国际贸易是社会生产发展的必然结果。

原始社会后期,随着社会分工的出现,个别地区有了部落之间的商品交换。随着私有制的出现,奴隶社会产生,国家开始形成。部分产品作为商品在国与国之间进行交换,出现了国际商品交换的萌芽,国际贸易开始出现。

(二)国际贸易的发展

奴隶社会和封建社会自然经济占据统治地位,生产力水平低下,社会分工不发达,因此,对外贸易发展缓慢,国际商品交换只是个别的、局部的现象。

14—15世纪,西欧出现了资本主义生产关系的萌芽,意大利北部的威尼斯、热那亚、佛罗伦萨等城市以及波罗的海和北海沿岸的汉萨同盟诸城市,都已成为欧洲的贸易中心。15世纪末16世纪初,随着资本主义生产关系的发展、地理大发现,以及海外殖民地的开拓,对外贸易的范围不断扩大,逐渐形成了区域性的国际商品市场。18世纪60年代到19世纪60年代,以蒸汽机为代表的科学技术获得了惊人的发展。英国及其他欧洲先进国家和美国相继完成了产业革命。资本主义生产从工厂手工业过渡到机器大工业,并形成了一种同机器大工业中心相适应的国际分工体系,加上大工业提供了现代化的交通、通信工具,把世界联结成一个整体,形成世界市场,大大促进了国际交换的发展。随着国际

交换和国外投资的发展,适应资本主义生产方式的国际货币体系逐步形成,最后形成了资本主义经济体系和相应的经济秩序,这些为国际贸易的发展奠定了基础。

三、第二次世界大战后国际贸易发展基础与特点

(一) 国际分工纵深发展

第二次世界大战后,随着殖民体系的瓦解,随着资本主义矛盾的深化与改革,随着社会主义的演变与进步,市场经济体制和对外开放成为主体和主流;随着资本流动的加强,跨国公司兴起;随着科技革命的加速和成果的普及,产业结构不断优化;随着对改革重视的加强与科技成果的吸收和转化,部分发展中国家成为新兴经济体;随着人民生活水平和有效需求的提高与需求差异的扩大,商品日益多样化和个性化。它们促进国际分工出现以下变化。

(1) 各类国家都程度不同地参与国际分工,形成全球性的国际分工。
(2) 发达国家占据国际分工中心的主体地位,受到挑战。
(3) 新兴经济体从国际分工外围奔向国际分工中心圈。
(4) 国际分工形式多样,即有垂直型、水平型、混合型、价值链型。
(5) 国际分工从产业外向产业内,从实体经济向服务经济延伸,日益细化。
(6) 新兴产业的中小企业与跨国公司一道成为国际分工的载体。
(7) 在市场经济体制和国际规则基础上构建国际分工机制。
(8) 国际分工成为经济全球化的基础。

(二) 国际贸易发展的主要特点

1. 国际贸易发展速度总体呈双峰型

以货物贸易为代表的国际贸易发展速度,1950—1973 年为 7.88%,1973—1998 年为 5.07%,1980—1990 年为 6.0%,1990—2000 年为 6.7%。2000—2005 年升高到 10.0%。此后,货物出口量平均增长率回落,2005—2010 年年均为 7.4%;2010—2017 年年均为 3.0%。

2. 货物与服务在国际贸易大类商品比重呈逆向发展

20 世纪 70 年代以前,国际贸易中货物贸易比重占 90% 以上,此后随着服务业的兴起,货物贸易占国际贸易的比重回落至 80% 以上,1985 年为 83.9%,2012 年为 80.3%,2017 年为 76.8%;同期,国际贸易中的服务贸易所占比重从 16.1% 提高到 19.2% 和 23.2%。①

3. 发达国家在国际商品贸易中地位明显下降,但服务贸易居高

发达国家整体居于主体地位,但货物贸易占比降低,服务贸易占比居于优势。发达国家在世界货物贸易中的比重,从第二次世界大战后的 2/3 下降到 2017 年稍高于 50%。发展中国家所占比重同期从近 1/3 提升到接近 50%。经济转型国家一直低于 5%。2006 年、2012 年和 2017 年,发达国家在世界服务出口贸易中的比重分别为 72.7%、68.0% 和

---

① 世界贸易组织官方网站。

68.2%；同期,发展中国家的相应比重为 25.2%、29.2% 和 29.5%,经济转型国家的相应比重为 2%、2.8% 和 3.1%。① 具体见表1.1。

表1.1 大类型国家在世界货物出口中的比重   %

国家 \ 年份	1950	1960	1970	1980	1990	2000	2006	2017
世界	100.00	100.00	100.00	100.00	100.00	100.00	100.00	100.00
发达国家	62.82	70.76	76.36	66.18	72.50	65.70	58.71	52.00
发展中国家	34.02	24.50	19.08	29.65	24.12	31.91	37.54	44.30
经济转型国家*	3.16	4.75	4.55	4.17	3.39	2.39	3.75	3.10

* 东南欧和独联体国家,独联体被视为贸易集团。
资料来源：据联合国贸易与发展大会《国际贸易与发展统计手册2018》编。

4. 国际贸易依存度逐步提高

国际贸易或对外贸易依存度指货物与服务贸易出口或进口额占世界或国内生产总值比重。

《世界经济千年史》的作者按1990年价格计算了世界和主要地区商品出口占国内生产总值的比重。其中,国际贸易出口依存度1950年为5.5%,1973年为10.5%,1998年为17.2%。② 世界银行《世界发展指标》显示:世界货物和服务出口依存度从1990年的19.0%提高到2000年的25.0%、2007年的28.0%和2017年的26.6%。

5. 科技作用日益加强

第一,科学技术发展使国际贸易商品结构向高级、优化方向发展。第二,科技进步使拥有劳动力优势国家的竞争力下降。第三,拥有科技创新成果并转化的企业竞争力强于其他企业。第四,科技的发展给国际贸易运输带来"集装箱"革命,形成全球通信网络,出现电子商务和数字贸易。第五,科技提高贸易服务水平与质量,降低交易成本,使企业内部运作过程合理化。

6. 出现世界货币

随着世界市场和国际贸易的形成与发展,世界货币出现。它除作为价值尺度之外,还具有国际支付、购买和财富国际转移的职能。

第二次世界大战前,经贸强国英国的英镑成为世界货币。第二次世界大战中,美国取代英国成为最大经贸强国,战争结束前,在1944年的布雷顿森林会议上,美元被确定为各国货币定值的标准和储备货币,成为国际商品交易的主要货币,形成以美元为中心的国际货币制度。

7. 多边贸易体制形成并加强

第二次世界大战后,在世界经贸恢复与发展中,贸易自由化成为主流。为了促进贸易自由化,1947年成立关税与贸易总协定(GATT),成为世界多边贸易体制的组织和法律基础。通过八轮贸易谈判,关税不断下调,非关税壁垒受到约束,推动了缔约方的贸易自由化和经济全球化的发展。在经济全球化推动下,1947年 GATT 转变为1995年建立的

---

① 联合国贸易和发展会议(UNCTAD)官方网站。
② 安格斯·麦迪森.世界经济千年史[M].北京:北京大学出版社,2003:118.

具有法人资格的世界贸易组织(WTO)。推动世贸成员在 WTO 规则基础上进行"开放、公平和无扭曲"的竞争,促进发展中国家尤其是最不发达国家成员的贸易发展。截至 2018 年,WTO 拥有 164 个成员,其贸易额占世界贸易额的 98%。

8. 数字贸易方兴未艾

20 世纪 90 年代,互联网技术快速发展,导致数字经济出现。2016 年 9 月在杭州举行的 G20 峰会上,签署《二十国集团数字经济发展与合作倡议》指出,数字经济是以使用数字化的知识和信息作为关键生产要素、以现代信息网络作为重要载体、以信息通信技术的有效使用作为效率提升和经济结构优化的重要推动力的一系列经济活动。在此基础上,出现通过互联网等电子化手段传输有价值产品或服务的贸易活动。

2013 年 8 月,美国国际贸易委员会(USITC)在《美国与全球经济中的数字贸易Ⅱ》中,提出数字贸易概念为:互联网和互联网技术在订购、生产以及传递产品和服务中发挥关键作用的国内商务或国际贸易活动。①

数字贸易与传统贸易在贸易属性、动因和经济意义上相同,但二者又有所不同。第一,时代背景不同。后者产生在第三次工业革命以后;前者产生在第三、四次工业革命以后。第二,时空属性不同。后者交易周期长,受地理距离制约;而前者贸易时间不确定性降低,交易效率高,地理限制弱化。第三,行为主体不同。后者中间环节较多,直接交易困难;前者中间环节大幅压缩,直接交易成为可能。第四,交易标的不同。后者交易标的主要是货物、服务和生产要素;前者交易标的相对广泛。第五,运作方式不同。后者交易方式需要固定场所和纸面文件;前者交易在网络平台达成,不需要实体材料。第六,监管体系不同。后者监管机构涉及国家和国际组织的机构与法规;前者在此基础上,加入数据监管。第七,发展速度不同。后者发展速度比较缓慢,前者因集电子化、虚拟化、平台化、集约化、普惠化、个性化和生态化特点于一身,短期内效益显现,发展迅速,日益受到重视。

2008 年世界主要经济体先后发布数字经济相关的战略,2016 年出台数字战略的国家明显增多,数字贸易相应扩大。电子商务作为数字贸易的重要组成在全球贸易中承担重要角色。在网络零售方面,2017 年全球网络零售交易额达到 2.304 亿美元,较 2016 年增长 24.8%。② 可以预见,数字贸易势将成为各国贸易增长的新引擎。

9. 中国在世界贸易中崛起

中华人民共和国成立后到 1978 年改革开放前,对外货物贸易在世界货物贸易中的比重仅为 1%上下,2000 年提高到 3.9%;2001 年中国加入 WTO 后,对外贸易进入高速发展时期,在世界货物出口贸易中的比重从 2001 年的 4.3%上升到 2003 年的 5.9%和 2017 年的 13.2%,成为世界第一货物贸易大国。服务贸易出口所占比重从 1982 年的 0.53%提高到 2017 年的 4.3%。③

---

① United States International Trade Commission. Digit trade in the U.S. and global economics, part Ⅰ[R]. July 2013.
② 中国互联网经济研究院,《互联网经济蓝皮书:中国互联网经济发展报告(2018)》。
③ 据世界贸易组织官方网站数据计算。

第二节　对外贸易与国内贸易的异同

在国家消亡以前,国内贸易与对外贸易一方面出现了趋同;另一方面,由于经济结构的差异和文化、政治与法律的不同,国内外贸易仍然存在巨大的差异。

一、对外贸易与国内贸易的相同点

对外贸易与国内贸易的相同点表现在:两者都是商品、服务和要素的交换活动;经营的目的都是取得利润或经济效益。

二、对外贸易与国内贸易存在差异的原因

(一)社会、文化背景不同

1. 语言不一

国际贸易中各国如果使用同一种语言,将不会有语言困难。但实际上各国语言差别很大。为了使交易顺利进行,必须采用一种共同的语言。当今国际贸易通行的商业语言是英文。但英文在有些地区使用还不普遍。因此,除了通晓英文外,还要掌握其他一些语言。

2. 社会制度、宗教、风俗习惯差异

如宗教在国际贸易中影响明显。在国际上具有重大影响的宗教有基督教、伊斯兰教、印度教、佛教,其中每一种又可细分为各种教派。这些宗教对人们的价值观、态度、风俗习惯和审美观产生了重大影响。

例如,在商务谈判中,美国人常将不行动或者沉默理解为消极的迹象,而日本人却以沉默来促使商务伙伴改善交易条件。南欧人信奉天主教,喜欢户外活动,乐于建立个人关系网和社会联系;相反,北欧人信奉基督教,强调数字和技术上的细节。

(二)贸易环境不同

1. 贸易政策与措施不尽相同

为了争夺市场,保护本国工业和市场,各国往往采取"奖出限入"的贸易政策与措施。在WTO规则的管理下,不利于国际贸易发展的政策与措施正在逐步取消,一些政策与措施正在逐步规范。在规范的前提下,仍然允许各国根据本国情况,保留一些过渡性的政策与措施。世界各国贸易政策与措施在趋向一致的同时,仍然具有很大的差异性。

2. 货币与度量衡差别很大

在浮动汇率下,对外贸易以何种货币计价?各国度量衡不一致时如何换算?凡此种种,使得对外贸易比国内贸易更加复杂。

3. 海关检验制度不一致

各国都设有海关,对于货物进出口都作出了许多规定。货物出口不但要在输出国家的输出口岸履行报关手续,而且出口货物的种类、品质、规格、包装和商标也要符合输入国家的各种规定。

4. 国际汇兑复杂

国际贸易货款的清偿多以外汇支付,而汇价依各国采取的汇率制度和外汇管理制度而定,这使国际汇兑相当复杂。

5. 贸易环节众多

如国际贸易运输,一要考虑运输工具,二要考虑运输合同的条款、运费、承运人与托运人的责任,还要办理装卸、提货手续。为了避免国际贸易货物运输中的损失,还要对运输货物进行保险。

三、对外贸易与国内贸易差异带来的风险

1. 信用风险

在国际贸易中,自买卖双方接洽开始,要经过报价、还价、确认而后订约,直到履约。在此期间,买卖双方的财务状况可能发生变化,有时甚至会危及履约,导致信用风险。

2. 商业风险

在国际贸易中,因货样不符、交货期晚、单证不符等,进口商往往拒收货物,从而给出口商带来商业风险。

3. 汇兑风险

在国际贸易中,交易双方必有一方要以外币计价。如果外汇汇率不断变化,信息不灵,就会出现汇兑风险。

4. 运输风险

国际贸易货物运输里程一般超过国内贸易,因此在运输过程中发生的风险也随之增多。

5. 价格风险

贸易双方签约后,货价可能上涨或下跌,对买卖双方造成风险。而对外贸易多是大宗交易,故价格风险更大。

6. 政治风险

一些国家因政治变动,贸易政策法令不断修改,常常使经营贸易的厂商承担很多政治变动带来的风险。

因此,经营对外贸易,要具有一系列条件:远大的眼光、良好的商业信誉、各种专业理论与知识、灵通的商业情报、雄厚的资金和完备的组织机构等。

第三节 对外贸易的分类

一、按交易内容划分

1. 货物贸易

货物贸易(goods trade)是指有形商品的国际交易。联合国《国际贸易标准分类》(Standard International Trade Classification,SITC)把国际货物分为10大类。这10大类货物分别为:0类为食品及主要供食用的鲜活动物;1类为饮料及烟类;2类为燃料

以外的非食用粗原料;3类为矿物燃料、润滑油及有关原料;4类为动植物油、脂及蜡;5类为未列名化学品及相关产品;6类为主要按原料分类的制成品;7类为机械及运输设备;8类为杂项制品;9类为没有分类的其他商品。在国际贸易统计中,一般把0~4类商品称为初级产品,把5~8类商品称为制成品。海关统计登录有形贸易数字。

2. 服务贸易

WTO《服务贸易总协定》(General Agreement on Trade in Services,GATS)指出,国际服务贸易的形式是"从一参加方境内向任何其他参加方境内提供服务。在一参加方境内向任何其他参加方的服务消费者提供服务。一参加方在其他任何参加方境内通过提供服务的实体的介入而提供服务。一参加方的自然人在其他任何参加方境内提供服务"。联合国贸易与发展会议统计把它分为四大类,即运输、旅游、其他服务和与货物相关的服务。联合国"扩大的国际收支服务(EBOPS)"进一步把其他服务划分为9个次类,即保险和理赔服务,金融服务,使用知识产权付费,其他商业服务,通信、计算机和信息服务,个人、文化和再创服务,政府货物和服务,建筑,未分服务。将货物相关服务划分为2个次类,即他人拥有的物质制造的服务和维修服务。服务贸易额不进入各国海关统计,在国际收支表中得到部分反映。

二、按商品移动方向划分

1. 出口贸易

出口贸易(export trade)是指将本国生产和加工的货物因外销而运出国境。不属于外销的货物则不算,如运出国境供驻外使领馆使用的货物、旅客个人使用带出国境的货物。

2. 进口贸易

进口贸易(import trade)是指将外国生产和加工的货物购买后,因内销而运进国境。不属于内销的货物则不算,如外国使领馆运进供自用的货物、旅客带入供自用的货物。

3. 过境贸易

过境贸易(transit trade)是指从甲国经过丙国国境向乙国运送的货物,而货物所有权不属于丙国居民,对丙国来说,是过境贸易。该类贸易多发生在内陆国家。

4. 复出口与复进口

复出口(reexport trade)是指输入本国的外国货物未经加工而再输出。复进口(reimport trade)是指输出国外的本国货物未经加工而再输入。

5. 净出口与净进口

一国在某种货物贸易上既有出口也有进口,如出口量和值大于进口量和值,称为净出口(net export);反之,若进口量和值大于出口量和值,称为净进口(net import)。

三、按交易对象划分

1. 直接贸易

直接贸易(direct trade)是指货物生产国与货物消费国直接交易的行为。对生产国而言,是直接出口贸易;对消费国而言,是直接进口贸易。

2. 间接贸易

间接贸易(indirect trade)是指货物生产国与消费国之间,经由第三国商人进行贸易的行为。对生产国来说,是间接出口贸易;对消费国来说,是间接进口贸易。

3. 转口贸易

转口贸易(entrepot trade)是指货物生产国与消费国之间,或货物供给国与需求国之间,经由第三国贸易商分别签订进口合同和出口合同所进行的贸易。从第三国角度来看,即是转口贸易。即使货物直接从生产国、供给国运往消费国、需求国,由于它们之间未直接发生交易关系,仍属于转口贸易的范畴。

四、按运输方式划分

1. 海运贸易

海运贸易是指通过海上各种船舶运送货物的贸易行为,是国际贸易最主要的运输方式。当前,国际贸易中的货物有 2/3 以上是通过海运进行的。

2. 陆运贸易

陆运贸易是指通过陆上各种交通工具(火车与汽车等)运输商品的贸易行为,经常发生在各大陆内部陆地相连的国家之间。

3. 空运贸易

空运贸易是指通过航空器具运送货物的贸易行为,适合鲜活食品、贵重物品和急需商品的运送。

4. 多式联运贸易

多式联运贸易是指海、陆、空各种运输方式结合运送货物的贸易行为。国际物流革命促进了这种方式的贸易。

5. 邮购贸易

邮购贸易是指通过邮政系统进行的贸易,适宜于样品传递和数量不多的个人购买等。

第四节 国际贸易的基本概念

一、总贸易体系与专门贸易体系

(一)总贸易体系与专门贸易体系的含义

总贸易体系(general trade system)是指以国境作为统计货物进出口的方法。据此,所有进入本国国境的货物一律计入进口贸易;所有离开本国国境的货物一律计入出口贸易。

专门贸易体系(special trade system)是指以关境作为统计进出口货物的方法。凡是通过海关结关进入的货物均记为进口贸易;凡是通过海关出口的货物均记为出口贸易。

(二)总贸易体系与专门贸易体系的意义

总贸易体系和专门贸易体系都是贸易各国用来登记进出口货物的统计方法。前者说明一国在国际货物流通中的地位和作用；后者说明一国作为生产者和消费者在世界货物贸易中的地位和作用。

各国在发表各国货物对外贸易额时，一般均注明是按何种贸易体系编制的。

因服务贸易不进入海关统计，故总贸易体系与专门贸易体系只适用于货物贸易统计。

二、对外贸易额与对外贸易量

（一）对外贸易额

对外贸易额是指以金额表示的一国对外货物贸易值(value of foreign merchandise trade)与服务贸易值(value of trade in commercial services)相加之和。

一定时期内一国从国外进口货物的全部价值，称为进口货物贸易额；一定时期内一国对外出口货物的全部价值，称为出口货物贸易额。两者相加为货物进出口贸易额，它是反映一国对外货物贸易规模的重要指标之一。它一般以国际货币（如美元）来表示。

把世界上所有国家以国际货币表示的进口货物额或出口货物额相加，就得出了世界货物贸易额。但由于一国货物的出口就是另一国货物的进口，因此，从世界范围来看，所有国家进口货物贸易额应等于所有国家出口货物贸易额。故通常以世界货物贸易出口额代表世界货物贸易额。

服务贸易额通常以各国国际收支经常项目中的服务额为代表。服务包括运输、旅游和其他服务。因服务的对外出口和进口部分不易与国内服务剥离，故统计中的对外或国际服务贸易额常常低于实际价值。

（二）对外贸易量

按不变价格计算的对外贸易额，称为对外贸易量。以现实价格表示的对外货物贸易额经常受到价格变动的影响，因而不能确切地反映一国对外贸易发展的实际规模。为了反映贸易发展的实际规模，往往要以固定年份的价格为基期价格计算进出口贸易额，再进行比较。通过这种方法计算出来的对外货物贸易额已经剔除了价格变动的影响，只单纯反映对外货物贸易的量，所以又称为对外货物贸易量(volume of merchandise trade)，见表1.2。

表1.2 世界货物贸易出口贸易额与贸易量年均增长率　　　　　　　　　　%

项目＼年份	2005—2012	2010	2011	2017
世界货物贸易出口贸易额年均增长率	7.4	21.9	19.8	10.0
世界货物贸易出口贸易量年均增长率	3.5	14.0	5.5	4.5

资料来源：根据WTO和UNCTAD官方网站数据编制。

三、对外贸易差额

1. 对外贸易差额的含义

对外贸易差额(balance of trade)是一定时期内一国出口（货物与服务）总额与进口

(货物与服务)总额之间的差额,用来表明一国对外贸易的收支状况,是其国际收支经常项目中最重要的组成部分。

2. 贸易顺差与逆差

当出口贸易总额超过进口贸易总额时,称为贸易顺差,也可称为出超;当进口贸易总额大于出口贸易总额时,称为贸易逆差,也可称为入超。通常贸易顺差以正数表示,贸易逆差以负数表示。

3. 贸易平衡

若出口贸易总额与进口贸易总额相等,则称为贸易平衡。

此外,为了表明货物贸易和服务贸易各自进出口贸易额之间的关系,还可进一步细分为货物贸易差额和服务贸易差额。

四、对外贸易/国际贸易结构

(一) 广义的对外贸易/国际贸易结构

它是指货物、服务在一国总进出口贸易或国际贸易中所占的比重。如 2017 年,国际贸易出口总额为 230 580 亿美元,其中,货物贸易出口额为 177 070 亿美元,所占比重为 76.8%;服务贸易出口额为 53 510 亿美元,所占比重为 23.2%。[①]

(二) 狭义的对外贸易/国际贸易结构

它是指货物贸易或服务贸易本身的结构比较,可分为对外货物/国际货物贸易结构与对外服务/国际服务贸易结构。

1. 对外货物/国际货物贸易结构

它是指一定时期内一国或世界进出口货物贸易中以百分比表示的各类货物的构成。如 2017 年,世界货物贸易出口额中,制成品比重为 70%,农产品比重为 10%,燃料和矿产品比重为 15%,其他为 5%。[②]

2. 对外服务/国际服务贸易结构

它是指一定时期内一国或世界进出口服务贸易中以百分比表示的各类项目的构成。如 2017 年,世界服务贸易出口额中,与货物有关的服务比重为 3.5%,运输比重为 17.6%,旅游比重为 24.8%,其他商业服务为 5%。[②]

(三) 意义

广义和狭义的对外贸易/国际贸易结构可以反映出一国或世界的经济发展水平、产业结构的变化和服务业的发展水平等。通常,服务贸易比重高、货物贸易中制成品比较高的国家经济发展水平高于其他国家。为了进行深入比较,还可对货物贸易和服务贸易结构进行细分。

---

① 根据 WTO 官方网站数据计算。
② 数据来源于 WTO,International Trade Statistics 2018。

五、对外贸易地理方向

1. 对外贸易地理方向的含义

对外贸易地理方向(direction of foreign trade)表明一国出口货物和服务的去向地及进口货物和服务的来源地。计算公式为:(对某国家和地区的出口或进口贸易额/对世界出口或进口贸易额)×100%。

2. 对外贸易地理方向的意义

对外贸易地理方向表明一国和地区与其他国家和地区之间经济贸易联系的程度。如2017年发达国家货物出口中,对发达国家本身的出口占70%,对发展中国家的出口占27%,对经济转型国家出口占3%。说明发达国家本身是相互制成品贸易对象。

六、国际贸易地区分布

1. 国际贸易地区分布的含义

国际贸易地区分布(international trade by country or region)是指世界各洲、各国或地区在国际贸易中所占的比重。计算公式为:(对世界出口或进口额/整个世界贸易额)×100%。在国际货物贸易中地区分布的计算公式为:(对世界货物出口贸易额/世界货物出口贸易额)×100%。在国际服务贸易中地区分布的计算公式为:(对世界服务出口贸易额/世界服务出口贸易额)×100%。这一概念也可以再细分到商品本身。

2. 国际贸易地区分布的意义

国际贸易地区分布表明各洲、地区或国家在国际贸易中的地位。其影响因素主要有:世界各国和地区的国内生产总值、经济贸易的发展和所处的地理位置等。如2017年在世界货物出口比重中,北美为13.8%,欧洲为37.8%,非洲为2.4%,中东为5.6%,亚洲为34.0%。[①]

七、对外贸易/国际贸易依存度

(一) 概念

对外贸易依存度/国际贸易依存度(degree of dependence upon foreign or world trade)指一国对外贸易额或国际贸易额占国民生产总值(GNP)或国内生产总值(GDP)的比重。

(二) 类型与计算方法

1. 贸易总依存度

贸易总依存度是指一国贸易总额在国民生产总值或国内生产总值中的比重。一国贸易总依存度的计算公式为:对外贸易额(X)/国民生产总值(GNP)或国内生产总值(GDP)×100%。国际贸易总依存度计算公式为:世界贸易额(X)/世界国民生产总值

---

① 数据来源于 WTO, International Trade Statistics 2018。

(WNP)或世界国内生产总值(WDP)×100%。

2. 对外货物贸易依存度

对外货物贸易依存度是指一国货物贸易额在国民生产总值或国内生产总值中的比重。一国对外货物贸易依存度的计算公式为：货物贸易出口额/国民生产总值(GNP)或国内生产总值(GDP)×100%。世界对外货物贸易依存度的计算公式为：世界货物贸易出口额/世界国民生产总值(WNP)或世界国内生产总值(WDP)×100%。

3. 对外服务贸易依存度

对外服务贸易依存度是指一国服务贸易额在国民生产总值或国内生产总值中的比重。一国对外服务贸易依存度的计算公式为：对外服务出口贸易额/国民生产总值(GNP)或国内生产总值(GDP)×100%。世界对外服务贸易依存度的计算公式为：世界服务贸易出口额/世界国民生产总值(WNP)或世界国内生产总值(WDP)×100%。

（三）意义与影响贸易依存度的因素

它通常表明一国贸易与国内生产总值之间的关系。影响一国或国际贸易依存度的因素主要有：国内和世界市场的发展程度、地理位置、贸易环节、加工贸易的层次、汇率的变化特点等。通常，自然疆域大国的贸易依存度低于小国，2017年，货物和服务出口占国内生产总值比重，美国为11.0%，日本为16%；孟加拉国为20.0%。

本 章 小 结

（1）本章为全书导论，简要回顾了国际贸易的产生与发展、国内外贸易的差异、对外贸易的分类、国际贸易的基本概念。

（2）国家的形成和可供交换产品的出现，导致了对外贸易的出现。在自然经济占主导地位的奴隶社会和封建社会中，对外贸易发展缓慢。在商品经济和市场经济占主导地位的资本主义社会中，对外贸易发展迅速。产业革命的出现，促使了对外贸易大发展，成为国际贸易。

（3）第二次世界大战以后，随着世界经济的恢复和发展、第三次科学技术革命、资本的国际化和贸易自由化，国际贸易取得空前发展，反过来又促进了世界经济的发展。

（4）在国家存在的前提下，由于经济发展阶段的差异，加上文化等方面的不同，国内贸易与对外贸易的差异在缩小，但仍然存在，给从事对外贸易的人员和企业带来了一定的困难。

（5）对外贸易按交易内容、商品流动方向、交易对象和运输方式，可以分为各种贸易；按交易内容划分，在货物贸易的基础上，出现了服务贸易。

（6）在研究对外贸易或国际贸易时，经常使用一些概念，如贸易体系、贸易额、贸易量、贸易差额、贸易结构、地区分布和依存度等。

（7）在改革开放成为中国国策以后，中国的对外贸易进入高速发展阶段；2001年中国加入WTO后，贸易出现腾飞，现在中国已经成为贸易大国。

思 考 题

1. 何为国际贸易?
2. 对外贸易的产生需要什么条件?
3. 国际贸易如何分类?
4. 第二次世界大战以来国际贸易发展的主要特点有哪些?
5. 如何区分狭义与广义的对外贸易结构?
6. 影响一国对外贸易依存度的因素有哪些?

习 题

第二章 国际贸易的作用

本章从国家、企业和国民的角度论述国际贸易的作用。通过学习,学生应从国家、企业和国民的角度,立足于世界,了解国际贸易的广泛作用,知道发展对外贸易的重要意义,掌握国际贸易利益产生的原因和英美成为经贸大国后的共同特点。

第一节 国际贸易与国家

国际贸易是国家之间的商品、服务和生产要素的交换活动。它从以下几个方面维系国家的生存和发展。

一、延续社会再生产

在社会再生产的四个环节中,生产表现为起点,消费表现为终点,分配和交换表现为中间环节,而交换又是生产、分配和消费的媒介要素。如果没有交换活动,一个国家的社会再生产过程则无法正常进行,世界可持续发展难以维持。

二、实现社会产品价值

对外贸易对世界各国社会生产几大部类的平衡、各部门间的产品价值实现和实物形态补偿起着重要作用。

(一)对外贸易有助于可持续发展

由于自然条件和科学技术的发展,支持可持续发展的要素处于不平衡状态,通过对外贸易可以进行互补。

(二)对外贸易有助于社会产品的实现

世界各国生产的产品除满足国内市场需求外,其剩余产品的价值依赖于对外贸易实现。世界各国产品生产中需要的原材料、零部件需要通过对外贸易提供。产品对外贸易差额是其体现。在燃料和矿产品上,从 2000 年到 2010 年,美国在世界出口中的比重不到 5%,而同期在世界进口中的比重高于 10%,为贸易逆差,逆差部分的产品价值是靠对外贸易实现的;从 2000 年到 2017 年,日本汽车产品在世界出口中的比重一直高于 10%,而同期在世界进口中的比重不到 2%,其巨大的贸易顺差使汽车的价值靠对外贸易实现,同时,日本是个自然资源短缺的国家,生产汽车所需的原材料等来自进口的补偿。①

---

① 根据 WTO 官网数据计算。

三、获得成本降低的效益

（一）降低生产成本

亚当·斯密指出，每个人都有自己擅长生产和不擅长生产的物品，如果某种物品自己生产耗费劳动较多而向他人购买耗费劳动较少的话，精明的人就会向他人购买而不是自己生产。

（二）实现比较成本优势

李嘉图认为，即使一个国家在生产成本上没有绝对优势，但只要与其他国家相比在生产成本上具有相对优势，就可以通过生产其相对成本较低的商品去交换别国生产的相对成本较低的其他商品，并因此而获得比较利益。

四、利用与转化生产要素

由于自然、历史和社会等原因，人力、资本、土地及企业家精神等生产要素在世界各国分配并不平均，差异很大。通过对外贸易，世界各国可以充分利用本国所拥有的充裕资源，从国外换取更多的由其相对稀缺生产要素生产的商品，以弥补本国生产要素的不足。

五、接受国际经济"传递"

国际经济中对外贸易"传递"（transmission）是指在国际经济领域中，一国经济盛衰通过对外贸易渠道直接或间接地对另一国经济产生影响。

其"传递"过程，是通过产品价格变动影响产量、就业和发展，继而影响该产业的上下游产业出现前连锁和后连锁效应。因此，对外贸易可以称为"经济增长的引擎"。影响连锁作用程度的因素包括：对外开放程度；市场经济发展程度；贸易地位；双边贸易关系；经济和贸易政策。通常，开放性的经济政策可使对外贸易的"传递"作用较大；反之，闭关自守、自给自足式的经济政策的"传递"作用较小。

六、参与经济全球化

经济全球化是指以市场经济为基础，以先进科技和生产力为手段，以发达国家为主导，以最大利润和经济效益为目标，通过分工、贸易、投资、跨国公司和要素流动等，实现世界各国市场相互融合的过程。对外贸易是世界各国参与经济全球化的枢纽。经济全球化又促进了对外贸易对各国经济的"传递"作用。

七、维护和改善国际环境

通过对外贸易可以输出文化、价值观念，科技成果，加强共识，减少误解；通过对外贸易，可以施展经济外交，扩大政治影响；通过贸易报复、制裁等手段，可以强化本国国际地位和维护《联合国宪章》。

第二节　国际贸易与企业

一、获得高额利润率

（一）通过进口降低生产成本

通过对外贸易从国外获得廉价的原料、燃料、辅助材料、机器、设备等，降低了不变资本的费用，使不变资本的要素变得便宜。同时，通过对外贸易还可以使可变资本转化所必需的生活资料变得便宜。

（二）进行价格转换

通过出口国内价格低于世界市场价格的产品，升值本国产品，得到超额利润；通过进口价格低于国内同类的产品，再以国内价格售出，获得高于国内同类产品的额外利润。

二、提高生产效率

（一）对外贸易刺激生产率的提高

国际贸易中，价格在竞争中起着重要作用。为此，产业资本家把自己产品价格不仅同国内的市场价格相比较，而且同全世界的市场价格相比较，而高劳动生产率是降低商品成本的重要途径。

（二）对外贸易为生产率的提高提供了重要途径

马克思指出，"劳动生产力是由多种情况决定的，其中包括：工人的平均熟练程度，科学的发展水平和它在工艺上应用的程度，生产过程的社会结合，生产资料的规模和效能，以及自然条件。"[1]对外贸易有助于上述情况的获得、改善和替代。

三、达到规模经济

以色列经济学家埃尔赫南·赫尔普曼和经济学家保罗·克鲁格曼等人认为对外贸易有助于企业取得规模经济效应。[2]

（一）规模经济的含义

规模经济中的"规模"，是指生产能力扩大而导致的较大生产批量；规模经济中的"经济"，是指成本的节约、效益的提高或报酬的递增。

（二）对外贸易在取得规模经济中的作用

生产规模与市场规模是相互决定的。一个企业要扩大生产规模，就必须扩大市场规模，参与国际贸易。将本企业的产品推向国际市场，是扩大市场规模的一个重要步骤。以日本与美国相互出口轿车为例。日本与美国具有大致相当的轿车生产技术，但在产品功能方面各有千秋：日本轿车节油性能好，价格相对便宜，比较适应石油危机之后节约能源

---

[1] 马克思,恩格斯.马克思恩格斯全集：第23卷[M].北京：人民出版社,1972：53.
[2] 赫尔普曼,克鲁格曼.市场结构和对外贸易[M].尹翔硕,等译.上海：上海三联书店,1993.

的趋势;而美国轿车外表造型与内部装饰豪华,给人一种雍容华贵的感觉,易于显示车主的身份与地位。美国、日本生产的汽车各有自己的竞争优势,可以相互出口以满足不同的市场需求,从而使本国轿车的市场规模超出本国市场的范围,为进一步扩大生产规模以获得更多的规模报酬创造了条件。

四、顺应产品生命周期

一个企业参与国际贸易,是为了顺应产品生命周期,以发挥某些产品生产上的比较优势。这是美国经济学家雷蒙德·弗农等人提出的企业进行国际贸易的动因。[①]

他们发现,在国际贸易中,许多产品先由发达国家生产和出口,其他国家则需要进口。但是,过一段时间后,原来需要进口的国家则转为出口,而原先出口的国家却转为进口。在世界经济史上,纺织品先由英国出口到印度、日本等国,后来印度、日本也生产纺织品出口到英国;汽车先由美国出口到日本、韩国、巴西,后来日本、韩国、巴西的汽车也在北美大地上驰骋。对于这一现象,他们提出产品生命周期学说予以解释。他们将产品生命周期大致分为新产品、成熟和标准化三个阶段。

新产品阶段是指产品开发与投产的最初阶段。新产品的价值功能刚刚为人们所认识,对新产品的需求仅仅局限于国内,生产该产品的技术尚未定型,需要通过国内市场了解消费者对产品的要求,从而改进产品设计。所以,在这个阶段,生产过程中投入最多的是技术知识和熟练劳动,产品的技术密集度较高。

产品成熟阶段是指产品及其生产技术逐渐成熟的阶段。此时产品的价值功能已经为发展水平相当的国家和消费者所认识,国外对该产品的需求逐渐强劲,导致该产品的出口大量增加。与此同时,外国厂商开始模仿或引进先进技术,从事该产品的生产。

产品标准化阶段是指产品及其生产技术的定型化阶段。生产技术体现为专门的生产设备、流水线和大批量生产,使产品生产达到了标准化。这时,研发费用占生产成本的比重降低,资本与非技术型熟练劳动成为产品成本的主要部分。由于生产厂家众多,成本、价格、质量成为市场竞争的主要手段,生产地点逐渐向低成本的外国和地区转移。

产品及其生产技术的发展周期,决定了企业生产地点的变动,从而决定了该产品出口国与进口国的位置变换。

由于企业本身的规模、经营和管理水平不一,各个企业通过对外贸易取得的经济规模效益是不一样的。

五、积累资本,到国外投资,获取更高效益

通过对外贸易,积累资本,到境外投资建立企业,进行国际化,再通过国际贸易,扩大世界市场,取得更高的全球效益。

[①] 该理论主要体现在下列著作中:雷蒙德·弗农.国际投资和产品生命周期中的国际贸易[J].经济学季刊,1966(80);赫尔施.工业区位和国际竞争[M].伦敦:牛津大学出版社,1967;威尔斯.产品生命周期与国际贸易[M].麻省:哈佛大学出版社,1972.

1. 获取低廉的供给要素

供给要素包括劳动力、运输和自然资源的可用性。

外国劳动力成本较低,土地价格和商业地产的租金也较低。例如,为了利用东南亚国家、中国相对充足的、廉价的高素质劳动力,许多美国和欧洲公司都在上述国家和地区建立装配厂。

运输成本在总成本中所占比重很高,为了节省运输成本,许多公司倾向在国外进行生产。

自然资源的可用性。为了加强对世界石油的控制,埃克森、壳牌、英国石油(BP)等石油公司,在20世纪初,建立海外石油开采业务,将原油运回本国进行精炼和销售。

2. 接近顾客需求的要素

顾客需求要素包括市场营销、品牌和商标的保留,适应顾客的流动性。

投资海外企业或者设立外国子公司有利于企业市场活动的开展。

为了保留公司对品牌的控制,避免因为被许可方使用劣质材料而损害品牌声誉,就选择在东道国设厂,但不要许可东道国当地的工厂进行贴牌生产。

为减少本地竞争对手抢占商业契机并取代该公司成为供应商的可能性,拉近生产或业务经营地点与商业客户之间的距离。

3. 绕过贸易壁垒和利用鼓励经济发展政策

一些国家为了保护本国产业,对进口同类产品设置贸易壁垒。这迫使企业在该国设立工厂,就地生产,就地销售,绕开贸易壁垒。如在美国政府施压下,日本被迫接受对美国出口汽车的自愿出口限制措施。为了绕开该限制措施,许多日本汽车公司在美国设立工厂,不仅绕开该限制,而且为美国国民创造就业机会,减少了美国消费者对日本车的敌视。

此外,一些国家认为,外来投资能够为本国创造新的就业机会,提高技术水平和国民福利,对外来投资进行鼓励,给予各种优惠待遇,引发公司对该国投资的欲望。

4. 克服本国市场的饱和,延续国际产品生命周期

第三节 国际贸易与国民

当今世界,对外贸易与每个国家国民的成长、收入水平和生活质量息息相关。

一、增加福利

国际贸易能使劳动者买到最廉价的消费品和最适宜他们劳动技能的设备与技术,国际贸易的发展可使劳动者从国内需求的束缚下解放出来,提高技能和收入,减少贫困。在发展中国家,尤其是廉价劳动力非常丰富的最贫穷国家,出口导向型经济的发展可以提高工资水平,减少贫困。

通过服务贸易中的自然人流动,发展中国家工人和有专长的人到发达国家工作,可以提高收入,改善家庭生活。例如,菲律宾20世纪90年代初有150多万人在世界100多个国家或地区打工,每年从海外汇回20多亿美元;印度的克拉拉邦大约1/4的家庭有在国外工作的人,国外打工者每人每年的汇款比印度人均收入高8倍。1990—2005年,发展中国家的工人侨汇收入由31.2亿美元增加到166.9亿美元。侨汇不仅提高了在外工作者家庭的收入,改善了其教育和卫生保健水平,而且可以用于投资,发展国内生产。①

二、满足需求偏好

满足需求偏好是国民作为消费者进行对外贸易的原因。瑞典经济学家S. B. 林德等人用需求偏好理论揭示国际贸易的动因。它由需求相异理论和需求相似理论构成。

(一)需求相异理论

在同一价格下,各国消费者所愿意购买的商品数量也会不同,这就是需求的相异性。其原因如下。

1. 地理环境不同

俄罗斯人喜欢戴皮帽、穿皮衣,是因为他们许多人生活在寒冷地区;非洲人则喜欢单衣单裤,是因为他们生活在热带大陆。

2. 饮食偏好差异

欧美人主要吃面包和黄油,使用刀叉;中国南方人喜欢吃大米,而北方人喜欢吃面食。

3. 收入水平的差距

需求的差异主要取决于收入水平。收入水平越高,消费者对奢侈品和汽车等的需求也越高;如果收入水平一般,消费者的需求只能固定于某些生活必需品如食品等;收入水平越低,消费者对劣等品如简易房、粗茶淡饭等的需求也越高。德国统计学家厄恩斯特·恩格尔对19世纪家庭预算与消费模式进行了统计分析,他发现随着收入增加,食品占总需求的比重必定会下降,其他消费开支的比重则会提高,这被称为"恩格尔法则"。

(二)需求相似理论

各国都具有自己的需求结构。所谓需求结构,就是指对质量档次不同的同类产品的需求构成。需求结构的基本决定因素是人均收入水平。各国主要围绕本国具有代表性需求的产品进行生产,同时兼顾需求结构中其他产品的生产。而各国具有代表性需求的产品往往在生产上具有成本与价格优势,出口国和进口国均能获得贸易利益。所以,林德的结论是,各国倾向于生产代表性的需求产品,并出口这些代表性的需求产品,以满足其他国家有同样需求者的需求。这导致需求结构相似的国家容易相互进行贸易。由于需求结构主要取决于人均收入水平,因此人均收入水平相似的国家之间较易产生贸易。

三、增长才干和实现自身价值

通过对外服务贸易,国民到国外留学进修,可以提高自身素质,吸收他国的先进技术和管理经验。留学者学成后再回国内工作,或者创业,可以把学得的技能和知识带回国,成为先进技术和知识的传播者。国际贸易有利于那些掌握知识的人才跨国流动,实现自己的价值。通常,年轻的潜在移民比年长者具有更大的移民动机。与年长者相比,年轻者

---

① 世界银行官网。

获得的国外高工资收益可持续更长的时间。高技能的潜在移民比低技能者更可能移民，因为高技能者从移民投资中获得的收益比低技能者高。

旅游作为服务贸易的重要方面，不仅可以使人们对不同的文化背景、不同价值观念的地区进行考察和了解，而且可以增进世界各国人民之间的交流与合作，使其感受世界自然和文化的多样性，陶冶身心，拓展视野。

第四节　国际贸易与世界

一、国际贸易把世界连成一体

人类交换活动开始于石器时代，随着分工的发展，交换日益扩大。首先在中亚地区构成以城市为节点的贸易轴心。它们逐渐扩大地域，先是在中东，后向西经地中海到达欧洲的大西洋，向东则一直进入中国。为了获取与亚洲贸易的利益，打破伊斯兰和意大利对贸易的垄断，1498年瓦斯科·达伽马绕过好望角发现了连接东西方的新航线，而后英国和荷兰在17世纪初建立东印度公司，开启了资本主义时代。

在资本主义生产方式下，分工继续深化发展，国内产业分工越出国境，出现产业间的国际分工，继而又向产业内部分工、公司内部分工深化。分工领域从货物部门扩大到服务部门，又延伸到要素流动，形成世界性的网络型分工。国际分工的纵深发展要求国际贸易随之扩大。国际分工使世界从地域经济一体化向世界经济一体化前进。出口贸易占国内生产总值的比重不断提高。世界出口占国内生产总值的比重从1820年的1.3%提高到1870年的4.8%、1913年的8.2%、1929年的8.6%、1950年的7.7%、1973年的15.4%、1992年的22.9%、2012年的30%和2017年的28%。[①]

时至今日，国际贸易已经把世界不同社会制度的国家，经济发展水平不一的国家，宗教信仰相异、文化不同的国家结合在一起。对外贸易加速了各国国内市场与世界市场的融合。

为了扩大对外贸易以带动经济发展，各主权国家通过让渡部分主权，进行经贸合作。通过主动开放与相互开放加强经贸合作，纷纷缔结双边与多边贸易协议，构建先以关贸总协定，后以世贸组织为法律和组织基础的多边贸易体制，促进贸易和投资自由化，推动经济全球化和人类命运共同体的形成。

二、国际贸易维系着世界人类的生存与改善

国际贸易不仅维系全球生产、再生产和可持续发展，而且成为世界人类生存的重要条件。从古至今，国际贸易在保证、解决和改善人类食、衣、住、行、文化等方面，起到了重要的作用。以食为例。

国际贸易在解决世界人类饮食方面起到非常重要的作用。例如，通过贸易引进土豆并种植拯救了欧洲的饥荒。土豆的原产地是拉丁美洲安迪斯高地，在寒冷地区也栽培，成

---

① 根据WTO官方网站数据计算。

为当地居民在小麦歉收时应对饥荒的绝佳食品。土豆通过贸易于16世纪传入欧洲。但欧洲人最初不吃土豆，因为土豆外形不佳，而且《圣经》上也没有对它的任何记载，所以最初土豆被形容为"恶魔的食物"，为人们所忌讳。

当时欧洲的德国等内陆地区，由于冷害、战争等原因，饥荒不断。1524年，德国爆发了农民战争，并持续了30年。连年战争导致德国农田荒芜，爆发了大饥荒。那时，无可奈何的人们开始食用土豆，度过了这次饥荒。①

"现在，让我们来看看贸易对造福于全世界的农业所做的贡献。设想一下意大利菜肴没有了西红柿，大吉岭周边的高地没有了茶树，美国的餐桌上没有了荞麦面包和牛肉，在咖啡的原产地也门以外的世界上任何一家咖啡馆缺少了咖啡，或是缺少了土豆的德国烹饪。这些就是在'哥伦布交换'发生之前各种农产品所受的地域上的限制。"所谓"哥伦布交换"指的是在1492年以后的几十年间从其他遥远的大陆漂洋过海而来的物种占据了数百万英亩（1英亩≈4 046.86平方米）的耕地。]②

哥伦布1493年第二次向东方航行时，把西半球的西葫芦、南瓜、木瓜、番石榴、牛油果、菠萝和椰子，以及来自欧洲的葡萄、咖啡等带到了东方。

世界贸易是以饮食为中心发展起来的。各国向海外扩张以及伴随扩张所进行的战争都是为了追求饮食带来的利益。

此外，贸易还改进了人类生存的条件，并使之丰富多彩。通过货物贸易，世界各国人民可以购到物美价廉的消费品以及显示身份的奢侈品；通过食品贸易，世界各国人民可以品尝世界三大菜系的美味佳肴，满足舌尖口味；通过文化贸易，世界各国人民可以观赏世界各地的美妙文化；通过旅游贸易，世界各国人民可以出游世界，欣赏世界各地的文物古迹和美好的自然风光；通过文化贸易，世界各国人民可以相互交流文化，观赏艺术、戏剧等。

当然，世界上存在的一些不良、落后和腐朽的文化、习俗以及一些疾病等也通过贸易扩散和蔓延，毒害世界，但那不是贸易的主流。

三、贸易大国和贸易强国引领世界发展

迄今为止，贸易大国、贸易强国及贸易发达国家都成为世界经贸舞台的主要和重要的角色，引领世界的经贸和科技发展。以英国和美国为例。

（1）它们相继成为世界国际分工的中心国家，引领国际分工的广化和深化。

（2）它们相继成为国际贸易保护贸易政策和自由贸易政策引领者与演变者。

（3）它们相继成为国际贸易法律、规章和惯例的制定者、维护者与修订者。

（4）它们相继成为国际经贸组织的发起者、构建者，是当今世界三大国际组织的决策成员。

（5）它们相继成为古典派国际贸易理论和新贸易理论的发源地、推广者和诺贝尔经济学奖的主要获得者。

---

① 榊原英资.吃遍世界看经济[M].张俊红，译.北京：中信出版社，2010：72-73.
② 威廉·伯恩斯坦.茶叶、石油、WTO：改变世界（中译本）[M].海口：海南出版社，2010：8.

(6) 它们贸易的变化影响着世界经贸的发展趋势,是世界经贸传递渠道的缘起国家。

(7) 英国本国的货币英镑、美国本国的货币美元相继成为国际货币,成为国际货币体系构建的主要国家。

(8) 它们的母语——英文成为国际贸易通用语言,影响着世界语言的发展。

(9) 它们成为世界贸易中心、航运中心、交易中心、标准化中心和商业信息中心。

(10) 它们相继成为国际资本流出和流进的主要国家,以其为母国的跨国公司影响巨大。

(11) 贸易成为它们推行外交政策的重要手段和构建经济贸易集团的基础。

(12) 借助贸易,美国向世界输出美国的"快餐"文化、消费行为、娱乐爱好、影视追求和体育运动。

(13) 贸易文化成为美国软实力的核心部分,服务贸易成为输出价值观的主要渠道。

第二次世界大战后,随着殖民体系的瓦解,一批新兴经济体出现;随着改革开放成为国策,中国崛起为经贸大国,成为国际政治、经贸舞台上的重要角色,在国际治理中起着巨大作用。

本 章 小 结

(1) 对外贸易的发展给国家、企业和国民本身都带来了许多利益;它与国家的发展、企业的壮大和以人为本观念的体现都息息相关。国际贸易已成为国家和企业发展的引擎,成为国民素质提高和生活改善的枢纽。

(2) 就国家利益而言,通过对外贸易的发展,可以维持整个社会的可持续发展,实现社会产品的价值,调节生产要素的供给和需求,接受国际经济传递,参与经济全球化,维护和改善国际环境等。

(3) 企业的发展离不开对外贸易。它们通过市场的开拓、生产规模的扩大、生产要素的更换、到国外投资等,可以提高利润率,进行资本积累。

(4) 对外贸易开始只是进行贵重物品和奢侈品的交换,满足统治者和贵族的物质享受。随着对外贸易在经济发展中作用的加大和交换物品的增多,国民从自身的发展到自身价值的实现,再到生活水平的提高和改善都日益与国际贸易相关。

(5) 国际贸易维系着世界人类的生存与改善,将世界连成一体,随着国际贸易的发展,贸易大国和强国日益成为世界舞台的重要角色。

思 考 题

1. 对外贸易在社会再生产中处于什么地位?
2. 对外贸易如何有助于实现社会产品价值?
3. 国家如何接受经济"传递"?
4. 对外贸易在一国参与经济全球化中起什么作用?
5. 企业如何通过对外贸易提高并获得高额利润率?

6. 企业如何通过对外贸易达到规模经济？
7. 对外贸易给国民带来了哪些利益？
8. 国际贸易如何把世界连成一体？

习　题

第三章 国际分工

本章系统地分析了国际分工产生的基础,介绍了国际分工的新发展、制约国际分工发展的各种因素,以及各种国际分工理论。通过学习,学生应了解国际分工与国际贸易的相互关系,知道制约国际分工发展的各种因素,掌握国际分工学说的主要内容。

第一节 国际分工的产生与发展

一、国际分工的含义与作用

(一)国际分工的含义

国际分工(international division of labor)是指世界各国之间的劳动分工。它是社会分工发展到一定历史阶段,国民经济内部分工超越国家界限而形成的国家之间的分工。其表现形式是各国货物、服务和生产要素的交换。

(二)国际分工的作用

1. 国际分工是国际贸易的基础

国际分工源于对外贸易的发展,在资本主义生产方式下,国际分工又变成对外贸易的基础。各国参与国际分工的形式和格局决定了该国对外贸易的结构、对外贸易地理方向和贸易利益的获得等。与此同时,各国对外贸易又是国际分工利益实现的途径,各国对外贸易的模式与措施影响着国际分工的发展。由此,国际分工与国际贸易相辅相成、互为因果。

2. 国际分工促进国内分工的发展

国际分工是发达国家国内社会分工发展的结果。发达国家国内各种产业分工超越国界形成国际分工,再把这种分工强加给后进国家,形成国际分工体系。这种分工体系对发达国家而言,促进了国内的分工,扩大了国内市场,促进了新兴产业的产生;对后进国家而言,冲击了原有的社会分工体系,促使新的国内分工体系的形成,以及新产业的出现。

3. 国际分工推动世界市场的扩大

国际分工是社会生产力发展的结果。国际分工使各国在其具有相对优势的部门或产品上扩大生产规模,形成规模经济,增加产品数量,取得规模效益。国际分工使各国生产要素得到有效的配置,节约了社会资本,提高了效率,大大推动了整个世界社会生产力的发展。世界社会生产力的发展加深了国际分工的深度与广度,从而扩大了世界市场。

4. 国际分工影响国际贸易格局

在国际分工的基础上,形成了不同国家国民经济参与国际分工的形式和格局的差异。

发达国家一般处于国际分工体系中的优势地位和格局中的中心,发展中国家处于劣势地位和格局中的外围。这种差异决定了各类国家在国际贸易中的主次地位和贸易利益获得的多寡,形成了国际贸易中的秩序和矛盾,这种秩序和矛盾又推动着国际分工的改善,推动着国际贸易秩序的改革和重构。

二、国际分工的产生与发展

(一) 萌芽阶段

这一阶段包括16—18世纪中叶资本原始积累时期以及资本主义以前的各个社会经济形态。由于自然经济占主导地位,该阶段只存在不发达的社会分工和不发达的地域分工。

随着社会生产力的发展,11世纪欧洲城市兴起,手工业与农业逐步分离,商品经济有了较快的发展。特别是在15世纪末到16世纪上半叶的"地理大发现"和随后的殖民地开拓,使市场大大地扩展,并促进了手工业向工场手工业的过渡。这种过渡也体现了社会分工水平的进一步提高。从此,资本主义进入资本原始积累时期。殖民主义国家用暴力和超经济的强制手段,在亚、非、拉美殖民地开采矿山,建立甘蔗、烟草等农作物种植园,为本国提供其不能生产的农作物原料,以扩大本国工业品的生产和出口。宗主国和殖民地之间最初的垂直型国际分工形式出现了。

(二) 发展阶段

这一阶段包括18世纪60年代—19世纪60年代。这个阶段发生的第一次工业革命首先出现在英国,接着迅速扩展到其他国家。伴随着工业革命的完成,资本主义经济体系得以确立。它加快了商品经济和社会分工的发展,促进了国际分工。其特点如下。

1. 机器工业为国际分工的发展奠定了物质基础

第一,大机器生产使生产能力不断增强,生产规模迅速扩大,源源不断地生产出来的大批商品使国内市场饱和,需要寻求新的市场。同时,生产力革命带来的生产的急剧扩大,引起原料供应的紧张,要求开辟大量而稳定的新的原料来源地。第二,大机器工业改革了运输方式,提供了电报等现代化的通信工具,使国际分工成为可能,把原料生产国和工业品生产国联系在一起。第三,大机器工业成为开拓市场的"重炮",它消灭了古老的民族手工业,打破了以往地方和民族的自给自足和闭关自守的市场状态,把各类型的国家卷入世界市场中。

2. 英国成为国际分工的中心

率先完成工业革命的英国,其生产力和经济迅速发展,在国际经济竞争中处于绝对优势地位。英国放弃了长期推行的重商主义政策,转向自由贸易政策。它通过殖民统治和强大的经贸实力,将亚、非、拉美国家落后的农业经济纳入国际分工和世界市场的旋涡中,成为国际分工的中心。马克思指出:"英国是农业世界的大工业中心,是工业太阳,日益增多的生产谷物和棉花的卫星都围着它运转。"[1]

---

[1] 马克思,恩格斯.马克思恩格斯全集:第25卷[M].2版.北京:人民出版社,1995:425.

3. 世界市场上出现大宗商品

国际贸易中交换的商品,过去主要是那些满足地主贵族和商人需要的奢侈品,现已被国际贸易中的大宗商品,如小麦、棉花、羊毛、咖啡、铜、木材等所代替。这些产品的贸易促进了各国之间产业间的分工,为工业化的加深奠定了基础。

(三)形成阶段

这一阶段包括19世纪中叶到第二次世界大战时期。这个时期发生了第二次产业革命,石油、汽车、电力、电器工业建立,交通运输工具加快更新,苏伊士运河(1869年)和巴拿马运河(1913年)的开通,电报、海底电缆的出现,大大促进了资本主义生产的发展,推动了资本主义经济体系的确立。这一时期垄断代替了自由竞争,资本输出加强,形成了国际分工体系。其主要特点如下。

1. 进入国际分工中心的国家增多

这一期间完成产业革命的法国、德国、日本、美国等发达国家都进入国际分工中心国家的行列。这些国家制约着国际分工的机制。

2. 发达国家间出现部门分工

例如,挪威专门生产铝,比利时专门生产铁和钢,芬兰专门生产木材和木材加工产品,芬兰和丹麦专门生产农产品(主要是肉类和乳品),美国成为谷物的生产大国。

3. 亚、非、拉美国家垂直型分工加深

随着国际分工中心国家的增多,亚、非、拉美殖民地和后进国家原有的垂直型分工加深,其产品生产进一步单一,主要生产和出口一两种中心国家生产和生活所需的农产品与矿产品,而所需的工业品和消费品则从中心国家进口。

4. 生产和消费变成世界性的

随着国际分工体系的形成,参与国际分工的每个国家都有许多生产部门首先是为世界市场生产的,而每个国家所消费的生产资料和生活资料,都全部或部分地依靠其他国家供应。其结果是,世界各国间的相互依赖关系加强,生产和消费逐渐变成世界性的了。

第二节 当代国际分工

一、当代国际分工发展的背景

第二次世界大战以来,世界经济和政治发生了重大变化。第一,发生了第三次科技革命,出现了电子、信息、服务、宇航、生物工程等新型产业,产业分工日益细化。第二,发达国家通过"工厂外迁"等方式,进行经济结构的调整和优化,促使国际资本流动加速,跨国公司兴起,形成全球性的生产和流通体系。第三,第二次世界大战前的殖民地体系瓦解,殖民地和落后国家取得政治独立,开始发展民族经济,需要国外的资本和技术。第四,20世纪90年代以后,"冷战"结束,世界各国重视经济的发展和合作。第五,市场经济成为世界经济和各国经济体制的主流,为各国市场的相互融合和分工提供了基础。第六,世界贸易体制建立与加强。1947年关贸总协定建立;1995年WTO建立,取代关贸总协定成为世界贸易新体制的组织和法律基础,使世界贸易体制得到加强。关贸总协定主持的八轮多边贸易谈判和WTO的运行,促进了世界范围的贸易自由化。

二、当代国际分工的特点

(一)国际分工基础在深化

1. 世界性产业结构升级与调整

随着科学技术的进步,生产社会化和专业化大大发展,产业结构出现了高技术化、服务化、融合化和国际化的趋势,促使整个社会分工向纵深发展。一方面,各国国内分工在细化;另一方面,细化的国内分工加速向国外延伸。传统的以自然资源为基础的分工逐步发展为以现代化技术、工艺为基础的分工。

2. 经济全球化快速发展

20世纪90年代以后,经济全球化发展迅速。①建立起全球性的生产体系和贸易体系。②金融、货币和投资市场囊括全球。③出现了世界范围的人力资源流动。世界性移民、人才跨国培养、公开和隐蔽性流动都在加大。④建立起地区和全球性的管理和协调机构与机制。前者如各种经济贸易集团的大量出现和完善。后者如国际货币基金组织、世界银行和世界贸易组织三大经济贸易组织的建立与加强。大国首脑定期举行高层会议,商讨国际大事,共商对策。

3. 市场经济体制被普遍接受

20世纪90年代以后,市场经济体制为世界绝大多数国家接受,从而使对外开放政策成为各国对外经济贸易政策的主流。它们为市场经济规律充分发挥作用提供了广阔的空间,其结果将会促进世界社会分工向广化和深化发展。

4. 国际分工的参与度扩大

参与国际分工的国家和地区遍及世界,包括各种类型的国家,并且各国参与国际分工的程度在加深。货物贸易和服务贸易占国内生产总值的比重在低收入国家从1990年的34.5%提高到2012年的66.4%,在中等收入国家该比重同期从38.2%提高到60.4%,在高收入国家同期从40.1%提高到60.6%。[①]

(二)国际分工形式多样化

1. 垂直型国际分工

垂直型国际分工(vertical international division of labor)是指经济发展水平不同的国家之间的纵向分工,主要指发达国家与发展中国家之间制造业与农业、矿业的分工。19世纪形成的国际分工就属于垂直型分工。这属于第一个阶段的垂直型国际分工,其特点是两种不同类型国家的生产分别属于两种不同的产业。

第二次世界大战后,随着发展中国家的经济发展,这种类型的分工有所削弱,但仍然是发达国家与新兴工业化经济体以外的发展中国家之间的一种主要的分工类型。这一阶段垂直型国际分工的特点是发展中国家从事劳动密集型产品的生产,发达国家从事技术密集型或资本密集型产品的生产,从而在同一产业的不同部门间形成垂直型

---

① 数据来源于世界银行数据库。

国际分工。

2. 水平型国际分工

水平型国际分工(horizontal international division of labor)是指经济发展水平相近的发达国家之间的横向分工,主要指发达国家之间在工业部门上的分工。第二次世界大战前,表现为产业间的分工。第二次世界大战后,由于科技进步与产业的迅速发展,这种类型的分工深化到产业内部,形成国际工业部门内部的分工。其表现形式如下。

1) 不同型号、规格产品的分工

一般说来,同样的产品往往具有不同的型号或规格,不同国家对同一类产品按不同型号或规格进行分工,从事专业化生产,以适应国内外市场的需要。例如,拖拉机,大体上美国着重发展大功率的轮式和履带式拖拉机,英国发展中型轮式拖拉机,德国生产小功率的轮式拖拉机。

2) 零配件或部件生产的分工

由于各国科技和工艺水平的差异,一国对某一种零配件或部件的生产具有优势,另一国对另一种零配件或部件的生产具有优势,因此就产生了零配件或部件的专业化生产。第二次世界大战后,这种形式的专业化生产在许多产品的生产中得到了广泛的发展。例如,在喷气式飞机、原子能发电站设备、电子计算机、汽车、拖拉机、收音机、电视机等大批量生产时所需的各种零配件或部件往往在不同国家中进行专业化生产。

3) 工艺过程的分工

这种分工是指不同国家对生产过程的不同阶段进行专业化生产。例如,在化学工业方面,某国一些工厂专门生产半成品,然后出口这些半成品供给设在其他国家的化工厂去生产各种化学制成品。举世闻名的德国拜耳公司将它所生产的中间产品提供给世界各地上万家的化工厂制造各种化学成品,就属于工艺过程的专业化。

水平型国际分工成为当今主流的国际分工形式。参与这种分工的国家除了发达国家,还有一些新兴工业化国家。

3. 混合型国际分工

混合型国际分工(mixed international division of labor)是指垂直型与水平型混合起来的国际分工。例如,德国曾是典型的混合型国际分工的代表,它与发展中国家进行垂直型分工,而与其他发达国家则进行水平型分工。

(三) 国际分工格局的主导与层次化

1. 发达国家处于国际分工的主导地位

在国际分工的形成和发展过程中,发达国家一直处于主导地位。第二次世界大战后,国际分工出现多样化趋势,但发达国家由于一直处于世界生产力发展的最高水平,在国际分工中的主导地位并未改变。表现在如下几个方面。

(1) 发达国家处于科技发展的领先地位,发达国家产业结构的纵深发展使社会分工向广化和深化发展。

(2) 以发达国家为母国的跨国公司是当代国际分工的营造者。跨国公司通过直接投资建立全球性生产体系和销售体系,并把世界各国纳入这些体系中。

(3) 发达国家是经济全球化的引领者。这源于发达国家是世界经济的火车头,是世界科技、贸易、金融、信息中心。

（4）以发达国家为主和为中心的地区经济贸易集团在众多地区经济贸易集团中效益最为显著,影响也最大。它们内部的分工又影响着国际分工。

2. 国际分工格局出现层次化

1）部分发展中国家和地区离开外围

第二次世界大战前,殖民主义宗主国处于国际分工的中心,殖民地、附属国和落后国家处于国际分工的外围,界限比较清楚。第二次世界大战后,随着发展中国家的经济发展,出现了新兴的工业化国家和地区,它们发展成为制成品出口的主要国家和地区,其中包括巴西、中国内地、中国香港、中国台湾、印度、韩国、马来西亚、墨西哥、菲律宾、新加坡、泰国和土耳其。在与发达国家的分工形式上,形成了初步的水平型分工。它们与发达国家的进出口货物贸易中均以制成品为主。

2）区域性经贸集团内部分工加强

经贸集团内部通过贸易和投资等的自由化,实施各种计划,协调和扩大成员内部产业之间的分工,使内部贸易占整个对外贸易的比重不断提高。欧盟内部贸易占整个对外贸易的比重从1980年的60.9%提高到2012年的62.01%,同期,东盟该比重从17.4%提高到24.17%。①

3）地区性区域分工在加强

如日本在汽车业的生产中,形成了与东南亚国家之间的分工。例如,在日本丰田汽车部件中,印度尼西亚和泰国集中生产柴油机、踏脚和电动设备,菲律宾生产传动系统,马来西亚生产驾驶连杆和电动设备,新加坡办事处协调和管理各种交易。

4）服务业分工尚未形成固定形式

20世纪80年代以后,国际分工从有形商品领域向服务业领域扩展,并出现了相互结合、相互渗透的趋势,但尚未形成固定形式。服务业的国际分工出现了两个特点:第一,高收入国家居于世界服务业分工的主导地位。2017年,发达国家服务贸易出口占全球总量的69%,而发展中国家仅占29%。② 第二,在服务业的国际分工中,发达国家以高新技术、金融、信息和资本密集型的服务参与服务业国际分工;而一些发展中国家则以建筑工程承包、劳务输出等劳动密集型服务参与服务业国际分工。

第三节 国际分工的发展条件

一、自然条件

（一）自然条件是国际分工产生和发展的基础

自然条件包括气候、土地、水流、自然资源、地理位置和国土面积等,它是一切经济活动的基础,没有一定的自然条件,进行任何经济活动都是困难的。自然条件对各国产业结

---

① 欧盟1980年数据为25个成员国。数据根据WTO官方网站计算。
② 联合国贸易和发展会议官网数据库。

构的影响是显而易见的。如只有地处热带的国家,才能生产热带作物;只有沿海且渔业资源丰富的国家,才有可能发展海洋渔业和养殖业。国土面积小的国家,可能只拥有少数几种自然资源,也就只能以有限的自然资源发展某几种产业。相反,国土辽阔的大国,如俄罗斯、美国、中国等国,国内各地区自然条件具有多样性,自然资源也很丰富,为发展多种产业和建立相对完整的工业生产体系提供了必要条件。一个内陆国家,没有出海口,对外交通不便,自然会影响到该国的经济发展;同样,一个孤悬于大洋的岛国,与其他地区和国家相距甚远,交往困难,也会影响其经济的发展。

(二)自然条件的制约作用在下降

自然条件是国际分工产生和发展的重要基础,但并不是绝对的。自然条件的优劣,能促进或限制一个国家发展某种产业,但这种促进或限制的作用不是决定性的。因为人类的生产力,即人类利用和开发自然的能力在不断提高。随着社会生产力的发展,自然因素的作用逐渐下降,建立在自然条件上的国际分工的意义也随之减弱。

二、社会生产力

社会生产力是国际分工形成和发展的决定性因素。

(一)促进国际分工的发展

生产力的增长是社会分工的前提条件。一切分工,其中包括国际分工,都是社会生产力发展的结果。它突出地表现在科学技术的重要作用上。迄今为止出现的三次科学技术革命,都深刻地改变了许多生产领域,不断地改善生产技术、工艺过程和生产过程,使社会分工和国际分工随之发生变革。

(二)决定国际分工的地位

历史上,英国最早完成产业革命,生产力得到巨大发展,使其成为"世界工厂",英国在国际分工中便居于主导地位。继英国之后,欧美资本主义国家的产业革命相继完成,生产力迅速发展,它们便与英国一起成为国际分工的中心国家与支配力量。第二次世界大战以后,原来的殖民地半殖民地国家在政治上取得独立,努力发展经济,生产力得到较快发展,出现了一些新兴工业化国家,它们在国际分工中的不利地位得到逐步改善。

(三)影响国际分工的参与度

随着生产力的发展,各种经济类型的国家都加入国际分工行列,国际分工已把世界各国紧密地结合在一起,形成了世界性的分工。随着各国生产力的发展,各国参与国际分工的形式从垂直型向水平型过渡,从国际货物分工向国际服务业分工延伸,从单一类型的国际分工向多层次的国际分工形式发展。

(四)提高国际分工的层次

以高科技为核心的知识作为一种要素,在生产中的作用大大超过了自然资源,使各国的经济活动在更大程度上依靠科学技术和人的智力,促使国际分工向高层次发展。

第一,科学技术具有不断创新的潜力和可能性。第二,人类掌握了科学技术,并把它应用于自然资源的勘探和开发上,自然资源才得以为人利用。如中东地区有丰富的石油资源,但直到20世纪初,人类掌握了油田勘探开发技术和原油炼制技术后,那里的石油工业才发展起来。第三,科学技术使一部分天然原材料得以用人工合成原材料代替,如人造纤维代替棉麻等天然纤维、人造橡胶代替天然橡胶等。第四,科学技术使新产业、新产品的科技含量不断提高,而原材料含量则不断降低。如目前生产的芯片,其价值的98%是科学技术,原材料只占2%。第五,科学技术使生产工艺日益改进,单位产品中原材料和能源的消耗日益减少。

三、人口与市场

人口分布、生产规模和市场发育度与规模影响各国参与国际分工的能力。

(一) 人口分布

人口分布的不均衡,会使分工和贸易成为一种需要。人口稀少、土地广阔的国家往往偏重发展农业、牧业、矿业等产业;而人口众多、资源贫乏的国家往往大力发展劳动力密集型产业。于是,在国家间就有进行国际分工与国际贸易的必要。

(二) 生产规模

现代大规模的生产使分工成为必要的条件,这种分工跨越了国界,就产生了国际分工。随着劳动规模越来越大,分工就会越来越细,任何一个国家都不可能包揽所有的生产,必须参与国际分工。

(三) 市场发育度与规模

在自给自足的自然经济条件下,由于商品经济不发达,市场狭小,各国参与国际分工的动力不足。在市场经济条件下,商品经济日益发展,市场不断扩大,分工向纵深发展,各国参与国际分工的愿望日益强烈。

四、交通运输与通信业

交通运输与通信业成本通过以下几个途径影响一个国家对国际分工的参与度:第一,较高的运输成本减少了初级产品出口所得的收入,降低了一国经济可以用作投资的储蓄量。它们还会抬高资本货物的出口价格,抑制比较优势的发挥。第二,在其他条件相同的情况下,运输成本较高的国家可能把自己产出量较小的部分投在贸易上,而且不大可能吸引出口导向型的外国直接投资,难以进入跨国公司的生产链条和销售渠道。第三,运输影响一国与他国国际分工的形成。运输成本制约着国际分工伙伴的选择。第四,交通运输和通信业制约着世界分工的形成。

五、资本流动

资本流动是国际分工深入发展的关键。资本国际化促进了国际分工的迅速发展。自19世纪末以来,资本输出就成为世界经济中重要的经济现象。第二次世界大战后,跨国公司迅猛发展,发展中国家和经济转型国家对外资开放,这些都大大加快了资本的国际化进程,使国际分工向深化和广化发展,出现了世界性的分工。

第一,跨国公司通过国外直接投资,把子公司所在国纳入国际分工体系,发挥这些国家和地区的比较优势。第二,跨国公司通过承包方式构筑世界性的生产和营销体系。如美国波音公司于1994年组装第一架波音飞机,其最大承包商是日本,其他部件由意大利、澳大利亚、韩国和加拿大等国的公司提供。这种承包方式在汽车、家用电器、机器设备、纺织品、鞋类和服装等行业中被广泛运用。

六、国际生产关系

生产关系影响着国际分工的性质和作用。国际分工是生产力发展的结果,同时它也受到生产关系的制约。既然国际分工是社会分工超出国家界限的结果,那么社会的生产关系也会超越国界,形成国际生产关系。

国际分工的产生与发展是与资本主义生产方式的产生与发展密切相关的,体现了资本主义生产方式发展生产力的要求,同时,在形成过程中又受资本主义生产关系的影响和制约,由此决定着国际分工的两重性。一方面,它节约了社会劳动,使世界各国人力资源和物质资源得到合理利用,有利于发挥分工国家的比较优势,并把这种优势转化为世界范围内的巨大社会生产力,促进了先进国家和后进国家生产力的提高与经济发展。另一方面,它又带有资本主义的劣根性,即国际分工的利益不能平等地、合理地被分工国家获得,并形成了经济发展上的片面性和依附性。

七、经济体制与政策

从历史发展来看,经济体制是参与国际分工内因的基础。处于自然经济形态的国家,由于追求自给自足的生活,分工与市场不发达,缺乏参与国际分工的内在要求,其参与分工是被动的和外加的。处于计划经济体制的国家,由于受计划控制,分工与市场较自然经济有所发展,但与国际市场处于相对隔绝状态,却又被迫发展对外贸易,在计划条件下一国参与国际分工的广度和深度受到限制。在市场经济体制下,国内分工和市场获得巨大的发展空间,为一国参与国际分工提供了切实的基础。但市场经济体制的发展程度影响一国参与国际分工的广度和深度。

经济体制决定各国的对外贸易政策。通常,实行自给自足的经济体制的国家执行的是保护贸易政策,实行计划经济体制的国家采取国家高度垄断的保护贸易政策,实行市场经济体制的国家倾向于采取自由贸易政策。就发展中国家而言,随着经济体制本身的变化,出现了四种类型的对外贸易发展模式和政策,即进口替代型、出口导向型、混合型和自由贸易型。

第四节 国际分工理论

国际分工理论是指研究国际分工产生、发展、利益与作用的论述。就意识形态而言,国际分工有西方经济学派和马克思主义两大派系;就西方经济学派而言,有古典和新古典国际分工理论;就分工与国家发展关系而言,有发达国家经济学派和发展中国家学派。随着历史阶段的更迭,它们都带有时代的特性。下面按照派系、历史发展和理论出现的先后顺序,简要介绍有重大影响的国际分工理论。

一、亚当·斯密的国际分工理论

亚当·斯密(Adam Smith,1723—1790),英国人,是资产阶级经济学古典学派的主要奠基人之一,也是国际分工和国际贸易理论的创始者。他处在英国从手工制造业开始向机器大工业过渡时期,在其代表作《国民财富的性质和原因的研究》(*An Inquiry into the Nature and Causes of the Wealth of Nations*)(中译本为《国富论》)中提出了国际分工理论。其要点如下。

(一) 分工促进生产力的发展

在书的开篇,斯密指出:"劳动生产力上最大的增进,以及运用劳动时所表现的更大的熟练、技巧和判断力,似乎都是分工的结果。"[①]为证明这一论断,他举了他幼年时期见到的扣针制造的例子。在一个只雇用了10名工人的小工厂里,扣针的制造被分成18道工序,一人抽铁丝,一人拉直,一人截断铁丝,一人磨尖铁丝的一端,另一人磨另一端,以便装上圆头。而做圆头,又分成三道工序。这个小工厂设备虽然简陋,但一天可以生产12磅扣针,以每磅4 000枚扣针计算,这10名工人每日总共可生产48 000枚扣针,平均每人生产4 800枚。如果不实行专业化的分工,他们每天可能连一根扣针也生产不出来。由此可见,"凡能采用分工制的工艺,一经采用分工制,便相应地增进劳动的生产力。各种行业之所以各自分立,似乎也是由于分工有这种好处。一个国家的行业与劳动生产力的增进程度如果是极高的,则其各种行业的分工一般也都达到极高的程度"[①]。

分工能够大幅度提高劳动生产率的原因是:"第一,劳动的技巧因专业而日进;第二,一种劳动转到另一种工作,通常须损失不少时间,有了分工,就可以免除这种损失;第三,许多简化劳动和缩减劳动的机械的发明,使一个人能够做许多人的工作。"[①]

(二) 分工能够促进全社会的普遍富裕

斯密认为,分工不仅能极大地促进劳动生产力的发展,还能增进全社会的普遍富裕,这是因为,"各行各业的产量由于分工而大增。各劳动者,自身所需要的以外,还有大量产物可以出卖;同时,因为一切其他劳动者的处境相同,各个人都能以自身生产的大量产物,换得其他劳动者生产的大量产物,换言之,都能换得其他劳动者大量产物的价格。别人所需的物品,他能予以充分供给;他自身所需的,别人亦能予以充分供给。于是,社会各阶级都普遍富裕"[②]。

(三) 分工产生的原因

斯密认为,尽管人类智慧预见到分工会促进劳动生产力的发展和人民富裕,但这并不是促使分工产生的原因。分工的产生来源于人类互通有无、物物交换和相互交易的天性。"这种倾向,为人类所共有,亦为人类所特有,在其他各种动物中是找不到的。"这是因为,

---

① 亚当·斯密. 国民财富的性质和原因的研究(中译本):上卷[M]. 北京:商务印书馆,1983:5-7.
② 亚当·斯密. 国民财富的性质和原因的研究(中译本):上卷[M]. 北京:商务印书馆,1983:8-11.

第三章 国际分工

"一个人尽毕生之力,亦难博得几个人的好感,而他在文明社会中,随时有取得多数人的协作和援助的必要。别的动物,一达到壮年期,几乎全部能够独立,自然状态下,不需要其他动物的援助。但人类几乎随时随地都需要同胞的援助,要想仅仅依赖他人的恩惠,那是一定不行的。他如果能够刺激他们的利己心,使有利于他,并告诉他们,给他做事,是对他们自己有利的,他们达到目的就容易得多了……我们所需要的相互帮助,大部分是依照这个方法取得的。我们每天所需要的食料和饮料,不是出自屠户、酿酒家或烙面包师的恩惠,而是出自他们自利的打算……由于我们所需要的相互帮助,大部分是通过契约、交换和买卖取得的,所以当初产生分工的也正是人类要求相互交换这个倾向"。①

(四)限制分工发展的因素

斯密认为,分工发展受到三个因素的约束:首先,由于分工起因于交换能力,因此分工的程度总要受到交换能力大小的限制,即受市场广窄的限制。而市场的广窄又与人口密度和交通状况有直接关系。其次,分工的发展受制于产业领域发展的影响,如农业分工不如制造业分工发达。"农业由于它的性质,不能像制造业那样细密地分工,各种工作,不能像制造业那样判然分立。"②最后,分工的发展还受制于商品经济和交换媒体的发展。这是因为,分工一经建立,一个人的大部分欲望,须用自己劳动的剩余产品同别人劳动的剩余产品相交换来满足,也就是说,一切人都要依赖商品交换而生存。在开始分工的时候,这种交换能力还受到交换媒介不通用的限制。

(五)国家之间如何分工

斯密在批评重商主义限制进口的政策时,由个人交换动机提出国家之间按产品成本多寡进行分工的思想。"有时,在某些特定产品的生产上,某一国占有那么大的自然优势,以致全世界都认为,跟这种优势做斗争是枉然的。通过嵌玻璃、设温床、建温壁,苏格兰也能栽种极好的葡萄,并酿造最好的葡萄酒。单单为了要奖励苏格兰酿造波多尔和布冈迪红葡萄酒,便以法律禁止一切外国葡萄酒输入,这难道是合理的吗?即使不是多三十倍,而仅多三十分之一,也同样是不合理的。""只要甲国有此优势,乙国无此优势,乙国向甲国购买,总是比自己制造有利。"所以,"如果外国能比我们自己制造还便宜的商品供应我们,我们最好就用我们有利地使用自己的产业生产出来的物品的一部分向他们购买。国家的总劳动既然总是同维持它的产业的资本成比例,就决不会因此减少……要是把劳动用来生产那些购买比自己制造还要便宜的商品,那一定不是用得最为有利"。②由此演绎出斯密主张以商品生产成本的绝对优势形成国际分工的学说。

斯密的这种学说被称为绝对成本说,或者绝对优势说,或者地域分工说。他认为,一国如果在某种产品的生产上具有比别国更高的劳动生产率,或者更低的生产成本,该国在这种产品上就具有绝对优势。每个国家都集中生产其具有绝对优势的产品,在此基础上进行分工交换,就能够使各国的福利水平都得到提高。

---

① 亚当·斯密.国民财富的性质和原因的研究(中译本):上卷[M].北京:商务印书馆,1983:8-11.
② 亚当·斯密.国民财富的性质和原因的研究(中译本):上卷[M].北京:商务印书馆,1983:7,13-14.

二、大卫·李嘉图的国际分工理论

大卫·李嘉图(David Ricardo,1772—1823),英国人,是英国工业革命深入发展时期的经济学家和政治活动家,也是古典学派的代表人物。其代表作是1817年出版的《政治经济学及赋税原理》。他在该书中提出了按比较优势进行国际分工的理论。

(一)比较优势理论的产生

1815年,英国政府为维护土地贵族阶级利益而修订了《谷物法》。《谷物法》颁布后,英国粮价上涨,地租猛增,它对地主贵族有利,却严重地损害了产业资产阶级的利益。昂贵的谷物,使工人的货币工资被迫提高,成本增加,利润减少,削弱了工业品的竞争能力;同时,昂贵的谷物,也增加了英国各阶层的粮食开支,减少了对工业品的消费。《谷物法》还招致外国以高关税阻止英国工业品对它们的出口。总之,《谷物法》大大损害了英国产业资产阶级的利益。出于发展资本、提高利润率的需要,英国产业资产阶级迫切要求废除《谷物法》,从而与土地贵族阶级展开了激烈的斗争。

为了废除《谷物法》,工业资产阶级在全国各地组织"反谷物法同盟",广泛宣传《谷物法》的危害性,鼓吹谷物自由贸易的好处。而地主贵族阶级则千方百计维护《谷物法》。它们认为,英国能够自己生产粮食,根本不需要从国外进口,反对在谷物上自由贸易。这时,工业资产阶级迫切需要找到谷物需要自由贸易的理论依据。李嘉图认为,英国不仅要从外国进口粮食,而且要大量进口,因为英国在纺织品生产上所占的优势比在粮食生产上的优势还大。故英国应专门发展纺织品生产,以其出口换取粮食,取得比较利益,提高商品生产数量。为此,李嘉图在进行废除《谷物法》的论战中,提出了比较优势理论(theory of comparative advantage)。

(二)比较优势理论的主要内容

李嘉图的比较优势理论是在亚当·斯密绝对优势理论的基础上发展起来的。根据斯密的观点,国际分工应按地域、自然条件所形成的绝对成本差异进行,即一个国家输出的商品一定是生产上具有绝对优势、生产成本绝对低于他国的商品。李嘉图进一步发展了这一观点,他认为每个国家不一定要生产各种商品,而应集中力量生产那些利益较大或不利较小的商品,在资本和劳动力不变的情况下,产品的生产总量将增加,然后通过国际交换获取收益。如此形成的国际分工对贸易各国都有利。

他以英国和葡萄牙各生产酒和毛呢的比较优势形成的分工,说明了国际分工的利益。他指出:"英国的情形可能是生产毛呢需要100人一年的劳动,而如果要酿制葡萄酒则需要120人劳动同样长的时间。因此英国发现对自己有利的办法是输出毛呢以输入葡萄酒。葡萄牙生产葡萄酒可能只需要80人劳动一年,而生产毛呢却需要90人劳动一年。因此,对葡萄牙来说,输出葡萄酒以交换毛呢是有利的。即使葡萄牙进口的商品在该国制造时所需要的劳动少于英国,这种交换仍然会发生。虽然葡萄牙能够以90人的劳动生产毛呢,但它宁可从一个需要100人劳动生产毛呢的国家输入,因为对葡萄牙来说,与其挪用种葡萄的一部分资本去制造毛呢,还不如用资本来生产葡萄酒,因为由此可以从英国换得更多的毛呢。"①

根据李嘉图的表述,葡萄牙生产酒和毛呢,所需劳动人数均少于英国,从而英国在这两种产品的生产上都处于不利地位。根据斯密的绝对优势理论,英国需放弃两种产品的生产,均从葡萄牙进口,因此在两种产品上不会进行相互分工。而李嘉图认为,葡萄牙生产酒所需劳动人数比英国少40人,生产毛呢只少10人,即分别少1/3和1/10;显然,葡萄牙在酒的生产上优势更大,虽然它在毛呢生产上也具有优势;英国在两种产品生产上都处于劣势,但在毛呢生产上劣势小一些。英国和葡萄牙应以"两利取重,两害取轻"的原则进行分工。即英国虽然在两种产品的生产上都处于绝对不利地位,但应取其不利较小的毛呢生产;葡萄牙虽然在两种产品的生产上都处于绝对有利地位,但应取其有利更大的酒生产。按这种原则进行国际分工,两国产量都会增加,再通过贸易进行交换,两国都会得利。

李嘉图认为,在资本与劳动力在国际不能自由流动的情况下,按照比较优势理论进行国际分工,可以使劳动配置更合理,生产总额增加,对贸易各国均有利。但其前提必须是完全的自由贸易。

(三)比较优势理论的前提

李嘉图提出根据商品付出劳动的比较优势进行国际分工的理论,源于资本和劳动在国家之间的转移和流动不如国内容易。"英国将以一百人的劳动产品交换八十个人的劳动产品。这种交换在同一个国家中的不同个人间是不可能发生的。不可能用一百个英国人的劳动交换八十个英国人的劳动,但却可能用一百个英国人劳动的产品去交换八十个葡萄牙人、六十个俄国人或一百二十个印度人的劳动产品。关于一个国家和许多国家之间的这种差别是很容易解释的。我们只要想到资本由一个国家转移到另一国以寻找更为有利的用途是怎样困难,而在同一个国家中资本必然会十分容易地从一个省转移到另一省,情形就很清楚了。"此外,"每一个人自然都不愿意离乡背井,带着已成的习惯而置身于异国政府和新法律下"。②

李嘉图的比较优势理论为英国工业资产阶级推行自由贸易政策提供了理论基础,对英国经济贸易的发展起到了推动作用,并成为自由贸易理论的核心。

三、俄林的国际分工理论

俄林(Bertil Ohlin,1899—1979),瑞典著名的经济学家和活跃的政治家,擅长于国际贸易理论和政策方面的研究。1933年,他的代表作《地区间贸易和国际贸易》出版。在第一版序言中,俄林提出其致力于解决以下几个问题:①建立一种与价格相互依赖理论一致的国际贸易理论,从而脱离古典的劳动价值论;②证实国际贸易理论仅仅是资源布局理论的一部分,对价格形成在空间位置方面予以充分的考虑;③分析国内、国际生产要素的流动,特别是它们与商品流动之间的关系;④描述国际贸易交换机制。1977年俄林与英国的米德(J. E. Meade)因为"对国际贸易与国际资本移动的理论做出了创造性的贡献"

---

① 李嘉图. 政治经济学及赋税原理(中译本):第1卷[M]. 北京:商务印书馆,1962:114.
② 李嘉图. 政治经济学及赋税原理(中译本):第1卷[M]. 北京:商务印书馆,1962:114-115.

同时获得诺贝尔经济学奖。在分析上述问题时,他提出了按照生产要素禀赋进行分工的学说,因而享誉西方国际贸易学术界。

(一)生产要素禀赋分工说的形成背景

1929年,资本主义世界爆发了历史上最严重、持续时间最长的一次经济危机。危机使当时的英国放弃自由贸易,各国对市场的争夺加剧,超保护贸易主义兴起。瑞典是一个经济发达的小国,国内市场狭小,对国外市场依赖很大,因而人们对超保护贸易主义深感不安。正是在这种背景下,俄林的《地区间贸易和国际贸易》以生产要素禀赋说为立论基础,深入探讨了国际贸易产生的原因,论证了国际分工和自由贸易的必要性。俄林的生产要素禀赋说师承赫克歇尔(E. F. Heckscher,1879—1952)。1919年,赫克歇尔发表了题为《对外贸易对收入分配的影响》的文章。他在文中提出了如何解释李嘉图比较成本学说中两个国家两种商品之间的成本差异问题。他认为,如果两个国家生产要素(土地、资本、劳动)的拥有和分布量相同,各生产部门的技术水平一样,当不考虑运输成本的时候,国际贸易既不会给其中一个国家带来利益,也不会给另一个国家造成损失。因此,比较成本差异存在的前提条件是:两个国家存在不同的生产要素拥有量和分布量;两个国家生产的不同商品所使用的生产要素比例不一样。因此,俄林的生产要素禀赋说又被称为"赫克歇尔俄林原理"(the Heckscher-Ohlin theorem),或简称赫俄原理(H-O原理)。

(二)生产要素禀赋理论的精要

1. 贸易的直接原因根基于商品的价格差异

"贸易的直接原因总是:货物从外面用钱买进比在家里生产便宜;反之亦然。"①国与国之间的贸易也是如此。商品和商品生产要素的价格在不同区域或国家间存在差异成为地区间或国际贸易存在的必要条件。

2. 货物价格的差别来源于国家间生产要素禀赋的差异

俄林把生产要素分为三类:自然资源(含土地)、资本和劳力。自然资源又分为五小类:农业和林业用资源、渔业和狩猎业用资源、矿产资源、水力发电用资源和运输业用资源。资本分为两小类:短期资本和长期资本或安全资本和风险资本。劳力分为三小类:不熟练工、熟练工和技术工。由于自然、社会等原因,各地区或国家之间的上述生产要素禀赋存在差异,形成了本地区或国家的价格机制。这种价格机制受到生产要素需求和供给因素的影响。

3. 生产要素的比例决定具体产业的设立

"某一地区可能富产铁矿,但只有少量的小麦耕地,而另一地区麦地很多但缺少矿物资源的供应。显然,同后者相比,前者较适宜于生产铁矿,不太适于种植小麦。是某一地区的生产要素的比例来决定适合于什么样的具体产业。"在各个地区的生产要素不如上面绝对多和少,而是多少都有时,则应按比例多少来设置产业,即设置要素较多的产业。如"澳大利亚同英国相比拥有较多的耕地,较少的劳力、资本和矿藏,因而,澳大利亚更适合于生产那些需要大量耕地的产品;而英国在生产需要相当大量其他要素的产品方面具有

---

① 俄林. 地区间贸易和国际贸易(中译本)[M].北京:首都经济贸易大学出版社,2001:5-6.

优势"①。

按要素丰缺和比例进行地区与国家之间的分工。"贸易的首要条件是某些商品在某一个地区生产要比在另一个地区便宜。在每一个地区,出口品中包含着该地区在其他地区拥有的较便宜的相对大量的生产要素,而进口别的地区能较便宜地生产的商品。简言之,进口那些含有较大比例生产要素昂贵的商品,而出口那些含有较大比例要素便宜的商品。"①由此可知,每个地区和国家在生产某些产品上具有优势,源于这些产品含有该地区和国家拥有的丰裕而便宜的相当大量的生产要素。

(三) 生产要素禀赋理论的贡献

1. 深化了李嘉图比较成本产生的来源

李嘉图用比较成本解释国际分工,而俄林用生产要素禀赋差异解释比较成本差异,在理论上有所发展。

2. 建立了完整的一般均衡分析框架

俄林的理论引进了两个生产要素,既分析了商品市场的均衡,也分析了生产要素市场的均衡。该理论还建立了一个完整的一般均衡分析框架,成为其后国际贸易理论分析的主要理论框架。

3. 为各国在国际分工中优化产业结构提供了依据

根据要素禀赋学说,各国可以根据其要素禀赋,发展劳动密集型和资本密集型产业。一国可以据此考虑产业的竞争力,获取国际分工的利益。

四、当代国际分工理论

第二次世界大战以后,随着科学技术革命的深入以及国际分工的纵深发展,国际分工学说出现了四大发展趋势:第一,对俄林的分工学说进行检验和深化;第二,加强了对产业内部分工理论的研究;第三,加强了跨国公司内分工理论的研究;第四,出现了国家竞争优势理论,对比较优势的分工理论形成了挑战。

(一)"里昂惕夫之谜"对俄林要素禀赋理论的挑战

1. "里昂惕夫之谜"的提出

里昂惕夫(Vassily W. Leontief),美国经济学家,1906年在俄国出生,1930年定居美国,哈佛大学教授。由于他的投入-产出分析法对经济学作出了杰出贡献,因此他获得了1973年诺贝尔经济学奖。他的主要著作有《投入-产出经济学》《生产要素比例和美国的贸易结构:进一步的理论和经济分析》等。

里昂惕夫利用投入-产出分析方法对美国的对外贸易商品结构进行具体计算,以验证赫俄原理。他把生产要素分为资本和劳动力两种,对200种商品进行分析,得出了如下结果:1947年平均每人进口替代商品的资本量与出口商品的资本量之比是1.30(=18 184/13 991),即高出30%,而1951年这一比率为1.06(=13 726/12 977),即高出6%。据此里昂惕夫得出结论:"这些数字表明,当我们以平均价值100万美元的国内出口去置换相

---

① 俄林. 地区间贸易和国际贸易(中译本)[M]. 北京:首都经济贸易大学出版社,2001:21.

同数额的竞争性进口品的时候,出口品含有资本要少得多,而劳动则相对多一些。因此,美国参与国际分工是以劳动密集型高而不是以资本密集型高的生产专业化为基础的。换句话说,这个国家进行对外贸易是为了节约它的资本并解决其劳动力过剩问题。"①

这个结论使西方经济学界大为震惊,称之为"里昂惕夫之谜"(the Leontief paradox),并掀起了验证、探讨和解释"里昂惕夫之谜"的热潮,引申出一些新的分析美国贸易结构的理论。

2. 对"里昂惕夫之谜"解释的理论

对"里昂惕夫之谜"的解释很多,其中代表性的理论主要有以下几种。

1) 劳动熟练说

劳动熟练说(skilled labor theory),又称人类技能说(human skill theory)和劳动效率说,最先是里昂惕夫自己提出的,后来由美国经济学家基辛(D. B. Keesing)加以发展。他们用劳动效率和劳动熟练或技能的差异来解释"里昂惕夫之谜"。

里昂惕夫认为,"谜"的产生可能是由于美国工人的劳动效率比其他国家工人高。他认为,美国工人的劳动生产率大约是其他国家工人的3倍。因此,在劳动以效率单位衡量的条件下,美国就成为劳动要素相对丰富、资本要素相对稀缺的国家。但有的学者认为他的解释过于武断,一些研究表明实际情况并非如此。如美国经济学家克雷宁(Krelnin)经过验证,认为美国工人的效率和欧洲工人相比,最多高出1.2~1.5倍。

后来,美国经济学家基辛对这个问题进行了进一步研究。他利用美国1960年的人口普查资料,将美国企业职工区分为熟练劳动和非熟练劳动两大类。熟练劳动包括科学家、工程师、厂长或经理、技术员、制图员、机械工人、电工、办事员、推销员、其他专业人员和熟练的手工操作工人等。非熟练劳动指不熟练工人和半熟练工人。他还按照这一分类对14个国家的进出口商品结构进行分析,得出的结论是:资本较丰富的国家倾向于出口熟练劳动密集型商品,资本较缺乏的国家倾向于出口非熟练劳动密集型商品。发达国家在生产含有较多熟练劳动的商品方面具有比较优势,而发展中国家在生产含有较少熟练劳动的商品方面具有比较优势。因此,熟练劳动程度的差异是国际分工和国际贸易发生与发展的重要原因之一。

2) 人力资本说

人力资本说(human capital theory)是美国经济学家凯南(P. B. Kenen)等人提出的。他们以人力资本投入的差异来解释美国对外贸易商品结构。凯南等人认为,国际贸易商品生产所需的资本应包括有形资本和无形资本,即人力资本。人力资本主要是指一国用于职业教育、技术培训等方面投入的资本。人力资本投入可以提高劳动技能和专门知识水平,促进劳动生产率的提高。由于美国投入了较多的人力资本,而拥有更多的熟练技术劳动力,因此,美国出口产品含有较多的熟练技术劳动。如果把熟练技术劳动的收入高出简单劳动的部分算作资本并同有形资本相加,美国仍然是出口资本密集型产品。这个结论符合赫俄生产要素禀赋理论。

但是,由于难以具体衡量人力资本的真正价值,这种解释并非为经贸学术界普遍接

---

① 里昂惕夫. 国内生产与对外贸易:美国资本状况的再检验[C]. 美国哲学学会会议录,1953.

受。但凯南将里昂惕夫和基辛的观点进行深化,对熟练劳动说起到了一定的补充作用。

3) 技术差距说

技术差距说(theory of technological gap)又称技术间隔说,是美国经济学家波斯纳(M. U. Posner)提出的,经过格鲁伯(W. Gruber)和弗农(R. Vernon)等人的进一步论证。波斯纳认为,人力资本是过去对教育和培训进行投资的结果,因而可以将其作为一种资本或独立的生产要素;而技术是过去对研发进行投资的结果,也可以作为一种资本或独立的生产要素。但是,由于各国对技术的投资和技术革新的进展不一致,因而存在一定的技术差距。这样就使得技术资源相对丰裕或者在技术发展中处于领先的国家,有可能享有生产和出口技术密集型产品的比较优势。

然后,格鲁伯和弗农等人对1962年美国19个产业的有关资料进行了统计分析,其中5个具有高度技术水平的产业(运输、电器、工具、化学、机器制造)的研发经费占19个产业全部研发经费总额的89.4%;5个产业中的技术人员占19个产业总数的85.3%;5个产业的销售额占19个产业总销售额的39.1%;5个产业的出口量占19个产业总出口量的72%。这表明,美国在上述5个技术密集型产品的生产和出口方面,确实拥有比较优势。因此可以认为,出口科研和技术密集型产品的国家也就是资本要素相对丰裕的国家。按这一标准衡量,美国就是这种国家。技术差距说与赫俄生产要素禀赋理论是一致的。

3. 俄林的应对

1966年,俄林对1933年出版的《地区间贸易和国际贸易》做了修订,并补充了一篇新的论文——《对当代国际贸易理论的看法》。在该论文中,俄林对"里昂惕夫之谜"作出了回应,认为"里昂惕夫之谜"根源于要素模型的简化。对此,俄林指出:"必须牢记,在里昂惕夫的对生产要素比例模型的统计测验这一有名和重要的尝试中,他只考虑两种生产要素。模型中所作的每一种简化都构成了同现实的或多或少是重要的偏离,因而不能期望得到'密切的吻合'。"①

(二) 产业内贸易说

1. 提出的背景

20世纪60年代以后,国家之间的产品交换从产业间发展到产业内部,出现了产业内贸易说(intraindustry trade theory)。这是由美国经济学家格鲁贝尔(H. G. Grubel)等人提出的。他们在研究共同市场成员国之间贸易量的增长时,发现发达国家之间的贸易并不是按赫俄生产要素禀赋理论进行的,即不是工业制成品和初级产品之间的贸易,而是产业内同类产品的相互交换。格鲁贝尔等人继而对产业内贸易进行研究,提出了产业内同类产品贸易增长原因的理论。

他们认为,当代国际贸易产品结构大致可以分为产业间贸易和产业内贸易两大类。前者是指不同产业间的贸易,后者是指产业内部同类产品之间的贸易,即一个国家同时出口和进口同类产品,如美国和日本之间相互输出汽车。

---

① 俄林. 地区间贸易和国际贸易(中译本)[M].北京:首都经济贸易大学出版社,2001:387.

2. 产业内贸易的主要特点

(1) 产业内贸易是同类产品的相互交换,而不是产业间非同类产品的交换。

(2) 产业内贸易的产品流向具有双向性,即同一产业内的产品,可以在两国之间相互进出口。

(3) 产业内贸易的产品具有多样性。这些产品中既有资本密集型,也有劳动密集型;既有高技术产品,也有标准技术产品。

(4) 产业内贸易的商品必须具备两个条件:一是在消费上能够相互替代;二是在生产中需要相近或相似的生产要素投入。

3. 产业内贸易形成的原因

(1) 同类产品的异质性是产业内贸易的重要基础。从实物形态上,同类产品可以由于商标、牌号、款式、包装、规格等方面的差异而被视为异质产品,即使实物形态相同,也可以由于信贷条件、交货时间、售后服务和广告宣传等方面的差异而被视为异质产品。这种同类的异质性产品可以满足不同消费心理、消费欲望和消费层次的消费需要,从而导致不同国家之间产业内部的分工和产业内部贸易的产生与发展。

(2) 规模经济收益递增是产业内贸易的重要成因。生产要素比例相近或相似国家之间之所以能够进行有效的国际分工并获得贸易利益,主要原因是其企业规模经济的差别。一国的企业可通过大规模专业化生产,取得规模节约的经济效果,其平均成本随着产量的增长而递减,使生产成本具有比较优势,打破了各生产企业之间原有的比较优势均衡状态,使自己的产品处于相对竞争优势,在国际市场上具有更强的竞争力,扩大了该产品的出口。这样,产业内部的分工和贸易也就形成了。例如,第二次世界大战后日本汽车、彩电进入美国和欧洲市场。

(3) 经济发展水平是产业内贸易的重要制约因素。经济发展水平越高,产业部门内部异质性产品的生产规模也就越大,产业部门内部分工就越发达,从而形成异质性产品的供给市场。同时,经济发展水平越高,人均收入水平也越高,较高人均收入层上的消费者的需求会变得更加复杂和多样化,呈现出对异质性产品的强烈需求,从而形成异质性产品的需求市场。当两国之间人均收入水平趋于相等时,其需求结构也趋于接近,产业内分工和贸易发展的趋向就较强。

(三) 国家竞争优势理论

迈克尔·波特(Michael Porter),美国著名管理学家,哈佛大学商学院教授,兼任世界上许多大公司和政府机构的咨询顾问,是当今世界有关竞争策略与国际竞争力方面的权威之一。1983年,波特开始在里根总统的产业竞争力委员会任职。在竞争理论方面,他发表了《竞争策略》(1980年)、《竞争优势》(1985年)、《国家竞争优势》(1990年)以及《竞争策略案例》(1992年)等著作,被美国《幸福》杂志列的全美500家最大企业的经理、咨询顾问及证券分析家奉为必读的"圣经"。

波特教授在《国家竞争优势》一书中认为,李嘉图和俄林的比较利益分工学说脱离了当代国际贸易实际,他提出了国家竞争优势理论来挑战他们的分工理论。

1. 指出了李、俄国际分工理论存在的问题

波特教授认为,李嘉图和俄林的分工学说不能解释当今世界丰富多元的贸易形态。

在李嘉图的比较优势理论中,贸易产生源于劳动生产力的差异。瑞典经济学家赫克歇尔和俄林以要素禀赋进一步发展比较优势理论,提出了"要素禀赋说",即按生产要素(土地、劳动、资本)的丰缺生产商品,选择发展条件最佳的产业,出口比较利益高的产品,进口比较利益低的产品。但是越来越多的例证显示,生产要素的比较利益不足以解释丰富多元的贸易形态。例如,朝鲜战争结束时的韩国资本奇缺,但却建立了出口导向的钢铁、造船、汽车等资本密集型产业。相反,美国虽然拥有充沛的资金、杰出的科学家以及熟练的工人,但是却在理当强势的工具机、半导体、精密电子产品的市场上节节败退。同时,全球大多数的贸易发生在资源相近的工业先进国家之间。国际贸易中有相当比例的商品,其生产条件颇为相似。而跨国企业与其海外子公司之间大量的进出口贸易现象,更超出了生产要素的比较利益法则。[①]

2. 李、俄国际分工的理论前提不切实际

李、俄生产要素比较利益法则的假设没有考虑经济规模,认为技术具有普遍性,生产本身没有差异性,连国家资源也被设定,还假设资金与熟练工人不会在国家之间移动。这个理论是一个完全静态的概念。

3. 影响当代国际分工发展的因素

1) 技术的变迁

越来越多的产业不按照比较优势理论的模式发展,这背后的因素很多,如规模经济的扩大、产品的差异、各国的消费者对产品的需求不同,但技术的演进则是最普遍、最具有持续影响的因素。技术所造成的影响力,如果不是完全淘汰传统生产因素,至少也可以相当程度地减轻这些因素的影响。在很多产业中,企业对资源的需求反而不如对技术、效能、效率的需求。

2) 资源条件的逐渐普及

传统上有利于先进国家的资源条件,如今正在向一些发展中国家普及。一些发展中国家重视教育,很多产业的劳动力素质和技能都在提高,再加上基础建设的发展,它们也逐步具备了与发达国家进行竞争的条件。

3) 经济全球化趋势

很多产业的竞争已经国际化。国际化竞争不只出现在制造业,而且出现在服务业。企业的全球化竞争策略包括全球化的生产、销售以及全球化资源和材料。产业全球化解决了企业依赖单一国家资源的问题。此外,资金流向国际资信良好的国家,也使产业发展不再受限于本国资金的投资环境。在经济全球化趋势下,即使国家之间的特殊技术交流仍存在障碍,跨国企业也可以通过在当地设立子公司来解决。[②]

4. 单纯依靠比较利益原则对当代国家产业发展的危害

1) 生产要素作为财富源泉的作用被加速替代

在产业竞争中,生产要素非但不再扮演决定性的角色,其价值也在快速消退。以生产要素作为比较优势来源的弱点在于,更低成本的生产环境会不断出现。今天以廉价劳动

---

① 迈克尔·波特.国家竞争优势(中译本)[M].台北:天下文化出版社,1996:18-20.
② 迈克尔·波特.国家竞争优势(中译本)[M].台北:天下文化出版社,1996:21-23.

力占有优势的国家,明天可能就会被新的廉价劳动力国家取代。由于新科技的快速发展,以往被认为不可能的、不经济的资源会异军突起,让以传统资源见长的国家一夕之间失去竞争力。谁能想象得到,黄沙遍地的以色列竟然成为高效率的农业生产国家。

2) 劳动力或天然资源的竞争力在衰退

以劳动成本或天然资源为优势的产业,往往是资金周转率低的产业,容易引来众多竞争者,以进行生产成本和价格上的竞争,并时时处于失去竞争力的威胁中;当产业竞争依靠品质及产品开发的时效与特性,而不是价格时,以生产要素为基础拥有比较优势的国家会陷入困境。

3) 对发展中国家是一个"陷阱"

发展中国家单纯以比较利益法则指导产业发展时,"无法逃脱生产成本的限制。因此,这类国家时时处在失去竞争力的威胁中,年复一年面临薪资与资本周转的问题。它们有限的利润完全得仰仗国际经济的波动"。①

5. 需要以国家竞争优势取代比较优势

波特教授对以生产要素为基础的比较优势理论进行考察后,提出了当代竞争理论必须从比较优势提升到国家竞争优势。

1) 原因

(1) 国家是企业最基本的竞争优势。产业竞争优势的创造与持续是一个本土化的过程。竞争的成功更源于各个国家经济结构、价值、文化、政治体制以及历史文化的差异。在经济全球化下,国家在产业竞争中的地位更加重要。随着贸易自由化的深化,当保护障碍初步取消后,以产业技术和现场经验为支柱的国家,重要性将大大提高。国家不但影响企业所做的策略,也是创造并持续生产与技术发展的核心。

(2) 创新没有国界。在资本流动全球化下,企业的国籍不再成为主要问题。在此背景下,一个国家保持并提升自身生产力的关键在于,它是否有资格成为一种先进产业或重要产业环节的基地。

2) 前提

在动态国家竞争优势理论中,"动态与不断进化的竞争"是其前提,必须把"技术进步"和"创新"放在重要位置。

6. 国家竞争优势图解

波特把他所构建的国家竞争优势理论体系冠名为"国家钻石体系",如图 3.1 所示。

钻石体系中一国的竞争优势取决于以下四个方面。

(1) 生产要素。生产要素是指一个国家在特定产业竞争中有关生产方面的表现,如劳工素质或基础建设的良莠。

(2) 需求条件。需求条件是指本国市场对该项产业所提供产品或服务的需求如何。

(3) 企业策略、企业结构和同业竞争。这是指一个国家的企业组织和管理形态,以及国内市场竞争对手的表现。

(4) 相关与支持产业的环境。这是指该项产业的上游和下游产业是否具有国际竞

---

① 迈克尔·波特.国家竞争优势(中译本)[M].台北:天下文化出版社,1996:22-24.

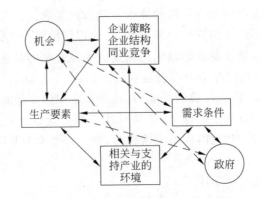

图 3.1 国家钻石体系

资料来源：迈克尔·波特.国家竞争优势(中译本)[M].台北：天下文化出版社,1996：186.

争力。

这些因素可能会加快本国企业创造国内竞争优势的速度,也可能造成企业发展迟滞不前。

在国家环境与企业竞争力的关系上,还有"机会"和"政府"两个变数。产业发展的机会通常要等基础发明、技术、战争、政治环境发展、国外市场需求等方面出现重大变革与突破后才会出现。政府在构成一国整个竞争力中具有重要作用。例如,反托拉斯法有助于国内竞争对手的崛起,法规可能改变国内市场的需求,教育发展可以改变生产要素,政府的保护收购更可能刺激相关产业的兴起等。

五、马克思的国际分工理论

马克思(1818—1883),德国人,马克思主义的创始人。他在《资本论》等著述中,从历史唯物主义的高度对以英国为中心的国际分工做了考察与研究,提出从社会生产方式演变中分析国际分工产生和发展的现象,从而揭示出资本主义国际分工的二重性。

(一)反对抽象地研究国际分工

马克思在研究国际分工这一社会现象时,主张把它纳入一定的历史条件下进行研究,以明确它的性质和影响。"市场的大小和它的面貌所赋予各个不同时代的分工的面貌和性质,单从一个'分'字,从观念、范畴中是很难推论出来的。"①

(二)资本主义国际分工来源于社会分工的发展

马克思认为,资本主义国际分工是资本主义社会分工发展的深化过程。在资本主义商品经济下,各种不同的经济单位建立起来,单独的经济部门的数量日益增多,执行同一经济职能的经济单位的数量日益减少,专业化过程在加速。这种专业化过程把产品的各种加工过程彼此分离开来,创立了越来越多的工业部门和农业部门。"由于机器和蒸汽的应用,分工的规模已使大工业脱离了本国基地,完全依赖于世界市场、国际交换和国际分

---

① 马克思,恩格斯.马克思恩格斯全集：第 4 卷[M].北京：人民出版社,1958：159-160,169,361-362.

工。"①因此,资本主义国际分工的动力来自资本主义首先进行产业革命的国家社会分工发展的内在要求。

(三) 资本主义国际分工初级阶段的形式与形成因素

15世纪和16世纪早期的地理大发现,打通了东西方通商的渠道,有力地促进了国际贸易和世界市场的扩大,加速了西欧资本原始积累的进程,从而为资本主义早期国际分工的产生提供了条件。

18世纪中叶,英国发生了产业革命,出现了大机器工业,促进英国国内分工迅猛发展。马克思指出:"机器对分工起着极大的影响,只要一种物品的生产中有可能用机械制造它的某一部分,生产就立即分成两个彼此独立的部门。"①这种国内分工的发展要求扩大市场,形成以英国为中心的国际分工。其结果使地球的一部分主要从事农业的生产地区,服务于另一部分主要从事工业的生产地区。例如,东印度被迫为英国生产棉花、羊毛、大麻、靛蓝等,形成了以英国为中心的垂直型国际分工。随着西欧国家产业革命的相继发生,资本主义迅速发展,这些国家也在英国之后成为国际分工的中心国家。这些国家工业所加工的,已经不是本国的原料,而是来自极其遥远地区的原料;它们的产品不仅供给本国消费,而且同时供给世界各地消费。出现了工业制成品与原材料生产,即工业国与农业国和矿业国之间的垂直型国际分工。

资本主义初级阶段的国际分工是在以下因素的基础上形成的。首先,工业发达国家生产力的巨大发展。以英国为首的西欧国家的产业革命,使它们生产力的发展超过其他国家。这种发达的生产力,使得它们的生产工具先进、生产效率高、商品物美价廉,能够摧毁生产力落后国家的手工业;同时使得本国工人不断"过剩",促使其向落后国家移民。其次,通过殖民统治,强迫殖民地生产工业国(宗主国)需要的原料,销售工业国(宗主国)生产的消费品,进行不平等贸易。最后,发动商业战争,依靠先进的武器、铁舰打败落后国家,签订不平等条约,使它沦为工业国家的原料来源地和消费品的销售市场。

(四) 资本主义国际分工的二重性

一方面,国际分工具有进步性。首先,资本主义国际分工促进了资本主义生产力的巨大发展。这是因为,分工可以提高劳动生产率和劳动熟练程度,促进生产专业化。社会分工成为用同量劳动生产更多商品,从而使商品变得便宜和加速资本积累的手段。其次,资本主义国际分工加强了各国的专业化。专业化可以节约世界社会劳动,提高世界生产力的水平。最后,资本主义国际分工普及了资本主义先进的生产方式和现代化文明。"大工业便把世界各国人民互相联系起来,把所有地方性的小市场联合成为一个世界市场,到处为文明和进步准备好地盘,使各文明国家里发生的一切必然影响到其余各国。"②在这种情况下,"过去那种地方的和民族的自给自足和闭关自守状态,被各个民族的各方面的互相往来和各方面的互相依赖所代替了"。③

---

① 马克思,恩格斯.马克思恩格斯全集:第4卷[M].北京:人民出版社,1958:159-160,169,361-362.
② 马克思,恩格斯.马克思恩格斯全集:第4卷[M].北京:人民出版社,1958:361-362.
③ 马克思,恩格斯.马克思恩格斯全集:第1卷[M].2版.北京:人民出版社,1995:276.

另一方面,国际分工永远是和一定的国际生产关系联系在一起的。资本主义的国际分工体现着资本主义的生产关系。这种国际分工使"卫星"国家和地区的经济畸形单一,影响了这些国家的发展。"那些还在奴隶劳动或徭役劳动等较低级形式上从事生产的民族,一旦卷入资本主义生产方式所统治的世界市场,而这个市场又使它们的产品的外销成为首要利益,那就会在奴隶制、农奴制等野蛮灾祸之上,再加上一层过度劳动的文明灾祸。"①

六、布哈林的国际分工理论

尼古拉·伊凡诺维奇·布哈林(1888—1938)被列宁称赞为党的理论家和学识卓越的马克思主义经济学家。1917年俄国二月革命后,先后担任莫斯科苏维埃执行委员会和布尔什维克党莫斯科委员会委员、布尔什维克党中央委员,主编《社会民主党人》《斯巴达克》《莫斯科革命军事委员会消息》等报刊。

布哈林于1915年撰写、1917年出版的《世界经济和帝国主义》中比较系统地论述了国际分工的含义、形成前提及19世纪末20世纪初国际分工的格局。

(一)国际分工的含义

国际分工来源于社会分工。社会生活的基础是物质财富的生产。在现代社会里,不是生产单纯的产品,而是生产商品,即用以进行交换的产品。各种产品的交换过程表现出生产这些商品的各经济单位间的分工。这种分工与一个统一的企业范围内的分工不同,马克思把它叫作社会分工。很明显,社会分工具有各种不同的形式。例如,有一国之内各企业间的分工,有不同的生产部门间的分工,还有整个经济生活中一些大的部分——工业与农业的分工,以及在总的体系里代表各国民经济的国家间的分工等。布哈林认为,"还存在一种各'国民经济'之间的分工,或者说各国家之间的分工。这种超越'国民经济'疆界的分工,就是国际分工"。

(二)国际分工的形成前提

国际分工形成需有两种前提:一种是由于各"生产机体"生存的自然环境不同所决定的自然前提;另一种是由于各国文化程度不同、经济结构不同与生产力发展水平不同所决定的社会前提。

1. 自然前提

不同的公社在各自的自然环境中,找到不同的生产资料和不同的生活资料。因此,它们的生产方式、生活方式和产品也就各不相同。这种自然的差别,在公社互相接触时引起了产品的互相交换,从而使这些产品逐渐变成商品。交换没有造成生产领域之间的差别,而是使不同的生产领域发生关系,并把它们变成社会总生产的多少互相依赖的部门。这种生产领域的差别,是生产的自然环境的差别造成的。如咖啡、橡胶、棉花、煤炭、石油和各种金属矿产离不开自然条件。

2. 社会前提

生产条件的自然差别虽然重要,但是,如果同各国生产力发展不平衡所造成的差别比

---

① 马克思,恩格斯.马克思恩格斯全集:第23卷[M].北京:人民出版社,1972:263-264.

起来,它的作用愈益减少了。

自然条件对于生产关系,以及对于商业和运输,只是具有相对的重要性。它们是起消极的作用还是起积极的作用,在很大程度上取决于人类的文化水平。虽然我们可以把自然条件(用人类的时间尺度和空间尺度来衡量)视作不变的因素,但人类的文化水平却是变动着的因素。不管一国自然条件的差别对于生产和运输的影响多么重要,文化的差别无疑同样是重要的。只有这两个因素的共同作用才产生经济生活中的各种现象。

譬如,如果不具备开采煤炭的技术和经济前提,煤矿藏就会成为"死的资本"。另外,山脉阻碍交通,沼泽使生产遭到困难,等等,而在拥有高度发达的技术(修筑隧道、灌溉工程等)的国家中,它们就失去消极作用了。更重要的是,随着生产力的不平衡发展,各种不同的经济类型和各种不同的生产部门产生,从而使国际分工的范围扩大起来。

(三)国际分工格局

国际分工格局表现为城乡的分离。在资本主义生产方式下,这一过程在规模大得多的基础上再表现出来。从这个观点看,整个国家变成了"城市",即工业国,而整个农业地区变成了"乡村"。在这里,国际分工同整个社会生产中两个最大部门的分工——工业与农业的分工是一致的,从工业品的产地和农业品的产地就可以清楚地看出这一点。小麦的主要产地是加拿大、美国的农业地区、阿根廷、澳大利亚、西印度群岛、俄国、罗马尼亚、保加利亚、塞尔维亚和匈牙利。裸麦的主要产地是俄国。肉类由澳大利亚和新西兰、美国(农业地区)、加拿大(专门从事大规模的肉类生产)、阿根廷、丹麦、荷兰等国供应。牲畜主要由欧洲的农业国输往工业国,欧洲生产牲畜的中心是匈牙利、荷兰、丹麦、西班牙、葡萄牙、俄国以及巴尔干国家。木材由瑞典、芬兰、挪威、俄国北部供应,小部分由奥匈帝国的某些地区供应。加拿大的木材输出也开始增长。

世界上最发达的工业国是输出制成品的国家。棉织品市场的主要供应者是英国,其次是德国、法国,意大利、比利时以及在西半球的美国。毛织品由英国、法国、德国、奥地利、比利时等国生产,供应世界市场。钢铁制品的主要生产国是英国、德国和美国,这三个国家已达到工业化的最高水平,其次是比利时、法国与奥匈帝国。化学品由德国生产,它在这方面占第一位,其后是英国、美国、法国、比利时和瑞士。

第五节 全球价值链

一、出现背景与概念

随着贸易自由化和投资自由化的进展与跨国公司的增强,商品的生产过程越来越多地被分解为不同阶段并分别在不同的国家完成,国际贸易中的中间产品所占比重不断提高。因此,围绕某种产品的生产形成一种跨国生产体系,分布在世界各地不同规模的企业被组织在这个一体化的生产网络中。

在此背景下,美国学者杰里菲(Gereffi)1994年提出全球商品链(global commodity chain)的概念:通过一系列国际网络将围绕某一商品或产品而发生关系的诸多国家作坊、企业和政府等紧密地联系到世界体系中。这些网络关系一般具有社会结构性、特殊适配性和地方聚集性等特性；任一商品链的具体加工流程或部件一般表现为通过网络关系连接在一起的节点或一些节点的集合；商品链中任何一个节点的集合都包括投入（原材料和半成品等）组织、劳动力供应、运输、市场营销和最终消费等内容。①

进入21世纪，学术界逐步用全球价值链来取代全球商品链。斯特恩（Sturgeon）从组织规模（organizational scale）、地理分布（geographic scale）和生产性主体（productive actor）三个维度来界定全球价值链。从组织规模看，全球价值链包括参与某种商品或服务的生产性活动的全部主体；从地理分布看，全球价值链必须具有全球性；从生产性主体看，有一体化企业、零售商、领导厂商、交钥匙供应商和零部件供应商。他还对价值链和生产网络的概念进行了区分：前者主要描述了某种商品或服务从生产到交货、消费和服务的一系列过程，而后者强调的是一群相关企业之间关系的本质和程度。②

联合国工业发展组织（UNIDO）在2002—2003年度产业报告中给出了全球价值链的概念："全球价值链是指在全球范围内为实现商品或服务价值而连续生产、销售、回收处理等过程的全球性跨企业网络组织，涉及从原料采集和运输、半成品和成品的生产和分销直至最终消费和回收处理的过程。它包括所有参与者和生产销售等活动的组织及其价值利润分配，并且通过自动化的业务流程和供应商、合作伙伴以及客户的链接，以支持机构的能力和效率。"③它强调全球价值链不仅由大量互补的企业组成，而且是通过各种经济活动连接在一起的企业网络的组织集，关注的焦点不只是企业，还有契约关系和不断变化的联结方式。

美国学者安塔斯（Antràs）认为全球价值链有四个特征：定制化生产，从买家到供应商的序贯生产中的决策，高缔约成本，以及商品、服务、生产团队和想法的全球匹配。④

二、全球价值链的分解与外包

随着经济全球化的推进和信息技术的普及应用，产业价值链的结构不断变化。比较突出的一个趋势是价值链的分解或纵向解体。以计算机行业为例。在20世纪80年代以前，一家生产计算机的企业需要自己生产芯片、计算机硬件、操作系统和应用软件，然后由自己的销售人员进行销售并提供售后服务。由此，该企业的业务范围覆盖了完整的产业价值链，这种方式被称为"纵向一体化"。它要求企业必须对产业价值链的所有环节都精通，实际上，很少有企业能够做到；同时，它也不利于行业的技术进步，因为对价值链的每个环节进行研发和流程改进需要投入大量的资金与人力，企业可能承担不起。

进入20世纪90年代以后，计算机逐步出现"模块化"的架构。它是指将产品分解成一个个子系统（模块），设计者事前先确定产品结构由哪几个子系统（模块）组成，每个子系

---

① GEREFFI G. Commodity chains and global capitalism[M]. Praeger Publishers, 1994.
② STURGEON T J. How do we define value chains and production networks[J]. Institute of development studies Bulletin, 2001, 32(3).
③ UNIDO. Industrial development Report 2002-2003: competing through innovation and learning[R]. Vienna: U. N. I. D. Organization, 2002.
④ POL A. Global production: firms, contracts and trade structure[M]. Princeton: Princeton University Press, 2015.

统的功能有哪些,不同子系统之间如何交换信息和相互作用等规则或标准,然后每个子系统可以分别由不同的企业去完成。在符合统一规则下,每个企业可以专注于一个模块的生产,并进行该模块的研发与创新;同一模块内的不同企业的产品可以互换,彼此之间的竞争可以使产品性能不断提高,而价格不断下降,顾客的选择余地更大。在此基础上,出现了企业将价值链环节产品从企业本身生产转向以契约形式给其他企业生产的情况,即出现了"外包"。

通过外包,企业可以专注于核心竞争力,利用外部资源,获得规模经济与范围经济效应,分担风险和提高灵活性,实现利润最大化。

三、全球价值链形式

杰里菲和汉弗莱(J. Humphrey)等依据交易的复杂性、交易信息的可编码程度差带来的合同欠缺、供应商能力和权力的不对称提出全球价值链的五种形式。

(一)市场型

生产通用性质的商品,不需要为特定交易对生产设备进行专用投资,因此客户和供应商之间对另一方均可以有无数的选择。他们主要通过开放的现货市场交易以肩并肩的关系联系在一起。而且,通用商品的采购也不需要在合同各方之间交换详细的产品规格信息,因为关键信息大多简化为预设价格,可以从目录中找到。改变商业伙伴的交易成本几乎可以忽略不计。由于价格弹性大,价值链处于一个恒定的流动状态,不需要过多地协调与管理。

(二)模块型

"模块"通常指由多个组件组合构成的综合体,被按照所生产最终产品的功能类型分组。通过组合差异化模块,生产者能够设计出具有多种形态的产品。同样,通过调整多用途设备的组合,一个供应基地能够允许某个复杂交易的实现,供应商将不必产生交易的专用投资,因此可以让广泛的潜在客户使用该设备。交易各方相互提供的信息量是可观的。这种类型的全球价值链能够通过标准化契约来降低交易成本,供应商能够全面掌控自身的生产过程,需要调节的成本也不高。

(三)关系型

当生产工序涉及专门设备(如特定形状的产品模具),交易变得资产专门化,缔约方之间开始变得相互依赖。特定产品专门设备的其他用途范围有限,在其他情况下使用该设备,生产率将小幅下降。因此,服务供应商(专门设备的持有者)没有动力寻找其他潜在客户。同样,该客户也较难,或至少必须以较高成本才能从不拥有这些专用设施的其他第三方供应商那里获得相同质量水准的产品供给。因此,双方都没有动力去寻找其他商户关系。此外,为提高生产率而进行的专门设备再投资,会深化交易的资产专用性,交易各方将被锁定为更加相互依赖的关系。

(四)俘获型

这种类型的交易各方在行使权力上具有压倒性的差异,正如在一个具有全球品牌的主导企业与地方小型分包企业之间的业务关系中所能看到的那样。服务供应商遵守客户的要求,并受到严格的监督,以保证产品质量和交货时间。不同于市场型全球价值链,俘获型中的服务供应商既没有足够的生产能力来实现大规模生产的规模优势,也没有专门的生产设施(如关系型全球价值链)来保证其在生产中的唯一性。由于生产能力水平有限,寻找替代业务关系的机会也大大减少,供应商成为"俘房型"供应商。

(五)等级型

这种类型的产品很复杂,外部交易成本很高,而供应商的能力很低。因为交易可能涉及领导厂商的核心能力,如隐性知识、知识产权等,领导厂商无法通过契约来控制机会主义行为,只能纵向一体化的公司内部生产。如跨国公司。

全球价值链类型的比较见表3.1。

表 3.1 全球价值链类型的比较

类型	交易的复杂性	交易信息的可编码性	供应商能力	权力不对称性
市场型	低	高	高	低
模块型	高	高	高	较前者高
关系型	高	低	高	较前者高
俘获型	高	高	低	较前者高
等级型	高	低	低	高

资料来源:Gereffi G,Humphrey J,et al. The Governance of Global Value Chains[J]. Review of International Political Economy,2005,12(1).

各国和企业融入全球价值链的形式取决于其特有的因素。它们包括自身的地理位置、邻国的大小和相对收入、本国的相对收入、经济结构、贸易协定的范围和性质、物质资本和人力资本的禀赋等。

通常,参与"俘获型"的国家升级难度较大,可能成为价格竞争(保持低工资)或者商品价格异常波动的牺牲品。

随着全球价值链的发展,上述形式在行业中会发生转变,如自行车从等级型到市场型,服装从俘获型到关系型,电子商品从等级型到模块型,新鲜蔬菜从市场型到关系型。

四、全球价值链的作用与特点

(一)全球价值链的作用

1. 促进世界经贸的发展

全球价值链改变了企业和国家参与全球生产网络的范围。全球生产的重组不仅为发达国家的跨国公司和主要出口企业提供了机会,同时也给新兴经济体和发展中国家带来了机遇。前者可以将部分生产任务外包给在成本上更具有竞争力的国家、地区和企业,而后者可以利用比较优势的"新的可贸易品"(如劳动力)来融入全球价值链。

2. 为发展中国家发展带来新机会

从发展经济学的观点出发,全球价值链对发展中国家至少有三方面的积极作用:首先,为发展中国家提供融入世界经济新机遇。全球价值链为发展中国家提供融入世界经济和参与国际分工的新机会,使其在全球贸易中的参与度提高并且出口多元化。没有全球价值链,发展中国家需要具备完整产品的生产能力,才能够进行新的经济活动。历史上,发展中国家一般出口未经加工的原材料,这是因为在较短时间内具备完整产品的生产能力是较为困难的。如今,由于全球价值链的存在,发展中国家可以通过嵌入产品生产过程中的某一个或者某几个环节,从而成为工业在产品的出口国。其次,融入全球价值链可以获得更多的就业机会。例如,中国装配的苹果手机,菲律宾和印度的呼叫中心业务,越南的耐克鞋生产,以及墨西哥和泰国的汽车与汽车零部件生产等,都为发展中国家创造了大量的就业岗位。最后,通过技术转移和外溢,全球价值链还为发展中国家提供了本地学习的机会。

发展中经济体通过进出口中间产品,越来越多地参与到全球价值链中;一些新兴经济体正在全球价值链上不断升级。例如,中国开始将更多的中间产品出口到低收入国家,以支持这些国家向全球市场出口最终产品。

3. 促进世界服务贸易的发展

由于全球价值链的发展,服务业在世界主要经济体国内生产总值中的比重都在提高。其原因是:制造业的外包活动增多;电信和运输等连接性服务在全球价值链中日益重要;精密制造的复杂产品如汽车软件中的服务成分增加;服务任务相对制造性任务价格的上升等。

4. 促进全球价值链参与者的改革

全球价值链中的进化过程不可能在真空中发生。在企业从原始到连接,再到升级,最终成为成熟的参与者时,企业所在的经济体也会经历同样的发展过程。经济决定上层建筑。随着企业在参与全球价值链中的演进,所在国家的政策会调整和改革,进而制度也会改革。

融入全球价值链和位置升级,从全球价值链中获得发展机遇和获取利益的动力,激发发展中国家改革。它们通过各种努力建立一个开放的、可预期的、符合 WTO 规则的进口体制,减少贸易摩擦和改进互联互通。

(二)全球价值链的特点

1. 占全球贸易比重很高

21 世纪以来,全球价值链中产生的中间贸易一直占世界货物贸易的将近一半。中间产品出口占世界货物贸易出口额的比重从 2009 年的 41.2% 提高到 2016 年的 43.9%。

2. 发展很不平衡

与全球价值链密切的三个生产中心分别位于美国,亚洲的中国内地、日本和韩国,欧洲(主要是德国)。中国以外的发展中国家一般都处在外围。

市场发育较好、产业比较健全、国内产业链已经发展的发展中国家可以比较自主地参与全球价值链。

参与区域经贸优惠协定、参加 WTO 执行自由型贸易、通过改革提升自身引力来吸引外商前来投资的发展中国家的企业参与全球价值链的进程要快于其他发展中国家。

非洲很多发展中国家几乎没有参与全球价值链。

3. 获得的收益不等

企业参与全球价值链所获得的收益并不是自动产生的,它们在全球价值链中获益程度大小,取决于该企业处于价值链的高端还是低端。因此,由于经济发展阶段的不同,比较优势相异,发达国家和发展中国家在全球价值链中获得的效益存在差异。

在全球价值链中,发达国家企业倾向从事高端、无形的生产活动,如制造前期的研发、设计和品牌建设以及制造后期的售后服务与市场营销等。发展中国家企业倾向于从事低端、有形的生产活动,如加工和装配等。因此,参与全球价值链的发展中国家企业收益低于参与全球价值链的发达国家的企业。

4. 企业风险不一

在全球价值链中,"接包"国家企业风险加大。由于价值链的模块化形成价值链的碎片化和模块内的标准化,发包企业加大了选择接包企业的自由度,既为中小企业提供了接包的机会,也增加接包企业的不稳定性和竞争性。

5. 行业发展不一

全球价值链在电脑、汽车、服装、鞋业行业中走在前面。

五、参与全球价值链的障碍及消除

(一) 参与全球价值链的障碍

1. 全球金融危机的冲击

2008—2009年的全球金融危机对生产全球化造成了重创。纯国内生产活动的份额有所增加,但简单全球价值链和复杂全球价值链跨境生产活动的价值在下降。世界货物出口中的中间产品金额从2011年的77 564亿美元降到2015年的71 756亿美元和2016年的70 324亿美元。其主要原因来自三个方面:首先,全球金融危机爆发后,全球范围内的贸易保护主义有抬头态势。其次,中国等主要新兴经济体正逐渐用国产中间品替代进口品。随着新兴经济体国内劳动分工的加深,更多的中间品由本国制造,导致其国内价值链加长。由于主要新兴经济体在全球价值链中的升级,跨境生产共享活动可能会减少。最后,技术创新和资本回流也使美国、日本等主要发达经济体的国内分工不断深化。[①]

2. 对全球价值链的疑虑

全球价值链下,企业把一些生产任务转移到国外,将减少国内本来从事这些生产的劳动力,对国内劳动力市场的不利和资本外流造成的产业"空心化",引发逆全球化思潮和贸易保护主义。

3. 贸易摩擦

上述疑虑引出的贸易保护主义和违背多边贸易体制行动,再加上交通运输费用以及物流和贸易便利化条件匮乏,增加了贸易摩擦,使全球价值链中单个生产阶段的生产成本平均上升18%。

4. 贸易成本

贸易成本指非关税的贸易成本,如运费、保险费和其他跨境相关的费用和信息成本、监管、许可等。它们比关税要高,给全球价值链的升级带来许多困难。发展中国家的贸易成本远远高于发达国家。

5. 国内价值链

国内价值链的发展和参与全球价值链存在稳健的关系。据研究,国内一体化程度提高一个百分点,会使全球价值链参与度在短期内提高0.5%。

6. 其他因素

诸如,参与区域贸易协定的程度,贸易伙伴参与全球价值链的程度,与经济中心的距离,企业组成等。

[①] 杜大伟. 全球价值链报告(2017)[M]. 北京:社会科学文献出版社,2018.

（二）参与全球价值链的障碍消除

（1）建立强大的国内供应链。它是参与全球价值链的先决条件。

（2）对外开放。推行贸易和投资自由化政策；引入竞争和吸引外国直接投资，改善融资、通信、运输和其他服务。

（3）建立良好的制度。加强产权意识和法制建设。

（4）加强基础设施建设、控制腐败、简政放权，大幅降低关税，扩大无障碍的进口。

（5）参与深度的优惠贸易协定。

六、全球价值链对国际分工理论的贡献

（一）突破分工的界限

鉴于资本流动的不自由，古典学派提出各国根据比较优势理论，北欧学派提出以要素禀赋差异，在国家间从事产业间最终产品的生产与贸易。在全球价值链下，生产过程可以被"分割"成不同的生产环节或某个环节对应某个特定的任务，如设计、零件采购、装配和分销。这些环节一般被企业跨境外包到能够最有效完成任务的地点进行。把原有国际分工从产业间贸易延伸到产业内部、生产环节上。

（二）比较优势的深化

在全球价值链下，由于目标市场扩大，因此有较大空间来吸纳由更有效率的跨境劳动分工所带来的商品供给的增加；参加生产网络的国家由于要素成本各有差异，因此离岸外包企业有更好的机会利用比较优势。加上全球价值链商品生产环节有进一步细分的可能，那么就展现出更精细劳动分工的机会，这会导致更高效的资源配置和更低的边际成本。

（三）分工利益具体化

全球价值链研究中对全球价值链各个环节增值的分析，细分了参与全球价值链的国家、企业所获得的实际价值效益。在传统国际贸易理论和分工下，以海关进出口界定商品贸易额，企业从贸易中的实际获益并不具体。通过全球价值链的生产环节的增值分析研究，可以明确参与和改善全球价值链的目标和措施，扩大参与分工的价值效益。如Dedtrick、Kraemer和Linden在对苹果的iPod、iPad，惠普和联想的笔记本电脑进行增值分析后，发现iPod 2005年零售价为299美元，其中产品的出厂成本为144美元，分销费用为75美元，主导企业（苹果公司）可获得80美元利润，而在工厂成本中，大约只有3.86美元归属中国的装配服务。[①]

本 章 小 结

（1）国际分工是国际贸易的基础，国际贸易是国际分工的表现，二者相辅相成，互相制约，互相促进。

（2）在资本主义生产方式下，国际分工随着市场经济和技术革命的发展，不断向纵深

---

① JASON D, KRAEMER K L, GREG L. Who profits from innovation in global value chains?: A study of the iPod and notebook PCs[J]. Industrial and corporate change, 2010,19(1). 81-116.

发展。第二次世界大战后,国内分工演变为国际分工,分工的形式多样化;参与国际分工的国家遍及全球;原有的国际分工格局被打破;国际分工的利益在扩散,但国际分工的性质未发生根本的改变。

(3) 国际分工的产生与发展受自然条件、社会生产力、市场的发育程度和规模、资本流动、生产关系和经济贸易政策的综合影响,其中决定性的制约条件是社会生产力的发展程度。

(4) 如何分析国际分工的产生与发展?如何看待资本主义生产方式下的国际分工?西方经济学家和马克思看法不一。西方经济学家在确认资本主义生产方式的基础上,提出按照绝对优势、比较优势和要素禀赋的不同进行国际分工,从而掩盖了资本主义国际分工不平等的性质。而马克思从人类历史发展的高度看待国际分工。他认为资本主义国际分工具有进步意义,同时也存在不合理的性质。

(5) 瑞典经济学家赫克歇尔和俄林在20世纪30年代提出以要素禀赋丰缺进行国际分工的理论。第二次世界大战后,经过里昂惕夫的验证,发现美国贸易结构与赫俄理论推论相反。这被称为"里昂惕夫之谜",引起不少经济学家解"谜",导致一些新的贸易理论出现。

(6) 美国学者波特认为,李嘉图和俄林的国际分工理论滞后于当今国际经济发展的现实,从而提出了国家竞争优势学说。

(7) 20世纪末、21世纪以来形成的全球价值链理论丰富和发展了已有的国际分工理论。

思 考 题

1. 什么是国际分工?
2. 国际分工与国际贸易的关系如何?
3. 第二次世界大战以来国际分工有哪些特点?
4. 国际分工发展的条件是什么?
5. 李嘉图比较优势说的主要内容是什么?
6. 马克思如何看待资本主义国际分工?
7. 赫俄生产要素禀赋分工学说的主要内容是什么?
8. 什么是"里昂惕夫之谜"?
9. 全球价值链理论的形成、特点与贡献是什么?

习 题

第四章 世界市场

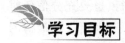

学习目标

世界各国参与国际分工的形式表现为其在世界市场上的贸易活动。本章系统考察了世界市场的形成、发展和构成，介绍了各国开拓世界市场的途径与手段，并分析了各国开拓市场中的激烈竞争，论述了它们采取的各种竞争策略，给出了竞争力的测算指标。通过学习，学生应了解世界市场的构成，知悉开拓世界市场的办法，掌握世界市场上的交易方式和竞争特点，能够运用指标测算并分析一国的竞争力。

第一节 世界市场的发展与构成

一、世界市场的含义与作用

（一）世界市场的含义

世界市场是世界各国进行货物、服务和生产要素交换的领域，是国际分工和国际贸易的表现。世界市场是在国内市场的基础上发展起来的，但它不是各国国内市场的总和。在国家存在的前提下，各国国内市场有其独立性，世界市场和国内市场通过对外贸易联系起来。马克思指出：" 世界市场不仅是同存在于国内市场以外的一切外国市场相联系的国内市场，而且同时也是作为本国市场的构成部分的一切外国市场的国内市场。"①

相对于国内市场而言，世界市场具有如下特点：首先，货物、服务和要素流动不如在国内市场自由；其次，价值规律发生作用不如在国内市场通畅；再次，由于国家和国境的存在，世界市场依靠的社会制度、经济体系和发展程度比国内市场更加多样和复杂；最后，国内市场与世界市场的融合度取决于各国经济与市场的发展程度。

随着资本主义生产方式的确立与发展，世界市场经过萌芽、发展到形成，并不断发展。

（二）世界市场的作用

1. 调节世界各国的生产要素和资源配置

在世界市场上，通过供求关系的变化和价值规律的作用决定世界各国资本、技术、生产资料和劳动力等资源的流向，使其得到比较合理的配置。

2. 世界各国相互依赖和相互依存的基础

马克思在19世纪就指出：" 要知道每一个经济部门个别地、安静地独自存在的时代早已过去了，现在它们全都互相依赖，既依赖最遥远的国家的进步，也依赖紧邻的国家的

---

① 马克思,恩格斯.马克思恩格斯全集：第46卷(上)[M].北京：人民出版社,1979:238.

进步以及变动着的世界市场的行情。"①在经济全球化迅猛发展的21世纪,这种状况大大加深。

3. 促进各国国内市场经济体制的建立与完善

"如果要让一个复杂的市场经济发挥作用,它就必须解决五个问题,第一,就是资讯务必平稳顺畅地流通,使得人们对于他们所要买的东西拥有充分的信心;第二,它必须理性地假定人们会遵守他们的承诺,即便这些承诺是在未来几十年后才执行,也要充分信任对方;第三,必须培育出竞争的环境;第四,财产权必须获得保障;第五,第三者所带来最糟的副作用必须能够有效地制止。"②世界市场上各国的竞争和合作,加大了市场经济的开放性、平等性、规范性和分化性对各个参与国际贸易国家本身的经济体制和贸易体制改革的影响,促进了各国国内市场经济体制的建立和完善。

4. 加强世界各国之间的相互传递

第一,发达国家与发展中国家之间的双向传递。开始是发达国家通过世界市场把它们的经济发展传递到发展中国家和地区,同时也把它们的经济衰退和危机传递到发展中国家,是单向传递。在经济全球化下,在发达国家这两种传递的基础上,发展中国家和地区对发达国家进行反传递。第二,世界市场上交换内容相互之间的传递在扩大。在世界市场交换对象以货物贸易为主时,国家之间的上述传递局限在货物贸易领域,在经济全球化下,世界市场的交换内容从货物延伸到服务、知识和生产要素,拓宽了传递的领域。第三,在市场经济体制被世界各国广泛接受的情况下,传递机制障碍减少,传递速度加快。第四,在上述背景下,世界各国的经济波动、衰退和危机向同步化发展。各国尤其是经济贸易大国的国内经济贸易问题演变成国际问题。

二、当代世界市场的构成

(一) 国家与地区

按照经济发展类型,参加世界市场活动的国家和地区可分为三个主要类别:发达国家、发展中国家、经济转型国家。按照主要出口商品的类别,发展中国家又可分为三个类型,即主要石油出口国家、主要制成品出口国家、其他国家和地区。按照主要特征,发展中国家又可分为最不发达国家、内陆国家和沉重负债的穷国。世界银行按照人均国民总收入(GNI)将其188个成员国分为四类,以2012年人均国民总收入为准,低收入国家(人均GNI在1 035美元以下)、较低中等收入国家(人均GNI为1 035～4 085美元)、较高中等收入国家(人均GNI为4 085～12 616美元)、高收入国家(人均GNI在12 616美元以上)。

由于发达国家占有国际货物贸易、服务贸易和要素流动的绝大部分,因此它们成为世界市场的主体,在世界市场上起着主导作用。

(二) 贸易厂商

贸易厂商是世界市场上的订约人,按照活动的目的和性质可分为三类:公司、企业主

---

① 马克思,恩格斯. 马克思恩格斯全集:第16卷[M]. 北京:人民出版社,1964:258.
② 马丁·沃夫. 新世界蓝图(中译本)[M]. 台北:早安财经文化有限公司,2006:95.

联合会、国家机关(政府各部和各主管部门)和机构。公司是指那些追求商业目的的订约人,它们是在工业、贸易、建筑、运输、农业、服务等方面以谋利为目的而进行经济活动的企业。企业主联合会是企业家集团的联合组织,它们与公司的区别在于,其活动目的不是获取利润,而是以协会、联盟、代表会议等形式参与政府的决策活动,为企业扩大出口、开拓世界市场服务。国家机关(政府各部和各主管部门)和机构是世界市场上第三类订约人,它们只有在得到政府授权后才能进入世界市场,从事外贸业务活动,但不以盈利为目的。

(三) 交易商品

交易商品即标的,指世界市场上交易的商品,它包括货物、服务和生产要素等。联合国《国际贸易标准分类》将货物分为10大类、67章、262组、1 023个分组和2 970个基本目。WTO将服务性产品划分为12大项,即商务服务、通信服务、建筑服务、销售服务、教育服务、环境服务、金融服务、卫生服务、旅游服务、娱乐服务、运输服务和其他服务。资本有直接投资和间接投资等。

(四) 交易场所与渠道

1. 有固定组织形态的国际市场

有固定组织形态的国际商品市场是指在固定场所按照事先规定的原则和规章进行商品交易的市场。这种市场主要包括商品交易所、拍卖、集市、博览会和展销会等。

2. 没有固定组织形态的国际市场

除了有固定组织形态的国际市场外,通过其他方式进行的国际商品交易都可以纳入没有固定组织形态的国际市场。这种市场可以大致分为两大类:一类是单纯的商品购销;另一类则是与其他因素结合的商品购销形式,如"三来一补"、投标与招标、易货贸易、租赁贸易等。

3. 商品销售渠道

商品销售渠道是指商品从生产者到消费者手中所要经过的环节。其作用是:沟通生产与销售;节约企业推销商品所需的人力和时间;为贸易各方提供各种方便;化解企业商品生产后的风险;满足消费者的不同需要。

世界市场上的销售渠道通常由三个部分构成:第一个部分是出口国的销售渠道,包括生产企业或贸易公司本身;第二个部分是出口国与进口国之间的销售,包括贸易双方的中间商;第三个部分是进口国国内的销售渠道,包括经销商、批发商和零售商等。

4. 国际物流

国际物流(international logistics,IL)是指物流活动超越国家疆界的限制,延伸到其他国家和地区,其目的是降低运输费用,加快商品周转和提高竞争力,获取销售效益。它把商品制造、运输和销售有机结合起来,是集采购、生产、运输、保管、信息和管理为一体的世界市场活动。

整个世界的经济活动由生产、流通和消费三大部分构成,其中流通是联系生产和消费的必要环节。没有流通,整个世界经济活动将停止,商品的价值和使用价值都无法实现。经济全球化的加速发展,国际分工的深化和广化,跨国公司的发展,以及竞争的加剧,需要在世界市场上有效、合理地组织世界各国之间的商品物流,以获得较高的经济效益和实现利润最大化。在这一背景下,国际物流应运而生。

21世纪,国际物流进入大发展的时代,呈现信息化、网络化、智能化、柔性化、标准化和整体化的特点。如果世界市场上交换的商品是"血液",国际物流则是世界市场机体中的"血管"。

(五)运输网络和信息媒体网络

运输网络由铁路运输、公路运输、水上运输、航空运输、管道运输等组成,承担着世界市场上的各种运输服务。

信息媒体网络由国际电话、电视、广播、报刊、通信卫星、计算机网络等组成,承担着世界市场上的信息传播和通信职责。

(六)管理与协调机构

管理与协调机构包括世界市场上各种管理组织和机构,如世界贸易组织、国际货币基金组织、世界银行、国际商会、仲裁机构、各种认证机构、标准化组织等。通过它们的运作,保证世界市场有序、健康地运行。

第二节 世界市场的开拓

一、开拓世界市场的准备

(一)调研国家市场环境

其包括以下内容。

(1)经济因素:要进入国家的市场和地区经济发展的程度与水平。

(2)政治因素:要进入国家的政体、政府机构、法律体系、是否与他国在政治和经济上结盟。

(3)文化因素:要进入国家的宗教、信仰、教育文化水平、社会风俗习惯等。

(4)社会因素:要进入国家的办事效率、工会组织、政府稳定状况等。

(二)确定进入具体市场目标

其包括以下内容。

(1)商品进入哪个地区或城市。

(2)商品面向哪一个消费者阶层。

(3)进入市场的范围。

(三)分析商品市场动向

其包括以下内容。

(1)需求数量。

(2)面临的竞争对手。

(3)需求的变化。

(4)潜在的市场需求。

(5)本身的供应能力。

二、开拓世界市场的方法和阶段

企业进入世界市场大约要经过三个阶段,即产品出口阶段、国外生产阶段和跨国企业经营阶段。

(一) 产品出口阶段

一般是先间接出口,即通过代理人出口。其优点是投资少、风险小。其缺点是需支付佣金,且容易被中间商控制。待间接出口到一定阶段,取得经验,就转为直接出口,即甩开中间商,直接进入市场。直接出口方式包括:在国外设立经销点;设立分支机构;派推销人员到国外推销。其优点是直接面向市场,能及时了解、掌握市场信息,获得较多利润。其缺点是投资较多,遇到的风险大。

(二) 国外生产阶段

企业到国外生产时,可以采取的方法很多,一般采取以下三种方法。

1. 合资企业与独资企业

合资企业是指外国和国内投资者之间为了从事商品生产或其他经营活动(如建筑或提供技术服务)而成立一个新的公司所做的安排。

缔约双方谈判公司章程及各缔约方投入合资企业的股金。新建公司实体通常由董事会控制,董事会成员由股东按照资本投资中的股权数委任。在大多数情况下,投资者都要谋求在合资企业中掌握多数股权,以便最大限度地控制企业经营和获取最多的利润分成。控股多少将由投资者和当地合股人进行谈判,保障每个股东在企业决策和管理中享有互相商定的控制权以及在公司盈亏中应有的份额。

企业也可以通过在国外设立独资企业进入其市场。但在市场开拓早期,投资者对当地情况不熟悉,独资企业的经营困难可能会更大一些。

2. 国际分包

在国际分包安排中,承包商将其承包工程的一部分分包给当地的分包商。分包后所生产的产品(零部件)发运给承包商以组装成最终产品;若是成品,则由承包商去销售。在此类业务中,产品按照承包商规定的条件和规格进行生产。分包商从承包商那里获得关键的加工技术、机器、设备、质量管理的仪器,提供单证、技术人员培训和管理方法的帮助。签订分包合同时要谈妥上述各种投入的方式。合同条款可能规定承包商提供或资助分包商所需的机器和技术设备。

3. 技术许可

按照这种办法,当地生产者的产品制造权是通过"许可协议"从专利(或商标)持有人处获得的。专利持有人(许可人)给予买方(被许可人)该产品的制造和在当地市场及指定的出口市场销售的专有权。根据许可协议,被许可人通常以支付专利权使用费的形式购买制造权。专利使用费可按总销量的一个固定百分比计算(按出厂价),也可以对每生产一个产品按一个特定金额计算。与国际分包一样,许可人通常承担开始生产及维持生产所必需的全部相关技术、设备以及技术咨询投入。

在这个阶段的后期,一旦企业开始在几个国家和地区建立起生产基地,并从这些基地向世界市场供应商品，对这些企业统一管理、综合计划就成为企业的重大问题，需要进行跨国经营。

（三）跨国企业经营阶段

1. 跨国企业经营的特点

一国企业开始在全世界范围内计划、组织并管理其国际性生产时，它便进入跨国企业经营阶段。其特点是：在不同的国家和地区设立子公司或分支机构，从事国外生产、销售活动；总公司对子公司具有直接控制能力；经营战略和目标是以全球为出发点，考虑全企业的经营管理。这时，企业经营管理者的工作重心将放在诸多子公司之间跨国业务的协调上，把国内的生产仅作为世界性经营的一部分，力图通过各种要素在跨国企业内部各子公司间的调动，获取国际分工的更大利益。

2. 跨国企业经营的类型

按跨国企业进行国际性经营的目的，跨国经营可分为以下几种类型。

（1）为获取本国供给不足的资源，如各种矿产、能源等。

（2）绕过进口国在进口上设置的各种贸易障碍，就地生产，就地销售，成为变相贸易。

（3）进入区域经济贸易集团内部。

（4）为延长本企业主要产品的生命周期，调整和优化生产结构。

（5）吸引和利用当地的技术、管理和资金。

（6）控制和垄断某个国家、地区或某种产品的市场等。

三、世界市场的交易方式

根据交易双方的标的和支付能力，世界市场形成了不同的交易方式。这些方式包括单纯的商品购销、包销、代理、寄售、拍卖、招标与投标、期货交易、易货贸易、补偿贸易、加工贸易、租赁贸易等。

（一）单纯的商品购销

1. 单纯的商品购销的含义

单纯的商品购销是指交易双方不通过固定市场而进行的商品买卖活动。它是通过独立洽商进行的。

2. 单纯的商品购销的内容

这种方式通常包括如下内容：买卖双方自由选择成交对象；洽商商品的品质、规格、数量、价格、支付、商检、装运、保险、索赔、仲裁；在相互意见一致的基础上签订成交合同。这种交易方式是世界市场上最为普遍的交易方式。

（二）包销

1. 包销的含义

包销（exclusive sales）是指卖方在指定的地区范围和期限内，把指定的商品出售给指定的买方。

2. 包销的特点

包销具有以下特点。

(1) 售定性质。在包销方式下,交易双方之间的关系是本人(principal)之间的买卖关系,而不是本人与代理(agent)之间的代销关系。双方对销售的产品在确定价格后,各自承担市场价格涨落和经营中的各种风险,即自负盈亏。

(2) 独家销售权利。包销方式的买方享有一定期限在指定地区内的独家销售权。

(3) 签订包销协议。包销协议的主要条款包括商品种类、包销地区、包销期限、专营权、最低购买数量或金额及价格等内容。

(三)代理

1. 代理的含义

代理(agency)是指货主在进口当地市场指定代理人,由代理人在一定的地区范围和一定期限内,积极推销货主指定的商品。

2. 代理的特点

同包销方式相比,代理方式具有以下特点:①双方的关系是委托人与被委托人的关系。代理人只能在委托人的授权范围内,代表委托人从事商业活动。②代理人一般不以自己的名义与第三者签订合同。③代理人通常是运用委托人的资金从事业务活动。④代理人不负责交易中的盈亏,只收取佣金。⑤代理人只是在中间介绍生意、招揽订单,并不承担履行合同的责任。

3. 代理的类别

代理分为独家代理和一般代理。在国际贸易中,独家代理是指委托人给予代理商在规定地区和一定期限内享有代销指定商品的专营权,除非双方另有约定,无论是由代理商做成,还是由委托人同其他商人做成,代理商都享有获得佣金的权利。而一般代理不享有独家代理的专营权利,在同一地区、同一时期内,委托人可以选定一家或几家客户作为一般代理商,根据推销商品的实际金额付给佣金。委托人可以直接与其他买主成交,无须另外付给代理商佣金。

(四)寄售

1. 寄售的含义

寄售(consignment)是指货主为开拓国际市场,先把货物运往国外市场,委托指定商号代销其货物,在货物售出后才收回货款,并支付代销商代垫的费用和佣金。

2. 寄售的特点

(1) 代销性质。寄售的关系并非买卖关系,而属于代销关系,也是一种委托与被委托的关系。

(2) 货物所有权仍属于货主。在寄售方式下,虽然货主把货物运交给国外指定商号,但货物的所有权和风险并未转移,仍然属于货主。一方面,代销人不能侵犯货主的所有权;另一方面,货物发生的风险除非因代销人的过失造成,否则仍由货主承担。如果发生代销人破产的情况,任何债权人不得对寄售货物进行处置,货主有权收回寄售货物。

(3) 先售后结。委托人根据寄售合同,先把货物运往国外市场的寄售商号,待货物售出,再由代销人扣除费用和佣金后,把售出货款汇给货主。

(五)拍卖

1. 拍卖的含义

拍卖(auction)是由经营拍卖业务的拍卖行接受货主的委托,在规定的时间和场所,按照一定的章程和规则以公开交易的方式,把货物卖给出价最高的买主的一种贸易方式。

2. 拍卖的特点

(1) 是在一定的机构内有组织地进行的。

(2) 具有自己独特的法律和规章。

(3) 是一种公开竞买的现货交易。

(4) 通过拍卖成交的商品通常是品质难以标准化,或难以久存,或按传统习惯以拍卖出售的商品,如裘皮、茶叶、烟草、羊毛、木材、水果以及古玩和艺术品等。

(六)招标与投标

1. 招标与投标的含义

招标(invitation to tender)是指招标人(买方)在规定时间和地点发出招标公告,提出准备买进商品的品种、数量和有关买卖条件,邀请卖方投标的行为。投标(submission of tender)是指投标人(卖方)应招标人的邀请,根据招标公告或招标单的规定条件,在所规定投标的时间内向招标人递盘的行为。

2. 招标与投标的内容

招标与投标是一种贸易方式的两个方面。招标、投标业务的基本程序包括招标前的准备工作、投标、开标、评标、决标及中标、签约等几个环节。

(七)期货交易

1. 期货交易的含义

期货市场(futures market)是指按一定的规章制度买卖期货合同的有组织的市场。期货交易就是在期货市场上进行交易的行为。期货市场由期货交易所、场内经纪人与期货佣金商以及清算所等构成。期货交易所(futures exchanges 或 exchanges)是具体买卖期货合同的场所。

2. 期货交易的特点

(1) 合同的条件必须标准化。在交易所进行交易的商品,合同中的品名、质量和数量必须标准划一。因此,期货交易双方只需就期货合同的份数、交货期及价格达成一致。

(2) 保证合同绝对能够履行。交易所通过订立包括保证金在内的各种规定,保证在交易所中订立的合同能够绝对地履行,从而使期货交易得以顺利进行。

(3) 脱离实际货物的交付。交易所只管买方、卖方的登记结算,自己不进行直接交易,交易的全过程一般不发生实际货物的收交。

(八)易货贸易

1. 易货贸易的含义

易货贸易(barter trade),从狭义上说,就是以货换货的一种贸易方式,如果交易双方所供货物相等,则不涉及货币;如果允许双方所交货物有差额,该差额可用货币支付或稍后提交货物来抵付。

2. 易货贸易的特点

交换商品的价值相等或相近,没有第三者参加,并且是一次性交易,履约期较短。

(九) 补偿贸易

1. 补偿贸易的含义

补偿贸易(compensation trade)是指在信贷的基础上进口设备,然后以回销产品或劳务的方法,分期偿还进口设备的价款和利息的一种贸易方式。

2. 补偿贸易的特点

(1) 贸易与信贷结合。一方购入设备等商品时对方提供信贷,或由银行提供信贷。

(2) 进口与出口、生产相联系。设备进口与产品出口相联系,产品利用引进的设备来制造。

3. 补偿贸易的做法

补偿贸易的做法有两种形式。

(1) 回购(product buyback)。设备进口方用对方提供的设备或技术所生产的产品,包括直接产品或有关产品,来偿付进口设备的货款。

(2) 互购(counter purchase)。设备进口方不是用直接产品支付进口设备的货款,而是用双方商定的其他产品或劳务来偿付。互购涉及两个独立而又相互联系的合同。

(十) 加工贸易

1. 加工贸易的含义

加工贸易是指经营企业进口全部或部分原材料、零部件、元器件、包装物料,经加工或装配后,将制成品复出口的贸易方式。

2. 加工贸易的方式

加工贸易包括来料加工和进料加工。来料加工贸易是指进口料件由外商免费提供,经营企业不需要付汇进口,它们按照外商的要求进行加工或者装配,只收取加工费,而制成品由外商销售的贸易方式。进料加工贸易是指进口料件由经营企业付汇进口,制成品由经营企业外销出口的贸易方式。

(十一) 租赁贸易

1. 租赁贸易的含义

租赁贸易(leasing)是指出租人在一定时间内把租赁物租借给承租人使用,承租人分期付给一定租赁费的融资与融物相结合的经济活动。根据租约规定,出租人定期收取租金,并保持对租赁物的所有权;承租人通过租金缴纳取得租赁物的使用权。

2. 租赁贸易的特点

(1) 租赁是所有权和使用权相分离的一种物资流动形式。

(2) 租赁是融资与融物相结合、物资与货币结合交流的运动形式。

(3) 租赁是国内外贸易中的辅助渠道。

3. 租赁贸易的形式

租赁贸易主要分为以下两种形式。

（1）金融租赁：也称融资性租赁，是指承租人选定机器设备，由出租人购置后出租给承租人使用，承租人按期交付租金。租赁期满后，租赁设备通常采取三种处理方法：退租、续租和转移给承租人。在金融租赁中，租赁期满后，租赁设备的所有权转移给承租人的情况非常普遍。

（2）经营租赁：是指租赁公司购置设备，出租给承租人使用，出租人负责维修、保养和零部件更换等工作，承租人所付租金包括维修费。

四、世界市场交易的达成

（一）合同的确立

合同是世界市场上交易双方、当事人之间有约束力的书面协议，是贸易商之间交易达成的标志。签订合同的要素是：有订约能力的交易双方当事人；标的（买卖的商品）；意愿一致；义务的相互性。在所有法系中，合同成立的原则是：一方必须做出一项要约，要约即向一个或多个特定的人提出的内容明确并且一经接受即受其约束的订立合同的建议；另一方必须接受该要约。合同一般在要约被接受的时候确立。

在合同确立时，要遵循平等、自愿、诚实、信用、合法和尊重社会公德的原则。

（二）合同的类型

根据贸易方式，出现的贸易合同包括商品销售合同、包销合同、代理合同、寄售合同、拍卖合同、招标与投标合同、易货贸易合同、补偿贸易合同、加工贸易合同、租赁合同等。

（三）合同的履行

合同当事人要根据合同的各种条款如实地履行，若有违反，应根据合同条款解决。

第三节　当代世界市场竞争

一、当代世界市场竞争的特点

竞争就是指追逐利润的竞赛。在世界市场上，各国贸易商为了追逐利润，展开了激烈的竞争，出现了各种竞争方式与策略。

（一）市场竞争成为国际竞争的重要内容

在当代国际环境下，国家之间存在政治竞争、军事竞争、经济竞争、社会竞争和文化竞争。其中经济竞争成为各国竞争的主要内容，也成为其他竞争的基础。而在经济竞争中，市场开拓、维护与占有的竞争占据非常重要的地位。

（二）市场竞争格局出现多元化

第二次世界大战以后，随着发达国家经济的快速发展，部分发展中国家经济的崛起，苏联、东南欧国家的剧变，中国等社会主义国家的对外开放，在世界经济发展不平衡规律的作用下，市场竞争格局呈现多元化。它包括六个方面的竞争：一是发达国家之间的竞争;二是发达国家与发展中国家和地区之间的竞争;三是社会主义国家与发达国家和发展中国家之间的竞争;四是地区性经济贸易集团之间的竞争;五是跨国公司、大企业之间的竞争;六是跨国公司、大企业与中小企业之间的竞争。

(三) 市场竞争日益广阔与深化

(1) 从局部竞争走向整体竞争。参加竞争的商品从货物贸易向服务贸易和知识产权贸易发展。

(2) 竞争方式从粗放式竞争走向集约式竞争。贸易中的非价格竞争已取代传统的价格竞争占据主导地位。

(3) 国际贸易方式方法日趋多样。在传统贸易方式,如经销、代理和寄售、招投标的基础上,出现了加工贸易、对等贸易、技术贸易、租赁贸易和电子商务。

(4) 从封闭式的市场竞争走向开放式的市场竞争。在市场竞争中,各国从被动的保护转向主动对外开放,推行贸易和投资自由化,加入WTO等国际组织。

(5) 构成商品竞争力的要素从自然资源要素走向管理与新兴的科学技术。新技术、新工艺在生产过程中的推广与采用,成为市场上商品竞争能力的重要基础。

(6) 商品贸易与投资活动密切结合,资本流动成为进行市场渗透的重要工具。

(7) 市场竞争中理论与实际密切结合,出现了很多新的竞争理论。如出现了产品生命周期理论、企业竞争战略理论、营销策略理论和国家竞争优势理论。

(8) 各国积极组建和参加经贸集团,由国家之间的竞争转向经贸集团之间的竞争。地区经贸集团的数目从1972年前的50多个跃升到21世纪初的150多个。截至2019年1月31日,在WTO登记的区域经贸组织累计已达681个。①

(9) 情报被视为竞争力的重要基础。一方面,通过合法和非法手段收集与窃取情报;另一方面,制造和散布假情报,迷惑竞争对手。

(四) 在国家干预和保护下竞争

在当代世界市场竞争中,各主权国家政府为了维护本国的经济利益,不断运用国家权力通过各种方式对竞争进行干预和保护,以促进本国经济的发展,最大限度地减少竞争对本国经济发展所起的负面作用。如通过经济政策、科技政策、产业政策和措施改善本国企业参与世界市场竞争的环境与条件,优化出口产业结构,提高出口产品的竞争力。

(五) 公平竞争成为主流

随着世界市场的扩大,市场活动对各国经济发展的作用在加强,公平竞争日益受到各贸易国家的重视。在世界市场上,各国通过贸易条约、契约、惯例等,贯彻公平竞争原则。其办法如下。

(1) 通过双边贸易和投资协定,确定双方的权利与义务,做到平等互利,为公平竞争提供基础。

(2) 通过经贸集团内的各种协定,确定成员之间的权利与义务,进行公平竞争。

(3) 国际贸易法规日益完备和规范化。它们包括:涉及国际贸易某一领域的国际条约,如

---

① WTO官方网站。

第四章 世界市场

《国际货物买卖合同公约》《国际货物海上运输公约》等；指南性的文件，如《对销贸易法律指南》；标准合同范本，交易双方当事人可按此种范本订立合同，如大型承包工程合同的范本；具体的合同条款，如《租船合同条款》《船舶和货物保险条款》，这些合同条款都十分具体，各国贸易商都按统一的条款行事，可以减少分歧，保证公平；标准化要求，如 ISO 9000 系列等。

（4）建立世界性的贸易组织，以协调世界各国贸易方面的法律，实现公平竞争。如 1995 年建立的 WTO，其目标就是保证组织成员进行"公开、公平和无扭曲的竞争"。

二、国际竞争力的定义与指标

（一）国际竞争力的定义

国际竞争力可被界定为"一国生产符合国际市场标准的货物和服务，同时又能保持和提高人民的实际收入的能力"。[①] "一个具有竞争力的公司能够明确要生产什么，为谁生产，并且能够为实现其生产和营销目的有效和高效率地管理资源的获取和分配，从而实现讨价还价的能力。"[②]

（二）国际竞争力的指标

1. 贸易专业化系数[③]

1）贸易专业化系数（trade specialization coefficient，TSC）的基本公式

$$贸易专业化系数(TSC) = \frac{出口(X) - 进口(M)}{出口(X) + 进口(M)}$$

当 TSC=1 时，为完全出口专业化；当 TSC=-1 时，为完全进口专业化。

2）一国某产品的国际竞争力

$$一国某产品的国际竞争力 = \frac{一国 A 产品对世界出口额 - 该国 A 产品从世界进口额}{一国 A 产品对世界出口额 + 该国 A 产品从世界进口额}$$

当计算结果大于零时，表明该产品具有竞争力；反之，如果小于零，则表明该产品竞争力弱。

2. 出口业绩相对指数[④]

出口业绩相对指数（index of relative export performance，IREP）的计算公式为

$$IREP_{ij} = \frac{X_{ij} / \sum_j X_{ij}}{\sum_j X_{ij} / \sum_i \sum_j X_{ij}}$$

式中，X_{ij} 为 j 国 i 产品出口额；$\sum_j X_{ij}$ 为世界各国 i 产品出口总额；$\sum_i X_{ij}$ 为 j 国出口总额；$\sum_i \sum_j X_{ij}$ 为世界出口总额；分母为 j 国出口额在世界出口总额中所占的比例；分子为

[①] UNCTAD Secretariat. Linkages, value chains and outward investment: internationalization patterns of developing countries' SMEs[R]. Geneva: Commission on Enterprise, Business Facilitation and Development Ninth session, 22-25 February 2005, Item 3 of the provisional agenda, TD/B/COM. 3/69, 4 January 2005.

[②] UNCTAD Secretariat. Report of the Expert Meeting on Promoting the Export Competitiveness of SMEs[R]. Geneva: Commission on Enterprise, Business Facilitation and Development, Expert Meeting on Promoting the Export Competitiveness of SMEs, 8-10 December 2004, TD/B/COM. 3/EM. 23/3, 23 December 2004.

[③] 林彩梅. 多国籍企业论[M]. 台北：五南图书出版公司，1991：749.

[④] 张玮. 国际贸易[M]. 北京：高等教育出版社，2006：71.

j 国 i 产品出口额在世界 i 产品出口总额中所占的比例。

3. 固定市场份额模型指标

固定市场份额模型(the constant market share model, CMS)指标是指在一定时期内,本国某产品的出口增长率与为保持该产品原有的市场占有份额应有的出口增长率之差。若其数值为正数,则表明本国该产品在这一时期内的出口竞争力相对于其他出口国有所提高;反之,则表明该国竞争力下降。由于很难测定保持原有市场份额应达到的出口增长率,因此,这一指标的实际运用有一定难度。

4. 显示比较优势指标

显示比较优势(revealed comparative advantage, RCA)指标的计算公式为

$$RCA_{ij} = \frac{X_{ij}/\sum_{i} X_{ij}}{\sum_{j} X_{ij}/\sum_{i}\sum_{j} X_{ij}}$$

式中,RCA_{ij} 为 j 国 i 商品的显示比较优势指数;X_{ij} 为 j 国 i 产品的出口值;$\sum_{i} X_{ij}$ 为 j 国全部产品的出口值;$\sum_{j} X_{ij}$ 为世界上 i 产品的出口总值;$\sum_{i}\sum_{j} X_{ij}$ 为世界所有产品的出口总值。

一般认为,若 $RCA_{ij} > 2.5$,则表明 j 国的 i 产品(或产业)具有极强的竞争力;若 $1.25 < RCA_{ij} < 2.5$,则表明 j 国 i 产品具有较强的竞争力;若 $0.8 < RCA_{ij} < 1.25$,则表明 i 产品具有中等程度的竞争力;若 $RCA_{ij} < 0.8$,则表明 j 国 i 产品的竞争力较弱。

此指标运用较多。需要注意的是,该指标的计算结果与出口业绩相对指数相同,只是两个指标中分子、分母的具体含义不同。

三、企业全球竞争战略

(一)企业全球竞争战略的含义

企业全球竞争战略就是在世界范围内某个产业里寻求一个持久的有利竞争地位的指导思想和经营策略。竞争战略的目标是,针对决定竞争的各种影响力建立起一个持久的有利可图的地位。

竞争战略大师迈克尔·波特认为,竞争战略有三种基本类型:第一种是成本领先战略(overall cost leadership)。实行这种战略的企业通过有效途径降低成本,使企业的成本低于竞争对手,从而获取竞争优势。第二种是差异化战略(differentiation)。差异化战略是指为了使企业产品与竞争对手产品有明显的差异性,形成与众不同的特点而采取的一种战略。这种战略的核心是取得某种对顾客有价值的独特特点。第三种是集中战略(focus)。采取这种战略的企业的经营活动集中于某一特定的细分市场。如果企业不能采取三种基本战略中的任何一种,即处于"夹在中间"的状况,往往很容易陷入经营困境。

(二)全球竞争优势来源

一般而言,企业全球竞争优势来源于五个方面:比较优势、规模经济、产品差别、专有产品或服务技术与克服竞争障碍的能力。

1. 比较优势

比较优势是全球竞争的重要因素。只有企业生产的一个产品具有很大的成本优势或

质量优势时,它才能在国内市场上占有极大份额并且能大量出口。

2. 规模经济

如果企业在生产(或提供服务)上存在规模经济,而且进行跨国经营生产,就能取得成本优势。这种规模经济存在于全球经营的经验、后勤系统、市场经销和采购中。为了在这些方面取得规模经济效益和成本优势,企业要坚决地建立起高效、规模的生产设备,严格控制成本和管理费用,以及最大限度地节约研发、服务、推销、广告等方面的成本费用。

3. 产品差别

它是指企业把生产的产品或提供的服务差别化,树立起一些产业范围内具有独特性的东西。要实现产品差别化,需在名牌形象、技术特点、性能特点、顾客服务、商业网络等方面具有独特性。若企业在上述几个方面都有显著的特点,其竞争力就强。

4. 专有产品或服务技术

它是指企业主攻某个特殊的顾客群、某条产品线或某个细化的服务部门。其实现的途径有很多种,但前提是企业的专一化能够以更高的效率、更好的效果为某一特定的对象服务,从而在较广范围内超过竞争对手。

5. 克服竞争障碍的能力

企业获取全球竞争优势会遇到如下障碍。

(1) 经济障碍:诸如运输和库存的成本,不同产品需求的差异,销售渠道的建立,售后服务水平,对产品生命周期与技术转移的敏感性,一国地区市场的分割,世界性需求的变动等。

(2) 管理上的障碍:诸如因国家、地区、文化、习惯、支付能力带来的不同的经销办法;全球性的集中管理与局部的当地企业的管理;新技术的使用与推广等。

(3) 制度上的障碍:诸如各国政府为维护本国经济发展、削弱他国企业竞争力而设置的产业政策、关税壁垒与非关税壁垒等。

(4) 资源障碍:企业本身的资本拥有量与融资能力、研发能力、人力资本等。

(三) 企业全球战略的确立

一般而言,企业全球战略的确定基点取决于该企业在一国的市场份额和潜在的盈利水平,其确立的基础取决于如下因素。

1. 世界范围的成本竞争能力

企业必须占有世界市场一定的最低份额,以承担适当的经济规模与产品开发任务。

2. 在世界市场上的比重

企业必须在一国市场上赢得较高水平的市场份额,才有可能对全球其他竞争者的行为产生影响。如果一个企业在外国市场的份额只占1%或2%,则表明其实力弱,影响力小。

3. 整体的商品观念

全球竞争要求具有全面整体的商品观念。针对核心产品、保障与售后服务,应该订立一套系统的经营策略。

4. 经营范围的适当扩展

当企业生产的多种商品能从相同的商品销售和商标投资中获益时,其销售和商标投资才是经济合算的。也就是在低成本的基础上要不断开发出新产品,这样的企业经营范围才是恰当的。

5. 全球资源的控制

企业在全球竞争中面临最大的问题是如何配置资源。它应具有对其子公司根据其经营范围,有计划配置资源的控制能力。

6. 战略思想的构成

在这些战略思想中,要考虑本企业面临的侵入威胁、替代威胁、买方的议价谈判能力、供方的议价谈判能力和现有竞争对手的竞争状况。

本 章 小 结

(1) 世界市场是国际贸易动态化的平台。因此,它与国际贸易和国际分工同步而生,并随着国际贸易和国际分工的发展而扩大。随着世界经济体系的出现,世界各国的国内市场不断融入世界市场。世界市场的运行规律对各国国内市场的影响也不断加强。

(2) 当代世界市场在不断扩大,参与世界市场活动的有国家,有各类企业,还有各种商品,它们之间通过销售渠道、运输和信息网络相互结合在一起。通过参与世界市场的活动,各国和企业获取贸易利益,提高在国际分工中的地位,接受经济传递,参与经济全球化。

(3) 为了发展经济,获取贸易利益,各国通过各种途径进入世界市场。常用的途径是:从间接贸易到直接贸易再到就地投资设立企业,进而发展为跨国企业。此外,各国结合本身情况,科学运用贸易方式开拓世界市场。世界市场开拓的实现表现为交易合同的达成与交易合同的履约。

(4) 各国参与世界市场活动的程度取决于该国的市场发育程度和竞争能力的强弱。为了获取最大的贸易利益,参与世界市场活动的国家和企业会展开激烈的竞争,为此,国家和企业谋划出各种竞争战略和策略,构筑和巩固自己的竞争优势。

思 考 题

1. 当代世界市场是如何构成的?
2. 世界市场形成的标志是什么?
3. 如何进入世界市场?
4. 世界市场上有哪些交易方式?
5. 当代世界市场的竞争呈现出哪些特点?
6. 衡量国际竞争力的指标有哪些?其含义及公式是什么?

习 题

第五章 世界市场价格

价值规律是世界市场运作的无形之手,世界市场价格是其运作的表现。世界市场价格是世界市场上商品交换的基础。本章系统分析了商品价格形成的基础和影响价格最终形成的因素,价格对贸易利益和政策的影响,价格与贸易条件的关系等。通过学习,学生应了解世界市场价格的形成,知道世界市场价格的种类,掌握世界市场价格的作用。

第一节 世界市场价格的确立基础

世界市场商品价格差异是贸易产生的直接原因,而商品价格差异的构成基础是商品所包含的国际价值量。

一、商品国际价值量的形成

(一) 商品国际价值的基础

商品的国际价值是在国别价值的基础上形成的。任何国家所生产的商品的价值内容,都由抽象的社会劳动决定。当资本主义破坏了分散的自然经济,并把地方市场结合成全国市场,随后又结合成世界市场之后,社会劳动便获得了全面发展。它不仅作为个别国家的劳动,而且作为世界上所有国家的劳动,当商品交换变成世界性交换的时候,社会劳动便带有普遍的国际性质。商品真正的价值性质是随着对外贸易发展起来的,因为对外贸易才把它里面包含的劳动当作社会的劳动来发展。所以,使国民劳动具有世界劳动的资格,最重要的条件就是以国际分工为联系的世界市场的形成和发展。

(二) 国别价值与国际价值的异同

商品的国别价值和国际价值作为一般人类劳动的凝结物,在本质上是完全相同的,而在量上则是不同的。国别价值量是由该国生产该商品的社会必要劳动时间决定的。"社会必要劳动时间是在现有的社会正常的生产条件下,在社会平均的劳动熟练程度和劳动强度下制造某种使用价值所需要的劳动时间。"[①]现有的社会标准的生产条件,主要是指当时某一生产部门大多数产品生产已经达到的技术装备水平。但是在社会标准的生产条件下,由于生产者的劳动熟练程度和强度不同,生产某种商品所花费的时间也不一样。在这种情况下,价值只能由社会平均的劳动熟练程度和强度,即由相等的劳动强度决定。国际商品价值量是由世界劳动的平均单位决定的。在世界市场上,"国家不同,劳动的中等

---

① 马克思,恩格斯.马克思恩格斯全集:第23卷[M].北京:人民出版社,1972:52,614.

强度也就不同;有的国家高些,有的国家低些。于是各国的平均数形成一个阶梯,它的计量单位是世界劳动的平均单位"。① 这个平均的劳动单位就是在世界经济的一般条件下生产某种商品时所需的特殊的社会必要劳动时间。

二、商品国别价值差异的原因

各国在同一时间里生产的国际价值量是不相等的,它根源于各国经济发展程度的不同。一国经济发展水平越高,国民的劳动强度越大,劳动生产率越高;反之亦然。由于各国经济发展水平的差异,有些国家的国民平均劳动强度和平均劳动生产率高于国际水准,有些则低于国际水准。"因此,不同国家在同一劳动时间内所生产的同种商品的不同量,有不同的国际价值,从而表现为不同的价格,即表现为按各自的国际价值而不同的货币额。"②各国劳动生产率和劳动强度成为商品国别价值差异的重要原因。

(一)劳动生产率

国际价值量随着国际社会必要劳动时间的变动而变动。因为商品的国际价值量是由生产这种商品的国际社会必要劳动时间决定的,所以生产商品的国际社会必要劳动时间变了,商品的国际价值量也会变化。国际社会必要劳动时间是随着世界各国的社会必要劳动时间的变化而变化的,假如各国社会必要劳动时间缩短了,则国际社会必要劳动时间也随之缩短;反之亦然。各国生产商品的社会必要劳动时间随着劳动生产率的改变而改变。

劳动生产率的高低取决于多种因素。其中主要的因素有:劳动者的熟练程度;生产资料,特别是生产工具的装备水平;劳动组织和生产组织的状况;科学技术的发展和应用程度;原料和零部件的优劣;以及各种自然条件等。在不同的部门和企业中,上述每一个因素对其劳动生产率的影响程度是不相同的。如在农业和采矿业中,劳动生产率受自然条件这一因素的影响比较大,而在一般的加工工业中就比较小。

劳动生产率的变化必然会引起生产商品的社会必要劳动时间的变化,从而引起商品价值的变化。劳动生产率越高,单位时间内生产的商品越多,则生产一单位商品所需要的社会必要劳动时间便越少,单位商品的价值量便越小。反之,劳动生产率越低,单位时间内生产的商品越少,则生产一单位商品所需要的社会必要劳动时间便越多,单位商品的价值量便越大。马克思提出:"商品生产的一般规律是:劳动生产率和劳动的价值创造成反比。"③

(二)劳动强度

国际价值量还受各国劳动强度的影响。劳动强度是指劳动的紧张程度,也就是指同一时间内劳动力消耗的程度。单位时间消耗的劳动多,劳动强度就大;反之亦然。换句话说,如果劳动强度同时均等地增加了,新的较高的劳动强度就会成为普通的社会劳动标准强度,从而也影响国际劳动标准强度,进而影响国际价值量。

---

① 马克思,恩格斯.马克思恩格斯全集:第23卷[M].北京:人民出版社,1972:52,614.
② 马克思.资本论:第1卷[M].2版.北京:人民出版社,2004:645.
③ 马克思.资本论:第2卷[M].2版.北京:人民出版社,2004:168.

三、影响价值量转换的因素

(一) 社会经济发展水平

通常,经济发展水平越高,国内市场越发达,本国商品的国别价值转化为国际价值就越容易,而且由于单位时间内创造的国别价值高于国际价值,就会转化为更多的国际价值,从而出现国别价值增值;而发展中国家单位时间内创造的价值低于国际价值,在转化为国际价值时,要失掉一部分国别价值。

(二) 参与世界市场的贸易量

商品国际价值量与参加国际贸易国家的贸易量有着密切的关系。

(1) 如果绝大多数国际贸易商品是在大致相同的正常的各个国家的社会必要劳动时间下生产出来的,则国际社会必要劳动时间就是该商品各个国家的社会必要劳动时间。在这种情况下,商品国别价值基本上是一致的。

(2) 假定投到国际市场上的该商品的总量仍然不变,然而在较坏条件下生产的商品的国别价值,不能由较好条件下生产的商品的国别价值来平衡,导致在较坏条件下生产的那部分商品,无论同中间生产条件生产的商品相比,还是同较好条件下生产的商品相比,都构成一个相当大的量。那么,国际价值就由在较坏条件下生产且出口的大量商品来调节。

(3) 假定在高于中等条件下生产的商品的出口量,大大超过在较坏条件下生产的商品的出口量,甚至同中等条件下生产的商品的出口量相比也构成一个相当大的量,那么,国际价值就由在最好条件下生产的那部分商品来调节。

(三) 货币自由兑换的程度

通常,本国货币与国际货币实行自由兑换国家的国别价值容易转化为国际价值;反之,实行外汇管制或不能自由兑换的国家,商品的国别价值转化为国际价值比较困难。

第二节 世界市场价格的形成与类别

一、供求关系决定世界市场价格

商品的世界市场价格的基础是商品所含的国际价值量,但世界市场上的商品价格最终是由商品的供求关系决定的。

马克思指出:"商品的价格是由什么决定的?""它是由买者和卖者之间的竞争即需求和供给的关系决定的。"[①]这种竞争包括三个方面,即卖者之间的竞销;买者之间的竞购;买者与卖者之间的竞争。各方面竞争的结果,使一切已知的同一种和品质相同的商品逐步取得同一的国际市场价格,使得国际市场价格接近国际生产成本。

当世界市场需求扩大时,商品价格趋涨;当世界市场需求萎缩时,商品价格趋跌。当

---

① 马克思,恩格斯.马克思恩格斯全集:第1卷[M].2版.北京:人民出版社,1995:338.

商品生产过剩时,商品价格趋跌;当商品供给减少时,商品价格趋涨。当需求扩大,供给同时缩减时,价格急剧上升;当需求下降,而供给却同时增加时,价格会急剧下跌。

二、供求变动的主要因素

(一)垄断

1. 垄断组织对市场的控制

垄断组织为了攫取最大限度的利润,采取各种办法控制世界市场价格。

(1)直接的方法。包括瓜分销售市场,规定国内市场的商品销售额,规定出口份额,减产;降低商品价格,使竞争者破产,然后夺取这些市场并规定这些商品的垄断价格;用夺取原料产地的方法垄断原料市场;开采原料并按垄断价格出售原料,获取国家订货,并按垄断价格出售这些订货;直接调整价格,即规定一定的价格,低于这一价格便不出售商品;跨国公司内部采用划拨价格,公司内部相互约定采购商品和劳务所规定的价格。

(2)间接的方法。包括限制商品生产额和出口额,限制开采矿产和妨碍新工厂的建立;在市场上收买"过多"商品。

2. 国家垄断

为了经济安全和保证国民生活的需要,一些国家对涉及国计民生的行业实行垄断,由政府主管部门直接规定价格。

一些产油国为了保证自身的权益,利用它们的储藏优势和难以替代的特点,组建石油输出国组织,通过限制产量,控制石油价格。

一些初级产品的生产国和消费国为了保证销路与供应来源,通过签署国际商品协定,稳定价格,保证供应。

(二)经济发展周期

马克思指出,资本主义的生产要经过一定的周期性的循环,"沉寂状态、逐渐活跃、繁荣、生产过剩、崩溃、停滞、沉寂状态等等"[①],商品的市场价格和市场利润率都随着这些阶段而变化。资本主义经济危机是有周期性的。在危机期间,生产急剧下降,大批商品找不到销路,存货积压,一般来说,价格会下跌。危机过去之后,生产逐渐上升,对各种产品的需求增加,价格又开始上涨。

第二次世界大战以后,国家对经济的管理、干预和调节,扩大到生产、流通、分配和社会生活的各个方面。但是对世界经济的宏观管理和调控却远远落后于各国内部。由于占主导地位的资本主义生产方式内部矛盾的存在,各国和世界经济仍处于不断的波动之中,使得经济危机和金融危机不断,而且随着经济一体化的发展,世界经济和各国经济的发展周期出现同步性。这种经济波动对产品的价格有着重要的影响。

(三)生产者和消费者的收入与需求

生产者本身既是商品生产者,也是各种生产资料的需求者,它们的需求取决于世界市场上各国生产企业的经营、管理和竞争能力。消费者的需求取决于他们的收入水平和需

---

① 马克思,恩格斯.马克思恩格斯全集:第 25 卷[M].北京:人民出版社,1974:404.

求偏好。在世界市场上,经济贸易大国的企业和国民对各种产品的供给和需求有巨大的影响。

(四) 各国汇率的变化

汇率是一种货币用另一种货币来计算的价格。20世纪70年代以后,国际社会进入固定汇率制、自由浮动汇率制和有管理的浮动汇率制并存的时代。

汇率分为名义汇率和实际汇率。名义汇率是银行所公布的一种货币对另外一种货币的比价,实际汇率是调整物价变动因素以后的汇率。二者的关系用下式表示:

$$\rho = eP^*/P$$

式中,ρ 为实际汇率;e 为以本国货币标价的外币价格(本币/外币)即名义汇率;P 为本国的价格水平,P^* 为外国的价格水平。

影响汇率变化的主要因素有:贸易差额的变化;国际资本流动特别是短期资本的流动;货币数量的投放;外汇储备;主要国际货币的国家和集团,如美国(美元)和欧盟(欧元)的经济贸易状况的变化。

通常,贸易顺差大、外汇储备多的国家的货币会成为硬通货,其汇率呈升值趋势;相反,贸易逆差大、外汇储备短缺的国家的货币会呈现疲软,其汇率呈下跌趋势。

汇率变化给一国贸易带来了重要影响。如果本币对外币贬值,会使该国出口供给增加,进口需求减少;同时可以刺激国内服务贸易发展。相反,如果本币对外币升值,则出口供给将会下降,而进口需求将会增加,但会刺激对外投资。

(五) 各国政府采取的政策措施

第二次世界大战后,各国政府采取了许多政策措施,如支持价格政策、出口补贴政策、进出口管制政策、外汇政策、税收政策、战略物资收购及抛售政策等,对世界市场商品的供求都有很大的影响。

(六) 商品销售中的各种因素

这些因素包括:定价技巧;付款条件;运输交货的时间;销售季节;名牌效应;使用的货币;成交数量;商品的质量和包装;地理位置;广告等营销策略;服务质量;电子商务的运用;国际物流的管理;等等。这些因素都影响着世界市场的供求。

(七) 其他因素

诸如季节变化,自然灾害,政治和经济上的偶发事件等,都会影响世界市场的供求关系。

三、世界市场价格的类别

(一) 代表性的世界市场价格

1. 代表条件

(1) 在国际贸易中心市场上经常性、商业性、大宗出口和进口交易的价格,或者是由主要出口国形成的出口价格和主要进口国形成的进口价格。

(2) 该价格一般是用可自由兑换的货币支付。

(3) 该价格是互不关联的普通商业合同的成交价格。
(4) 价格成分：一般包括国内成本和与出口相关的成本。

2. 代表价格种类

1）成交价格

成交价格是指贸易厂商在日常交易中所达成的合同价格。它能够迅速而准确地反映世界市场价格动态和水平。

2）交易所价格

在商品交易所成交的价格被称为交易所价格。许多大宗初级产品的交易是在交易所进行的。它通过激烈的市场竞争达成，是许多国家签订合同时确定价格的主要依据。

交易所的交易可分为两类：现货交易和期货交易。两者的价格是不同的。前者接近实际成交价格，后者是一段时间以后的价格。

初级产品的现货交易中心一般多位于商品的产地，如一些发展中国家，而期货市场则多设在主要的国际金融中心，如芝加哥、伦敦、纽约等。许多商品的交易可以参照商品交易所的价格，如铜、铅、锌、锡等金属交易可以参照伦敦商品交易所的价格，天然橡胶可参照新加坡商品交易所的价格，玉米、燕麦等谷物产品可参照芝加哥商品交易所的价格。

3）拍卖价格

拍卖是商品交易的一种方式。拍卖价格就是以拍卖方式进行交易时形成的价格。它也是一种实际成交价，并且是现货成交价。拍卖价格不附带特别条件，能反映某些商品市场行情的变化和水平。拍卖市场有的在销售地，如伦敦有茶叶和猪鬃等的拍卖市场；也有的在产地，如印度、斯里兰卡、东非各产茶国的茶叶拍卖市场，澳大利亚的羊毛拍卖市场等。

4）开标价格

某一国家或大企业为购进大批物资，有时以公告方式向世界承销商招标，通过招标成交。如摩洛哥的茶、印度的烧碱、东南亚某些国家购买化肥等大多都采用这种方式。而开标价格就是通过招投标方式进行交易时达成的价格。由于参加投标者众多、竞争性强，因此所成交的价格往往低于一般成交价格。

5）参考价格

参考价格是指经常在各种期刊和批发价格表上公布的价格。参考价格变化较缓慢，因此实际交易中的参考价格是通过加价或折扣来适应市场变化的。将参考价格应用到实际中时，必须注意运用外贸中惯用的折扣办法，如现金折扣、数量折扣、季节性折扣等。

（二）企业市场营销价格

1. 出口报价

出口报价包括：销往国外市场的商品成本；与出口相关的运营成本（调研、额外的运输与保险、通信和促销支出）；市场进入成本（关税、商业、政治和外汇风险）。

2. 国外市场定价

需要考虑的因素包括：公司目标；成本；顾客行为和市场条件；市场结构；环境约束。

3. 协议价格

协议价格是指大公司之间通过协商达成的价格。当一个市场由数家公司的产品控制时,它们通过协商,订立一个大家都可以接受的价格来控制市场价格。日本一些企业有时采取这种价格,减少彼此间的竞争,获得"保证利润"。

4. 调拨价格

调拨价格又称转移价格,是指跨国公司成员之间交易时的定价。跨国公司通过调拨价格可以达到以下目的:保持在国际市场上的竞争力;减少关税和其他税收的负担;更好地管理现金流;使汇率风险降到最小;保持内部协调。

5. 倾销价格

倾销价格是指为了打开国外市场,企业以低于国内市场正常价值把产品销往国外市场的价格。

6. 垄断价格

垄断价格是指国际垄断组织利用其经济力量和市场控制力量决定的价格。在世界市场上,国际垄断价格有两种:一种是卖方垄断价格;另一种是买方垄断价格。前者是高于商品国际价值量的价格;后者是低于商品国际价值量的价格。在两种垄断价格下,均可取得垄断超额利润。垄断价格的上限取决于世界市场对于国际垄断组织所销售的商品的需求量,下限取决于生产费用加上国际垄断组织所在国的平均利润。由于垄断并不排除竞争,故垄断价格也有一个客观规定的界限。

(三)国家和集团干预价格

1. 国家垄断价格或管理价格

它是指国家通过国内外贸易和法规干预与影响价格。在当今世界市场上,国家干预价格有两种做法。

1)国家机构对商品市场的单方面干预

国家机构对商品市场的单方面干预在农业方面最为突出。为了保护农业,世界各国尤其是发达国家通过以下方法对农产品价格进行干预:收购;限制产量;按照保证价格与市场价格之间差额数给予补贴;管理进出口;国家经营收购业务和进出口贸易。这些做法自然会影响世界市场价格。

2)政府间贸易协定

政府间贸易协定不管是双边还是多边,都会对世界市场价格产生一定的影响。如国际商品协定、多种纤维安排、生产输出国组织等。

2. 区域性经济贸易集团内部价格

第二次世界大战后,许多区域性的经济贸易集团成立。在这些经济贸易集团内部形成了区域性经济贸易集团内部价格。如欧洲经济共同体共同农业政策中的共同价格。

第三节 当代世界市场价格的变动态势

一、价格变动的表示方法

国际上多用指数表示世界、国家进口价格和出口价格及它们之间的关系。常用的指数有:单位出口值和单位进口值指数,贸易条件指数。世界银行、联合国贸易和发展会议等国际经济组织目前公布的指数,均以2000年为基期(100)进行比较,表明价格变动趋势,但比较期指数高于或低于基期指数的含义,在不同指数中有所不同。

价格指数的变化在一定程度上代表了世界市场上价格变动的趋势。

二、各类价格指数的变动

(一)单位出口值指数与单位进口值指数

1. 单位出口值指数

1) 含义

单位出口值指数是指以2000年为基期计算的出口单位产品值的比较。出口单位产品价值比较期与基期相比,若高于100,表明单位产品价格高于2000年;反之,则低于2000年。单位出口值指数在实际应用中经常被作为出口价格指数来使用。严格意义上的出口价格指数需要考虑出口商品质量变动等因素,因此存在统计上的困难。

2) 变动态势

(1) 世界。整个世界单位出口值指数在2000年前,除了1980年和1985年之外,均高于100,但稳中有降,1980年为98,1990年达到111,1999年为103,2000年后从低于100提升到100以上。2001年为97,2002年为97,2005年为128,2012年为180,2017年为156。表明世界按2000年为基期计算的单位出口价格时有波动,并不稳定,但2003年起稳步升高,2012年后起伏变大。

(2) 发达国家。发达国家的单位出口值指数变动与世界相似,但整体上优于世界水平。

(3) 发展中国家。发展中国家的单位出口值指数变化,自2003年起与世界的趋势同步。

单位出口值指数见表5.1。

表5.1 单位出口值指数　　　　　　　　　　　　　2000年=100

年份 地区	1980	1990	2000	2001	2002	2005	2008	2009	2010	2012	2017
世界	98	111	100	97	97	128	168	151	161	180	156
发达国家	88	114	100	98	100	131	165	152	157	169	151
发展中国家	120	103	100	94	92	118	157	138	153	177	152

资料来源:根据UNCTAD,Handbook of Statistics 2018编制。

2. 单位进口值指数

1) 含义

单位进口值指数是指以2000年为基期计算的进口单位产品值的比较。进口单位产品价值比较期与基期相比,若高于100,表明单位产品价格高于2000年;反之,则低于2000年。单位进口值指数在实际应用中经常被作为进口价格指数来使用。

2) 变动态势

(1) 世界。整个世界单位进口值指数呈蛇形变化,1980年为94,1990年达到109,2000年为100,2001年为97,2002年为97,2003年为107,2008年为164,2012年为175。

表明世界进口价格的波动性。

（2）发达国家。发达国家的单位进口值指数变化与世界类似。但2003年后进口价格指数高于世界，与进口原油价格提升有关。

（3）发展中国家。发展中国家的单位进口值指数先高后低，1998—2003年低于或等于100，2004年后有所回升，但低于发达国家，原因是受到原油价格影响。

单位进口值指数见表5.2。

表5.2 单位进口值指数　　　　　　　　　　2000年=100

年份 地区	1980	1990	2000	2001	2002	2003	2008	2009	2010	2012	2017
世界	94	109	100	97	97	107	164	146	156	175	150
发达国家	91	111	100	97	99	111	171	151	159	177	153
发展中国家	103	102	100	96	95	100	149	134	146	165	141

资料来源：根据UNCTAD，Handbook of Statistics 2018编制。

（二）贸易条件指数

1. 含义

贸易条件指数是指一国在对外贸易中，出口商品价格指数与进口商品价格指数之比。若比较期的贸易条件指数高于100，则该时期的贸易条件与基期相比有利；反之，若比较期的贸易条件指数低于100，则比较期的贸易条件不利。贸易条件是一个相对概念。在一定程度上，可以反映出该国的出口价格优势和竞争能力的变化趋势。

贸易条件有四种，即净贸易条件、出口购买力贸易条件、单项因素贸易条件和双项因素贸易条件。在四种贸易条件中，净贸易条件和出口购买力贸易条件容易计算，联合国贸易和发展会议经常公布发达国家、发展中国家和各国的这两种贸易条件指数。

2. 净贸易条件指数

1）含义与计算方法

净贸易条件指数是出口价格指数与进口价格指数之比。其计算公式为

$$N = (P_x/P_m) \times 100$$

式中，N为净贸易条件指数；P_x为出口价格指数；P_m为进口价格指数。

举例说明：假定某国净贸易条件指数以1990年为基期是100，2000年时出口单位价格指数下降5%，为95；进口单位价格指数上升10%，为110；那么这个国家2000年的净贸易条件指数为

$$N = (95/110) \times 100 = 86.36$$

这表明该国在1990—2000年，净贸易条件从1990年的100下降到2000年的86.36，2000年与1990年相比，贸易条件恶化了13.64。

2）大类国家和地区的净贸易条件

以2000年为基期，发达国家净贸易条件指数在100上下变动，主要是因为能源价格的波动。

与此同时，发展中国家的净贸易条件，1980—1998年均高于或等于100，但1999—2003年低于100，表明净贸易条件有所恶化。其主要原因是，其出口的产品为初级产品和

附加值不高的一般制成品,而因石油提价等原因,进口价格在提高。在发展中国家,主要石油出口国的净贸易条件在1999年前有所恶化,2001—2003年出现轻微恶化,其原因是进口价格提高。2004年后有所好转,主要原因是石油价格大幅度提高。而以成品出口为主的发展中国家的净贸易条件从恶化转化为改善,表明它们在工业化的基础上出口结构中工业制成品的比重提高。

世界大类国家和地区的净贸易条件指数见表5.3。

表5.3 世界大类国家和地区的净贸易条件指数　　2000年=100

地区＼年份	1980	1985	1990	2000	2001	2005	2006	2008	2009	2010	2012	2017
世界	104	97	102	100	100	102	102	103	103	103	103	104
发达国家	97	92	103	100	101	100	99	97	100	98	95	99
发展中国家	117	111	101	100	98	102	104	106	103	105	107	108
转型国家	—	—	—	100	97	136	154	190	153	171	198	—
按主要类别分												
主要石油出口国	69	43	61	100	93	149	170	213	156	181	218	—
主要成品出口国家	10	17	33	100	101	96	94	90	94	91	88	—
主要的初级产品出口国（除燃料）	—	—	—	100	99	119	142	145	140	155	155	—

资料来源:根据UNCTAD,Handbook of Statistics 2018编制。

3. 出口购买力贸易条件指数

1) 含义与计算

出口购买力贸易条件指数是出口额指数与进口价格指数之比,这也可以通过将净贸易条件指数乘以出口数量指数来获得。因此,也被称为收入贸易条件指数。

计算公式为

$$P = (P_x \times Q_x)/P_m$$

式中,P为出口购买力指数;P_x为出口价格指数;Q_x为出口数量指数;P_m为进口价格指数。仍以上例为例,假定在进出口价格指数不变的条件下,该国的出口数量指数从1990年的100提高到2000年的120,在这种情况下,该国2000年的收入贸易条件指数为

$$P = (95 \times 120)/110 = 103.63$$

计算结果说明,该国尽管净贸易条件恶化了,但由于出口量上升,本身的进口能力2000年比1990年增加了3.63,也就是出口购买力贸易条件指数好转了。

2) 大类国家和地区的出口购买力贸易条件指数

以2000年为基期,1980—2003年,世界、发达国家和发展中国家出口购买力贸易条件指数2001年前均低于或等于100,2001年后高于100;但发展中国家出口购买力指数的增速与绝对值均高于世界和发达国家。表明它们在净贸易条件不如世界和发达国家的情况下,依靠更多的出口数量才取得出口购买力贸易条件指数的好转。

世界大类国家和地区的出口购买力贸易条件指数见表5.4。

表 5.4 世界大类国家和地区的出口购买力贸易条件指数　　2000年=100

年份 地区	1980	1990	2000	2001	2002	2008	2009	2010	2012	2017
世界	32	49	100	99	103	153	133	152	163	183
发达国家	33	54	100	100	102	126	110	122	125	144
发展中国家	29	40	100	98	106	206	182	215	240	271
转型国家	—	—	100	101	109	309	214	266	323	
按类别分										
主要石油出口国	116	53	100	92	95	281	193	238	301	—
主要成品出口国	11	34	100	99	103	137	122	138	144	
主要初级产品出口国(除燃料)			100	100	101	204	189	225	233	

资料来源：根据 UNCTAD, Handbook of Statistics 2018 编制。

4. 单项因素贸易条件指数与双项因素贸易条件指数

1）单项因素贸易条件指数

单项因素贸易条件指数是在净贸易条件的基础上，考虑劳动生产率提高或降低后贸易条件的变化。其计算公式为

$$S = (P_x/P_m) \times Z_x$$

式中，S 为单项因素贸易条件指数；Z_x 为出口商品劳动生产率指数。

举例说明：假定进出口商品价格指数以 1990 年为基期，若该国出口商品的劳动生产率由 1990 年的 100 提高到 2000 年的 130，则该国的单项因素贸易条件指数为

$$S = (95/110) \times 130 = 112.27$$

这说明，1990—2000 年，尽管净贸易条件恶化，但此期间出口商品劳动生产率提高，不但弥补了净贸易条件的恶化，而且使单项因素贸易条件好转。它说明了出口商品劳动生产率提高在贸易条件改善中的作用。

2）双项因素贸易条件指数

双项因素贸易条件指数不但考虑到出口商品劳动生产率的变化，而且考虑到进口商品劳动生产率的变化。其计算公式为

$$D = (P_x/P_m) \times (Z_x/Z_m) \times 100$$

式中，D 为双项因素贸易条件指数；Z_m 为进口商品劳动生产率指数。

仍以上例为例，假定进出口价格指数不变，出口商品劳动生产率指数不变，而进口商品劳动生产率的指数从 1990 年的 100 提高到 2000 年的 105，则双项因素贸易条件指数为

$$D = (95/110) \times (130/105) \times 100 = 106.93$$

这说明，如果出口商品劳动生产率指数在同期内高于进口商品劳动生产率指数，则贸易条件仍会改善。

三、影响价格指数变动的原因

（一）经济发展状况

21 世纪以来世界经济状况好转，进出口需求旺盛，导致初级产品价格和制成品价格

上升,带动整个世界物价呈上升趋势。若以 2000 年为基期,所有初级产品价格指数从 1985 年的 96.2 提高到 2001 年的 96.4 和 2006 年的 183.6,2011 年曾经高达 302,2013 年又降至 258.2。

(二)初级产品价格的提升

21 世纪以来,初级产品价格尤其是原油价格飙升,提高了发展中国家的价格指数,改善了发展中国家的净贸易条件和出口购买力贸易条件。初级产品中大类产品价格变动指数见表 5.5。

表 5.5　初级产品中大类产品价格变动指数　　　　　2015 年 = 100

年份 项目	1995	2000	2005	2010	2012	2013	2014	2015	2016	2017	2018
全部商品	46.28	56.21	98.24	141.87	176.88	170.25	156.82	100	90.63	106.36	123.39
全部食品	79.55	58.22	68.22	114.04	132.2	119.5	118.54	100	103.64	102.3	95.65
热带饮料和食品	82.19	61.36	67.62	111.01	123.56	112.3	116.56	100	102.18	100.5	93.82
植物油籽和油	73.45	50.96	69.61	121.06	152.13	136.1	123.1	100	107	106.45	99.88
农业原料	99.16	69.01	86.27	142.45	143.41	130.83	115.33	100	99.65	104.94	103.1
矿产、铁矿和金属	44.39	36.4	60.58	136.28	152.88	138.41	120.72	100	104.6	116.37	117.83

资料来源:根据 UNCTAD, Handbook of Statistics 2019 编制。

(三)经济发展程度的制约

就价格指数变动而言,发达国家比发展中国家稳定,而主要制成品的发展中国家又优于其他发展中国家。其主要原因在于发展中国家经济发展滞后,工业化刚刚起步,市场经济体制尚不完善,导致以出口初级产品为主的发展中国家的价格指数波动比较厉害。而以制成品出口为主的发达国家和主要出口制成品的发展中国家由于化解经济波动能力较强,使价格指数变动比较平稳。原油和制成品单位值指数变动见表 5.6。

扩展阅读

表 5.6　原油和制成品单位值指数变动　　　　　2000 年 = 100

年份 项目	1985	1995	2000	2005	2006	2007	2008	2009	2010	2011	2012
原油(每桶)	95.6	59.9	100	189.1	227.8	252.1	343.8	219.0	280.2	368.3	372.1
制成品	70.9	122.3	100	119.4	123.5	132.8	139.3	131.5	135.5	147.5	145.5

资料来源:根据 UNCTAD, Handbook of Statistics 2013 编制。

第四节　世界市场价格的作用

世界市场价格是世界市场上各种贸易活动的风向标。它是"无形之手",调控着参与世界市场活动的国家和厂商的贸易利益以及它们参与国际分工的形式,激励着它们的产业结构优化和贸易政策的制定。

一、贸易利益的比较尺度

马克思早已指出:"投在对外贸易上的资本能够提供较高的利润率,首先因为这里是和生产条件较为不利的其他国家所生产的商品进行竞争,所以,比较发达国家高于商品的价值出售自己的商品。虽然比它的竞争国卖得便宜,只要比较发达的国家的劳动在这里作为比重较高的劳动来实现,利润率就会提高,因为这种劳动没有被作为质量较高的劳动来支付报酬,却被作为质量较高的劳动来出售。对有商品输入和输出的国家来说,同样的情况也都可能发生;就是说,这种国家所付出的实物形式的物化劳动多于它所得到的,但是它由此得到的商品比它自己所能生产的更便宜。"[①]这种基于国内外价值形成的价格差异构成了各国贸易厂商利润的来源。

二、国际分工的调节阀

各国企业家总是面对着世界市场,并且把他自己的成本价格不但同国内的市场价格相比较,而且同全世界的市场价格相比较。比较的结果会出现以下几种情况:①当他的成本价格低于世界市场价格时,无疑他会继续生产该种商品;②当他的成本价格高于世界市场价格时,通过改进生产技术,提高劳动生产率,使其生产成本等于或低于世界市场价格;③科学技术高度发达的国家的厂商生产那些高、精、尖的所谓"资本集约"和"知识集约"型产品;而资源比较丰富的国家从事各种资源集约型产品的生产;④各类国家根据生产商品的各种要素的多寡,生产自身具有价格优势的产品,由此形成国际分工,节约整个社会要素的使用。

三、商品生产和营销的促进器

基于商品的国内外价值所形成的价格差异,激励参与世界市场活动的经济不发达国家的贸易厂商努力缩小单位产品价格与世界市场价格的差距,以减少在贸易中的价格损失;鼓励经济发达国家的贸易厂商拉大两者的差距,加大单位产品价格低于世界市场的幅度,扩大贸易中的价格利益。在世界市场价格的驱动下,各国贸易厂商会注重科技投入,提高劳动生产率,降低商品生产成本。同时,在产品的质量、装潢、包装、交易方式、销售条件、交货条件、信贷的提供上下功夫,不断改进营销技术。

四、各国经贸决策的重要依据

各国在制定对外经济贸易政策时,除了政治因素,都要考虑其出口商品价格的差异程度。经济发达、生产力水平高、单位产品价格整体低于世界市场价格的贸易厂商,具有强大的竞争力,它们会要求和支持国家采取自由贸易政策;当某些产业产品单位价格低于世界市场价格时,它们会要求该产业进行贸易自由化;而单位产品价格高于世界市场价格的产业就会要求国家通过高关税保护它们。一旦其商品整体单位价格高于世界市场价格,价格竞争力丧失,即转而要求和拥护保护贸易政策。价格差异成为世界各国设置关税税

---

① 马克思,恩格斯.马克思恩格斯全集:第25卷[M].北京:人民出版社,1974:264-265.

率的重要依据。以英国为例,在其率先完成产业革命,成为"世界工厂"之后,其生产的产品物美价廉,就抛弃重商主义,鼓吹和执行自由贸易政策;而20世纪初,在英国产品价格不能与他国进行自由竞争时,就被迫放弃自由贸易,实行超贸易保护主义。

本 章 小 结

(1) 世界市场价格是世界市场上各种商品、服务及生产要素进行交换的基础,也是贸易产生的具体原因,它像一只无形的手在调节着世界市场的运行,决定着贸易利益的大小。它是价值规律在世界市场上的表现。

(2) 世界市场价格产生的基础是贸易商品的国际价值量,而国际价值量来源于国别价值,劳动生产率和劳动强度决定商品国别价值的大小。影响商品的国别价值向商品的国际价值转化的因素包括经济发展水平、贸易量和货币兑换自由化程度。

(3) 世界市场价格最终由商品供求关系决定。在世界市场上,由于市场的发育程度不同,完全竞争市场、垄断竞争市场与垄断市场的存在,世界市场价格出现了"自由市场"价格和"封闭市场"价格。

(4) 世界各国表示世界市场价格变动的方式时多用价格指数。它们包括:单位出口值和单位进口值指数,贸易条件指数等。总体来看,发达国家所有指数都优于发展中国家。由于初级产品价格提升,21世纪以来,发展中国家价格指数均有好转。

(5) 随着经济全球化的加速,世界市场向纵深发展,世界市场价格的作用在加强。具体而言,它带来了贸易利益,调节国际分工,促进国际商品的生产和营销,决定着各国经济贸易政策的确立和企业贸易战略的选择。

思 考 题

1. 世界市场价格与价值规律是什么关系?
2. 世界市场价格是如何形成的?
3. 世界市场价格分为几类?
4. 贸易条件有哪几种?
5. 世界市场价格有什么作用?
6. 为什么发展中国家中主要制成品出口国的净贸易条件较好?

习 题

第六章 国际贸易政策

 学习目标

本章论述了贸易政策的制定、类型与贸易理论。世界各国为了发展对外贸易,通过制定和实施对外贸易政策保护与促进贸易的发展。在贸易政策制定中,贸易理论成为重要的基础。通过学习,学生应了解对外贸易政策制定的基础,知悉贸易政策的类型,掌握各种贸易政策的理论基础。

第一节 对外贸易政策概述

一、对外贸易政策的含义与目的

(一) 对外贸易政策的含义

对外贸易政策是一国政府在其社会经济发展战略的总目标下,运用经济、法律和行政手段,对对外贸易活动进行管理和调节的行为。它体现了一国对外经济和政治关系的总政策,属于上层建筑的一部分。对外,它服务于一国对外经济和政治的总政策;对内,为发展经济服务,并随着国内外经济基础和政治关系的变化而变化。

(二) 对外贸易政策的目的

1. 促进经济发展与稳定

(1) 促进生产力的发展。其途径是:优化国内资源配置,提高生产要素效能;鼓励资本输入,提高生产力;鼓励国外先进的技术知识、管理经验、经营方法和生产技术的引进,提高管理水平;获取规模经济效益。

(2) 实现经济增长。通过对外贸易政策调整,一方面,增加国家财政收入,提高国家的经济福利;另一方面,调整和优化产业结构,提高企业的竞争力,实现利润最大化。

(3) 达到外部均衡。通过对外贸易政策的调整,维持国际收支平衡。

(4) 稳定经济,增强适应能力。在经济全球化下,世界各国之间的相互影响加强。为了使一国经济既能与外部经济实现互补,又能保持国内经济稳定,就必须依靠对外贸易政策进行调整。

2. 加强和完善经济体制

经济体制是一个社会国民经济的运作方式,可以分为市场经济和计划经济两种类型。经济体制不同,贸易政策也随之不同。经过实践检验,市场经济体制逐渐为世界各国认同,但在各国的发展程度不同。科学的外贸政策能促进一个国家积极参与经济全球化,同时又能加强和完善市场经济体制。

3. 改善国际经济与政治环境

贸易政策在调整、改善、巩固国与国之间经济与政治关系方面起着重要作用。一国贸易政策的选择必须考虑国际环境,即世界贸易体制的发展与影响、联合国的各种决议的实施以及其与贸易伙伴之间的经济和政治关系。

2001年9月的恐怖袭击事件以后,安全考虑成为美国贸易和投资的重要组成部分。

二、对外贸易政策的类型、演变及成因

(一)自由贸易政策

1. 自由贸易政策的含义

自由贸易政策是指国家对贸易活动不加以直接干预,既不鼓励出口,也不限制进口,使商品和生产要素在国与国之间自由流动,在国内外市场进行自由竞争。但迄今为止,自由贸易政策都是相对意义上的,还没有纯粹的自由贸易政策。通常,经济贸易竞争力强的国家崇尚自由贸易政策。

2. 自由贸易政策的演变

自由贸易政策产生于18世纪初的英国,缘于英国首先发生工业革命,成为经济贸易发达国家,然后向其他国家扩散。

自由贸易政策在19世纪到20世纪第一次世界大战以前,成为对外贸易政策的主流。两次世界大战期间,在1929—1933年经济大危机的冲击下,自由贸易政策被首先倡导的英国放弃。第二次世界大战以后,随着世界经济的恢复与发展,贸易自由化政策成为发达国家起主导作用的贸易政策。随着1947年关贸总协定的生效和1995年WTO的建立,加上经济全球化进程的加快,贸易自由化成为世界各国贸易政策的主流。

当代的自由贸易政策是指国家取消和减少对货物、服务贸易的限制和障碍,取消、减少和约束对本国货物、服务的各种特权和优惠,进行"公开、公平和无扭曲的竞争"。

(二)保护贸易政策

保护贸易政策是指政府广泛利用各种限制进口的措施,保护本国市场免受外国商品、服务和投资的竞争,并对本国商品、服务出口和对外投资给予优惠和补贴。

通常,经济贸易竞争力弱的国家推行保护贸易政策。它始于西欧资本原始积累时期的重商主义,在资本主义自由竞争时期美国和德国为发展幼稚工业推行保护贸易政策,在1929—1933年大危机后,演变为流行的超保护贸易政策。

(三)第二次世界大战后贸易政策的演变

第二次世界大战以后,随着世界经济的恢复和发展,20世纪50—70年代初,发达国家在美国的主导下,于1947年创建了关贸总协定,推动贸易自由化。70年代以后在经济衰退的影响下,发达国家出现了新贸易保护主义和战略贸易政策,贸易自由化进程受阻。而发展中国家从战后初期的保护幼稚工业贸易政策逐渐转向贸易自由化。原有的社会主义国家在80年代以前,执行的是国家高度垄断的贸易保护主义政策,随着社会主义阵营的解体和经济互助委员会的解散,加上从计划经济体制转向市场经济体制,对外贸易政策从封闭式的保护贸易政策转向开放和自由型的贸易政策。

整体而言,贸易自由化是第二次世界大战后贸易政策的主流,但在经济发展不平衡和产业竞争力变化的情况下,不时出现新的、特点不同的贸易保护主义政策。

(四) 贸易政策转换的原因

从世界经济贸易发展史来看,自由贸易政策和保护贸易政策受制于世界经济发展的周期和经济贸易大国竞争力的变化。因此,在不同的历史时期,不同的国家在贸易政策的选择上并不一致,程度也不相同;在同一个政策下,根据产业竞争力的不同,自由化的程度和保护程度也有差异。可以说,自由贸易政策和保护贸易政策二者相互交织,不断变化,只是强弱程度不同而已。

三、对外贸易政策的制定与执行

(一) 影响对外贸易政策制定的因素

各国在制定贸易政策的过程中,通常要考虑以下因素:政治和经济安全;经济发展阶段、经济结构与比较优势;产品的国际竞争能力;与他国经济和投资方面的合作;国内物价和就业状况;与他国的政治关系;本国在世界经济、贸易组织中享受的权利与承担的义务;领导人信奉的经济和贸易理论;政治和社会因素,如选民的支持程度;利益集团和社会阶层的集体行动和游说等。而影响贸易政策制定最为主要的因素是经济发展阶段和国际竞争力。

(二) 对外贸易政策的制定

各国对外贸易政策的制定与修改是由国家立法机关进行的。立法机关在制定和修改对外贸易政策及有关规章制度前,会征询企业和社会集团的意见。

最高立法机关所颁布的对外贸易政策,既包括较长时期内对外贸易政策的总方针和基本原则,又规定了某些重要措施以及给予行政机构的特定权限。例如,美国宪法第1条第8款规定,国会拥有决定征税以及管理对外贸易的权力,因此,缔结自由贸易协定、实施并修订关税及有关贸易措施均需依据国会的具体立法或在国会的特别授权范围内实施。此外,在国会参议院和众议院还有10多个涉及对外贸易管理事务的专门委员会。美国贸易代表办公室(USTR)是贸易政策制定的主要机构。

(三) 对外贸易政策的执行

1. 对外贸易法规

为落实对外贸易政策,世界各国都通过对外贸易立法把贸易政策具体化,成为国家法律的组成部分。内容通常包括:设立外贸法的目的,管理贸易的机构、权限(包括国家元首或政府首脑的权限),进出口货物、服务和技术的许可,外贸经营条件和应遵守的规定等。如美国1974年通过的《1974年贸易法》。

此外,各国可根据需要临时立法,如美国2002年8月通过的《2002年贸易法案》,包括了2002年共和党和民主党共同的贸易促进授权。

2. 主管贸易事务的行政部门

各国均设置了各种行政部门管理对外贸易,如美国就通过3个行政部门管理对外贸易。一是对外贸易谈判,主要由总统下辖的国家经济委员会和美国贸易谈判代表负责;二是进出口管理和服务,具体由商务部、农业部和海关等机构执行;三是征收关税、缉私等,具体由海关执行。此外,还有负责贸易调查的国际贸易委员会和各种协调机构。

第二节 重商主义

一、重商主义的含义

重商主义是15—17世纪欧洲资本原始积累时期,英国等国代表商业资本利益的经济思想和政策体系。这段时期,封建主义经济基础逐渐瓦解,资本主义因素迅速发展,重商主义应运而生。

重商主义追求的是在国内积累货币财富,把贵重金属留在国内。具体可分为早期重商主义和晚期重商主义。

早期重商主义也称重金主义,即绝对禁止贵重金属的外流。为此,当时执行重商主义政策的国家禁止货币出口,由国家垄断全部贸易,外国人来本国进行贸易时,必须将其销售货物所得到的全部款项用于购买本国的货物。

晚期重商主义也称贸易差额论。16世纪下半叶,商业资本高度发展,工场手工业已经产生,信贷事业开始发展,商品货币经济迅速发展。当时的封建王朝和商业资产阶级更加需要货币,"他们开始明白,一动不动地放在钱柜里的资本是死的,而流通中的资本却会不断增殖……人们开始把自己的金币当作诱鸟放出去,以便把别人的金币引回来"[①]。因此,对货币的运动,就不应当过分地加以限制。于是,管理金银进出口的政策变为管制货物的进出口,力图通过奖励出口和限制进口的措施,保证和扩大贸易顺差,以达到金银流入的目的。

早期重商主义要求追求与每个贸易伙伴的贸易顺差,而晚期重商主义主要追求总的贸易顺差。

二、晚期重商主义的政策与措施

晚期重商主义执行的是奖励出口、限制进口的贸易政策与措施,其主要内容如下。

(一)限制进口的政策

1. 限制非生产性产品进口

对生产用的原料鼓励进口,对非竞争性产品允许进口。对竞争性产品限制进口,禁止奢侈品的进口。

2. 实行差别式的保护关税

对于竞争力强的进口商品,征收很高的保护关税,以抵消它们的竞争力。

(二)促进出口的措施

1. 减免关税

对本国商品的出口,除减低或免除出口关税,还给予各种补贴。

---

① 马克思,恩格斯.马克思恩格斯全集:第1卷[M].北京:人民出版社,1956:596.

2. 出口退税

当国内生产的商品出口后,把在国内已征收的国内税退还给出口厂商。

(三) 管制短缺物资出口

禁止重要原料的出口,但许可自由进口原料,加工后再出口。

(四) 独占殖民地贸易与航运

实行独占性的殖民地贸易政策。设立独占经营的殖民地贸易公司(如英、法、荷等国成立的东印度公司),在殖民地经营独占性的贸易与海运,使殖民地成为本国制成品的市场和本国原料的供给地。

1651年,英国通过了重要的《航海法》,该法案规定,一切输往英国的货物必须用英国船只载运或原出口国船只装运;对亚洲、非洲及北美的贸易必须由英国或殖民地的船只载运。

(五) 其他措施

(1) 保护农业。英国在1660—1689年,通过《谷物法》来限制粮食的进口。
(2) 政府通过《职工法》,鼓励外国技工的移入。
(3) 以行会法规奖励国内工场手工业的发展。
(4) 由本国船只运输货物。奖励人口繁殖,以扩大劳工来源。

三、重商主义的代表人物

(一) 早期重商主义学说的代表人物

早期重商主义学说以英国人威廉·斯塔福(W. Stafford,1554—1612)为代表。他们把增加国内货币的积累、防止货币外流视为对外贸易政策的指导原则。因此,他们反对进口,认为一切进口都会减少货币,而货币的减少对本国是有害的;对外应该少买或根本不买;同时他们主张鼓励出口,应该多向国外销售产品,销售得越多越好;出口产品越多,从国外吸收的货币就越多;严格禁止货币流出国外。

(二) 晚期重商主义学说的代表人物

晚期重商主义学说最重要的代表人物是托马斯·孟(Thomas Mun,1571—1641)。托马斯·孟的主要代表作是《英国得自对外贸易的财富》,于1644年出版,被认为是重商主义的"圣经"。在《英国得自对外贸易的财富》一书中,孟认为,增加英国财富的手段就是发展对外贸易。但是必须遵循一条原则,即卖给外国人的商品总值应大于购买他们的商品总值。从每年的进出口贸易中取得贸易顺差,增加货币流入量。他反对早期重商主义者禁止金银输出的思想,把货币与商品联系起来,指出,"货币产生贸易,贸易增多货币"[①]。只有多输出货物,才能得到更多的货币。为了保证有利的贸易差额,孟主张扩大农产品和工业品的出口,减少外国制品的进口,反对英国居民消费英国能够生产的外国产品。他还主张发展加工工业和转口贸易。

---

① 托马斯·孟.英国得自对外贸易的财富(中译本)[M].北京:商务印书馆,1965:16.

四、重商主义的作用

重商主义的政策和措施促进了英国等国资本的原始积累,推动了资本主义生产方式的建立。但它们对社会经济现象的探索只局限于流通领域,而未深入生产领域,还不是真正的经济科学。马克思指出:"真正的现代经济科学,只是当理论研究从流通过程转向生产过程时才开始。"①

第三节　自由贸易政策与理论

一、英国自由贸易政策的产生

英国自18世纪中叶开始进行产业革命,"世界工厂"的地位逐步建立并巩固,竞争力大大提高,不再惧怕与外国产品进行竞争。在这种状况下,重商主义成为英国经济发展和英国工业资产阶级对外扩张的一大障碍。成长起来的英国工业资产阶级便要求实行在世界市场上进行无限制的自由竞争和自由贸易的政策。为了追求高额利润,他们要求其他国家供给英国粮食、原料和市场,而由英国加工后,再向他们提供工业制成品,实行垂直型国际分工。因此,英国新兴的工业资产阶级迫切要求废除重商主义时代所制定的一些严重保护的外贸政策和措施。

二、英国自由贸易政策的胜利

19世纪20年代,以伦敦和曼彻斯特为基地的英国工业资产阶级开展了一场大规模的自由贸易运动,运动的中心是废除《谷物法》。工业资产阶级经过不断的斗争,最终战胜了地主和贵族阶级,取消了重商主义的保护贸易政策,使自由贸易政策逐步取得胜利。其成果如下。

(一)废除《谷物法》

1833年,英国棉纺织业资产阶级组成"反谷物法同盟"(Anti Corn Law League),然后又成立全国性的反谷物法同盟,展开了声势浩大的反《谷物法》运动。经过斗争,终于使国会于1846年通过废除《谷物法》的议案,并于1849年生效。马克思指出:"英国谷物法的废除是19世纪自由贸易所取得的最伟大的胜利。"②

(二)降低关税与减少应税商品

在19世纪初,经过几百年的重商主义政策,英国的关税法令达到1 000多件。1825年英国开始简化税法,废止旧税率,建立新税率。进口纳税的商品项目从1841年的1 163种减少到1853年的466种,1862年减至44种,1882年再减至20种。所征收的关税全部是财政关税,税率大大降低。禁止出口的法令被完全废除。

---

① 马克思,恩格斯.马克思恩格斯全集:第25卷[M].北京:人民出版社,1974:376.
② 马克思,恩格斯.马克思恩格斯全集:第4卷[M].北京:人民出版社,1962:444.

（三）废除《航海法》

《航海法》是英国限制外国航运业竞争和垄断殖民地航运事业的重要法规。1824年该法开始削弱，到1849年和1854年，英国的沿海贸易和殖民地贸易全部对其他国家开放，至此，重商主义时代制定的《航海法》被全部废除。

（四）取消特权公司

1813—1814年，英国东印度公司对印度和中国贸易的垄断权分别被废止，将印度和中国的贸易经营权下放给所有的英国人。

（五）殖民地贸易自由

18世纪，英国对殖民地的航运享有特权，殖民地的货物输入在英国享受特惠关税的待遇。大机器工业建立以后，英国不怕任何国家的竞争，所以，对殖民地的贸易开始逐步采取自由放任的态度。1849年《航海法》被废止后，殖民地已可以对任何国家输出商品，也可以从任何国家输入商品。通过关税法的改革，废除了对殖民地商品的特惠税率，同时准许殖民地与外国签订贸易协定，殖民地可以与任何外国建立直接的贸易关系，英国不再加以干涉。

（六）签订贸易条约

1860年英国与法国签订了《英法条约》，即《科伯登条约》。根据该条约，英国对法国的葡萄酒和烧酒的进口税予以减低，并承诺不禁止煤炭的出口；法国则保证对从英国进口的一些制成品征收不超过从价30%的关税。《科伯登条约》是以自由贸易精神签订的一系列贸易条约的第一项，列有最惠国待遇条款。仅19世纪60年代，英国就与他国缔结了8项附有最惠国待遇条款的条约。

三、自由贸易政策理论

（一）古典派自由贸易理论

随着西欧，尤其是英国资本主义的发展，一些经济学家开始探寻对外贸易与经济发展的内在联系，从理论上说明自由贸易对经济发展的好处，由此产生了自由贸易理论。

自由贸易理论起始于法国的重农主义，成论于古典派政治经济学，后来又不断加以丰富和发展。

古典政治经济学派的代表人物亚当·斯密在其名著《国民财富的性质和原因的研究》中，首先提出为获取国际分工利益实行自由贸易的理论。后由大卫·李嘉图加以继承和发展。后来一些经济学家如穆勒、马歇尔等人进一步对自由贸易理论加以阐述和演绎。

（二）古典派自由贸易理论的要点

1. 自由贸易可以形成互相有利的国际分工

在自由贸易下，各国可以按照自然条件进行国际分工，如按照亚当·斯密的地区分工论和大卫·李嘉图的比较利益分工论实行专业化分工。这种国际分工具有下列利益。

（1）通过分工与专业化，增进各国各专业的特殊生产技能。

（2）通过分工使生产要素（土地、劳动与资本等）得到最优化的配合。

(3) 通过分工可以节省社会劳动时间。

(4) 通过分工可以促进发明和市场的发育。

2. 自由贸易可以扩大国民真实收入

在自由贸易环境下，每个国家都根据自己的条件发展自己最擅长的生产部门，劳动和资本就会得到合理的分配和运用。再通过贸易以较少的花费换回较多的东西，就能增加国民财富。

此外，在自由贸易条件下，可进口廉价商品，减少国民消费开支。

3. 自由贸易可以防止垄断

自由贸易可以加强竞争，提高经济效益，防止垄断。独占或垄断对国民经济发展不利，因为独占或垄断可以抬高物价，使被保护的企业不求改进，生产效率降低。长期独占或垄断会造成产业或企业的停滞和落后，削弱其竞争力。

4. 自由贸易有利于资本积累

自由贸易可以提高利润率，促进资本积累。李嘉图认为，随着社会的发展，工人的名义工资会不断上涨，从而引起利润率降低。他认为，要避免这种情况，并维持资本积累和工业扩张的可能性，唯一的办法就是自由贸易。他写道："如果由于对外贸易的扩张，或由于机器的改良，劳动者的食物和必需品能按降低的价格送上市场，利润就会提高。"①

（三）古典派自由贸易理论的历史作用

1. 促使英国成为经贸强国

恩格斯指出：英国制造业者及其代言人经济学家的今后任务，便是使其他一切国家皈依自由贸易的福音，来建立以英国为最大的工业中心，而其余一切国家为依存这个中心的农业地域的世界。古典派自由贸易理论成为英国自由贸易政策确立的有力武器。自由贸易政策促进了英国经济和对外贸易的迅速发展，使英国成为国际分工的中心国家，成为世界经济强国。

1870年英国在世界工业生产中所占的比重为32%。在煤、铁产量和棉花消费量中，都各占世界总量的一半左右。英国在国际贸易总额中的比重上升到近1/4，几乎相当于法、德、美各国的总和。它拥有的商船吨位居世界第一，相当于荷、美、法、德、俄各国商船吨位的总和。伦敦成为国际金融中心，世界各国的公债和公司证券都送到这里来推销。

2. 推动社会的发展

对于古典派自由贸易理论，马克思指出："在现代的社会条件下，到底什么是自由贸易呢？这就是资本的自由。排除一些仍然阻碍着资本前进的民族障碍，只不过是让资本能充分地自由活动罢了。"②同时，马克思又从促进世界进步的角度，赞成自由贸易。因为自由贸易对于这一历史进化是自然的、正常的气氛，是尽快地为不可避免的社会革命创造必要条件的经济媒介。

---

① 李嘉图. 政治经济学及赋税原理(中译本)[M]. 北京：商务印书馆，1972：112-113.

② 马克思，恩格斯. 马克思恩格斯全集：第4卷[M]. 北京：人民出版社，1958：456.

第四节 保护贸易政策与理论

19世纪中叶,当英国高唱自由贸易赞歌的时候,美国与德国却反其道而行之,先后实行了保护幼稚工业的贸易政策。

一、保护幼稚工业贸易政策的提出

美国第一任财政部长汉密尔顿(A. Hamilton,1757—1840)代表独立发展美国经济的资产阶级的要求,于1791年12月在其《制造业报告》(*Report on Manufacture*)中提出,为使美国经济自立,应当保护美国的幼稚工业,其主要的方式是提高进口商品的关税。受其启发,德国人李斯特提出了保护幼稚工业贸易政策的理论。

二、李斯特保护幼稚工业贸易政策的理论

李斯特(F. List,1789—1846)是德国历史学派的先驱者,早年在德国提倡自由主义。自1825年作为外交官出使美国以后,受汉密尔顿的影响,并目睹了美国实施保护贸易政策的成效,他转而提倡贸易保护主义。他在1841年出版的《政治经济学的国民体系》一书中,系统地提出了保护幼稚工业的贸易学说。李斯特的幼稚产业保护说是一种根据国家产业发展阶段,着眼于培育生产力,对今后有发展前途的产业实施暂时的有限度保护的贸易学说。

(一)对古典派自由贸易理论提出批评

1. "比较成本说"不利于德国生产力的发展

李斯特认为,向外国购买廉价的商品,表面上看起来是要合算一些,但这样做的结果是,德国的工业就不可能得到发展,只会长期处于落后和从属于外国的地位。如果德国采取保护关税政策,一开始会使工业品的价格提高,但经过一段时期,德国工业得到充分发展,生产力将会提高,商品生产费用将会下跌,商品价格甚至会低于外国进口的商品价格。

2. 忽视各国历史和经济特点

古典派自由贸易理论认为,在自由贸易下,各国可以按地域条件和比较成本形成和谐的国际分工。李斯特认为,这种学说是一种世界主义经济学,它抹杀了各国的经济发展与历史特点,错误地以"将来才能实现"的世界联盟作为研究的出发点。

3. 实施自由贸易是有条件的

李斯特指出:"两个具有高度文化的国家,要在彼此自由竞争下双方共同有利,只有当两者在工业发展上处于大体上相等的地位时,才能实现。如果任何一个国家不幸在工业上、商业上还远远落后于别国,那么它即使具有发展这些事业的技术与物质手段,也必须首先加强它自己的力量,然后才能使它具备条件与比较先进各国进行自由竞争。"[①]

---

① 李斯特.政治经济学的国民体系(中译本)[M].北京:商务印书馆,1961:4-5.

（二）保护幼稚工业理论的确立

1. 经济发展阶段决定贸易政策

李斯特根据历史发展，把国民经济的发展分为五个阶段，即"原始未开化时期、畜牧时期、农业时期、农工时期、农工商业时期"①。各国经济发展阶段不同，所采取的贸易政策也应不同。处于农业阶段的国家应实行自由贸易政策，以利于农产品的自由输出，并自由输入外国的工业产品，以促进本国农业的发展，并培育工业化的基础。处于农工阶段的国家，由于本国已有工业发展，但并未发展到能与外国产品相竞争的地步，故必须实施保护关税制度，使它不受外国产品的打击。而处于农工商业阶段的国家，由于国内工业产品已具备国际竞争能力，不再惧怕国外产品的竞争，故应实行自由贸易政策，以享受自由贸易的最大利益，刺激国内产业进一步发展。

李斯特认为，英国已达到最后阶段（农工商业时期）；法国处在第四阶段与第五阶段之间；德国与美国均处在第四阶段；葡萄牙与西班牙则处在第三阶段。因此，李斯特根据其经济发展阶段的观点，主张当时德国应实行保护幼稚工业政策，推动德国工业化进程，以对抗价廉物美的英国工业产品的竞争。

2. 国家干预贸易有助于经济快速发展

李斯特认为，国家是国民生活中如慈父般的有力指导者。他认为，国家的存在比个人的存在更为重要。国家的存在是个人与人类全体的安全、福利、进步以及文化等的第一条件。因此，个人的经济利益应从属于国家的真正财富的增加与维持。他认为，国家在必要时可限制国民经济活动的一部分，以维持其整体的经济利益。他以风力和人力在森林成长中的作用来比喻国家在经济发展中的重要作用。

他说："经验告诉我们，风力会把种子从这个地方带到那个地方，因此荒芜原野会变成稠密森林，但是要培养森林因此就静等着风力作用，让它在若干世纪的过程中来完成这样的转变，世界上岂有这样愚蠢的办法？如果一个植林者选择树秧，主动栽培，在几十年内达到了同样的目的，这倒不算是一个可取的办法吗？历史告诉我们，有许多国家，就是由于采取了那个植林者的办法，胜利实现了它们的目的。"②因此，李斯特主张，在国家干预下实行保护幼稚工业贸易政策。

3. 保护贸易对象与保护时间的条件

李斯特保护贸易政策的目的是促进生产力的发展。经过比较，李斯特认为，大规模机器的使用使制造工业的生产力远远高于农业。他认为着重农业的国家，人民精神萎靡，一切习惯与方法均偏于守旧，缺乏文化福利与自由；而着重工商业的国家则不然，其人民充满增进身心与才能的精神。根据这个看法，他提出保护对象的条件是：①农业不需要保护。只有那些刚从农业阶段跃进的国家，距离工业成熟时期尚远，才适宜于保护。②一国工业虽然幼稚，但在没有强有力的竞争者时，也不需要保护。③只有刚刚开始发展且有强有力的外国竞争者的幼稚工业才需要保护。李斯特提出的保护时间以 30 年为最高限。

---

① 李斯特.政治经济学的国民体系（中译本）[M].北京：商务印书馆，1961：155.
② 李斯特.政治经济学的国民体系（中译本）[M].北京：商务印书馆，1961：155,261,265,274.

4. 保护幼稚工业的主要手段

通过禁止输入与征收高关税的办法来保护幼稚工业,以免税或征收轻微进口税的方式鼓励复杂机器进口。为保护幼稚工业,李斯特提出"对某些工业品可以实行禁止输入,或规定的税率事实上等于全部或至少部分地禁止输入"①。同时,对"凡是在专门技术与机器制造方面还没有获得高度发展的国家,对于一切复杂机器的输入应当允许免税,或只征收轻微的进口税"①。

5. 保护必须与经济发展阶段相适应

李斯特反对离开经济发展阶段笼统地采取贸易保护。他提出:"保护制度必须与国家工业发展进度相适应,只有这样,这个制度才会有利于国家的繁荣。对于保护制度的任何夸张都是有害的。"①

三、对李斯特幼稚工业保护说的评价

(一)积极的、有益的保护贸易理论

李斯特保护幼稚工业贸易理论促进了德国资本主义的发展,有利于资产阶级反对封建主势力的斗争。"保护关税派又分两派。第一派在德国以李斯特博士为代表,这一派从来不以保护手工劳动为己任;相反地,他们之所以要求保护关税,是为了用机器挤掉手工劳动,用现代的生产代替宗法式的生产。"②

(二)促进了德国的经济发展

李斯特的保护幼稚工业的理论代表了德国新兴产业中产阶级的要求,对国家贸易政策的制定产生了巨大的影响。1879年,德国首相俾斯麦改革关税,对钢铁、纺织品、化学品、谷物等征收进口关税,并不断提高关税率;而且与法国、奥地利、俄国等进行关税竞争。1898年,又通过修订关税法,提高关税,使德国成为欧洲高度保护贸易国家之一。其结果促进了德国经济的迅速发展。

第五节　超保护贸易政策与理论

一、超保护贸易政策的含义

超保护贸易政策是指国家以补贴、倾销等方式扩大出口,以关税和非关税措施限制进口,垄断国内市场,争夺世界市场,追求贸易顺差,是带有进攻和垄断性质的贸易保护政策。

超保护贸易政策在第一次世界大战与第二次世界大战之间盛行。在这个阶段,资本主义经济出现了以下特点:垄断削弱了自由竞争;经济危机出现并加重,1929—1933年资本主义世界发生了空前严重的经济危机。

在大危机的冲击下,英国抛弃了自由贸易政策,许多资本主义国家都提高了关税,通

---

① 李斯特.政治经济学的国民体系(中译本)[M].北京:商务印书馆,1961:155,261,265,274.
② 马克思,恩格斯.马克思恩格斯全集:第4卷[M].北京:人民出版社,1958:292.

过外汇限制和数量限制等办法限制进口；同时，国家积极干预外贸，鼓励出口；推行不同于19世纪后半叶德国实行的贸易保护主义。

二、超保护贸易政策的特点

（一）保护对象从幼稚产业扩大到成熟产业

超保护贸易政策的保护对象不但包括幼稚工业，而且更多地保护国内高度发达或出现衰落的工业。

（二）保护范围从国内转向国外市场

超保护贸易政策的目的不再是培养产业的竞争能力，而是巩固和加强对国内外市场的垄断。

（三）保护目的从防御转为进攻

保护目的从防御保护转为进攻性保护。以前保护贸易政策是防御性地限制进口，超保护贸易政策则是要在垄断国内市场的基础上，对国内外市场进行进攻性的扩张。

（四）保护的企业从一般企业转向大企业

保护的企业利益从一般的企业转向大企业和垄断企业。

（五）保护的措施从关税延伸到非关税

超保护贸易政策下实施的保护措施多样化。保护措施从关税措施延伸到非关税措施，其中包括数量限制、出口补贴、外汇管制、组成排他性的货币集团等。

三、超保护贸易政策的理论

（一）超保护贸易政策理论的代表人物

为了缓解经济衰退，经济学家提出了各种支持超保护贸易政策的理论根据，其中有重大影响的是凯恩斯推崇的重商主义学说。

凯恩斯（John Maynard Keynes，1883—1946）是英国资产阶级经济学家，凯恩斯主义的创始人。他的代表作是《就业、利息和货币通论》(*The General Theory of Employment, Interest and Money*)，于1936年出版。

1929—1933年大危机以前，凯恩斯是一个自由贸易论者。当时，他否认保护贸易政策有利于国内的经济繁荣与就业。在大危机以后，凯恩斯转而推崇重商主义。他认为，重商主义保护贸易的政策确实能够保证经济繁荣，扩大就业，缓和危机。

（二）凯恩斯的超保护贸易理论

1. 对古典派自由贸易理论提出批评

凯恩斯认为，古典派自由贸易理论不适用于现代社会。因为该理论是建立在国内充分就业前提下的。他们认为，国与国之间的贸易应当是进出口平衡，以出口抵偿进口，即使由于一时的原因或由于人的力量使贸易出现顺差，也会由于贵重金属的移动和由此产生的物价变动得到调整，进出口仍归于平衡。他们主张不必为贸易出现逆差而担忧，也不必为贸易出现顺差而高兴，故主张自由贸易政策，反对人为地干预对外贸易。

凯恩斯认为,古典派自由贸易理论已经过时了。首先,20世纪30年代,大量失业存在,自由贸易理论"充分就业"的前提条件已不复存在。其次,古典派自由贸易论者虽然以"国际收支自动调节说"说明了贸易顺、逆差最终均衡的过程,但忽略了在调节过程中对一国国民收入和就业所产生的影响。凯恩斯认为,应当仔细分析贸易顺差与逆差对国民收入和就业的作用。他认为,贸易顺差能增加国民收入,扩大就业,而贸易逆差则会减少国民收入,加重失业。凯恩斯指出,一国总投资包括国内投资和国外投资。国内投资额由资本边际效率和利息率决定,对外投资量由贸易顺差大小决定。贸易顺差可为一国带来黄金,扩大支付手段,降低利息率,刺激物价上涨,扩大投资,有利于缓和国内危机和扩大就业量。因此,他赞成贸易顺差,反对贸易逆差。凯恩斯的支持者进而提出对外贸易乘数理论。

2. 对外贸易乘数理论

对外贸易乘数(foreign trade multiplier)理论是凯恩斯投资乘数在对外贸易方面的运用。为证明增加新投资对就业和国民收入的好处,凯恩斯提出了投资乘数理论。

凯恩斯把反映投资增长和国民收入扩大之间的依存关系称为乘数或倍数理论。它的意思是说,新增加的投资引起对生产资料的需求增加,从而引起从事生产资料的人们(企业主和工人)的收入增加;他们收入的增加又引起对消费品需求的增加,从而又导致从事消费品生产的人们的收入增加。如此推演下去,结果,由此增加的国民收入总量会大于原增加投资量的若干倍。凯恩斯认为,增加的倍数取决于"边际消费倾向"。如果边际消费倾向为0,也就是说,人们将增加的收入全部用于储蓄,而一点也不消费,那么,国民总收入就不会增加。如果边际消费倾向为1,即人们把增加的收入全部用于消费,一点也不储蓄,那么,国民收入增加的倍数将为$1+1+1+1+\cdots$,直到无限大。如果边际消费倾向介于0与1之间,即人们将增加的收入中的1/2或1/3或1/4用于消费,则国民收入增加的倍数将在1和无限大之间(0<倍数<∞)。乘数K的计算公式为

$$K = \frac{1}{1-\text{边际消费倾向}}$$

国民所得的增加(ΔY) = 乘数(K) × 投资的增加量(ΔI)

举例说明:

(1) 若投资的增加量为1,边际消费倾向为0,则乘数为1,国民所得的增加 $= \frac{1}{1-0} \times 1 = 1$。

(2) 若投资的增加量为1,边际消费倾向为1,则乘数$\left(\frac{1}{1-1}\right)$趋向∞,国民所得的增加$= \infty \times 1 = \infty$。

(3) 若投资的增加量为1,边际消费倾向为1/2,则乘数$\left(\frac{1}{1-1/2}\right)$为2,国民所得的增加$= 2 \times 1 = 2$。

在国内投资乘数理论的基础上,凯恩斯的支持者们引申出对外贸易乘数理论。他们认为,一国的出口和国内投资一样,有增加国民收入的作用;一国的进口则与国内储蓄一样,有减少国民收入的作用。当商品和劳务出口时,从国外得到的货币收入会使出口产业部门收入增加,消费也随之增加。它必然引起其他产业部门生产增加,就业增多,收入增

加……如此反复,收入增加量将为出口增加量的若干倍。当商品和劳务进口时,必然向国外支付货币,于是收入减少,消费随之下降,与储蓄一样,成为国民收入中的漏洞。他们得出结论:只有当贸易为顺差或国际收支为顺差时,对外贸易才能增加一国就业量,提高国民的收入。此时,国民收入的增加量将为贸易顺差的若干倍。这就是对外贸易乘数理论的含义。

如何计算对外贸易顺差对国内就业和收入影响的倍数呢?凯恩斯的支持者们提出了许多公式,下面仅举一式说明。

设 ΔY 代表国民收入的增加额,ΔI 代表投资的增加额,ΔX 代表出口的增加额,ΔM 代表进口增加额,K 代表乘数。

则计算对外贸易顺差对国民收入影响的倍数公式为
$$\Delta Y = [\Delta I + (\Delta X - \Delta M)] \cdot K$$

在 ΔI 与 K 不变时,贸易顺差越大,ΔY 越大;反之,若贸易差额是逆差时,则 ΔY 会缩小。因此,一国越是扩大出口、减少进口,贸易顺差就越大,对本国经济发展的作用也越大。由此,凯恩斯支持者提出的对外贸易乘数理论为超保护贸易政策提供了理论根据。

(三) 对外贸易乘数理论的作用

对外贸易顺差在一定条件下可以扩大就业,增加国民收入。但如果为了追求贸易顺差,不加节制地实行"奖出限入"政策,势必导致关税和非关税壁垒盛行,使贸易障碍增多,发生各种贸易战,从而阻碍整个国际贸易的发展。

第六节 当代国际贸易政策与理论

第二次世界大战以后,随着世界经济的恢复、发展和经济全球化,贸易自由化成为政策主流,但因经济贸易发展不平衡,不时出现新的贸易保护政策和措施。

一、贸易自由化

(一) 贸易自由化的含义

贸易自由化是指国家或单独关税区之间通过多边或双边的贸易条约与协定,削减关税壁垒,抑制非关税壁垒,取消国际贸易中的障碍与歧视,促进世界货物和服务的交换与生产。

(二) 贸易自由化发展的基础

(1) 第二次世界大战后美国对外经济扩张的需要。
(2) 世界经济的恢复与发展。
(3) 生产与资本的国际化。
(4) 国际分工向广化与深化的发展。
(5) 各国经济相互联系、相互依赖的加强。

(三) 贸易自由化的主要表现

(1) 1947年关贸总协定建立后,主持了八轮多边贸易谈判,使缔约方之间进口关税税率大幅度降低,非关税壁垒逐步减少并受到约束,贸易自由化向服务投资领域延伸。

(2) 贸易集团内部逐步取消贸易壁垒,推行贸易与投资自由化。

(3) 一些经济集团给予周边国家和发展中国家以优惠关税待遇。如欧洲共同体与非洲、加勒比、太平洋地区发展中国家1975年签署了《洛美协定》,给予后者特殊优惠待遇。

(4) 1968年第2届联合国贸易和发展会议上,通过了普惠制决议,发达国家答应给予发展中国家普遍的、非歧视的和非互惠的优惠待遇。

(5) 发达国家主动放宽进口数量限制,放松或取消外汇管制。

(四) 支持贸易自由化的观点

为了推动贸易自由化,1983年11月关贸总协定总干事邓克尔邀请了7名国际知名专家、学者,组成7人小组对国际贸易制度及其面临的问题进行了研究。他们以近两年时间,对世界贸易制度和政策进行了深入研究,提交了《争取较好未来的贸易政策》的报告。报告从正反两方面审查了自由贸易主义和保护贸易主义。该报告指出,保护主义只顾眼前利益,其代价是长期的、昂贵的,而"开放性的国际贸易是经济持续延长的关键"。其理由是:"贸易可以使各国集中从事于效益最佳的生产……贸易将许多国家的个别优势变为所有国家的最高生产率";"贸易对工人和资本进行最有成效的使用不断地给予指导,因为贸易是作为传递新技术和其他形式革新的媒介(从而促进储蓄和投资)";"开放和扩大贸易意味着缓和国家间的摩擦,并有助于其他领域的国际合作";贸易可以"帮助世界经济进行变革"。7人小组认为"贸易限制再也不能继续下去了"。[①]

二、新保护贸易主义与理论

新保护贸易主义是相对贸易自由化而言的。1973—1974年世界性经济危机爆发,市场问题相对紧张,出现了新保护贸易主义。

(一) 新保护贸易主义的主要特点

1. 受保护的商品不断增加

受保护的商品从农产品等传统产品转向高级工业品和服务。

2. 贸易保护措施多样化

(1) 按照有效保护率设置关税。

(2) 加强了征收反补贴税和反倾销税的活动。1980—1985年发达国家的"反倾销"案多达283起,涉及44个国家。

(3) 非关税壁垒不断增多。非关税壁垒措施已从20世纪70年代末的800多种增加到80年代中期的1 000多种。

(4) 背离《1947年关税与贸易总协定》的宗旨,在"有秩序地销售安排"(orderly marketing arrangement,OMA)的口号下,绕过该协定的基本原则,实行"灰色区域措施"(grey area measures)。

3. 贸易保护制度更加法制化

发达国家实行的贸易保护措施,随着政府管理贸易的不断充实和调整,成为对外贸易

---

① 关贸总协定.争取较好未来的贸易政策(英文版)[M].日内瓦,1985.

体制的组成部分。以美国对钢铁部门的保护为例:为了限制钢铁的进口,美国加强了反倾销和反贴补措施,实行"启动价格"机制等措施;并加强贸易法规的制定,把贸易保护法律化。

4. 保护的程度不断提高

1980—1983年,在整个制成品中受限制商品的比重,美国从6%提高到13%,欧洲联盟从11%提高到15%。在整个发达国家制成品的消费中,受限制商品从1980年的20%提高到1983年的30%。

(二)支持贸易保护主义的理论

1. 对付国内市场存在的扭曲

该理论认为,国内市场由于外部经济、生产要素的非移动性等"扭曲"的存在,使价格机制未能充分发挥作用。在发生阻碍资源最佳利用的状态时,应该根据"次佳原理"(second best theory)采取保护措施。换言之,当"扭曲"已经存在,而又不能避免时,以人为的"扭曲"抵消原来"扭曲"产生的不良影响,在国内市场存在"扭曲"时,采取关税等贸易保护措施,比实行自由贸易更佳。

2. 改善不利的贸易条件

进口国课征关税或实行数量限制时,可能使出口国的价格下跌,从而改善进口国的贸易条件。在下列条件下,改善贸易条件的效果尤为显著:第一,对该商品课征关税或采取数量限制措施国家的进口额,占该商品世界进口总额的比重较大;第二,该商品的输出供给弹性甚小。

3. 维持国内高水平的工资

各国工资水平不同,一些工资水平高的国家认为,经济发展比较落后而劳动力相对丰富的国家的工资水平较低,故其生产成本也较低。如果自由进口这些国家的产品,则本国产品难以与它们竞争,其结果会使本国员工难以维持较高的工资水平与生产水平。为了维持本国员工较高的工资水平,避免廉价劳工产品的竞争,必须实施保护关税。

4. 增加国内就业

对外国产品课征保护关税,可减少进口,因而可以刺激国内的生产,增加国内就业机会。

5. 保证公平竞争

若发现他国进行倾销和补贴时,为了免受倾销和补贴的伤害,进行公平竞争,需要采取反倾销和反补贴等保护措施。

6. 改善贸易收支或国际收支

征收关税与限制进口措施,可减少一国的进口,有助于改善贸易收支或国际收支。在贸易收支或国际收支逆差较大,或在出现通货膨胀与金融危机时,此种保护理由最为流行。

7. 保护知识产权

知识产权是指人们利用自己的知识所创造的智力成果。科学技术、发明已成为各国发展生产力的基础,为了鼓励和保护科研成果,防止盗版、伪造、仿冒,需要对知识产权加以保护。

8. 作为贸易报复和谈判的手段

当一国出口,因其他国家违反已有贸易协议或出现歧视性贸易行为时,可采取报复手段,保护受到伤害的行业和企业。

9. 维护国家安全和保护生态环境

自由贸易使各国在经济上相互依存,一旦战争发生,致使国外供给骤减或断绝时,其国防力量必然大受影响,因而对有关生产战略物资的产业要加以保护,以维护国家的安全。此外,为了保护良好的生态环境,防止他国输出污染,也需要采取保护措施。

三、战略性贸易政策与理论

20世纪80年代以后,为了应对居高不下的失业率和国内市场上国外竞争的加剧,加强了对本国战略性产业的支持和赞助,以使其获得竞争优势,一些发达国家的经济学家提出了战略性贸易政策与理论。

(一)战略性贸易政策的含义

战略性贸易政策是指国家从战略高度,运用关税、出口补贴等措施,对现有或潜在的战略性部门、产业进行支持和资助,使其取得竞争优势,从而达到提高经济效益和增加国民福利的目标。战略性贸易理论是基于寡头市场结构的理论,在经济学模型中一般需要使用博弈论来进行分析。因此,"战略"一词在这里也具有"博弈互动"的意思。

(二)战略性贸易政策的理论构成

战略性贸易政策的代表性理论包括由加拿大不列颠哥伦比亚大学的詹姆斯·A.伯兰特(James A. Brander)和美国波士顿学院的巴巴拉·J.斯宾塞(Barbara J. Spencer)提出的"利润转移"理论。

利润转移理论认为,在不完全竞争特别是寡头竞争市场上,寡头厂商可以凭借其垄断力量获得超额利润,在与这类国际寡头竞争时,一国政府可以通过出口补贴帮助本国厂商夺取更大市场份额,或以关税迫使外国厂商降低价格,或以进口保护来促进出口,从而实现外国利润向本国的转移,增加本国的福利。

战略贸易理论还认为,具有外部经济效应的产业应该成为战略产业。例如,某些高科技行业,其研发活动本身具有技术外溢效应,对相关产业的发展有积极作用,因此,政府对具有显著外部经济效应的产业应该给予适当的保护和扶植,使之能够形成国际竞争力并带动相关产业的发展。

总的来说,该理论认为,能够实现利润转移和外部经济效应的产业,应成为国家的战略性产业和重点发展的目标产业。

(三)战略产业的确定

1. 高附加值产业

整个国家的国内生产总值由各个产业所创造的附加值构成,而国内生产总值越大,表明该国的经济实力越强。高附加值产业是指投入少而产出价值高的产业。通过扶植理想的具有战略性的目标产业,提高该产业的竞争力,扩大市场,从而提高整个国民的福利水平。故政府要把具有高附加值的产业作为优先考虑的战略性产业。

2. 高科技产业

高科技产业是指依靠产品以及生产过程的快速革新而获取成功的产业。目前普遍认为的高科技产业主要有生物工程、新型材料、远程通信、计算机软件等。

3. 规模经济效应明显、市场结构集中的产业

有的产业如飞机制造业,需要大规模的固定成本投资,是典型的具有规模经济效应的产业。这类产业往往市场结构集中,整个世界市场上能够容纳的生产企业为数不多,因此这类产业往往具有一定的超额利润,是各国实行利润转移的主要目标产业。

(四) 战略性贸易政策的作用

战略性贸易政策促进了发达国家一些战略产业的发展,开始引起发展中国家的重视,但其尚未采用或实施。首先,发展中国家科技水平不高,国内市场不甚发展,影响了规模经济的形成。其次,发展中国家政府较弱的财政实力难以对目标产业作出大量的补贴。最后,实施战略贸易政策的产业易受他国报复,由于反击力量薄弱,反而会受到更大的伤害。

四、贸易自由化的深入发展

20世纪90年代以来,随着世界经济的好转和经济全球化的加速,贸易自由化进一步向纵深发展,成为世界各国对外贸易政策的主流。其主要表现如下。

(一) WTO建立

1995年1月1日,WTO取代了1947年成立的关贸总协定,成为世界贸易体制的组织和法律基础,进一步推动了世界范围的贸易自由化。

(二) 区域经贸集团加强了内部贸易自由化

如欧盟已基本实现除人员和农产品以外的所有商品、生产要素服务的自由化,并发行了同一货币——欧元。北美自由贸易区在2003年前实现了货物和大部分服务贸易的自由化。

(三) 发展中国家和转型国家积极参与贸易自由化

从20世纪80年代到90年代初,58个发展中国家实施了单方面的贸易自由化改革。原来实行计划经济体制和国家垄断对外贸易的国家,如中国、俄罗斯、越南等国,相继转向市场经济体制,改革贸易体制,主动对外开放,加快了贸易自由化的步伐。

本 章 小 结

(1) 为了维护国家和企业的贸易利益,营造对外贸易发展的良好环境,世界各国根据本国情况,制定对外贸易政策,培育和提升本国的对外贸易竞争力。

(2) 对外贸易政策有两大类型,即保护贸易政策和自由贸易政策。由于各国经济发展的不平衡性,各国贸易政策的选择出现了多样性、交织性、动态性和混合性。同一历史阶段内,竞争力强的国家倾向采取自由贸易政策;而竞争力弱的国家则采取保护贸易政策。同一个国家在不同的历史阶段采取不同的贸易政策。如英国由强制性的保护贸易政策(重商主义)起家,产业革命的发生使其竞争能力增强,转而推行自由贸易政策,20世纪30年代,由于空前的经济危机和经济的衰落,则转而推行超保护贸易政策。在国家存在的前提下,由于经济发展和产业发展的不平衡,两种类型的贸易政策始终交织在一起,只是贸易政策的内容和强弱重点不同而已。

(3) 对一个国家应该采取何种贸易政策,经济学家依据自己的见识,提出了不同的理论,诸如重商主义、古典派自由贸易理论、历史学派的保护贸易理论、凯恩斯的超保护贸易理论。第二次世界大战后,出现了贸易自由化理论、新保护贸易和战略性贸易理论。马克思和恩格斯对重商主义、古典派自由贸易理论和历史学派的保护贸易理论作出评论。

思 考 题

1. 对外贸易政策的目的是什么?
2. 对外贸易政策制定的基础是什么?
3. 对外贸易政策分为几种类型? 其理论依据是什么?
4. 马克思和恩格斯如何评价其时代以前的贸易理论?
5. 对外贸易政策转换的依据是什么?

习 题

第七章 国际贸易促进、救济与管制

 **学习目标**

当今世界各国都非常重视国家在对外贸易发展中的作用。首先，重视经济外交，把经济外交作为整个外交的重要部分。其次，通过设立经济特区和财政金融措施等促进贸易的发展。再次，维护贸易秩序，对贸易企业违规行为进行处罚。最后，对侵犯本国权益和联合国规则的国家进行贸易制裁。通过学习，学生应掌握这些作用的内容。

第一节 重视经济外交

世界各国都非常重视经济外交，对外贸易已成为经济外交的重要内容和基础。

一、经济外交的含义

"经济外交包含两个实质性内容：其一，它是由国家（国家间的国际组织）或其代表机构与人员以本国经济利益（本组织的经济宗旨或经济利益）为目的，制定和进行的对外交往政策的行为；其二，它是由国家（国家间的国际组织）或其代表机构与人员以本国（本组织）经济力量为手段或依托，为实现和维护本国（本组织）战略目标，或追求经济以外的利益，制定和进行的对外交往政策的行为。"[①]

二、经济外交的内容

（一）国家外交政策中的经济部分

为本国经济发展服务或利用本国的经济力量推行其外交理念和政策的部分，即属于经济外交。

（二）执行国家对外经济政策

它包括对外经济基本方针，涉及对外贸易政策与理论、涵容投资、对外经济合作、外汇、对外援助与受援、国际收支、债权债务等措施。

（三）国家对外经济交往行为

其中包括：政府官员在会见、对外访问中讨论或交流经济贸易问题；关于经济贸易问题的对外协商、谈判、演说、宴请、参加国际会议、举行各种外交活动等。

[①] 杨福昌.经济外交[M].北京：中国青年出版社，2004：22.

三、实施经济外交的机制

为了实施有效的经济外交,各国都非常重视经济外交机构的设立与机制的协调。以美国为例,美国经济外交机构由三个大层次和之下的次层次构成。

(一)总统

在经济外交上,美国总统拥有四个方面的权力。其中包括:决定对外贸易方针与政策权;缔约权;升降关税权;对外实施经济制裁权。在重大事项上,美国总统的权力需要国会的授权。

(二)内阁各有关部门和政府机构

1. 内阁部门和政府机构设置

其中包括:经济政策委员会、商务部、贸易代表办公室、国务院、行政管理和预算局、财政部、农业部、能源部。

2. 作用

美国内阁各部门在法律和实践中,只起总统助手和顾问团的作用,没有集体决策权。概括起来,它们在经济外交方面主要发挥以下作用。

(1)协助总统制定有关经济外交的政策。
(2)协助国会制定有关经济外交的规章条例。
(3)负责解释有关经济外交方面的法律和政策。
(4)行政机关就经济外交申诉或争议的问题,拥有行政裁决权。

(三)联邦独立机构

1. 性质

联邦独立机构由国会通过立法为某项专门事业而设立,归属总统直接领导,与内阁没有隶属关系。它们在经济外交政策制定和行为中成为内阁机构的重要补充。有些独立机构的作用十分独特,在经济外交方面拥有大权,内阁机构难以替代。

2. 机构名称

这些机构包括:美国国际开发合作署、国际贸易委员会、贸易和开发署、和平队、美国联邦储备委员会、美国国家基金会、非洲开发基金会。

四、经济外交的重点

(一)改善对外贸易环境

(1)积极加入国际性的经济、金融和贸易组织。这些组织有国际货币基金组织、世界银行和世界贸易组织等。
(2)组建和参加地区性的经济贸易集团,加强地区性的经贸合作。
(3)签订各种双边与多边贸易协定与协议,保证贸易和投资稳定发展。
(4)发展中国家通过各种国际会议争取在贸易上的优惠待遇,扩大援助。

(二)重视驻外机构和贸易促进委员会的工作

(1)明确驻外经济商务代表的主要工作目标。

(2)加强驻外经济商务代表的工作。例如,要积极地寻找贸易机会,为特定的商品和服务找到市场;能识别并评估影响本国出口的各种贸易壁垒;组织贸易宣传活动;为本国的出口厂商参加交易会、展览会或商店现场的促销活动提供建议和支持;协助国内来的代表团和单独的出口商进行活动;鼓励国外投资者到本国投资;组织编写所在国的经济贸易信息资料,经常思考用什么新方法去推销本国的产品等。

(3)加强国家间贸易促进委员会和商会的交流与沟通。

(三)重视国际商务谈判

商务谈判是指参与各方(国家或集团)为了协调、改善和促进彼此的经贸关系,围绕商定内容,彼此通过信息交流、磋商达成协议的行为过程。

国际商务谈判由于基于国家经贸利益,具有较强的政策性,影响谈判的因素复杂多样,谈判涉及面广,谈判代表要得到国家授权,谈判结果要受到国家立法机构的监督和确认。

第二节 设立经济特区

经济特区是指一个国家和地区在其关境以外划出的一定范围内,建筑或扩建码头、仓库、厂房等基础设施和实行免除关税等优惠待遇,吸引外国企业从事贸易与出口加工工业等业务活动的区域。设立经济特区的目的是促进对外贸易发展,鼓励转口贸易和出口加工贸易,繁荣本地区和邻近地区的经济,增加财政收入和外汇收入。

经济特区的主要形式有自由港、自由贸易区、保税区、出口加工区、自由边境区、过境区(又称直接转口港或转口区)、科学工业园区和综合型经济特区等。

一、自由港和自由贸易区

(一)含义

自由港(free port)和自由贸易区(free trade zone)的主要特征都是在关税以外特设的区域内,对进出口商品全部或大部分免征关税,准许在港内或区内开展商品自由储存、展览、拆散、改装、重新包装、整理、加工和制造等业务活动,以便本地区经济和对外贸易的发展,增加财政收入和外汇收入。

(二)类型

自由港或自由贸易区可以分为两种类型:一种是把港口或设区所在的城市都划为自由港或自由贸易区,如香港整个是自由港。在整个香港,除了个别商品,绝大多数商品可以自由进出,免征关税,甚至允许任何外国商人在那里兴办工厂或企业。另一种是把港口或设区所在的城市的一部分划为自由港或自由贸易区。

(三)主要管理规定

1. 关税

对于允许自由进出自由港和自由贸易区的外国商品,不必办理报关手续,免征关税。少数已征收进口税的商品如烟、酒等若再出口,可退还进口税。但是,如果港内或区内的外国商品转运到所在国的国内市场上销售,则必须办理报关手续,缴纳进口税。

2. 业务活动

对于允许进入自由港或自由贸易区的外国商品,可以储存、展览、拆散、分类、分级、修理、改装、重新包装、重新贴标签、清洗、整理、加工和制造、销毁、与外国的原材料或所在国的原材料混合,再出口或向所在国国内市场出售。

3. 禁止和特别限制

许多国家通常对武器、弹药、爆炸品、毒品和其他危险品以及国家专卖品如烟草、酒、盐等禁止输入或凭特种进口许可证才能输入自由港和自由贸易区;有些国家对少数消费品进口到自由港和自由贸易区要征收高关税;有些国家对某些生产资料在自由港内或自由贸易区内使用也征收关税,如意大利规定,在的里雅斯特自由贸易区内使用的外国建筑器材、生产资料等也包括在应征关税的商品之内。有些国家如西班牙,还禁止在区内零售商品。

二、保税区

(一) 保税区的含义

保税区(bonded area)又称保税仓库区,是海关设置的或经海关批准注册的,受海关监督的特定地区和仓库。外国商品存入保税区内,可以暂时不缴纳进口税;如再出口,不缴纳出口税;如要运进所在国的国内市场,则需办理报关手续,缴纳进口税。运入保税区区内的外国商品可进行储存、改装、分类、混合、展览、加工和制造等。此外,有的保税区还允许在区内经营金融、保险、房地产、展销和旅游业务。

因此,许多国家对保税区的规定与自由港、自由贸易区的规定基本相同,起到了类似自由港或自由贸易区的作用。

(二) 保税区的分类

按照保税区职能的不同,日本保税区可分为以下五种。

1. 指定保税区

指定保税区(designated bonded area)是为了在港口或国际机场能简便、迅速地办理报关手续,为外国货物提供装卸、搬运或暂时储存的场所。指定保税区是经大藏大臣的指定而设置的。在这个区内的土地、仓库与其他设施都属于国家所有,并由国家设立的机构进行管理。因此,它是公营的。

2. 保税货棚

保税货棚(bonded shed)是指经海关批准,由私营企业设置的用于装卸、搬运或暂时储存进口货物的场所。保税货棚是私营的。由于保税货棚经由海关批准,因此必须缴纳规定的批准手续费,储存的外国货物如有丢失,须缴纳关税。

3. 保税仓库

保税仓库(bonded warehouse)是经海关批准,外国货物可以不办理进口手续和连续长时间储存的场所。它是为了使货物能在较长时间内储存和暂时不缴纳关税而建立的。如进口货再出口则不必纳税,这就便于货主把握交易时机出售货物,有利于贸易业务的顺利进行和转口贸易的发展。在保税仓库内储存货物的期限为2年,如有特殊需要还可以延长。

4. 保税工厂

保税工厂(bonded factory)是经由海关批准,可以对外国货物进行加工、制造、分类以及检修等保税业务活动的场所。保税工厂和保税仓库都可储存货物,但储存在保税工厂中的货物可作为原材料进行加工和制造。因此,许多厂商广泛地利用保税工厂,对外国材料进行加工和制造,以适应市场的需要、符合进出口的规章或减轻关税负担。

外国货物储存在保税工厂的期限为2年,如有特殊需要可以延长。

5. 保税陈列场

保税陈列场(bonded exhibition)是经海关批准在一定期限内用于陈列外国货物进行展览的保税场所。这种保税场所通常设在本国政府或外国政府、本国企业组织或外国企业组织等直接举办或资助举办的博览会、展览会和样品陈列所中。保税陈列场除了具有保税货棚的职能外,还可以展览商品,加强广告宣传,促进交易的开展。

三、出口加工区

(一)出口加工区的含义

出口加工区(export processing zone)是一个国家和地区在其港口或邻近港口、国际机场的地方,划出一定的范围,新建和扩建码头、车站、道路、仓库和厂房等基础设施以及提供免税等优惠待遇,鼓励外国企业在区内投资设厂,生产以出口为主的制成品的加工区域。

出口加工区是20世纪60年代后期和70年代初,由一些发展中国家建立和发展起来的。其目的在于吸引外国投资,引进先进技术与设备,促进本地区生产技术和经济的发展,推动加工工业和加工出口的发展,增加外汇收入。

出口加工区脱胎于自由港或自由贸易区,采用了自由港或自由贸易区的一些做法,但它又与自由港或自由贸易区有所不同。一般说来,自由港或自由贸易区以发展转口贸易、取得商业方面的效益为主,是面向贸易的;而出口加工区以发展出口加工工业、取得工业方面的效益为主,是面向工业的。

虽然出口加工区与自由港、自由贸易区有所不同,但是由于出口加工区是在自由港、自由贸易区的基础上发展起来的,因此,目前有些自由港或自由贸易区以从事出口加工生产为主,但仍然沿用自由港或自由贸易区这个名称。例如,马来西亚开辟的一些以出口加工为主的区域仍称作自由贸易区。

(二)出口加工区的类型

1. 综合性出口加工区

在综合性出口加工区内可以经营多种出口加工工业。如菲律宾的巴丹出口加工区所经营的项目包括服装、鞋类、电子或电器产品、食品、光学仪器和塑料产品等。目前世界各地的出口加工区大多数是综合性出口加工区。

2. 专业性出口加工区

在专业性出口加工区内只准经营某种特定的出口加工产品。例如,印度在孟买的圣

第七章 国际贸易促进、救济与管制

克鲁斯飞机场附近建立的电子工业出口加工区,专门发展电子工业的生产和增加这类产品的出口。在区内经营电子工业生产的企业可享有免征关税和国内税等优惠待遇,但所生产的商品必须全部出口。

目前许多国家和地区都选择一个运输条件较好的地区作为设区地点。这是因为在出口加工区进行投资的外国企业所需的生产设备和原材料大部分依靠进口,所生产的产品全部或大部分输往外国市场销售。因此,出口加工区应该设在进出口运输方便、运输费用最节省的地方。通常,在国际港口或在港口附近、国际机场附近设立出口加工区是最为理想的。

(三) 出口加工区的管理

1. 对外国企业在区内投资设厂的优惠规定

(1) 关税。对在区内投资设厂的企业,从国外进口生产设备、原料、燃料、零件、元件及半制成品一律免征进口税。生产的产品出口时一律免征出口税。

(2) 国内税。不少出口加工区对外国投资的企业提供减免所得税、营业税、贷款利息税等优惠待遇。

(3) 放宽外国企业投资比率。各国均有不少出口加工区放宽了对外资企业的投资限制。例如,菲律宾规定,外资企业在区外的外资投资比率不得超过企业总资本的40%,但在区内的外资投资比率不受此项法律的限制,投资比率可达100%。

(4) 放宽外汇管制。在出口加工区外资企业的资本、利润、股息可以全部汇回本国。

(5) 投资保证。许多国家或地区不仅保证各项有关出口加工区的规定长期稳定不变,而且保证对外国投资不予没收或征用。如因国家利益或国防需要而征用,政府给予合理的赔偿。

此外,对于报关手续、土地仓库和厂房等的租金、贷款利息、外籍职工的职务及其家属的居留权等都给予优惠待遇。

2. 对外国投资者在区内设厂的限制

许多国家和地区虽然向外国投资者提供各种优惠待遇,但并不是任其自由投资,而是既有鼓励又有限制,引导外国企业按照本国的经济和对外贸易发展的需要投资设厂。一般有以下几方面的规定。

1) 投资项目限制

许多国家或地区往往限制投资项目。例如,菲律宾对巴丹出口加工区可设立哪些工业都作出规定,划出范围。它规定第一期轻工业包括陶瓷或玻璃器皿、化妆品、食品生产、电子或电器产品、光学仪器、成衣、鞋类、塑料和橡胶产品等轻型的、需要大批劳工的、供出口的工业。第二期重工业包括综合性纺织厂、汽车厂、机器厂以及其他确有外国市场,需要用大批劳工,进口原料加工出口的工业。

2) 对投资的审批

为了保证投资与加工出口的收益,要求外国投资者必须具备一定的条件。例如,菲律宾在审批投资设厂的出口企业时掌握两项基本标准:一是在经营管理、出口推销和技术、财务管理方面具有一定的基础和经验;二是具有输出商品赚取外汇、吸收劳动力的能力,并能采用国内的原料。

3) 产品的销售市场

许多国家或地区规定区内的产品必须全部或大部分出口，甚至对次品或废品也禁止或限制在当地国内市场上出售。即使准许在本国市场上销售，其数量一般也不超过总产量的 10%。为了防止区内产品与区外的同类本国产品在国外市场上竞争，往往采用禁止或限制该产品在区内投资或者对出口市场加以限制的做法。例如，斯里兰卡规定，不准区内生产的服装向西欧共同市场出口，以排除该产品在西欧共同市场上同本国同类产品的竞争。

4) 招工和工资

有些国家和地区对招工和工资做了统一规定，以解决就业、工资和劳资纠纷等问题。例如，菲律宾规定，区内工人的最低年龄为 14 岁，不同的工种按其技术的熟练程度规定工资标准，并随着生产和生活指数调整工资水平。

四、其他形式的经济特区

（一）自由边境区

自由边境区（free perimeter）过去也称自由贸易区，这种设置仅见于拉丁美洲少数国家。一般设在本国的一个省或几个省的边境地区。对于在区内使用的生产设备、原材料和消费品可以免税或减税进口。如从区内转运到本国其他地区出售，则须照章纳税。外国货物可在区内进行储存、展览、混合、包装、加工和制造等业务活动，其目的在于利用外国投资开发边区的经济。

自由边境区与出口加工区的主要区别在于：自由边境区的进口商品加工后大多是在区内使用，只有少数用于再出口。故建立自由边境区的目的是开发边区的经济，因此，有些国家对优惠待遇规定了期限。当这些边区生产能力发展后，就逐渐取消某些商品的优惠待遇，直至废除自由边境区。例如，墨西哥设立的一些自由边境区到期时，就取消了原有的优惠待遇。

（二）过境区

沿海国家为了便利内陆邻国的进出口货运，开辟某些海港、河港或国境城市作为货物过境区（transit zone）。过境区规定，对于过境货物，要简化海关手续，免征关税或只征小额的过境费用。过境货物一般可在过境区内做短期储存，重新包装，但不得进行再加工。

（三）科学工业园区

1. 科学工业园区的含义

科学工业园区是指集知识、技术、人才，融科研、教育、生产为一体的科技资源开发区。

2. 科学工业园区的发展历程

世界上第一个科学工业园是 1951 年创立于美国加州的"斯坦福科研工业区"，以其为中心发展成为"硅谷"，目前已成为美国最大的电子工业研制中心。20 世纪 70 年代末至 80 年代初期，德国、法国、日本、比利时、荷兰等国都先后建立了科学园区，掀起了世界范围内建立科学园的热潮。目前，世界上已建成的各种类型的科学工业园有 300 个左右，其中成型或初具规模的占总数的70%左右，主要分布在欧美各国和亚洲一些国家。其中美国最多，约40个，绝大部分以大学为依托。西欧国家更多的是兴办小型科学公园，这种园区将现代科技、文化、教育和新兴产业有机地融为一体。日本正规划在全国19个地区选点建设"科技城"，着重发展宇航、生物工程、电脑、机器人、信息处理等14种产业。科学工业园区在世界范围内的兴起和发展，是当代世界各国特别是工业发达国家或国家集团之间高新科学、技术竞争的需要，也是现代科学技术发展的必然趋势。它的出现和发展必将极大地加强所在地优化商品的知识密集程度，提高附加值和竞争力。

3. 科学工业园区的类型

科学工业园区由于地区、内外部环境和开发动因不一，形成了如下不同的类型。

(1) 新兴工业技术与大学、研究中心相结合的科学园区。例如，美国犹他州首府盐湖城附近的"仿生谷"等。

(2) 大学与科研机构相结合的科学园区。例如，日本的"筑波科学城"等。

(3) 以吸引外资为主并作为经济性特区组织形式出现的科学园区。例如，中国台湾的"新竹科学工业园区"、新加坡的"肯特岗科技园区"、韩国的"大德科学工业园"等。

(4) 高技术产业与科研单位、大学所在空间地理位置上相结合的地理结合型科学园区。例如，美国的"波士顿128号公路区"、英国的"剑桥科学公园"等。

(四) 综合型经济特区

1. 综合型经济特区的含义

综合型经济特区是指一国在其港口或港口附近等地划出一定的范围，新建或扩建基础设施和提供减免税收等优惠待遇，吸引外国或区外企业在区内从事外贸、加工工业、农牧业、金融保险和旅游业等多种经营活动的区域。1979年以后，中国设立的经济特区就属于这一种。

2. 中国经济特区的特点

(1) 国家统一领导。

(2) 综合性多种经营。经营范围包括工业、农业、商业、房地产、旅游、金融、保险和运输等行业。

(3) 经济特区的经济发展资金主要靠利用外资，产品主要供出口。

(4) 对前来投资的外商，在税收和利润汇出等方面给予特殊的优惠与方便，并努力改善投资环境，以便吸引更多外资，促进特区的对外贸易和经济的发展。

(5) 实行外引内联，加强特区与非特区之间的协调与合作，共同促进全国社会主义市场经济建设与发展。

第三节 出口促进

一、谋建国家出口战略

世界各国政府都重视从整体上考虑出口，提出了"国家出口战略"。以美国为例。在《1998年美国国情咨文》中，当时美国总统克林顿提出：伴随美国步入21世纪，全球经济要求美国不仅要在国内市场上寻找机会,而且要在全世界全面出击。为此,他提出并实施了"国家出口战略"。其内容包括:加强政府干预,开展经济外交;开拓新兴大市场;放松出口管制;实行商贸信息的公开化、社会化,强化对出口企业厂商的信息服务;拓宽融资渠道;加强出口融资服务;加强对中小企业出口的扶植与鼓励等。

二、推行出口财政性政策措施

当今世界各国都注重建立综合性的出口财政性政策措施。以美国为例。20世纪90年代以来,美国采取了如下一系列促进出口的财政措施。

(1) 出口免税。美国对出口商品一直实行零关税。

(2) 国外销售免税。在本土以外销售商品和服务的美国公司,其海外销售收入可以享受免税待遇。

(3) 对外援助。通过援助带动本国商品和劳务出口。

(4) 政府加强出口融资工作。

(5) 建立"出口扶助中心"。在19个大城市成立"美国出口扶助中心",再辐射到全国81个地方所属"中心"。

(6) 扶持中小企业出口。

(7) 提供信息、开展出口咨询、组织贸易博览会等。

三、出口信贷与出口信用保险

(一) 出口信贷

1. 出口信贷的含义

出口信贷(export credit)是一种国际信贷方式,由该国的出口信贷机构通过直接向本国出口商或外国进口商(或其银行)提供利率较低的贷款,或者通过担保、保险给予其满足国外进口商对本国出口商支付货款需要的一种融资方式。

2. 出口信贷的类别

出口信贷分为出口买方信贷和出口卖方信贷两种形式。

出口买方信贷是指一国银行为了鼓励本国商品的出口,而向进口商或进口商的银行提供贷款,使得进口商可以用这笔贷款通过支付现汇的方式从贷款国进口商品。它在出口信贷发展成熟时期占据主要地位。

出口卖方信贷是指出口商所在国的银行对出口商提供的融资,使得进口商可以在贸易合同中采用延期付款的方式,达到支持出口的目的。它在出口信贷发展的初期占据主要地位。

(二) 出口信用保险

1. 出口信用保险的含义

出口信用保险是国家政策性保险,不以盈利为目的,旨在鼓励银行为本国企业出口提供信贷,降低其信贷风险;或者保证出口厂商因出口所受的损失,绝大部分能得到补偿,使本国出口商在世界市场上与他国出口商处于同等的竞争地位。官方支持的出口信用保险机构也被视为出口信贷机构(Export Credit Agencies,ECAs)。

2. 出口信用保险的类别

其主要包括：普通出口信用险；寄售出口保险；出口汇票保险；出口贷款保险；中长期延期付款出口保险；出口买方信贷担保；海外投资保险；保证商行保险；海外广告保险；国外加工险；国外存货保险；国外仓储保险等。

四、出口退税

为了促进出口，世界各国均实行出口退税措施，把如下税收退回给出口厂商。

(1) 对出口产品在制造过程中使用和消耗的生产投入品及投入的服务征收的关税和其他前期累积的间接税。

(2) 对出口产品在生产和流通过程中征收的间接税。这里的"间接税"是指对销售、执照、营业、增值、特许经营、印花、转让、库存和设备所征收的税。

五、出口补贴

为了扩大出口，政府或公共机构对出口厂商提供的财政资助就是出口补贴。政府提供的出口补贴可以是直接的，也可以是间接的。例如，通过补贴信贷机构、运输企业使得出口企业的信贷成本和运输成本下降，也可能构成出口补贴。

此外，为了保护农业，扩大农产品出口，各国尤其是发达国家（美国和欧盟等）对农产品有巨额出口补贴。这个领域的出口补贴在世界贸易组织中仍然被作为特殊情况而允许存在。

根据WTO《补贴与反补贴措施协议》，出口补贴属于禁止性补贴，应该予以取消。在符合一定条件的前提下，进口国可以征收反补贴税。另外，根据WTO《农业协议》规定的特殊的出口补贴纪律，出口补贴不能增加，只能逐步减少。

第四节 贸易救济

世界贸易组织成员依据世贸组织管理和实施的《反倾销协议》《补贴与反补贴措施协议》和《保障措施协议》和本国相关的法规，对本国产业进行救济，以维护公平竞争。救济措施包括征收反倾销税和反补贴税、提高关税、实施数量限制和关税配额。

一、反倾销

（一）倾销的含义与反倾销条件

倾销一般是指一国出口商以低于产品正常价值的价格，将产品出口到另一国市场的行为。进口国实施反倾销措施的三个基本要件如下。

(1) 出现倾销，即出口国产品的出口价格，低于其在正常贸易中供其国内消费的同类产品的可比价格，即以低于正常价值的价格进入另一国市场。

(2) 进口国相关产业受到损害。损害包括三种情况：一是进口国生产同类产品的产业受到实质损害；二是进口国生产同类产品的产业受到实质损害威胁；三是进口国建立生产同类产品的产业受到实质阻碍。

(3) 倾销与实质损害之间有因果关系。

(二) 实施反倾销措施的基本程序

1. 申请人申请

申请可由代表企业提出。代表企业的资格是其支持者的集体产量占支持者和反对者总产量的 50% 以上,支持者的集体产量不低于国内同类产品生产总量的 25%,这些支持者同意该企业代表它们提出申请。

申请必须以书面形式提出,内容应包括倾销、严重损害的因果关系的确切材料。

2. 进口国主管机构审查立案

进口国主管机构就申请人提供的申请材料的准确性、充分性和申请企业的代表性,进行审查,确定是否立案调查。

3. 反倾销调查

进口国主管机构决定立案调查后,应立即发布立案公告。公告应载明出口国的名称、涉及的产品、开始调查的日期、申请书提出倾销的依据和损害存在的概要说明。一般情况下,反倾销调查应在 1 年内结束,最长不得超过从调查开始之后的 18 个月。

公告发布后,被控产品的出口商、生产商或其他利害关系方,有权要求参与反倾销调查,陈述自己的意见。

4. 调查裁决

1) 撤销

经过反倾销调查,不存在反倾销的要件,对反倾销投诉案撤销。

2) 确认

经过反倾销调查,反倾销要件具备,可实施反倾销措施。

(1) 临时反倾销措施。临时反倾销措施是指进口国主管机构经过调查,初步认定被指控产品存在倾销,并对国内同类产业造成损害,据此可以在全部调查结束之前,采取临时性的反倾销措施,以防止在调查期间国内产业继续受到损害。

临时反倾销措施有两种形式:一是征收临时反倾销税;二是要求进口商自裁决之日起,提供与临时反倾销税数额相等的现金保证金或保函。

进口国主管机构自反倾销案件正式立案调查之日起 60 天后,才能采取临时反倾销措施。其实施时间应尽可能短,通常不得超过 4 个月,特定情况下可以延长到 6 个月至 9 个月。

此外,在进口国对反倾销立案后,出口方可通过价格承诺中止反倾销案的继续调查。价格承诺是指被控倾销产品的生产商和出口商与进口国主管机构达成协议,出口商以提高价格来消除产业损害,进口国相应地中止案件调查。实际上,价格承诺也属于反倾销措施的一种形式。

(2) 最终反倾销措施。在全部调查结束后,如果有充分的证据证明被调查的产品存在倾销,国内生产同类产品的产业受到损害,且倾销与损害之间有因果关系,则进口国主管机构可以采取最终的反倾销措施,开征反倾销税。

(三)反倾销税的征收与终止

反倾销税的税额不得超过所裁定的倾销幅度。反倾销税的纳税人是倾销产品的进口商。

除非进口国主管机构以复审方式决定继续维持反倾销税,反倾销税的征收应自决定征收之日起不超过5年。

(四)反倾销的磋商和争端解决

世界贸易组织任何成员采取反倾销措施,如影响了其他成员的利益,它们可以诉求世界贸易组织,通过反倾销的磋商和争端解决途径寻求解决。

(1)如一成员认为进口成员实施反倾销措施,使其从世界贸易组织协定项下直接或间接获得的利益受到减损或丧失,或该项措施妨碍了任何协议目标的实现,则该成员可以以书面形式要求与有关的一个或多个成员进行磋商,以寻求各方满意的解决办法。每一成员应对另一成员提出的磋商要求给予积极的考虑,并应提供充分的磋商机会。

(2)如果磋商不能达成满意结果,且进口方的主管机构已经采取最终措施或接受价格承诺,则该成员可以将争端提交争端解决机构处理。如果出口方成员认为进口方成员所采取的临时反倾销措施违反了《反倾销协议》的有关规定,则也可将之提交争端解决机构处理。

(3)在受影响的成员请求下,争端解决机制应设立专家组就该成员的请求进行审查。世界贸易组织《关于争端解决规则与程序的谅解》同样适用于《反倾销协议》项下的磋商和争端解决。

(五)当前主要大类国家实施的反倾销措施

依据WTO,ITC(国际贸易中心)和UNCTAD共同发表的《世界关税概况2018》(WORLD TARIFF PROFILES 2018),列出大类国家组到2017年12月31日作为进口方和出口方实施的和受到的反倾销措施的情况。大类国家组为QUAD(加拿大、欧盟、日本和美国),G20(不包括QUAD)和其他国家。

(1)三大类国家组共同实施的反倾销措施总数为1 829。其中,作为进口方采取的反倾销数分别为:QUAD为575,所占比重为31.4%;G20(不包括QUAD)为1 058,所占比重为57.8%;其他国家为196,所占比重为10.7%。作为出口方实施的倾销数分别为:QUAD为189,所占比重为10.3%;G20(不包括QUAD)为1 145,所占比重为62.6%;其他国家为495,所占比重为27.1%。

(2)在总数1 829反倾销中,按大类产品划分,初级产品为74,所占比重为4.0%,其中,水果、蔬菜、植物为33,所占比重为1.8%;制成品为1 755,所占比重为96.0%,其中,矿物和金属为770,所占比重为42.1%;化工品450,所占比重为24.6%;纺织品130,所占比重7.1%。

其具体情况见表7.1。

表 7.1　各大类国家对进出口产品实施的反倾销措施(截止到 2017 年 12 月 31 日)

产品组	措施总件数	进口方			出口方		
		QUAD	G20	其他	QUAD	G20	其他
畜产品	5		5		2	2	1
奶制品	1		1		1		
水果、蔬菜、植物	33	9	21	3	1	18	14
咖啡、茶叶	1					1	
谷物和食品	9	7		1	1	8	
油籽、油脂和油	8	4	4			5	
糖和糖果	8	7	1		1	5	2
饮料和烟草	2	2			1	1	
棉花	1					1	
其他农产品	6	5	1		1	3	
鱼与鱼产品	6	6				3	3
矿物和金属	770	325	328	117	52	498	220
石油	5	5			3	2	
化工品	450	96	313	41	92	260	98
木材、纸等	79	25	45	9	14	44	21
纺织品	130	16	105	9	2	79	49
服装	1		1			1	
皮革,鞋类等	73	8	59	6	5	42	26
非电动机械	63	18	44	1	1	48	14
电动机械	66	20	44	2		51	15
运输设备	32	10	22			25	7
制成品等	66	12	51	3	5	43	18
其他	14	5	8	1	1	8	5

资料来源:WTO,ITC,UNCTAD. WORLD TARIFF PROFILES 2018. Table 2.1.2.

二、补贴与反补贴

(一)出现背景

补贴作为公共经济政策的重要组成部分,为各国政府广泛采用。关税与贸易总协定和世界贸易组织并不否定补贴的作用,但补贴措施如使用不当也会导致不公平竞争,对进口方或第三方的相关产业或其他合法利益造成损害,扭曲贸易和影响资源的合理配置。为此在关贸总协定"乌拉圭回合"达成《补贴与反补贴措施协议》,适用于世界贸易组织所有成员,各成员也相应制定了有关规定。

(二)补贴的含义与分类

1. 补贴的含义

《补贴与反补贴措施协议》从主体、形式和效果三个方面对补贴进行了界定,即补贴只有在满足下列三个条件时才成立:第一,补贴是由政府或公共机构提供;第二,政府提供了财政资助或任何形式的收入或价格支持;第三,补贴使产业或企业得到了利益。

2. 补贴的分类

《补贴与反补贴措施协议》将专向性补贴分为三类：禁止性补贴、可诉补贴、不可诉补贴。

1) 禁止性补贴

禁止性补贴包括出口补贴和进口替代补贴，任何成员不得实施或维持此类补贴。

出口补贴指法律上或事实上以出口实绩为条件而给予的补贴。禁止的理由是它会刺激出口的增长，使其他未受补贴的同类产品在竞争中处于不利境地，并可能对进口方或第三方相关产业造成实质损害或实质损害威胁。

进口替代补贴是指以使用国产货物为条件而给予的补贴。与出口补贴给予出口产品的生产者或出口商不同，进口替代补贴给予的对象是国产品的生产者、使用者或消费者。被禁止的理由是它会使进口产品在与受补贴的国产品的竞争中处于劣势，从而抑制相关产品的进口，对进口贸易产生抑制和扭曲作用。

2) 可诉补贴

可诉补贴指那些不是一律被禁止，但又不能自动免于质疑的补贴。对这类补贴，往往要根据其客观效果，即对其他成员产业是否构成利益丧失或损害而定，如有，则进口方可以起诉，立案调查确实后，可采取反补贴措施。

3) 不可诉补贴

不可诉补贴即允许成员进行的补贴，其他世界贸易组织成员不能对此类补贴起诉。它包括两类补贴：一类是不具有专向性的补贴，即政府不针对特定企业、特定产业和特定地区的补贴；另一类是符合特定要求的专向性补贴，如研究和开发补贴、贫困地区补贴、环保补贴。[①]

（三）反补贴措施

反补贴措施指进口方主管机构应国内相关产业的申请，对受补贴的进口产品进行反补贴调查，如确实存在禁止性补贴或可诉补贴中的损害现象，可以采取征收反补贴税或价格承诺等方式，抵消进口产品所享受的补贴。

（四）补贴的争端解决

1. 禁止性补贴的争端解决

一个世界贸易组织成员如果有理由认为另一成员正在实施禁止性的补贴，即可请求同实施补贴的成员进行磋商。若在提出磋商请求后 30 天内未能达成双方同意的解决办法，则可将争端提交争端解决机构。

争端解决机构受理争端后，应立即成立专家组。如专家组认定补贴为禁止性的，则建议立即撤销补贴，并明确限定撤销补贴的时限。如投诉成员和被诉成员对专家报告无异议，则予以执行。如果被诉成员没有在专家组指定的时限内执行争端解决机构的建议，争端解决机构应授权投诉成员采取适当的报复措施。如投诉成员和被诉成员对专家报告有

---

① 根据《补贴与反补贴措施协议》第 31 条，该类补贴只在协议生效后 5 年内临时适用。适用期结束后，有关委员会决定不予延期。

异议,则可交由上诉机构裁决,双方必须接受和执行该裁决。

2. 可诉补贴的争端解决

一个世界贸易组织成员如果有理由认为另一成员实施的可诉补贴对其利益造成了不利影响,则可要求与实施补贴的成员方进行磋商。若提出磋商请求后的60天内未能达成协议,则任何一方可将争端提交争端解决机构。争端解决过程与禁止性补贴的争端解决基本相同,但时间要长一些。

(五)当前反补贴措施实施情况

1. 实施反补贴的WTO成员与对象成员

截止到2017年12月31日,WTO成员作为进口方最终实施的反补贴措施总数为158,最多的国家为美国、加拿大、欧盟和澳大利亚。它们所占数目和比重分别为93和58.8%,22和14.0%,16和10.1%,12和7.6%。同时,受到反补贴措施对象的WTO出口成员最多的是中国和印度,二者总数为108,占总数的63.3%。其中中国为80,所占比重为50.6%;印度为28,所占比重为17.7%。[①]

2. 被实施反补贴措施的商品对象

截止到2017年12月31日,WTO成员作为进口方最终实施的反补贴措施的商品对象类别总数为175,其中初级产品类为12,所占比重为6.9%;制成品为163,所占比重为93.1%。其中,矿物和金属为83,化工为29,二者共计为112,占总数的64%。矿物和金属占总数的比重为47.4%,化工占总数的比重为16.6%。[①]

三、保障措施

(一)保障措施的含义与特点

保障措施是指世界贸易组织成员在进口激增并对其国内相关产业造成严重损害或严重损害威胁时,自我采取的进口限制措施。

保障措施在性质上完全不同于反倾销措施和反补贴措施。前者针对的是公平贸易条件下的进口产品,后者针对的是不公平贸易。在关贸总协定"乌拉圭回合"中达成《保障措施协议》,以防止世界贸易组织成员滥用此项措施。

(二)实施保障措施的条件

根据《保障措施协议》,世界贸易组织成员实施保障措施必须具备三个条件:第一,某项产品的进口激增;第二,进口激增是由于不可预见的情况和成员履行世界贸易组织义务的结果;第三,进口激增对国内生产同类产品或直接竞争产品的产业造成了严重损害或严重损害威胁。

(三)实施保障措施的程序

根据《保障措施协议》,保障措施的实施程序包括调查、通知和磋商三个环节。

1. 调查

世界贸易组织成员主管机构在采取保障措施前,应向所有利害关系方公告。举行公

---

① 根据WTO、ITC和UNCTAD共同发表的《世界关税概况2018》计算。

开听证会,由进口商、出口商及其他利害关系方陈述证据和看法,对其他相关方的陈述作出答复。调查结束后,主管机构应公布调查报告,列明对一切相关事实和法律问题的调查结果,以及作出的结论。

2. 通知

世界贸易组织成员应向世界贸易组织保障措施委员会通知如下内容,如发起调查的决定及理由,对进口增长造成严重损害或损害威胁的调查结果,就实施或延长保障措施作出的决定。

3. 磋商

由于采取保障措施会影响到有关成员在世界贸易组织中所享有的权利,《保障措施协议》规定,采取或延长保障措施的成员应与各利害关系方进行磋商,达成谅解。应将磋商结果及时通知世界贸易组织货物贸易理事会。

(四) 保障措施实施方式与期限

(1) 保障措施形式:提高关税、数量限制和关税配额等。

(2) 期限:一般不超过4年。如果仍需延长,则可延长实施期限,但不得超过4年。

(五) 临时保障措施的条件

《保障措施协议》规定,在紧急情况下,如果迟延采取保障措施会造成难以弥补的损失,进口方可不经磋商而采取临时保障措施。主管机构只能在初步裁定进口激增已经或正在造成严重损害或损害威胁的情况下,方可采取临时保障措施。

保障措施要以非歧视的方式实施,即进口限制措施仅针对产品,而不问该种产品的来源。

该措施的实施期限不得超过200天,并把此期限计入保障措施总的期限。

该措施应采取提高关税率形式。如果随后的调查不能证实进口激增对国内有关产业已经造成损害或损害威胁,则增收的关税应迅速退还。

实施成员应在采取临时保障措施前通知世界贸易组织保障措施委员会,在采取措施后应尽快与各利害关系方进行磋商。

(六) 补偿与报复

由于保障措施针对的是公平贸易条件下的产品进口,其实施必然影响出口方的正当利益。为此,《保障措施协议》规定,有关世界贸易组织成员可就保障措施对贸易产生的不利影响,协商补偿方式。

如在30天内未达成协议,受影响的世界贸易组织出口方可以对世界贸易组织进口方对等地中止义务,即实施对等报复。但是,实施对等报复应在进口方实施保障措施后的90天内,并在货物贸易理事会收到出口方有关中止义务的书面通知30天后进行,且货物贸易理事会对此中止不持异议。

如果世界贸易组织进口方采取保障措施符合《保障措施协议》的规定,则世界贸易组织出口方自保障措施实施之日起的3年内不得进行对等报复。

(七) 当前保障措施实施情况

1. 实施该措施的 WTO 成员

截至 2017 年 12 月 31 日,实施保障措施的 WTO 成员为 15 个,实施该措施为 33 件。其中,实施 4 件的成员为印度尼西亚和越南;实施 3 件的成员为印度、马来西亚、摩洛哥、菲律宾、泰国和土耳其;实施 1 件的成员为中国、哥斯达黎加、厄瓜多尔、约旦、南非、乌克兰和赞比亚。[①]

2. 实施该措施的商品与件数

截至 2017 年 12 月 31 日,实施保障措施的大类商品对象为 34 件。其中,矿物和金属为 15 件;其他产品为 7 件,木材、纸等为 7 件;化学品为 3 件;谷物和食品、纺织品、运输设备各为 1 件。[①]

第五节 商务违规惩罚

为了扩大市场,实现利润最大化,各国有些经贸企业在国际商务活动中,通过贿赂、联合抵制和托拉斯活动进行竞争,危害了国际贸易的秩序和各国经济贸易的正常发展。20 世纪 80 年代以后,随着世界市场竞争的加剧,在国际贸易中,商业贿赂盛行。许多著名的跨国公司如 ABB、IBM、UPS、阿尔卡特、飞利浦、西门子、强生都曾陷入商业贿赂丑闻。如美国司法部称:1994—2001 年,在超过 400 起国际竞标活动中,都有外国公司从事严重的贿赂活动,涉及金额高达 2 000 亿美元。有超过 50 个国家的公司向超过 100 个购买国家暗示会为获得某个合同而提供贿赂,行贿活动相当普遍。

为此,从 20 世纪 80 年代开始,世界各国和国际组织通过立法等方式对这些违规行为进行管制。

一、国际商业贿赂与反贿赂

(一) 国际商业贿赂的定义

WTO 对国际商业贿赂的定义是:向外国政府官员提供金钱、贵重物品等其他好处、承诺和利益,以换取外国官员利用手中的职权,为自己谋取商业利益和回报。商业贿赂作为不正当竞争行为的主要特性表现在:主体是市场经营者;发生在市场交易过程中;行为具有秘密性,其表现是秘密给付、收受财物或其他报酬;行为人主观上的直接目的往往是争取交易机会或优惠的交易条件;行为人支付的款项或者提供的优惠利益违反了国家有关经贸、财务、会计等方面的法律、法规的规定。

(二) 商业贿赂的危害

1. 形成恶性竞争

贸易贿赂阻碍制度创新,导致交易成本增加,扭曲市场规则,并助长腐败的社会风气。某些企业因贿赂而获益,但却损害了其他企业和股东、消费者和其他守法商家的利益;反

[①] 根据 WTO、ITC 和 UNCTAD 共同发表的《世界关税概况 2018》计算。

过来,商业贿赂也会影响行贿企业的职业道德和企业形象。

2. 破坏市场秩序

商业贿赂不仅伤害消费者和守法商家,而且无形中会破坏市场经济秩序,损害一国的民族文化,导致社会秩序紊乱。

3. 浪费社会资源

贸易贿赂导致资源流向非生产性要素;不能选择真正有效率的供应商,破坏了竞争规则,降低了社会资源有效利用率。

4. 腐蚀政府机制

商业贿赂会腐蚀政府官员,毁坏政府机能,败坏国家形象,受贿者可能身败名裂。如1976年美国最大的武器制造商洛克希德公司向日本官员行贿2 500万美元,获得订单,案发后导致日本首相田中角荣辞职和被判刑。

(三) 容易产生贿赂行为的产业

世界银行的调查表明,公共工程建筑、国防采购、石油天然气、房地产、电信以及电力行业、采矿、交通、医药等行业是贿赂行为的高发行业。每年向发展中国家政府行贿的金额高达500亿~800亿美元。亚洲开发银行提供的数字表明,在欠发达国家,与腐败有染的资金估计占到国民生产总值的17%。

(四) 国家和国际社会的反贿赂

为了保持开放、公平和无扭曲竞争的国内外环境,一些国家和国际组织已经开始进行反贿赂的立法行动。

1. 国家反贿赂立法

20世纪80年代以后,世界各国开始通过立法形式进行反贿赂行动。其中,美国表现得十分突出。

美国通过立法进行反贿赂和反腐败,源于20世纪70年代初期的美国水门事件。当时在美国国会举行的听证会上,美国跨国公司的一系列腐败行为被曝光,其中包括为尼克松的竞选提供非法资金(通过国外银行洗钱)和美国公司直接向国外官员行贿。从此美国政府拉开了企业海外反腐败的序幕。

1977年,美国国会通过了《反海外腐败法》(FCPA),该法禁止美国公司或个人向国外政府官员支付、提议支付或承诺支付费用,以影响其执行公务的行为;禁止诱使官员作为或不作为,从而违反其合法职责;禁止诱使官员利用他们对政府的影响获取商业利益。该法在1988年的修订案中进一步规定,如果任何美国公司的管理者被证明他们知道某种非法行为,或故意忽视某种违规活动,那么,他们将受到起诉、罚款甚至监禁。1998年,该法的适用范围扩大到在美国境内的外国公司,适用于任何一个在美国注册的公司以及在美国股票交易所上市的公司。

与此同时,美国特别关注贿赂在国际交易中的影响。在美国的积极推动下,欧盟及经济合作与发展组织成员国已相继完成了相应的立法。1997年5月,经济合作与发展组织出台了共同反对国际贸易中的行贿条约,33个国家签署了该条约,由此,限制商业行贿成为国际惯例。2002年,英国通过了一项新的反贿赂法案,将反贿赂的针对范围从本国公司扩大到外国公司。

世界上每一个国家的行政人员和公共管理人员都面临腐败和贿赂的诱惑。许多国家已经意识到这一问题,并制定了相应的伦理政策和程序。1998年,加拿大通过了《外国公共官员腐败法案》(Corruption of Foreign Public Officials Act of 1998)。

2. 全球性反腐败活动

20世纪80年代以后,反贿赂和反腐败斗争从国家发展到国际社会。一些国际组织加强了反贿赂和反腐败的行动。

1)联合国

20世纪70年代,联合国设立了"政府间腐败问题专门工作小组",以加强伦理准则建设。联合国大会3514号决议给专门小组授权,认其主要任务:发布腐败和行贿受贿问题的报告,并指导成员国如何惩罚各级各类公共官员的渎职行为。联合国定义的公共官员为国家、地区民选的或任命的各级公务员。这为联合国以后的反腐败斗争奠定了基础。

1989年,联合国起草了《全球反腐败纲领》。该纲领旨在协助成员国开展反腐败斗争,呼吁政府行为的透明度和责任性,建议设立国际立法机构,致力于反腐败和反行贿受贿的斗争;呼吁建立国际数据库和国际道德法庭,以协助反腐败斗争,并使成员国共享相关信息。

1996年,联合国通过《联合国大会关于反腐败和反行贿受贿宣言》(以下简称《宣言》),正式向腐败问题宣战,并在随后的第82届全体会议上通过了《公共官员国际行为准则》(以下简称《行为准则》)。《宣言》不具有约束力,但它代表了国际组织的初步努力,即建议对腐败和行贿受贿行为予以惩罚,加强成员国之间就该问题的国际合作,鼓励公开曝光腐败行为。随后,联合国于2000年通过了《联合国打击跨国有组织犯罪公约》(United Nations Convention Against Transnational Organized Crime,UNCATOC)。

2003年10月31日,联合国大会通过了《联合国反腐败公约》(United Nations Convention Against Corruption,UNCAC),它是一部全面的反腐败公约。仅就贿赂犯罪而言,既反对行贿,也反对受贿;既反对贿赂本国官员,也反对贿赂外国和国际公共组织官员;既反对公共领域的贿赂,也反对私营部门的贿赂;既反对自然人犯罪,也反对法人犯罪。贿赂外国公职人员或者国际公共组织官员,与贿赂本国公职人员、影响力交易、私营部门内的贿赂并列为公约中所规定的贿赂犯罪的四种行为,截至2012年底,该公约已经有164个缔约国。中国是第一批签署公约的43个国家之一。

2)经济合作与发展组织

1994年,经济合作与发展组织(OECD,以下简称"经合组织")通过了《禁止国际商业交易行为中的贿赂行为的建议》,1997年,在成员国之间达成《反对在国际商业活动中贿赂国外公共官员条约》,1999年2月15日生效。而且,自1999年4月起,OECD主持启动了一个多边监督项目,以监测和评估缔约国国内法规与条约的一致性。

3)欧盟

欧盟制定的《欧洲理事会公约》是一项各成员国共同遵守的并互相提供帮助和支持的反腐败公约。其相关的公约有1995年的《保护欧洲共同体金融公约》、1997年的《打击欧洲共同体官员或欧洲联盟成员国官员贪污腐败行为公约》和《关于私营部门贪污腐败问题联合行动》。1999年1月27日,欧洲委员会在法国的斯特拉斯堡签订了《反腐败刑法公约》,详尽地规定了国内及国外公务员贿赂犯罪的具体实施细则和原则,为帮助各成员国进行反腐败提供了很好的国际环境。1999年11月,又通过了《反腐败民法公约》,主要目的是规定对贪污贿赂等腐败行为造成的损害有权得到补偿。

理事会还设立了一个监测机构,即反腐败国家集团,它于1999年5月开始运作,有21个成员国参加。该集团旨在通过各种途径,提高其成员国打击贪污腐败行为的能力,包括开展一项积极灵活的相互评价活动。

4) 国际商会

国际商会20世纪70年代中期建立了一个反欺诈贿赂委员会。该委员会开创性地起草了《反欺诈贿赂行为规则》,为进一步促进跨国公司自我约束起到了示范作用。该规则于1996年、1999年和2005年进行了修订。

1999年,国际商会反腐败委员会出版《打击腐败——公司实务手册》,并于2003年大幅度修订和扩充内容。

5) 透明国际组织

透明国际组织(Transparency International,TI)成立于1993年,总部设在德国柏林,是世界性的反腐败非政府组织(NGO)。自1995年以来,透明国际组织每年发表清廉指数及行贿指数;发表全球贪污年度报告以及全球贪污趋势指数。

6) 其他区域性反腐败国际条约

美洲国家组织(Organization of American States,OAS)于1996年签署了《美洲反腐败公约》。

亚太地区反腐败倡议组织(ADB OECD Anti-Corruption Initiative For Asia-Pacific)于1999年举行了反腐败大会,该组织的目标是研究反腐败战略,加强立法,保护检举,提高透明度和建立责任制,建立以荣誉感为基础的公民社会,增加公开性,加强评估和监督。

非洲联盟国家和政府首脑于2003年7月12日通过了《非洲联盟预防和打击腐败公约》。

二、反联合抵制与反垄断

一些国家企业通过托拉斯活动对贸易进行垄断、贸易限制和合谋,以阻碍公平竞争。对此,各国通过反托拉斯法或反垄断法予以管制。

如美国通过《谢尔曼反垄断法》《克莱顿反垄断法》和《联邦贸易委员会法》进行反垄断活动。《谢尔曼反垄断法》禁止任何限制各州之间或与外国的贸易合同、联合或合作,包括定价协议、串标和竞争者之间划分市场的协议,以及任何州或者与国外的贸易垄断。对违规的公司处以高额罚款。

此外,美国还与澳大利亚、巴西、加拿大、欧盟、德国、以色列、日本和墨西哥签署了反垄断合作协议。

第六节 出口管制

国家出于安全、外交政策等方面的考虑,对本国出口实行限制和管制。它由国家单独采取或由多个国家共同实行。如一国单独进行,称为单边出口管制;如多国家共同采取,称为多边出口管制。

一、单边出口管制

(一)出口管制确立的基本原则

1. 国家安全原则

如美国《出口管理法1988年修正案》第三章"政策声明"中明确指出:美国的出口管制政策是"限制对其他国家或国家集团的军事潜力有重大帮助的货物和技术的出口,并且证明这种出口对美国国家安全有不利的影响"。在此基础上,确立出口管制对象国时,主要考虑以下因素:对方所奉行的政策对美国国家安全的影响;对方是否为社会主义国家;对方与美国现存及潜在的关系状况;对方与美国的友好国家及与美国敌对国家现存及潜在的关系状况;对方的核武库能力;对方对从美国进口的技术、产品进行再出口控制的能力;总统认为需要考虑的其他因素。

2. 对外交往原则

世界各国为了有效地加强和推行整个对外政策,需要限制某些产品和技术的出口。如美国《出口管理法1988年修正案》指出,为了进一步有效地加强和推行美国的对外政策和履行自己承诺的国际义务,必须限制某些产品和技术的出口。在确定出口管制国家的对象时,要考虑以下因素:可行性(管制要达到预期目的);一致性(管制要适应既定的外交政策);能力(管制要有效地执行);经济影响(对美国的竞争地位和美国公司的经营不产生负面影响);外国政府的反应等。美国政府出于外交政策而实施的出口管制确立的因素包括人权、反恐怖、地区稳定、化学战、防止核扩散等。管制对象国因时而异,一般包括被美国认为是敌对、恐怖和所谓"无赖"的国家。

3. 保障国内供给原则

世界各国为保护本国经济发展需要,防止某些短缺物资过多外流和减少因国外需求造成的通货膨胀,会限制某些产品和技术的出口。当然,因自然禀赋和其他方面的原因,各国对出口产品限制的范围和种类有所不同。譬如,美国除了限制军事技术和战略物资出口,还曾对铜、兽皮、核桃木、未加工的西洋红杉、某些石油精炼产品和农产品进行过出口限制。

4. 履行国际义务原则

各国在管制出口中,还要履行有关的国际贸易条约与协定中的义务,如在国际商品协定和出口国生产组织中承担的义务,履行联合国通过的对某些国家进行制裁或禁运的决议。

(二)出口管制国家的确定

根据本国情况,对不同的国家予以不同的出口管制。如美国对不同的国家实行不同类型的管制,对所谓共产党国家,主要以国家安全为主;对其盟国和发展中国家,则主要以外交政策和短缺供应管制为主。因此,美国在 1979 年的《出口管理条例》中,曾按照宽严程度不同的国别政策,将加拿大以外的所有国家划分为 7 个国家组,加以区别对待。

2001 年"9·11"恐怖事件后,美国开始特列国外机构名单、恐怖主义名单、被拒绝名单、禁止交易名单和禁运国家名单。

(三)出口管制的内容

(1) 战略物资和先进科学技术。其中包括武器、军事设备、军用飞机、军舰、先进的电子计算机及有关的资料等。

(2) 国内生产所需的较为短缺的各种原材料、半成品和国内市场供应不足的某些商品。

(3) 实行"自动出口限制"的商品。如原《多种纤维协定》项下出口的纺织品和某些双边"自限"商品,如日本按照与美国达成的"自限"协定,对美国出口的汽车、钢铁采取自我管制出口措施。

(4) 历史文物、艺术珍品、贵金属等。

(5) 被列入对进口国或地区进行经济制裁范围的商品。如联合国成员对被联合国通过决议予以制裁的国家,要对其出口的商品进行出口管制。

(6) 出口生产国组织通过的"限产保价"的商品,要管制出口。如石油输出国组织对石油按照分得的份额出口。

一些国家,如美国将其出口商品按属性、用途、贸易方式制定了两个管制商品清单:一个是商用及双重(民用和军用)用途的管制名单,另一个是军品管制名单。

此外,出口管制还延伸到人员活动上,如美国管制外国公民在美国大学的入学等活动。

(四)出口管制的实施机构

实施出口管制的国家和地区都设置了相应的机构负责出口管制。如美国商务部产业安全局(原出口管理局)负责管理和加强美国对两用产品(既能商用,又能军用)的出口管理,以及对某些附有外交目的的商品的出口和再出口进行管理。此外,还有一些与出口管制有关的机构分管出口管制。国防部负责国家安全审查,直接参与纯军品、军用技术出口的审批;国务院依法拥有对任何对外政策出口许可证进行审查的权力;美国能源部会同商务部管制核设备、技术核原材料的出口;运输部会同商务部管制水运工具的出口;司法部管制麻醉品和危险药品的出口;能源部管制天然气和电力的出口;专用商标办公室管制专利申请和应用;财政部管制外国在美国的资产;农业部管制烟草种子和活植物的出口;内务部管制濒临灭绝的鱼类、野生动植物和候鸟、秃鹰等的出口。

(五)出口管制的措施

各国的出口管制一般是通过发放出口许可证的方式来实施的。以美国为例,出口许可制度由以下三部分构成。

1. 一般许可证

根据管制货单和输往国别分组管制表,如属于普通许可证项下的商品,即按一般出口许可证的程序出口,这类商品的出口管理很松。为了便于出口,规定出口商出口这类商品时,不必向商务部贸易管理局提出申请,只要在出口报关单上填明管制单上该商品的普通许可证编号,经海关核实,即可办妥出口证手续。

2. 单项有效许可证

单项有效许可证(individual validated licenses)是由美国商务部发放的一种批准出口许可的官方文件。该证列明了具体批准的出口商品或技术资料的名称、数量,指定了具体的收货人及最终用途,有效期一般为1年。出口商必须依据订货单或合同填写申请表格,逐项申请,获批准后,应严格按许可证上载明的条款执行。通常,属于下列情况的,均需申请单项有效许可证:①出口至任何目的地的"战略商品";②出口那些因"国家安全"原因而实施管制的商品至一些"受限制国";③出口那些因"外交政策"原因而管制的商品至一些敏感地区;④出口"未公开"的技术资料至某些国家;⑤出口"短缺商品"至任何目的地。

3. 特殊许可证

特殊许可证(special licenses)是在特定条件下所采用的一种许可证形式,与单项有效许可证性质相同。属于特殊许可证和单项有效许可证项下的商品在出口时,必须提交书面申请,获取许可证后,方能出口。但是,特殊许可证比单项有效许可证包含的内容多,常常可代替若干单项有效许可证使用。其常用的形式有以下几种。

(1) 分销许可证(distribution license,DL)。这种许可证是为了方便美国出口商实现国际销售计划和销售网络而采取的优惠办法,它可以至少替代25个单项有效许可证使用;一次办理后,可以在两年内不限次数地重复使用,其间不再逐项办理审批手续。美国政府有权检查分销许可证持有人的销售记录和设施,以确定他们是否遵守规章。

(2) 提供服务的许可证(service supply license,SL)。该证是指批准美国出口商或制造商出口备件或替换备件至外国用户的一种许可证。凡是对已出口的机器、设备提供售后服务所需的零备件、替换件,只要对象是美国公司在外国的分公司、母公司,均可申请这种许可证。该许可证有效期一般为1年,经批准可延长两年。

(3) 项目许可证(project license)。该证是指就一个较大的工程扩建或新的项目建设所需商品或技术发放的出口许可证。如国外的航空公司使用的美国制造的飞机,其航行所需的备件、飞机的维修设备等的出口均可申请。项目许可证有效期一般为1年,可申请顺延1年。

(六) 对出口违法的处理

凡是未经许可而出口,或将批准出口的商品、技术从批准项目的地方私自向未经许可的地区或国家装运,要受到出口执法部门的处理。出口违法行为可能导致行政制裁、罚款或监禁以及按法律采取的其他惩罚,或多项制裁。以美国为例,美国的执法机构是在商务部部长助理的领导下,由出口执法办公室和反抵制协调办公室负责。出口执法办公室和反抵制协调办公室根据指控情况进行调查,然后将调查报告提交出口管理助理总律师办公室,并向该办公室提出建议,该办公室负责接受与评估这些报告和建议。如果一项指控成立而且证据充足,则将该案件呈递司法部处理。处理的办法包括刑事处罚和行政制裁。

各国对违反出口管制的行为处分很严,如日本工程设备生产厂家星辰企业因违反日本出口管制法,未经批准向伊朗出口能转用作导弹开发的"喷射粉碎机",涉嫌违反外汇和外贸法,于2003年6月12日受到日本警视厅的搜查。该公司总裁植田玄彦和其他4名公司干部和职工被捕。

二、多边出口管制

(一)多边出口管制的含义

多边出口管制是指多个国家政府,通过一定的方式建立国际性的多边出口管制机构,商讨和编制多边出口管制货单和出口管制国别,规定出口管制的办法等,以协调彼此的出口管制政策和措施,达到共同的政治目的和经济目的。

(二)多边出口管制组织

1. 巴黎统筹委员会

巴黎统筹委员会(The Coordinating Committee For Multilateral Export Controls,COCOM)是根据1949年11月22日英、美、法三国秘密达成的君子协定,于1950年1月1日成立,拥有16个成员国。它们是美国、英国、法国、意大利、加拿大、比利时、卢森堡、荷兰、丹麦、葡萄牙、挪威、联邦德国、日本、希腊、土耳其和西班牙。这个委员会的主要工作是:编制和增减多边"禁运"货单,规定受禁运的国别或地区,确定"禁运"审批程序,加强转口管制,讨论例外程序,交换情报等。巴黎统筹委员会设在巴黎菩提路5号,大门上没有铭牌,显得十分神秘。1950年初这个小组下设调查小组,主管对苏联、东欧和中国等国家的"禁运"。1952年又增设一个所谓的"中国委员会"(China Committee,Chicom),以加强对中国的"禁运"。1957年,取消"中国委员会"。1971年6月,在美国总统尼克松宣布开放对中国的贸易后,巴黎统筹委员会即取消了对中国的禁运,对中国出口的管制货单不断减少。虽然这个多边出口管制机构负责编制、修订和审批多边出口管制货单,但有关出口管制商品的具体管理和出口申报手续仍由各参加国自行办理。

1994年3月31日,巴黎统筹委员会解散,被《瓦森纳安排》取代。

2.《瓦森纳安排》

1995年,美国与其他主要工业化国家就建立新的出口管制体制机构、防止武器和具有军事用途的高技术产品落入潜在的敌对国之手等问题达成了协议。1996年9月,美国与其他32个国家共同签署了《关于常规武器与两用产品和技术出口控制的瓦森纳安排》(以下简称《瓦森纳安排》),在此基础上建立起新的多边出口控制机制。与巴黎统筹委员会相比,《瓦森纳安排》是一个十分松散的组织。它把出口决定权留给各国政府,而不像以前的巴黎统筹委员会有权禁止向前华约组织国家出口高技术产品。它没有正式列举被管制的国家,只在口头上将伊朗、伊拉克、朝鲜和利比亚四国列入管制对象。它也不具备审议职能,不要求成员国将其出口许可证送交审议。《瓦森纳安排》规定有"自行处理"原则,成员国可以参照共同原则和清单自行决定实施出口管制的措施和方式,自行批准本国的出口许可。《瓦森纳安排》比较有约束力的规定是所谓的"不破坏协议",即如果一个成员国向协定秘书处提出禁止某项技术的出口,那么其他成员国在批准同类项目出口时应当首先向该国征求意见。

(三) 联合国成员实施的多边管制

当一个联合国成员违反《联合国宪章》，被联合国通过决议对其进行制裁时，联合国其余成员有义务遵守联合国决议，对其进行出口管制。如伊拉克侵略科威特后，联合国通过了对其制裁的决议，联合国其他成员都要对伊拉克进行出口管制。

第七节 贸易制裁

一、贸易制裁的含义

贸易制裁（trade sanctions）是经济制裁（economic sanctions）的一项重要内容。"所谓经济制裁，即是有意识地采取政策来限制或剥夺某一国家的经济利益，以迫使该国改变其某一对外政策或行为，如不给或减少经济援助，禁止向一国输出商品、技术或资本，对一国实行贸易制裁和禁运等。"[1]

二、贸易制裁的原因

(一) 维护经济贸易利益

用贸易制裁手段惩戒对方，可迫使对方作出妥协、让步，维护本国企业的利益。为了维护美国的知识产权和得到"公平"贸易机会，美国经常动用"超级301条款"和"特殊301条款"威胁和制裁别的国家。

(二) 追求政治目的和利益

1959年1月后，卡斯特罗领导武装革命推翻了巴蒂斯塔亲美独裁政府后，开始实行国有化，征收和接管美国公司及其所有土地，引起了美国的不满。美国开始对古巴进行贸易制裁。1963年7月，美国冻结古巴在美国的所有财产，继续实行贸易禁运。1996年5月后，美国按照《赫尔姆斯伯顿法案》，将对古巴的扩大制裁措施扩大到第三国。禁止第三国在美国销售古巴产品，不给与古巴有经贸往来的公司经理、股东及其家属发放入美签证，不允许古巴加入国际金融机构，不允许其向古巴提供贷款，谋求通过联合国安理会对古巴实行国际制裁。

(三) 谋求军事和安全利益

1979年12月27日，苏联入侵阿富汗，严重影响了美苏在中亚和中东地区的战略平衡，威胁到美国的利益。此后，美国宣布对苏联进行贸易制裁，包括停止出售高技术产品，停止提供1 700万吨粮食，限制苏联渔船在美国水域捕鱼。欧共体也宣布对苏联实行贸易制裁，包括停止向苏联出口谷物、奶制品，取消对苏联出口的黄油补贴等。

---

[1] 俞正梁，等. 全球化时代的国际关系[M]. 上海：复旦大学出版社，2000：208.

三、贸易制裁的层次

（一）低烈度经济贸易制裁

低烈度经济贸易制裁大多因为国家之间个别经济部门的个别产品发生摩擦,得不到解决而引致的。该制裁具有以下特点：①制裁被严格限制在个别部门的个别产品,制裁的规模小,程度轻；②这种制裁容易被使用；③对制裁双方的经济贸易关系影响不大。

（二）中烈度经济贸易制裁

中烈度经济贸易制裁多因出现严重经济贸易摩擦后未能妥善积极处理而引致的。该制裁具有以下特点：①制裁的范围较广；②受到制裁的领域较宽；③制裁的影响面大。

（三）高烈度经济贸易制裁

高烈度经济贸易制裁多由政治和安全问题引起。该制裁具有以下特点：①制裁的范围涉及整个经济贸易关系；②断绝经济贸易往来；③会对被制裁的国家产生严重后果。

四、贸易制裁的方式

（一）取消已经达成的贸易合同

如美国政府在没有事实根据的情况下,指责中国冶金设备总公司（中冶公司）对巴基斯坦出口导弹零部件,从事导弹扩散活动,于 2001 年 9 月 1 日起对中国冶金设备总公司实施制裁。制裁内容为：两年内将不向该公司发放导弹技术控制组织（MTCR）附属项目的个别许可证；两年内该公司将不能获得与 MTCR 附属项目有关的新的政府合同；两年内禁止向该公司出口 MTCR 附属项目、某些空间和军事项目以及一些电子产品项目。

（二）限制、禁止部分或全部贸易往来

这种制裁措施的具体办法包括：对某种或某些产品的进口课以惩罚关税或实施严格的配额限制；禁止受制裁的外国公司的产品进入本国市场；断绝一切经济贸易往来；动用武力或军事手段,封锁对方国家的海岸或边境,强制性地限制受裁国与外界的经济贸易往来。如伊拉克 1990 年 8 月入侵科威特后,联合国安理会通过第 661 号决议,对伊拉克一直实施包括石油禁运在内的经济贸易制裁,而且还动用军队封锁伊拉克的领空、领海,实行强制性的海运检查,监督对伊拉克的制裁。

（三）冻结存款、资产与援助款项等

1. 冻结账户存款和其他资产

冻结账户存款和其他资产是经济贸易制裁常用的一种方式,它一般发生在两国政治交恶或国际经济主体相互对立的时期。如因朝鲜战争爆发和中国参战,1950 年 12 月 16 日,美国宣布冻结中国在美国的财产和资金。为了回击美国,中国也于同年 12 月 28 日开始冻结美国在中国的一切财产。

2. 冻结和取消预期应得的援助款项等

如 1995 年 8 月 29 日,日本政府为抗议中国进行核试验,决定冻结 1994 年度部分对

华无偿援助(共78亿日元),并减少1995年度对华无偿援助金额。

五、贸易制裁的效应

(一)制裁后果

1. 对制裁国有利有弊

一些低烈度经济贸易制裁,因其影响较小,大多不会引起对方国家的报复性反弹,如果运用适当,对解决贸易摩擦、保护本国经济贸易正当权益有利。但中、高烈度的经济贸易制裁容易引起报复性的反制裁,一般会两败俱伤。

2. 出口商受到伤害

经济贸易制裁通常是出口商或贸易商不能控制的,并且可能在没有任何预先通知的情况下就执行,而且立即就会产生效应。通常情况下,制裁会给出口国贸易带来损失,由美国发起的经济贸易制裁每年会导致200多亿美元的出口损失。

3. 有时可以实现或部分实现预期目标

如1973年10月爆发第四次中东战争,阿拉伯产油国宣布对支持以色列的国家实行石油禁运,迫使日本和欧洲的一些国家改变追随美国的亲以政策,使美国的盟国在巴以问题上发生分化。此外,当一些贸易争端被WTO裁决,可以进行报复或制裁时,可迫使违背WTO规则的成员取消违规的贸易政策和措施,避免贸易争端恶化。

4. 有时无法达到预期目标

如美国对古巴的长期贸易制裁,给古巴经济造成了伤害,但也深化了美国与古巴的矛盾;对伊朗进行的长期经济贸易制裁,不仅没有取得效果,而且进一步激化了伊斯兰世界与美国的矛盾。

5. 单边制裁难以奏效

单边经济贸易制裁一般难以取得预期的效果。原因是单边制裁往往势单力薄,即使是经济贸易大国,有时也力不从心,而且被制裁的对象国容易找到替代市场、替代产品和替代资金等。

6. 多边制裁后果不一

多边经济贸易制裁比单边经济贸易制裁相对容易见效。但因对象不同,效果有很大差异。一般而言,经济贸易制裁对经济封闭、对世界市场依赖较小的国家难以起到很大的作用,但对于同世界市场联系紧密的国家比较容易发挥作用。

7. 容易造成人道主义灾害

伊拉克因入侵科威特而受到联合国成员的长期贸易制裁,使伊拉克国家和人民失去了本国社会正常运转的经济条件。因缺少食品、医药和其他必要的生活用品,伊拉克人民尤其是儿童受到了巨大磨难。1990年8月—2001年12月,因营养不良、药物短缺而夭折的5岁左右的儿童达到6万多人。

(二)影响贸易制裁效应的因素

1. 明确和可实现的政策目标

实施贸易制裁必须是服务于明确和可实现的政策目标。如果目标混乱或者不能实现,贸易制裁就不会取得成效。

2. 贸易制裁与其他手段结合进行

在实施贸易制裁时,必须结合有影响力的手段,包括外交、经济援助和军事信号。单靠贸易制裁很难取得多大效果。

3. 国际伙伴采取补充行动

如果有着共同政策目标的国际伙伴采取补充行动,贸易制裁的效果最好。因为各国都生活在一个相互依存的世界中,如果其他国家,特别是主要经济体,试图规避一国的制裁,是有办法可以做到的。

4. 贸易依存度

经济贸易制裁成功与否,在很大程度上取决于被制裁国对国际贸易尤其是对制裁国的依赖程度。这种依赖性表现在进口需求弹性和出口供给弹性上,被制裁国的贸易弹性越小,制裁对其伤害越大;反之则越小。一般来说,对进口和出口弹性都比较高的国家实行经济贸易制裁的成功率比较低。

5. 制裁的时期性

通常,制裁如果是突发性的,需求和供给的弹性较低。因为突然遇到制裁,在短期内来不及准备,不易调整和适应。但如果制裁酝酿时间过长或制裁从提出到真正实行有很长时间的间隔,被制裁国就可以作出调整或找到取代的办法,制裁的作用就会减弱。

6. 制裁的群体性

如果一个或少数几个国家参与制裁,即使被制裁国的贸易弹性很低,对其伤害也不会很大。因为制裁国制裁后出现的市场或商品空间会立即被非参与制裁国填补。只有在全部或大多数国家都参与制裁的情况下,才能重创被制裁国,增加成功的可能性。但由于各国间政治、文化和信仰的不同,很难做到所有国家都同心协力地参与对一国的制裁。除了1990年在伊拉克入侵科威特时,联合国成员比较一致地执行联合国决议外,历史上这种情况并不多见。

由此可见,贸易制裁并非良策。制裁的后果通常是双方受到伤害,因而经济贸易制裁的成功率不高。1990年,美国经济学家哈甫鲍尔等曾对115次经济贸易制裁做了研究,发现有2/3的经济贸易制裁是失败的。

本 章 小 结

(1) 为了发展对外贸易,各国采取了促进贸易发展的各种措施。首先,重视经济外交。通过经济外交为本国对外贸易发展提供良好的外部环境。其次,重视从财政金融方面支持出口。再次,进行贸易救济,维护贸易正当权益。最后,对违规贸易厂商进行惩罚,以维护公平竞争的贸易环境。

(2) 出于维护本国政治、经济和贸易权益及遵守国际法规的目的,对某些国家采取出口管制。管制的主体有时是一国,有时是多国联合,有时是联合国通过决议进行。

(3) 在某些情况下,各国和国际组织还对某些敌对、不友好和严重违反《联合国宪章》

的国家进行贸易制裁。贸易制裁的效果通常取决于制裁者的多寡和被制裁者经济贸易的应对能力。

思 考 题

1. 何为经济外交？
2. 综合型经济特区的作用是什么？
3. 出口信贷的功能是什么？
4. 何为贸易救济？实施时需要什么条件？
5. 为何进行贸易违规惩罚？
6. 各国为何进行出口管制？
7. 影响贸易制裁成功率的主要因素是什么？

习 题

区域经济一体化

世界各国通过组建经贸集团加强经贸合作和发展,对国际贸易产生了巨大的影响。本章论述了地区经贸集团的产生、发展和类型,及其对国际贸易的影响。通过学习,学生应了解地区经贸集团的形式,知道经贸集团对国际贸易产生的影响,掌握地区经贸集团的相关理论。

第一节 区域经济一体化概述

一、区域经济一体化的含义

区域经济一体化是指区域内或区域之间的国家和政治实体通过书面文件,逐步实现彼此之间货物、服务和生产要素的自由流动,进行各种要素的合理配置,促进相互间的经济与发展,取消关税和非关税壁垒,进而协调产业、财政和货币政策,并相应建立超国家的组织机构的过程。表现为各种形式的区域经济贸易集团的建立。

区域经济一体化是多种因素促成的结果,包括地缘接近,经济发展水平相近或具有互补性,文化观念相似,政治和价值观念一致,政治上能够包容等。

二、区域经济一体化的形式与层次

区域经济一体化形式的划分主要以一体化程度的高低为标准。按照一体化程度划分,从低到高主要有以下几种形式。

(一) 优惠贸易安排

优惠贸易安排(preferential trade arrangement)是区域经济一体化最初级和最松散的一种形式。在优惠贸易安排的成员之间,通过协定或者其他形式,对全部商品或者一部分商品规定特别的关税优惠。但是,优惠贸易安排并不一定涉及全部商品领域,其优惠幅度也并不一定达到完全取消关税和非关税壁垒的程度。

值得注意的是,在目前的文献中,有时优惠贸易安排有另外一种含义,即特指发展中成员之间根据关贸总协定和世界贸易组织授权条款建立的相互给予优惠待遇的协议。

(二) 自由贸易区

自由贸易区(free trade area)是指签订有自由贸易协定的国家组成的区域经济一体化组织,在成员之间废除关税与数量限制,使区域内各成员方的商品可完全自由移动,但每个成员仍然保持对非成员的贸易壁垒。现代意义的自由贸易区往往还要求实现服务贸易一定程度的自由化。自由贸易区不要求成员建立共同的对外关税,但是从理论上说,没有建立统一对外关税的自由贸易区,容易引起关税壁垒的规避。例如,相邻的甲国与乙国组成一个自由贸易区,彼此之间没有贸易壁垒,但甲国对非成员的关税为50%,乙国对非成员的关税为10%,那么在转运成本较低的情况下,希望输往甲国的商品就可能由乙国输入再转运至甲国。这种情况将导致甲国的关税流失,或者不得不加强对原产地的边境检查,从而提高行政成本,并在客观上对两国间的自由贸易产生一定的限制。

世界上成立最早的自由贸易区是欧洲自由贸易协会(EFTA),成立于1960年1月。该协会强调的是工业产品的自由贸易,不涉及农业,所以每个成员可以决定自己的农业补贴水平。成员也可以自由决定对来自欧洲自由贸易协会以外的产品的关税及贸易政策。

(三)关税同盟

关税同盟(customs union)是指两个或者两个以上的经济体,完全取消关税和其他贸易壁垒,并对非同盟国家实行统一的关税税率而缔结的同盟。关税同盟的一体化程度比自由贸易区更高,而且由于同盟成员之间必须实行统一的关税政策,因此它已经具备明显的超国家性质。

(四)共同市场

共同市场(common market)是指除了要求其成员之间完全取消关税与非关税壁垒,并且建立对非成员的共同关税之外,共同市场之间的生产要素也可以自由流动。因为在成员之间,对于人员的流入和流出以及资本的跨国界移动没有任何限制,所以共同市场内的成员之间联合的密切程度远大于关税同盟。建立共同市场需要成员在财政、货币和就业政策方面达到很高程度的协调与合作,而要实现这种层次的合作非常困难。目前,除欧盟以外,世界其他地区还没有建立起成功的共同市场。欧盟现已从共同市场阶段跨入全面的经济同盟。

(五)经济同盟

经济同盟(economic union)是指成员之间不但商品和生产要素可以完全自由流动,建立对外共同关税,而且要求成员间制定和执行某些共同经济政策和社会政策,逐步废除政策方面的差异,使之形成一个统一的经济实体。在经济同盟这个阶段,成员还可能实行某种形式的货币同盟,甚至采用共同的货币。这种高度的融合要求有一个强有力的协调机制,而且每个成员都要为这个机制牺牲一定的国家主权。欧盟在20世纪末已建成经济联盟。

(六)完全经济一体化

完全经济一体化(complete economic integration)是经济一体化的最高形式。在这个阶段,区域各国在经济、金融和财政等政策上,完全统一化;在成员之间完全废除商品、资金、劳动力等自由流动的人为障碍;并且各成员的社会、政治、防务等方面的政策也趋于一致。

应该指出的是,现实中的区域经济一体化形式是纷繁复杂的,以上对区域经济一体化形式和阶段的划分只是一种理论上的总结。在现实中,一个在主要方面属于较低级阶段的经济一体化组织也可能在某些方面实施某些较高级的区域经济一体化组织通常实施的一体化措施。区域经济一体化形式特征一览表见表8.1。

表8.1 区域经济一体化形式特征一览表

合作特征	优惠贸易安排	自由贸易区	关税同盟	共同市场	经济同盟	完全经济一体化
全部关税取消	否	是	是	是	是	是
设立共同壁垒	否	否	是	是	是	是
对生产要素流动不加限制	否	否	否	是	是	是
统一国家经济政策	否	否	否	否	是	是
统一协调社会与政治政策	否	否	否	否	否	是

三、当代区域经济一体化的特点

（一）区域经济一体化由西欧向其他地区延伸

1948—1994年在世界上109个一体化协定中，西欧国家就占了76个。1958年欧洲联盟和1960年欧洲自由贸易协会的产生，推动了欧洲国家内部以及其他地区的经济一体化过程。

（二）以发展中国家为主的区域经济一体化进展缓慢

发展中国家组建的经贸集团为数众多，但达成的建立自由贸易区或关税同盟的协定并未按原定日期实现。特别是非洲和拉美地区的组织进展缓慢。除了20世纪70年代和80年代初外部环境的恶化，拖延的主要原因是，其内向型发展政策和区域经济一体化的目标不一致。

（三）多数区域经济一体化处于低级阶段

多数区域经济一体化处在自由贸易区阶段，少数区域经济一体化进入关税同盟阶段，采取共同市场的区域经济一体化组织很少，只有欧盟目前接近进入完全经济一体化阶段。

（四）环太平洋地区的经济一体化后来居上

随着北美自由贸易区的建立和亚太经济合作组织活动的深入发展，环太平洋地区的经济一体化进入活跃期，东盟区域经济一体化进程加快，出现了欧、美、亚三大洲区域经济一体化三足鼎立的局面。

（五）区域经济一体化的构成基础发生了重大变化

20世纪80年代以前，区域经济一体化主要由国土相接、经济发展水平相近、社会制度相同的国家组成。20世纪80年代以来，区域经济一体化突破了上述范围，其构成基础发生了如下变化。

1. 突破国土相邻的界限

出现了跨洲和跨洋的区域合作组织，如以色列与美国建立了"以色列与美国自由贸易区"，亚太经合组织的成员遍布亚洲、北美洲、南美洲和大洋洲。

2. 打破经济发展水平相近的局限

经济发展水平差距较大的国家可以成立区域经济一体化组织，如发达国家美国、加拿大与发展中国家墨西哥组成"北美自由贸易区"。

3. 拆除社会制度不同的篱笆

社会制度不同的国家可以共同组成经贸集团,如在亚洲,东盟自由贸易区搁置社会制度和意识形态的差异,接纳了越南和柬埔寨等国家。

4. 从排他性转向对外开放式

区域经济一体化组织的排他性色彩有所淡化,开始追求"开放的区域主义"。

(六)区域经济一体化的组织成员相互交错

一些较大的区域经济组织内出现了次区域经济组织,很多国家同时参加几个经贸集团。如亚太经合组织中就包括北美自由贸易区、东南亚国家联盟等区域组织国家。墨西哥不仅加入了北美自由贸易区和拉丁美洲一体化组织,还同欧盟和亚洲各国签订了自由贸易协定。

(七)出现了新的区域经济一体化的形式

如亚太经合组织,成员间以自我承诺的方式进行贸易和投资自由化,区域性协议的执行采取"协调性单边行动",而且不设置强制性的执行和监督机制。亚太经合组织实行"开放的区域主义",成员实行的自由化措施自动实施于其他世界贸易组织成员,而不要求得到世界贸易组织最惠国待遇的例外。

(八)区域经济一体化发展速度加快

区域经济一体化沿着三条途径不断发展:一是不断深化和升级现有的地区经贸集团;二是扩展现有组织的成员;三是缔结新的区域贸易协定。在上述背景下,经贸集团数目急剧增加,从1972年前的50多个跃升到1992年的100多个。根据WTO的资料,截至2019年1月31日,到WTO登记的区域经济贸易组织已达681个。

(九)欧盟向更高层次发展

欧盟已由经济联盟走向带有政治色彩的经济共同体,各成员让渡的国家权力范围不断扩大,从经济主权的让渡走向政治主权的让渡;并继续东扩,欧盟成员从初期的6国扩大到28国。

扩展阅读:英国"脱欧"历程

扩展阅读:世界主要经贸集团

第二节 区域经济一体化效应

经济一体化的层次不一,对成员之间产生的贸易和经济效应也各有不同。通常,经济一体化程度越高,所产生的效应和影响越大。

一、促进经贸集团内贸易的增长

在不同层次的众多经济一体化组织中,通过削减关税或消除关税,取消贸易的数量限制,削减非关税壁垒,形成区域性的统一市场;加上集团内国际分工向纵深发展,使经济相互依赖加深,致使成员间的贸易环境比第三国市场好得多,从而使区域经贸集团内成员国间的贸易迅速增长,集团内部贸易在成员对外贸易总额中所占比重提高(表8.2)。

表8.2 世界主要经济贸易集团内部贸易比重 %

名称 \ 年份	1980	1990	2000	2005	2010	2015	2016	2017
欧盟	61.8	67.4	67.5	67.6	64.8	62.3	63.2	63.1
北美自由贸易区	33.6	41.4	55.7	55.7	48.7	50.4	50.3	50.1
南方共同市场	11.6	8.9	18.0	12.2	16.2	13.3	13.1	12.6
东南亚国家联盟	17.4	18.9	23.0	25.3	25.0	24.0	23.4	23.2
亚太经济合作组织	57.9	68.3	73.0	70.8	67.4	69.2	69.7	69.2

资料来源:根据UNCTAD, Handbook of Statistics 2018编制。

二、经贸集团在世界贸易中的影响力增强

(一)提高谈判能力

经贸集团的建立,对成员经济发展起到了一定的促进作用,联合起来的贸易集团其经济实力大大增强。以欧洲共同体为例,1958年建立关税同盟时,6个成员国的工业生产不及美国的一半,黄金外汇储备仅为美国的55%,出口贸易与美国接近。但到1979年,欧洲共同体九国国内生产总值已达23 800亿美元,超过美国的23 480亿美元,出口贸易额是美国的2倍以上,黄金储备比美国多5倍多。在关贸总协定和WTO的多边贸易谈判中,欧盟以集团身份与其他缔约方和成员方谈判,敢于同任何一个大国或贸易集团抗衡,达到维护自己贸易利益的目的。

(二)增强辐射能力

在世界经济一体化的进程中,正在形成欧洲、北美、亚太三大贸易圈。在欧洲,以欧洲联盟为中心的贸易圈正在形成。欧洲联盟大市场的前景吸引了其他欧洲国家,1991年10月22日,欧洲自由贸易协会同欧洲经济共同体(欧盟前身)就建立"欧洲经济区"达成了协议。东南欧和独联体国家也积极谋求同欧盟建立联系,北欧和东欧一些国家已提出参加欧盟的申请,并获得欧盟的批准。

三、区域经济一体化的潜在效益

(一)自由贸易区与关税同盟

(1)生产率的提升使按照比较优势提高专业化的水平成为可能。

(2)较好地开发出规模经济的优势,使生产水平得以提高,进而使市场规模进一步扩大成为可能。

(3)提高了国际谈判地位,从而使国际贸易条件改善成为可能。

(4) 强化的竞争带来了经济效益的调整,加强了企业的融合与竞争。
(5) 技术进步引起了生产要素的数量和质量的变化。

(二) 共同市场和经济同盟

除了获得上述经济一体化的潜在经济效益,还可获得以下三种潜在经济效益。
(1) 要素在成员之间跨境流动。
(2) 货币和财政政策的协调。
(3) 接近充分就业、高经济增长和良性收入分配成为共同的目标。①

四、区域经济一体化的负面效应

(一) 出现贸易转移

区域经济一体化的安排因为增加了改革的可信度,成员内部协商不像多边谈判那么麻烦,因此具有吸引力。这种安排如果设计得当,有可能通过提高地区经济一体化组织内生产商的效率,提高竞争力;同时,通过扩大对来自区域之外的生产资料和生活用品的需求来促进全球贸易。但是,支持贸易壁垒的区域性安排可能人为地把来自外部国家的进口供应转移给经贸集团内的国家,如果被排斥的外部供应厂商能够以更低的价格供应商品,这样就可能导致生产效率的下降。这种贸易转移可能会像国家壁垒一样不利于全球出口竞争(详见下一节的解释)。某些区域性安排中的"原产地条款",以及用技术性检验和认证协议来保护经贸集团成员的措施,都有可能带来提高生产成本、降低竞争力的后果。

(二) 对 WTO 构成挑战

在1947年关贸总协定和1995年成立的WTO的有关协定与协议中,对地区经济一体化的内部优惠采取例外,即不实施最惠国待遇条款。这实际上对非经贸集团成员构成了不平等待遇。在关税同盟建立后,成员内厂商采购产品可能从高成本的集团内部进口,取代了成员外更低成本产品的进口,不利于世界性的资源合理配置,违背了WTO的宗旨。此外,在关税同盟下,成员在关税统一过程中,决策机构会更多地而非更少地偏向保护或者干预。如欧盟的贸易政策的制定具有餐馆账单问题的特点。如果一批人去餐馆就餐,并分摊餐费,每个人都会想点他们各自吃饭时不会去点的价格更高的菜肴,因为在某种程度上都会期待他人负担部分费用。这种情况也出现在欧盟贸易政策的制定中。保护的代价由欧盟所有的消费者承担,与各个国家的国内生产总值成正比;生产商得到的好处与每个国家在欧盟有关产品的生产份额成正比。如果欧盟内部大国能够使欧盟委员会在某一具体领域内提出保护主义的政策建议,所有的欧盟成员都将有一种愿望,想使它们的一些产品也得到保护,这势必会增加贸易保护的普遍压力,对WTO的作用构成严重的挑战。

这种情况也会出现在其他层次的区域经济一体化形式中。

---

① 大卫·格林纳韦.国际贸易前沿问题(中译本)[M].冯雷,译.北京:中国税务出版社,2000:230.

第三节 区域经济一体化理论

第二次世界大战后,区域经济一体化现象引起经济学术界的广泛关注,许多经济学家对其形成条件和效益进行研究、探讨,形成了一些理论。

一、关税同盟理论

范纳(Viner)和李普西(Lipsey)的关税同盟理论是最早系统论述以关税同盟形式出现的区域经济一体化组织的经济效果的理论。这一理论不仅促进了国际贸易理论的发展,对整个经济学有关政策变革的理论也产生了重要的影响。

按照范纳的观点,完全形态的关税同盟应具备三个条件:一是完全取消关税同盟成员之间的关税;二是对关税同盟外的国家实行统一的关税;三是通过协商的方式在成员之间分配关税收入。

(一)贸易创造效果

关税同盟成立以后,成员之间取消关税壁垒,商品实现自由流动,于是一成员境内企业生产的一些成本较高、价格较高的产品将被其他成员生产的成本较低、价格较低的产品所取代。贸易将在低成本成员与高成本成员之间进行。这种贸易在成员之间存在关税的情况下有可能由于贸易壁垒的阻碍无法发生或者很少发生,而成员之间贸易壁垒的取消使得新的贸易产生,这种效果被称为贸易创造效果(trade creation effect)。贸易创造效果使得产品的生产从关税同盟内生产成本较高的地方向生产成本较低的地方转移,有利于资源的合理配置,可以促进关税同盟内各成员方福利水平的提高。

为了说明贸易创造效果,我们来看一个简单的例子。假设在一个由3个国家组成的世界里,在给定的汇率下,A国生产某产品的成本是35元,B国生产某产品的成本是26元,C国生产某产品的成本是20元。首先我们假设在没有关税同盟的情况下,3个国家相互之间的关税税率都是100%。显然在这种情况下,该产品的国际贸易不会发生。因为即使是生产成本最低的C国,其输往A国的产品的含税价格也高于A国本地生产产品的国内价格。

现在如果A国与B国形成一个关税同盟,两国之间取消贸易壁垒,对外实行统一的关税,假设该关税税率仍然保持在100%,那么国际贸易就会在关税同盟内产生,B国生产的产品将会以零关税进入A国,从而取代A国本国产品的生产。通过建立关税同盟,原本没有贸易的A国和B国之间产生了贸易,A国放弃了以35元的高成本生产产品,转而以26元的低成本进口B国的产品,社会资源得到了优化配置。与此同时,A国的消费者也得以享受低价格的产品,扩大了消费利益。从B国的角度来说,通过贸易创造发挥了其比较优势,扩大了出口,因此福利也得以增加。从C国的角度来说,在这个简单的例子中,其福利水平没有受到影响。但是,如果我们考虑到A国和B国通过资源优化,提高了收入,可能增加从C国的其他产品的进口,这样C国的福利也能有所提高。

(二)贸易转移效果

一般情况下,区域经贸集团各成员之间在取消贸易壁垒的同时,对非成员仍然保留一定程度的壁垒,关税同盟也是这样。在关税同盟内部取消关税壁垒的同时,对外仍然保持统一的关税。关税同盟内部的贸易自由化进程伴随着对非成员方的贸易歧视。这种歧视往往可能成为降低世界福利水平,甚至关税同盟成员福利水平的原因。关税同盟理论中的贸易转移效果(trade diversion effect)就是这样一种可能导致福利水平下降的效果,它指的是关税同盟一成员方在关税同盟建立前从生产成本较低的非成员方进口,在关税同盟建立后转而从生产成本较高的同盟内其他成员方进口。这种使得贸易流向发生转移的效果源于关税同盟贸易自由化的歧视性。

我们仍然假设在一个由3个国家组成的世界里,在给定的汇率下,A国生产某产品的成本是35元,B国生产某产品的成本是26元,C国生产某产品的成本是20元。现在我们假设在没有关税同盟的情况下,3个国家相互之间的关税税率都是50%。与上面的例子不同,在没有建立关税同盟的情况下,国际贸易将在A国与C国之间发生,C国的产品进入A国后的含税价格是30元,低于A国本国产品35元的成本,因此A国将从C国进口。

现在如果A国与B国形成一个关税同盟,两国之间取消贸易壁垒,对外实行统一的关税,假设该关税税率仍然保持在50%,那么国际贸易就会在关税同盟内产生,B国生产的产品将会以零关税进入A国,从而取代A国从C国的进口。由于B国的生产成本高于C国的生产成本,从全球资源配置的角度看,生产资源的配置变得更加不经济了,因此会导致全球福利的下降。单纯从A国的角度看,一方面,其消费者现在面临的产品价格是26元,低于原来30元的价格,因此可以获得一定的利益;另一方面,该国原来的不含税进口价格是20元,现在变为26元,其贸易条件恶化了。因此,A国最终的福利影响是不确定的,也就是说,A国在加入关税同盟后由于贸易转移效果,其福利甚至可能有所下降。

(三)关税同盟的其他效果

1. 强化竞争,提高资源使用的效率

通过在关税同盟境内取消贸易壁垒,关税同盟内不同成员方的企业将面临更加直接的竞争。竞争将起到优胜劣汰的作用,同时促进企业改善经营管理,提高竞争力,并且促进优质资源向竞争力强的行业和企业流动。

2. 实现规模经济

关税同盟建立以后,同盟内的市场成为一体,有助于企业扩大市场规模,获得规模经济效应。

3. 刺激投资和技术创新

竞争的加剧和市场规模的扩大都能够促进投资和技术创新。与此同时,关税同盟内一体化的市场将对同盟外的投资者也产生吸引力。为了规避关税同盟对外的关税,非成员方将更有动力向关税同盟内进行投资。

4. 提高要素流动性,合理配置生产资源

许多关税同盟在取消关税的同时,也逐渐放开生产要素的流动壁垒,进入共同市场阶段。要素流动壁垒的放开将进一步提高资源配置效率。

5. 减少海关行政开支和走私

同盟内贸易壁垒的放开将大大减少海关征收关税和缉查走私的行政开支。

6. 提高对外谈判的地位

关税同盟各成员统一对外关税的同时也伴随着其对外贸易与关税谈判立场的统一。一体化的市场将提高其对外谈判的地位。

（四）加入关税同盟的利弊比较

对于关税同盟的静态利弊分析往往建立在对于关税同盟贸易创造效果和贸易转移效果进行比较的基础上。如果贸易转移效果比较大，则建立关税同盟更有可能导致福利下降。从上面对两种效果的分析，我们可以看到：

（1）建立关税同盟前各成员的关税越高，产生贸易创造的可能性越大，而贸易转移的可能性越小。例如，在上面的例子中，当事先关税为100％的时候，我们看到了贸易创造效果，而事先关税为50％的时候，则有贸易转移效果产生。

（2）建立关税同盟后对同盟外的关税越低，贸易转移产生的可能性越小，因此提高福利的可能性越大。例如，在上述贸易转移的例子中，如果对同盟外的关税从50％降到30％以下，则贸易转移效果将不再出现。

（3）关税同盟的成员数越多，贸易转移的可能性也越小。如果成员数多，则对各种产品来说，其世界生产效率最高的国家属于关税同盟的可能性就大，所以贸易转移的可能也就小。

（4）关税同盟成员的经济结构竞争性越强、互补性越弱，产生贸易创造的可能性越大。如果关税同盟成员的经济结构竞争性较强，则建立同盟之前其贸易被壁垒阻碍的程度较高。同盟内取消壁垒之后，专业化分工的效应将更加明显，贸易创造的程度高。

另外，有两个衡量关税同盟（以及其他经济一体化形式）利益的标准在学术界有不同的看法。

第一，关税同盟成员的地理距离。克鲁格曼等美国经济学家认为，关税同盟和经济一体化成员的地理距离越近，运输成本越小，通过区域经济一体化所获得的利益相对也越大。而巴格瓦蒂则认为，在某些情况下，一国与距离较远的国家建立经济一体化组织反而可能获得更大的利益。

第二，关税同盟成员在建立同盟前经济联系的紧密性。克鲁格曼认为，关税同盟和经济一体化组织之间在建立同盟之前经济联系越紧密，贸易量越大，建立关税同盟后获得利益的可能性也越大。对此，巴格瓦蒂也提出了反对意见。

二、大市场理论

（一）大市场理论的含义

大市场理论是分析共同市场成立与效益的理论。共同市场与关税同盟有所不同，它比关税同盟又近了一步。共同市场的目的就是把那些被保护主义分割的小市场统一起来，结成大市场，通过大市场内的激烈竞争，实现大批量生产等方面的利益。大市场理论的核心是：共同市场导致市场扩大，促进了成员企业的竞争，促成了资源合理配置，获得了规模经济，提高了经济效益。大市场理论的代表人物是德纽（J. F. Deniau）和西陶斯基。

（二）大市场理论的论述

德纽对大市场理论的表述是："大市场化导致机器的充分利用、大量生产、专业化、最新技术的应用、竞争的恢复,所有这些因素都会使生产成本和销售价格下降;再加上取消关税也可能使价格下降一部分。这一切必将导致购买力的增加和实际生活水平的提高。购买某种商品的人数增加之后,又可能使这种消费增加和投资进一步增加。""这样一来,经济就会开始其滚雪球式的扩张。消费的扩大引起投资的增加,增加的投资又导致价格下降、工资提高、购买力的全面增加……只有市场规模迅速增大,才能促进和刺激经济扩张。"西陶斯基则以另一种方式论述欧洲共同市场产生和发展的原因,即西欧有一个"小市场与保守的企业家态度的恶性循环"。由于人们交往于狭窄的市场、竞争不激烈、市场停滞和阻止新竞争企业的建立等,高利润长期处于停滞状态。因为价格高昂,耐用消费品等普及率很低,不能进行大量生产,所以西欧陷入高利润率、高价格、市场狭窄、低资本周转率这种恶性循环之中。能够打破这种恶性循环的办法是共同市场或贸易自由化条件下的激烈竞争。如果竞争激化、价格下降,就会迫使企业家停止过去旧式的小规模生产,转向大规模生产。同时,随着消费者实际收入的增加,过去只供高收入阶层消费的高档商品将被多数人消费。其结果是:产生大市场→向大量生产规模转换(以及其他的合理化)→生产成本下降→大众消费的增加(市场的扩大)→竞争进一步激化。最终出现这样一种积极扩张的良性循环。

三、综合发展战略理论

对以何种理论指导发展中国家的经济区域一体化的问题,一些经济学家认为,应根据发展中国家国内和国外的经济与政治环境进行综合考虑,不能把发达国家区域经济一体化的理论,如关税同盟和大市场理论搬到发展中国家。他们提出了与发展理论紧密联系的综合发展战略理论。其著名的代表人物是任发展中国家合作研究中心高级研究员和主任的鲍里斯·塞泽尔基。他在《南南合作的挑战》一书的总论中比较完整、全面地阐述了这种理论的基本原则。

(1) 一体化是发展中国家的一种发展战略,它不局限于市场的统一,也不必在所有情况下都追求尽可能高级的其他一体化。

(2) 两极分化是伴随着一体化的一种特征,只能用有利于发挥较不发达国家优势的系统的政策来避免它,这就要求有力的共同机构和政治意志。

(3) 拒绝古典和现代一体化理论中所阐述的一体化成功条件,虽然其中个别部分在某些具体情况下仍然适用。

(4) 在许多情况下,私营部门在发展中国家一体化进程中占了统治地位,这是一体化失败的重要原因之一。有效的政府干预对于经济一体化的成功是重要的。

(5) 鉴于世界被敌对性地划分成了发达国家和发展中国家,因而要把发展中国家一体化、综合化作为它们集体自力更生的手段和按照新秩序逐渐变革世界经济的要素。

本 章 小 结

(1) 两个以上的国家或经济实体为了促进共同的贸易与经济发展,结成经济贸易集团,从事地区的经济一体化。按经济贸易集团内部自由化的程度,具体类型包括自由贸易区、关税同盟、共同市场、经济同盟和经济共同体等。对内可以加强合作,有利于经济贸易集团内部要素的合理配置;对外可以增强谈判能力,提高经济贸易地位。

(2) 20世纪90年代以来,地区经济贸易集团发展迅速,突破了原有经济贸易组成的基础,形式上出现了多样化,经济贸易集团的成员及活动遍及全球。它们对国际贸易、经济与政治的发展,以及世界贸易新体制产生了重大的影响。

(3) 在为数众多的地区经济贸易集团中,以发达国家为主的地区经济贸易集团和以新兴工业化国家为主的地区经济贸易集团成效显著。跨越地区广泛、拥有成员最多的亚太经济合作组织是松散式的经济贸易集团。

(4) 第二次世界大战以后,经济学者开始研究地区经济贸易集团成效的标准,其中最有名的理论是关税同盟理论。随着地区经济贸易集团的发展,相继出现了大市场理论和综合发展战略理论。

思 考 题

1. 何为区域经济一体化?
2. 区域经济一体化有几个层次?
3. 当代区域经济一体化有何特点?
4. 区域经济一体化对国际贸易有何影响?

习 题

第九章 世界贸易组织

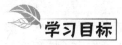 学习目标

1995年1月1日,WTO建立,取代1947年创建的关贸总协定,成为当今世界多边贸易体制的组织和法律基础。本章介绍了WTO的产生与发展、WTO的机制、业绩和改革等问题。通过学习,学生应了解世界贸易组织产生的背景,知道世界贸易组织的职能,掌握WTO的业绩和改革方向。

第一节 WTO确立与发展的基础

世界贸易组织于1995年1月1日建立,取代1947年成立的关税与贸易总协定,是处理国家间(含单独关税区①)贸易全球规则唯一的国际组织,是多边贸易体制的组织基础和法律基础。有节制的自由贸易理论(free trade theory)、市场经济体制、经济全球化、可持续发展是WTO确立与发展的基础。

一、有节制的自由贸易理论

(一)有节制的自由贸易理论的含义

自由贸易理论是指提倡贸易不受国家干预、自由竞争的贸易学说。自由贸易理论起始于法国的重农主义,成论于古典派政治经济学,后来又不断加以丰富和发展,其核心是李嘉图的比较优势。所谓有节制的自由贸易理论,就是指通过谈判,相互降低关税,约束和规范非关税壁垒,实现公开、公平和无扭曲竞争的理论。

(二)有节制的自由贸易理论的体现

1. WTO的定位

WTO秘书处在其编著的《贸易走向未来》一书中指出:"世贸组织有时被称为'自由贸易'组织,但这并不完全准确。更确切地说,这是一个致力于公开、公平和无扭曲竞争的规则体制。"②所谓公开,就是指WTO成员按照世界贸易组织管辖的协定协议与议定书履行义务,相互逐步开放货物贸易和服务贸易,扩大市场准入度;所谓公平,就是指贸易对象在市场经济下,依照市场经济规律进行贸易,同时对知识产权加强保护;所谓无扭曲,就

---

① 单独关税区是指经其所属的主权国家的同意,在关税与贸易事务上具有自主权利,可以作为正式的成员参加世界贸易组织及某些区域经济组织的活动的地区。例如中国的香港特区、台湾地区和澳门特区即属于单独关税区。

② 世界贸易组织秘书处.贸易走向未来[M].北京:法律出版社,1999:7.

是指贸易企业不借助垄断和特权等行为进行业务经营活动。

2. WTO 下有节制的自由贸易的特点

1) 把贸易自由化作为 WTO 的基本目标

WTO 接受 1947 年关贸总协定实现贸易自由化的宗旨:"以提高生活水平、保证充分就业、保证实际收入和有效需求的大幅度增长以及扩大货物和服务贸易为目的。"

2) 允许自由贸易与正当保护贸易并存

这表现在以下方面:与贸易有关的知识产权排除在贸易自由化之外;发展中成员的保护程度高于发达成员;根据产业发展情况和竞争能力的水平,对产业可作出不同程度的保护;允许 WTO 成员为实现可持续发展和保护国民身体健康等原因,实施保护措施;允许 WTO 成员以关税作为保护措施;在其负责实施管理的各种贸易协定与协议中,保留了许多例外,这些例外涉及非歧视原则,如最惠国待遇、国民待遇等,以及对诸边贸易协议可选择自愿接受等;WTO 成员在因履行义务导致进口激增,进而使内产业受到严重伤害时,可采取保障措施等。

二、市场经济体制

(一) 市场经济体制的含义

市场经济体制(market-based economy system)是指一个国家在管理社会经济活动过程中,利用市场机制来配置资源,从而促进社会经济目标实现的管理体制、制度和措施。其基本特征为:市场主体的自主性、市场过程的趋利性、市场关系的平等性、市场环境的开放性、市场行为的规范性、市场活动的竞争性、市场结果的分化性。

由于各国的国情以及对市场机制作用的认识不同,因此形成了不同的市场经济模式。如美国的竞争型市场经济模式、德国的社会市场经济模式、法国的有计划市场经济模式、日本的政府主导型市场经济模式、中国的中国特色的社会主义市场经济体制。

(二) WTO 规则根源于市场经济

WTO 负责实施与管理的贸易协定和协议中,贯穿了一些基本原则,其中的主要原则就体现了市场经济的基本要求。

1. 非歧视原则

非歧视(trade without discrimination)原则要求 WTO 成员不应在其贸易伙伴之间造成歧视。它们都被平等地给予"最惠国待遇";成员也不应在本国和外国的产品、服务或人员之间造成歧视,要给予它们"国民待遇"。在 WTO 负责实施管理的贸易协定与协议中都包括了非歧视原则。非歧视原则是市场经济中平等性的表现。

2. 公平竞争

WTO 负责实施管理的贸易协定与协议要求 WTO 成员在竞争中得到公平待遇。如非歧视原则是用来谋求公平的贸易条件的,那些关于倾销和补贴的规则也是如此;WTO《农业协议》旨在给农产品贸易提供更高的公平程度;《与贸易有关的知识产权协定》将改善涉及智力成果和发明的竞争条件;《服务贸易总协定》则将改善服务贸易竞争的条件;《政府采购协议》针对在各国政府机构的采购活动扩展竞争规则。

（三）WTO 运行机制体现了市场经济体制的要求

在 WTO 运行机制中，都不同程度地体现了市场经济体制的一些要求。

（1）WTO 负责实施管理的协定与协议都是通过谈判达成的。

（2）WTO 成员的资格、加入与退出的方式体现了市场经济下的平等性、自由性和开放性。这包括：任何主权国家和单独关税区都可以申请加入 WTO；WTO 成员可以自由申请加入，也可自由退出；WTO 成员的权利与义务基本对等；WTO 决策主要遵循"协商一致"的原则，在无法协商一致时采取投票表决，每个 WTO 成员均有一票投票权。

（四）WTO 促进其成员市场经济体制的发展与完善

（1）WTO 成员必须一揽子接受"乌拉圭回合"达成的所有贸易协定与协议，少数几个诸边协议除外。

（2）WTO"每一成员应保证其法律、法规和行政程序"与 WTO 各种协定与协议的规定义务一致。

（3）申请加入 WTO 者要作出不断改革不符合 WTO 规则的国内贸易法规的承诺。

三、经济全球化

经济全球化推动 WTO 的建立，WTO 促进了经济全球化的发展。

（一）经济全球化的含义与表现

目前国际比较通用的经济全球化概念是 1997 年国际货币基金组织提出来的，"全球化是指跨国商品与服务交易及国际资本流动规模和形式的增加，以及技术的广泛迅速传播使世界各国之间的相互依赖性增强"。[①]

笔者认为：经济全球化是指以市场经济为基础，以先进科技和生产力为手段，以发达国家为主导，以最大利润和经济效益为目标，通过贸易、分工、投资和跨国公司，实现世界各国市场和经济相互融合的过程，它是全球化的基础和重要组成部分。

经济全球化表现为：贸易活动全球化，生产活动全球化，金融活动全球化，投资活动全球化，企业活动全球化，消费活动全球化，经贸、文化、概念和人才全球化。

（二）经济全球化要求国际贸易利益协调

在经济全球化背景下，各国经济之间的相互依赖程度加深。一国对本国对外贸易实施的政策措施不可避免地会对其他国家的利益造成影响。通过建立共同的利益协调机制协调国际贸易利益成为必要。

（三）1947 年 GATT 国际贸易利益协调机制的滞后

随着经济全球化时代的来临，在国际贸易利益协调方面，1947GATT 存在以下不足。

（1）在消除非关税壁垒方面的成果显然远不如关税减让。

（2）在解决国际贸易争端方面的作用远远不能适应客观要求。对缔约方国内的贸易

---

① 国际货币基金组织.世界经济展望[M].北京：中国财政经济出版社，1997：45.

政策法规缺乏约束力。

（3）只是协调货物贸易领域，其中农产品和纺织品贸易还被排除。而且贸易规则未包括新兴的服务贸易、直接投资、知识产权和技术壁垒等。

（4）只是"事实上"而非"法律上"的国际贸易组织，只是"临时适用"，缺乏永久性的法律基础。

（5）对发展中国家关注不够。

（6）缺乏与其他国际经济组织的协调能力。

（7）未把贸易利益与可持续发展有机结合起来。

（四）WTO对国际贸易利益协调能力的加强

世界贸易组织的成立大大加强了世界各国协调国际贸易利益的能力，主要表现在以下几个方面。

（1）强化了非关税壁垒的纪律，提高了基本原则的统一性。1947年GATT中有关非关税壁垒的协议大部分是可选择参加的协议，世界贸易组织将它们大部分都转化成了必须一揽子接受的多边协议。

（2）强化了争端解决机制，使判决更加具有约束力。监督机制加强。为此，WTO规定，WTO成员要定期进行贸易政策审议。

（3）协调领域从货物领域扩展到投资、服务和知识产权领域，国际贸易利益协调面扩展到整个世界经贸领域。

（4）世界贸易组织是一个正式的国际组织，不同于"临时适用"的1947年GATT。

（5）加强了对发达成员与发展中成员之间的贸易利益协调。其办法是：在建立WTO的前言中，把促进发展中国家的贸易发展提高到重要地位；在贸易协定与协议中，对发展中国家均给予各种特殊待遇；通过各种方式援助发展中国家。

（6）重视与其他国际组织和非政府组织的合作与联系，为贸易利益协调创造良好的外部环境。

（7）在可持续发展方面作出了更多规定。WTO成为协调解决全球环境问题的重要国际组织之一。

四、可持续发展

（一）可持续发展的含义

世界环境与发展委员会认为可持续发展（sustainable development）是一种新的发展途径，其目的是"满足当代人类的需求，又不损害子孙后代满足其自身需求的能力"。[1]"在支持生态系统的负担能力范围内，提高人类生活的质量。"[2]

---

[1] 世界环境与发展委员会.我们共同的未来（英文版）[M].伦敦：牛津大学出版社，1987：4，8.

[2] United Nations Environment Programme, International Union for Conservation of Nature and Natural Resources, World Wide Fund for Nature. Caring for the Earth: a Strategy for Sustainable Living[M]. London: Earthscan Ltd., 1991: 10.

（二）可持续发展对贸易发展的要求

(1) 贸易不要浪费世界资源。
(2) 贸易要保护生物的多样性。
(3) 贸易不要扩大对生态环境的污染。
(4) 贸易不要对贸易产品的使用者构成伤害。
(5) 贸易发展建立在可持续发展的基础上。

（三）WTO 对可持续发展的关注

1. 确认保护环境和持续发展的必要性

《马拉喀什建立世贸组织协定》的前言指出，WTO 成员"承认其贸易和经济关系的发展，应旨在提高生活水平，保证充分就业和大幅度稳步提高实际收入和有效需求，扩大货物与服务的生产和贸易，为可持续发展之目的最合理地利用世界资源，保护和维护环境，并以符合不同经济发展水平下各自需要的方式，加强采取相应的措施"。[①]

2. WTO 对可持续发展关注的表现

(1)《1994 年关贸总协定》第二十条"一般例外"条款中，规定任何成员都有权采取"保障人类、动植物的生命或健康所必需的措施"以及"与国内限制生产与消费的措施相配合，为有效保护可能用竭的天然资源的有关措施"。

(2)《实施卫生与植物卫生措施协议》指出，"不应阻止各成员采纳或实施为保护人类、动物或植物的生命或健康所必需的措施"。

(3)《技术性贸易壁垒协议》规定，各国可以在其认为适当的程度内采取必要措施，以"保护人类、动物或植物的生命或健康以及保护环境"。

(4)《服务贸易总协定》中的一般例外条款设定了为保护人类、动物或植物的生命或健康而必需的例外。

(5)《与贸易有关的知识产权协定》规定，如果为了维护公共秩序或道德，包括为了保护人类、动物或植物的生命或健康或避免严重损害环境，必须在其境内阻止对这些发明的商业性利用，则各成员可以不授予这些发明以专利权。

为了协调贸易与可持续发展的关系，WTO 专门成立了贸易与环境委员会。

第二节 WTO 的产生

一、WTO 是 1947 年 GATT 乌拉圭回合谈判的产物

（一）1947 年关税与贸易总协定

1. 含义

1947 年关税与贸易总协定是 1947 年 10 月 30 日由 23 个国家政府缔结的旨在降低关税、减少贸易壁垒的有关关税和贸易政策的多边国际贸易协定。

---

① 世界贸易组织乌拉圭回合多边贸易谈判结果(法律文本)[M]. 对外贸易经济合作部国际经贸关系司，译. 北京：法律出版社，2000：4.

2. 1947关税与贸易总协定的产生背景

第二次世界大战结束前,美、英两国为了保持或增强它们在战后国际贸易和金融中的地位,各自提出了有关进行国际经济合作的方案。按照美国的建议,联合国经济及社会理事会于1946年召开联合国贸易与就业会议,由美、英等19个国家组成筹备委员会,起草了《联合国国际贸易组织宪章》。1947年4—10月筹委会在日内瓦召开第二次会议,通过了美国倡导的成立国际贸易组织的决议及《联合国国际贸易组织宪章》。1947年11月在古巴首都哈瓦那举行联合国贸易与就业会议,通过了《联合国国际贸易组织宪章》,习称《哈瓦那宪章》。后来,国际贸易组织由于没有获得多数与会国的批准而宣告夭折。但在上述第二次日内瓦会议期间,美国邀请23个与会国进行了减让关税的多边谈判,签订了《关税与贸易总协定》,采纳了《哈瓦那宪章》中关于国际贸易政策的内容,并要求缔约方共同遵守。该协定于1948年1月1日临时生效。各缔约方还同意,《哈瓦那宪章》生效后,以宪章的贸易规则部分取代《关税与贸易总协定》的有关条款。

由于国际贸易组织夭折,1947年关税与贸易总协定一直以临时适用的多边贸易协定形式存在,成为多边贸易体制雏形的组织和法律基础。

3. 协定的主要内容

1）协定构成

整个协定包括序言和其他四个部分,原为34条,后增加为38条。

2）协定宗旨与实现途径

其宗旨是:"提高生活水平,保证充分就业、保障实际收入和有效需求的巨大持续增长、扩大世界资源的充分利用以及发展商品的生产与交换。"实现上述宗旨的途径是,各缔约方"达成互惠互利协议,导致大幅度地削减关税和其他贸易障碍,取消国际贸易中的歧视待遇"。

3）缔约方应坚持的基本原则

（1）非歧视原则。该原则主要体现在最惠国待遇和国民待遇两个方面。

（2）以关税作为保护国内产业的手段。该协定并不禁止对国内工业实行保护,但要求这些保护应通过关税进行,而不要采取其他行政手段。关税保护透明度高,便于缔约方之间进行减让谈判,从而减少了保护对贸易形成的扭曲。

（3）贸易壁垒递减原则。缔约方之间通过谈判降低各自的关税水平,并将这些减让的税目列入各国的关税减让表,使其"约束"起来,从而为发展成员方之间的贸易打下一个稳定和可预见的基础。由于列入减让表的已约束税率在3年内不得提升,3年后若要提升也要同当初进行对等减让的缔约方协商,并为其造成的损失给予补偿,因此,约束后的关税难以发生回升现象。

（4）公平竞争原则。该协定允许在一定的情况下利用关税或其他行政措施对本国工业实行保护,但强调开放和公平的竞争,反对不公平的贸易做法。不公平贸易做法主要是指倾销和出口补贴措施。

4）主要例外条款

（1）对禁止数量限制的例外。协定第十二条允许缔约方国际收支平衡发生困难时实行数量限制。同时规定,实行的这种限制不能超过保护国际收支平衡所必要的限度。随着国际收支状况的改善,这种限制应逐步减少直至取消。

(2) 保障条款。协定第十九条允许缔约方在其某一产业受到进口骤增的冲击并造成严重损害时,如严重开工不足、工人失业、企业亏损等情况,实行临时性进口限制或提高关税。根据保障条款采取的进口限制措施必须限于在防止或纠正上述严重损害所必要的限度和时间之内,不应长久实施;受影响的产业有义务尽快进行结构调整;采取的限制应非歧视性地实施。

(3) 区域性贸易安排。协定第二十四条允许成员方在满足一定的严格标准的情况下,以关税同盟或自由贸易区的形式建立区域贸易集团。对集团内成员间相互给予的贸易优惠可不给予集团外的国家。但对外的贸易壁垒不能高于关税同盟或自由贸易区建立以前。

(4) 对发展中国家的特殊待遇。发达国家缔约方承诺,在谈判中对发展中成员作出的贸易减让,不期望得到对等的回报;发展中国家可以享受发达国家缔约方提供的普惠制待遇;发展中国家相互进行关税减让时可以不给予发达国家。

(5) 安全例外。允许成员方为了维护国家安全和社会公德而禁止火药、武器、毒品和淫秽出版物等的进口。

4. 活动与作用

协定的主要活动是组织缔约方进行多边贸易谈判。1947—1994 年,协定共组织了八轮多边贸易谈判。参加谈判的缔约方从第一轮的 23 个增加到第八轮的 117 个。通过谈判,关税不断减让,受惠贸易额不断扩大,促进了 GATT 缔约方的贸易自由化,对第二次世界大战后世界经济的恢复和发展作出了贡献。在第七轮多边贸易谈判中,除了关税减让,还达成了一系列有关非关税措施的协议。在第八轮多边贸易谈判中,除了关税减让,还达成了领域广泛的众多协定与协议,其中最突出的成果是通过了《建立世界贸易组织马拉喀什协定》。1947 年关税与贸易总协定八轮多边贸易谈判及成果见表 9.1。

表 9.1 1947 年关税与贸易总协定八轮多边贸易谈判及成果

谈判回合	谈判时间	谈判地点	参加方/个	关税减让幅度/%	影响贸易额/亿美元
第一轮(日内瓦回合)	1947 年 4 月至 10 月	瑞士日内瓦	23	35	100
第二轮(安纳西回合)	1949 年 4 月至 10 月	法国安纳西	33	35	—
第三轮(托奎回合)	1950 年 9 月至 1951 年 4 月	英国托奎	39	26	—
第四轮(日内瓦回合)	1956 年 1 月至 5 月	瑞士日内瓦	28	15	25
第五轮(狄龙回合)	1960 年 9 月至 1962 年 7 月	瑞士日内瓦	45	20	45
第六轮(肯尼迪回合)	1964 年 5 月至 1967 年 6 月	瑞士日内瓦	54	35	400

续表

谈判回合	谈判时间	谈判地点	参加方/个	关税减让幅度/%	影响贸易额/亿美元
第七轮（东京回合）	1973年9月至1979年4月	瑞士日内瓦	102	33*	3 000
第八轮（乌拉圭回合）	1986年9月至1994年4月	瑞士日内瓦	103/117/124**	37/24***	—

*除去关税减让,还达成一系列非关税措施协议。
**103(1986年);117(到1993年底);124(到1995年初)。
*** 前者为发达国家,后者为发展中国家。
资料来源：世界贸易组织官方网站。

（二）"乌拉圭回合"

1947年GATT第八轮谈判又名"乌拉圭回合"(Uruguay Round),从1986年9月开始启动,到1994年4月结束。因发动这轮谈判的贸易部长会议在乌拉圭埃斯特角城举行,故称"乌拉圭回合"。参加这轮谈判的国家,最初为103个,到1993年底谈判结束时增加到123个。

1. "乌拉圭回合"启动的背景、目标和主要议题

进入20世纪80年代,以政府补贴、双边数量限制、市场瓜分等非关税措施为特征的贸易保护主义重新抬头,出现了世界贸易额下降的现象。为了遏制贸易保护主义,避免全面的贸易战发生,建立一个更加开放、持久的多边贸易体制变得十分必要。

在启动"乌拉圭回合"的部长宣言中,明确了这轮谈判的主要目标：一是通过减少或取消关税、数量限制和其他非关税措施,改善市场准入条件,进一步扩大世界贸易;二是完善多边贸易体制,将更大范围的世界贸易置于统一的、有效的多边规则之下;三是强化多边贸易体制对国际经济环境变化的适应能力;四是促进国际合作,增强关税与贸易总协定同有关国际组织的联系,加强贸易政策和其他经济政策之间的协调。

"乌拉圭回合"的谈判内容包括传统议题和新议题。传统议题涉及关税、非关税措施、热带产品、自然资源产品、纺织品服装、农产品、保障条款、补贴和反补贴措施、争端解决等。新议题涉及服务贸易、与贸易有关的投资措施、与贸易有关的知识产权等。

2. 达成《建立世贸组织协定》

1986年"乌拉圭回合"启动时,谈判议题没有涉及建立WTO的问题,只设立了一个关于完善关税与贸易总协定体制职能的谈判小组。在新议题的谈判中,涉及服务贸易和与贸易有关的知识产权等非货物贸易问题。这些重大议题的谈判成果,很难在关税与贸易总协定的框架内付诸实施,创立一个正式的国际贸易组织的必要性日益凸显。因此,欧洲共同体于1990年初首先提出建立一个多边贸易组织的倡议,这个倡议后来得到美国、加拿大等国的支持。

1990年12月,布鲁塞尔贸易部长会议同意就建立多边贸易组织进行协商。经过1年的紧张谈判,1991年12月形成了一份关于建立多边贸易组织协定的草案。1993年12月,根据美国的动议,把"多边贸易组织"改为"世界贸易组织"。

1994年4月15日,"乌拉圭回合"参加方在摩洛哥马拉喀什通过了《马拉喀什建立世贸组织协定》,简称《建立世贸组织协定》。

1995年1月1日,世界贸易组织正式建立,取代1947年GATT,成为世界多边贸易体制的组织和法律基础。

二、《建立世贸组织协定》的构成

《建立世贸组织协定》由其本身案文16条和4个附件所组成。案文本身并未涉及规范和管理多边贸易关系的实质性原则,只是就世贸组织的结构、决策过程、成员资格、接受、加入和生效等程序性问题做了原则规定。

而有关协调多边贸易关系和解决贸易争端以及规范国际贸易竞争规则的实质性规定均体现在4个附件中。

附件1由3个次附件构成。附件1A:《货物多边贸易协定》,其中包括13个协定与协议。它们是:《1994年关税与贸易总协定》《农业协议》《实施卫生与植物卫生措施协议》《纺织品与服装协议》《技术性贸易壁垒协议》《与贸易有关的投资措施协议》《关于实施1994年关税与贸易总协定第6条的协议》《关于实施1994年关税与贸易总协定第7条的协议》《装运前检验协议》《原产地规则协议》《进口许可程序协议》《补贴与反补贴措施协议》《保障措施协议》。附件1B:《服务贸易总协定》。附件1C:《与贸易有关的知识产权协定》。

附件2:《关于争端解决规则与程序谅解》。

附件3:《贸易政策审议机制》。

附件4:诸边贸易协议[①],其中包括《民用航空器贸易协议》《政府采购协议》《国际奶制品协议》《国际牛肉协议》。其中,后两个协议现已并入《农业协议》,不再独立存在。

此外,还有部长决定与宣言等。

三、WTO与1947年GATT

(一)继承

WTO和1947年GATT有着内在的历史继承性。前者继承了后者的合理内核,包括其宗旨、职能、基本原则及规则等。关税与贸易总协定的有关条款,是世贸组织《1994年关税与贸易总协定》的重要组成部分,成为成员间货物贸易关系的准则。

(二)区别

1. 机构性质提升

1947年GATT以"临时适用"的多边贸易协议形式存在,不具有法人地位;WTO是一个具有法人地位的国际组织。

2. 管辖范围扩大

1947年GATT只处理货物贸易问题;WTO不仅要处理货物贸易问题,还要处理服

---

① 诸边(plurilateral)贸易协议是一个与多边(multilateral)贸易协议相对的概念。WTO绝大部分协议为多边协议,各成员必须一揽子接受。而诸边协议是可以选择自由参加的。

务贸易和与贸易有关的知识产权问题。

3. 争端解决加强

1947年GATT的争端解决机制,遵循协商一致的原则,对争端解决没有规定时间表;WTO的争端解决机制,采用反向协商一致的原则,裁决结果除非所有成员一致反对,否则自动生效,其裁决具有自动执行的效力,同时明确了争端解决和裁决实施的时间表。因此,WTO争端裁决的实施更容易得到保证,争端解决机制的效率更高。

4. 1947年GATT转化为GATT 1994

1947年GATT从"准国际贸易组织"转化为1994年GATT,成为世贸组织负责实施管理的多边货物贸易协定,不再具有"准国际贸易组织"的职能。

基于上述这些特征,WTO成员方比GATT缔约方更严格地为其规则所约束。这些规则比GATT谈判达成的规则更具约束力,更加正式,并且因以前制度所没有的更强大的争端解决机制而变得更加具有强制性。因此,这使多边贸易体制发生了质的变化。

第三节 WTO机制

WTO机制由宗旨、原则、职能、机构、决策和成员组成。

一、WTO的宗旨、目标与实现途径

《建立世贸组织协定》前言指出,WTO的宗旨为:"提高生活水平,保证充分就业和大幅度稳步提高实际收入和有效需求,扩大货物与服务的生产和贸易,为可持续发展之目的最合理地利用世界资源,保护和维护环境,并以符合不同经济发展水平下各自需要的方式,加强采取相应的措施。"

其目标是:"产生一个完整的、更具有活力的和永久性的多边贸易体系,来巩固原来关贸总协定以往为贸易自由化所做的努力和乌拉圭回合多边贸易谈判的所有成果。"[1]

实现其宗旨与目标的途径是:"通过互惠互利的安排,导致关税和其他贸易壁垒的大量减少和国际贸易关系中歧视性待遇的取消。"

二、WTO的基本原则

WTO协定包括29个独立的法律文件和25个以上的附加部长宣言、决定和谅解,这些构成了WTO成员进一步的义务和承诺,贯穿了如下基本原则。

(一) 非歧视

非歧视待遇(trade without discrimination)又称无差别待遇,是针对歧视待遇的一项缔约原则,它要求缔约双方在实施某种优惠和限制措施时,不要对缔约对方实施歧视待遇。在WTO中,非歧视原则由最惠国待遇和国民待遇条款体现出来。

---

[1] 世界贸易组织乌拉圭回合多边贸易谈判结果(法律文本)[M]. 对外贸易经济合作部国际经贸关系司,译. 北京:法律出版社,2000:4.

1. 最惠国待遇

最惠国待遇是指一成员将在货物贸易、服务贸易和知识产权领域给予任何其他国家（无论是否 WTO 成员）的优惠待遇，立即和无条件地给予其他各成员。

2. 国民待遇

国民待遇是指对其他成员方的产品、服务或服务提供者及知识产权所有者和持有者所提供的待遇，不低于本国同类产品、服务或服务提供者及知识产权所有者和持有者所享有的待遇。

（二）贸易自由化

贸易自由化是指通过多边贸易谈判，实质性削减关税和减少贸易壁垒，扩大成员之间的货物和服务贸易。贸易自由化主要体现在削减关税、减少非关税贸易壁垒、扩大服务贸易的市场准入范围等方面。

（三）透明度

为保证 WTO 成员做到可预见的和不断增长的市场准入（predictable and growing access to markets）机会的存在，要求 WTO 成员享受和承担透明度，即及时在国家层次上进行信息披露，履行通报义务，接受贸易政策评审机制对贸易政策的监督。

（四）公平竞争

WTO 认为，货物倾销和对出口产品的补贴属于不公平竞争行为，如此类行为对进口成员同类产业构成严重伤害，允许进口成员采取反倾销、反补贴措施予以纠正，保持公平竞争。此外，如发现侵权盗版，可通过知识产权保护相关法律来维权。

（五）鼓励发展和经济改革

鉴于 WTO 成员多数是发展中国家，少部分成员处于经济转型期，为此对发展中国家特别是最不发达国家设立特殊和差别待遇条款；允许经济转型成员存在过渡期。以鼓励这两类成员的发展和改革。如 GATT 在 1979 年东京回合达成"授权条款"。通过该条款将发达国家给予发展中国家的普惠制（GSP）在 GATT 中合法化，为发达国家对发展中国家作出的市场准入非互惠提供了一个永久性的法律基础。WTO 予以保留。

三、WTO 的职能与地位

（一）管辖范围

根据《建立世贸组织协定》，WTO 涉及的范围为"乌拉圭回合"多边贸易谈判达成的协议以及历次谈判达成的协议。具体包括《货物多边贸易协定》《服务贸易总协定》《与贸易有关的知识产权协定》《关于争端解决规则和程序谅解》《贸易政策审议机制》《诸边贸易协议》《马拉喀什会议上的部长决定和宣言》《1994 年关贸总协定》等。

（二）职能

(1) 促进《建立世贸组织协定》和贸易协定、协议的执行、管理和运作，并为其提供一个组织基础。

(2) 为成员提供谈判的讲坛和谈判成果执行的机构。
(3) 管理争端解决机制。
(4) 管理贸易政策的审议机制。
(5) 为达到全球经济政策的一致性,WTO将以适当的方式与国际货币基金组织及世界银行及其附属机构进行合作。

(三) 地位与权力

(1) WTO具有国际法人资格。
(2) WTO每个成员向WTO提供其履行职责时所必需的特权与豁免权。
(3) WTO官员和各成员代表在其独立执行与世界组织相关的职能时,享有每个成员方提供的所必需的特权与豁免权。
(4) 每个成员给予WTO的官员、成员代表的特权与豁免等同于联合国大会于1947年11月21日通过的《联合国专门机构特权和豁免公约》所规定的特权与豁免权。

四、WTO的组织结构

(一) 部长级会议

部长级会议(The Ministerial Conference)由所有成员的代表参加,至少每两年举行一次会议。其职责是履行世界贸易组织的职能,并为此采取必要的行动。部长级会议应一个成员的要求,有权按照《建立世贸组织协定》和相关的多边贸易协议列出的特殊要求,就任何多边贸易协议的全部事务作出决定。在WTO中,部长级会议是顶级决策者。

(二) 总理事会

总理事会(The General Council)由所有成员驻WTO的大使和代表组成,定期召开会议。总理事会在部长级会议休会期间,承担其决策职能,是最高级决策者。总理事会下附设争端解决机构、贸易政策机制审议机构和其他附属机构,如货物贸易理事会(Council for Trade in Goods)、服务贸易理事会(Council for Trade in Services)、知识产权理事会(Council for TRIPs)等。

(三) 理事会

理事会(Council)为总理事会的下属机构。其中,货物贸易理事会、服务贸易理事会和知识产权理事会为最重要的理事会。由所有成员代表组成。每个理事会每年至少须举行8次会议。

1. 货物贸易理事会

除了争端解决职能应由争端解决机构履行外,货物贸易理事会应监督已达成的各项货物贸易协议的执行及任何其他由理事会所赋予的职责。它应根据需要,设立一个委员会来监督所达成的有关协议的运行或其他附属机构,并负责批准它们的程序规则。

2. 服务贸易理事会

除了争端解决职能应由争端解决机构履行外,服务贸易理事会应监督服务贸易协议的执行及任何其他由总理事会所赋予的职责。它应根据需要,设立一个委员会来监督协议的运行或其他附属机构,并有权批准它们的程序规则。

3. 知识产权理事会

除了争端解决职能应由争端解决机构履行外,知识产权理事会应监督与贸易有关的知识产权协议的执行,其中包括关于冒牌货的贸易,以及任何其他由理事会所赋予的职责。它应根据需要,设立一个委员会来监督协议的运行或其他附属机构,并有权批准它们的程序规则。

(四)委员会

部长级会议下设贸易与发展委员会,国际收支限制委员会,预算、财政与管理委员会。它们执行由WTO协议及多边贸易协议赋予的职能,以及由总理事会赋予的额外职能。上述委员会对所有成员代表公开。

(五)诸边贸易协议设置的机构

诸边贸易协议设置的机构(Bodies)职能由诸边贸易协议赋予,在WTO体制框架内运作,并定期向总理事会通告其活动。

(六)秘书处

秘书处(The Secretariat)为WTO的日常办事机构。它由部长级会议任命的总干事(Director General)领导。总干事的权力、职责、服务条件和任期由部长级会议通过规则确定。总干事有权指派其所属工作人员。在履行职务中,总干事和秘书处工作人员均不得寻求和接受任何政府或WTO以外组织的指示。各成员应尊重他们职责的国际性,不能寻求有碍履行其职责的影响。

WTO机构设置如图9.1所示。

五、WTO的决策

(一)协商一致

WTO继续实行1947年关贸总协定"经协商一致做出决定"的做法。"协商一致"的含义是:"在做出决定的会议上,如果任何一个与会的成员方对拟通过的决议不正式提出反对",就算达成合意。

(二)投票表决

如通过协商一致未达成决定时,则将以投票决定。在部长级会议和总理事会上,WTO成员均有一票投票权。通常,以多数票为准,除非另有规定。

1. 条款解释权决策

部长级会议和总理事会拥有《建立世贸组织协定》和多边贸易协议解释的专门权利,采用解释的决定以成员方3/4投票为准。诸边贸易协议的决定与解释的决定,受其协议约束。

2. 免除义务决策

在例外情况下,部长级会议可以3/4表决的方式,作出免除一成员义务的决定,除非另有规定。如义务豁免期限不超过1年,到期自动终止;如期限超过1年,部长级会议应在给予义务豁免后的1年内进行审议,并在此后每年审议一次,直至豁免终止。

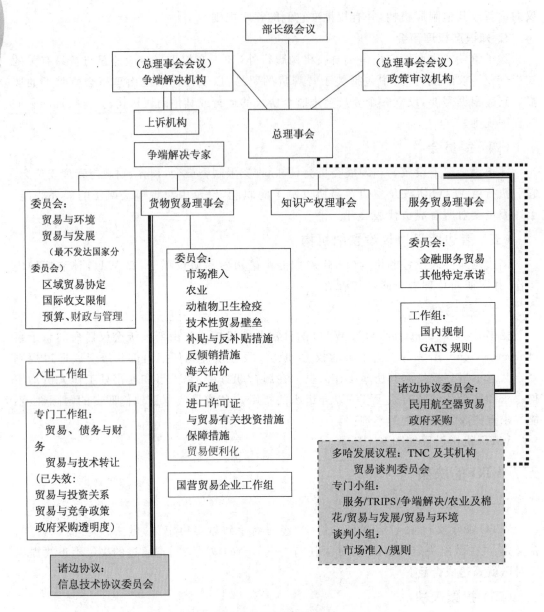

图 9.1　WTO 机构设置

注：——向总理事会（或其下属机构）报告　▭向争端解决机构报告
▪▪▪▪ 诸边贸易协议委员会将其活动通知总理事会或货物理事会（虽然只有部分 WTO 成员签署这些协议）
━━━ 贸易谈判委员会向总理事会报告
资料来源：根据 WTO 官网内容制作。

六、WTO 成员

（一）原始成员

原 1947 年关贸总协定的缔约方，凡列入 GATT 1994 承诺减让日程表的，均列入对《服务贸易总协定》明确承担义务的谈判方。

（二）加入成员

1. 资格

任何国家或拥有完全自主权的单独关税区，按其与WTO达成的条件，都可以加入WTO。

2. 接受决定

由部长级会议合意或以2/3多数表决作出决定。

（三）退出

任何成员均可自由退出WTO。退出从递交退出通知被总干事接受6个月后生效，权利与义务同时终止。

第四节　WTO建立后的业绩

依据《建立世贸组织协定》，WTO至少每两年举行一次部长级会议，履行WTO职能，有权对多边贸易协议下的所有事项作出决定。到2019年，WTO已召开了11届部长级会议。它们是新加坡第一届部长级会议（1996年），日内瓦第二届部长级会议（1998年），西雅图第三届部长级会议（1999年），多哈第四届部长级会议（2001年），坎昆第五届部长级会议（2003年），中国香港第六届部长级会议（2005年），日内瓦第七届部长级会议（2009年），日内瓦第八届部长级会议（2011年），巴厘岛第九届部长级会议（2013年），内罗毕第十届部长级会议（2015年），布宜诺斯艾利斯第十一届部长级会议（2017年）。除去部长级会议，还举行了各种会议和活动。通过这些会议和活动，WTO取得了众多业绩。

一、维护和加强多边贸易体制

（一）成为多边贸易体制的常设机构

WTO作为多边贸易体制的常设机构，促进协定与协议的实施、管理和运行；为成员提供一个多边贸易谈判的论坛，为谈判结果的执行提供一个框架；管理争端解决；对成员进行贸易政策审议；与国际货币基金组织（IMF）和世界银行（WB）等积极合作；对发展中国家提供技术援助和培训的任务。

（二）坚持成员协商一致的决策原则

WTO决策方式不同于IMF和WB的决策方式。它坚持所有主要的决定都是由全体成员作为一个整体作出的。而后者是将某些权力授权给董事会或组织负责人，根据多数或加权投票来进行决策。

在组织结构上，WTO是一个更结构化、更为广泛的理事会和委员会体系。成员在其中能够共享信息、辩论议题并作出决定，从而使WTO政策范围扩大和更多成员参与。

（三）秘书处提供了精干高效的服务

WTO秘书处是WTO的常设机构，承担WTO的所有活动。其工作包括：为各理事会、各委员会提供专业支持和建议；为发展中国家提供培训和技术援助；监测和分析世界贸易的发展情况,向公众和媒体提供信息,编制各种报告;筹备部长级会议;在争端解决程序中提供法律援助;编制和分析成员的世界贸易措施的数据;将收集的专家意见扩展到新的领域,如服务、知识产权、动植物卫生检疫(SPS)、贸易和环境等方面。

(四)坚定反对贸易保护主义

WTO建立后,尤其在2008年全球性危机后,贸易保护主义兴起,在各种国际会议上,WTO官员坚持反对贸易保护主义的立场,通过各种措施反对和抑制贸易保护主义。

二、通过有效机制,整合成员经贸关系

(一)审议贸易政策,提高透明度

1. 坚持贸易政策审议机制

贸易政策审议通过由所有成员组成的贸易政策审议机构(TPRB)执行,在秘书处和被审议成员政府提交的两份报告基础上进行。

贸易大国审议频率高于其他成员。排名前四位的成员是美国、欧盟、中国和日本,每两年审议一次;第五位至第二十位的成员每4年审议一次;其他成员每6年审议一次;对于最不发达国家成员,审议间隔可以更长。

审议由集体审议发展到以组为单位的审议,审议结果要取得审议成员一致同意。

2. 督促成员履行通报义务

按规定,所有WTO成员都要向WTO秘书处通报生效的法律、采取的新措施和协议承诺执行的进展。WTO建立后,技术性贸易壁垒(TBT)领域共有23 404份通报,涉及126个成员。

如果一项通报关注的问题不能在双边层次上得到解决,成员可以向动植物卫生检疫和TBT委员会提出,要求委员会主席组织开展磋商,寻求解决。

3. 监督和记录区域贸易协议

2006年12月,WTO总理事会推进和调整了WTO监督区域贸易协议的程序,引入了更多加强透明度的要求和条件。如要求所有区域贸易协议在实施前必须通知WTO;其成员必须就协议执行后对现有协议的改变和影响发布通知。

4. 审议内容扩及全球贸易政策

2008年国际金融危机后,WTO开始监督全球贸易政策变化,提升贸易政策发展的透明度。为此,WTO秘书处要编写两种审议报告:一是以总干事名义发布,内容涵盖国际贸易环境的最新变化、对多边贸易体制的影响。二是与经济合作与发展组织(OECD)、联合国贸易与发展大会(UNCTAD)共同编写的报告,内容是G20国家采取的贸易和投资措施。

(二)基于规则和程序解决贸易争端

1. 建立一个以规则为基础的争端解决机制

为保证机制有效运行,它采取了如下办法:优先选择双方一致同意的方案;自动使用"反向一致"原则;建立上诉机构进行终裁;监督败诉方落实专家组和上诉机构报告结果;不经授权,禁止单方面报复;约定程序环节所需的日期。

2. 所有成员都能有效利用争端解决机制

截至 2015 年底,发展中国家成员总共发起 226 起争端,而发达国家成员总计发起 292 起。有些年份,发展中国家成员申诉案件数目甚至超过发达国家成员。例如,2010 年和 2012 年发展中国家提出上诉的案件占所有案件的 65% 和 63%。这表明发展中成员对争端解决机构不断增长的信心。为维护发展中成员正当的申诉,上诉机构也主动给予各种法律援助和支持。

3. 办案效率名列前茅

WTO 建立后,已经受理 500 多起争端案件,发出 300 份裁决报告。联合国原则裁决机构国际法庭司法部自成立以来的 68 年间,总共收到 161 起争端案件。国际海洋法法庭自 1966 年成立后总计收到 23 起申诉案件。

三、促进发展中国家成员和新成员的发展与改革

(一)支持发展中国家的贸易能力建设

1. 日益关注对发展中国家成员的技术援助

WTO 建立后,重视对发展中国家成员的技术援助和官员培训,2002 年后 WTO 已经组织了 4 500 项技术援助,为发展中国家 46 000 名政府官员进行培训。

2013 年 7 月,WTO 完善了 2002 年以来启动的一系列广泛的最不发达国家工作计划,以为最不发达国家产品提供更多的市场准入机会。

1999 年后,WTO 通过"日内瓦周"为发展中成员特别是最不发达成员和非常驻日内瓦代表团,提供加强与 WTO 秘书处和其他代表团扩大交流的机会。

2. 建立促贸援助体系

通过该促贸援助计划项下的技术援助、基础设施建设以及生产能力建设,促进发展中国家投资产业和部门实现出口多样化,降低成本,提高竞争能力。

根据 OECD 数据,2013 年促贸援助承诺达到 554 亿美元,比 2006—2008 年的平均水平增加 222 亿美元。

(二)吸纳新成员,并推动其改革与发展

1. WTO 新成员不断增加

WTO 建立后成员从建立后的 128 个增加到 164 个。其中加入成员为 36 个,涵盖了从中国、俄罗斯等经济大国到瓦努阿图、塞舌尔和佛得角等小型岛国,在 WTO 成员总数中的占比超过 1/5。

2. 促进了新成员的改革和发展

通过入世谈判,加入成员接受全面整体的入世进程和组织规则的严格审查,接受 WTO 的原则和所有的多边贸易协定与协议,明确加入后的权利与义务,促进它们的对外开放和融入世界经济。

新成员加入后,关税和非关税贸易壁垒逐步降低,增加和扩大了贸易机会。它们的"约束税率"几乎涵盖了所有农产品和非农产品;非关税逐步削减、取消和规范化,提高了它们贸易制度的确定性和可预见性。

新成员通过法律体系的规范化和制度化,加速了改革和开放的进程,扩大了利用经济全球化的机遇,在贸易扩大的同时,加强了与国际社会的交流,增加了国民相互学习和交流的机会,更新过时的理论和观念,扩大了视野,接受新的观念。

四、落实和拓展贸易规则

(一)落实关税削减和关税化措施

1. 关税普遍下降,部分关税削减

WTO建立后,发达国家成员大举削减了一些其他健康产品的关税,其他国家的关税也显著下降。全球平均实施关税在2014年已经低至8%。

2. 农产品非关税关税化,改进配额使用

《农业协议》规定,农业非关税措施转化为关税,允许使用关税配额,2013年WTO巴厘岛部长级会议上决定采取措施改进关税配额,如果一个配额持续地未被充分使用,则要逐步取消。

3. 信息技术产品取消关税

2015年6月达成《信息技术协议》(ITA),取消信息技术产品关税。

(二)巩固和扩展非关税贸易措施规则

1. 完善《技术性贸易壁垒协议》(TBT)条款

TBT委员会的努力,强化了该协议的透明度、合规评估、标准、技术援助及特殊差别待遇,推动了协议的细化和实施。

2. 加强进口许可和海关估价方面的规则

进口许可制度的透明度和可预测性方面有显著的改善,超90%的成员已向WTO通报其进口许可方面的立法和管理程序。

3. 促进农业补贴的削减

1995—2013年,WTO成员对出口补贴的使用显著减少。以金额计算,欧盟在1995年到2012年共削减了90%,日本削减了82%。2000—2012年美国补贴下降了60%。

(三)《与贸易有关的知识产权协定》不断完善

TRIPS理事会深入地了解了130多个国家的政府对不同政策的选择和使用。在此基础上,推动成员进行较全面、最广泛的知识产权法律的修改,提升它们的权威性。

(四)巩固和扩展服务贸易规则

在《服务贸易总协定》实施中,成员就金融、电信、海运和模式继续谈判,电信和金融两个部门中有70多个成员的承诺得到加强。

(五)《政府采购协议》扩展

WTO的诸边《政府采购协议》推动该领域的市场开放。该协议的修订本于2014年4月生效。

(六)达成《贸易便利化协定》

2013年12月巴厘岛部长级会议上达成的《贸易便利化协议》是WTO成立之后达成

的第一个多边贸易协议。该协议的实施将使贸易交易成本大幅降低,加速成员间商品流动,使所有成员受益,发展中成员和最不发达成员受益尤大。

五、发动多哈回合谈判

(一)启动

2001年11月,在多哈第四届WTO部长级会议上,开启多哈回合谈判,决定从2002年起到2005年底以前举行以"发展"为谈判核心的多边贸易谈判。这是WTO成立以来的首轮多边贸易谈判。

(二)基本目标

1. 推动贸易自由化进程,抵制贸易保护主义

通过本轮谈判,推动成员贸易政策改革和自由化进程,以保证多边贸易体制在促进世界经济恢复、增长和发展方面发挥充分作用,抵制贸易保护主义。

2. 促进发展中成员的贸易发展

通过本轮谈判,帮助发展中成员获得更多市场准入,得到技术援助,加强能力建设,保证发展中成员特别是最不发达成员在世界贸易的增长中获得与它们经济发展需要相当的份额。

3. 维护和改善多边贸易体制

通过本轮谈判,在维护多边贸易体制的前提下,承认区域贸易协定在促进贸易自由化、扩大贸易以及促进发展方面发挥重要的作用。

4. 坚持可持续发展目标

通过本轮谈判,加强多边贸易体制与可持续发展之间的相互支持。根据WTO规则,不得阻止任何成员在其认为适当的水平上采取措施以保护人类、动物或植物的生命或健康及保护环境,但它们不得构成任意或不合理歧视的手段或变相的限制方式。为此,要继续与联合国和其他政府间环境组织进行合作。

(三)谈判计划内容

《多哈部长宣言》列出的谈判议题有19个,即与实施有关的问题和关注,农业,服务,非农产品市场准入,与贸易有关的知识产权,贸易与投资的关系,贸易与竞争政策的相互作用,政府采购透明度,贸易便利化,WTO规则,《争端解决谅解》,贸易与环境,电子商务,小经济体,贸易、债务和财政,贸易与技术转让,技术合作和能力建设,最不发达国家,特殊和差别待遇。有些议题所涉及的具体协定协议有很多,如与实施有关的问题和关注的议题,就包括了10多个具体内容:GATT 1994第十八条,《农业协议》,《实施卫生与植物卫生措施协议》,《纺织品与服装协议》,《技术性贸易壁垒协议》,《与贸易有关的投资措施协议》,《反倾销协议》,《海关估价协议》,《原产地规则协议》,《补贴与反补贴措施协议》,《与贸易有关的知识产权协定》等。

(四)多哈回合谈判原则和谈判执行机构

1. 谈判原则

谈判原则包括协商一致、一揽子方式、包容性、透明度、特殊和差别待遇。协商一致是指谈判中任何重要的决定均需要所有成员一致同意。一揽子方式是指将所有谈判领域打包一起完成,目的是确保谈判的整体平衡。

2. 谈判执行机构

谈判的全面进行将由在总理事会授权下的一个贸易谈判委员会负责监督。

(五)谈判历程不顺

1. 坎昆会议首次碰壁

2003年9月,WTO第五届部长级会议在坎昆召开,本次会议旨在对多哈回合进行中期盘点,并推动谈判取得进展,为两年后全面结束多哈回合做好准备。但在三个核心议题上碰壁:在农业议题上,美国和欧共体拿出一份对农业议题的方案,但遭到发展中成员的反对。这些反对提案的发展中成员随后组成了"二十国集团"(G20),在未来谈判中代表发展中成员的农业利益。第二个议题是棉花补贴问题,这一问题最初并未单独纳入多哈谈判议程,但非洲国家高度关注,逐步成为讨论的核心。美国在会上提出补贴削减方案,但没能成功说服非洲"棉花四国"。在"新加坡议题"上,南北双方对该议题授权的解读各持己见,僵持不下,导致会议彻底破裂。

2. 达成"七月框架"

2004年的总理事会上,WTO成员打破谈判僵局,就农业和非农产品准入等议题取得一定进展,同时终止"新加坡议题"中的三个议题讨论,它们是贸易与投资、贸易与竞争政策、政府采购透明度,仅保留其中的贸易便利化议题继续谈判,形成以上述内容为主的"七月框架"。但谈判进展迟缓,超过原设定的2005年1月1日结束时间。

3. 香港会议令多哈回合再度起航

2005年12月,WTO第六届部长级会议在香港召开。该会以"七月框架"为基础,发布《香港部长宣言》,确立了多哈回合部分谈判框架。欧共体在会上明确承诺取消出口补贴,美国在削减棉花补贴问题上作出让步,但同时指出,这些让步都取决于达成一个总体的农业协议。同时,就部分发展议题取得成果,发达成员和部分发展中成员承诺在2008年向最不发达国家所有产品提供免税、免配额的市场准入;发达成员2006年取消棉花出口补贴,2013年底前取消农产品出口补贴。2006年4月30日完成模式部分谈判,到2006年7月31日,成员将根据非农和农业模式提交全面的减让表草案,并且提交服务的修改出价。

4. 接续谈判受挫

香港部长级会议后,WTO谈判遭挫。2007年WTO成员甚至破例选择不按期举行部长级会议。直到2008年7月,成员决定在日内瓦举办的小型部长级会议就达成协议再度尝试。这次会议共70个成员参加,但主要谈判是在更小范围内进行。由澳大利亚、巴西、中国、欧盟、印度、日本和美国组成的"七方"与总干事进行核心磋商。这次会议在最核心的农业问题上几乎要达成共识。WTO总干事拉米提出的建议,包含了对农业所有核心问题的解答,并获得大部分成员的认可。但最终因美国与印度在农产品特殊保障机制问题上的分歧,未能取得成功。

2008年12月,各工作组主席更新农业和非农业谈判案文,但金融危机开始席卷全球。在金融危机中,金砖国家保持了较快的经济发展速度。发达成员开始提出世界经济变化论、失衡论,要求新兴经济体承担更多义务和责任。

5. 取得"早期收获"

2011年12月,WTO第八届部长级会议在日内瓦召开,未在谈判方面取得重大突破。但就"早期收获"达成一致,同意在已有基础的议题上先行一步。在2012年12月11日的WTO总理事会上,有成员动议在2013年部长级会议上将《贸易便利化协定》纳入"早期收获"范围。2013年9月,新WTO总干事阿泽维多敦促成员展开密集谈判,把贸易便利化、农业和发展三个议题作为"早期收获"的目标,并就此开展技术工作。

2013年12月,WTO第九届部长级会议在印度尼西亚巴厘岛召开。经过艰苦谈判达成"巴厘一揽子协议",其中包括贸易便利化、部分农业议题以及发展三个部分的10份决定。会议同时明确,在未来12个月内,对所有多哈未决议题,尤其是农业、发展中国家和最不发达国家关心的议题制订工作计划,在下一届部长级会议上全面结束多哈回合。

6. 实施"巴厘一揽子协议"和制订"后巴厘"工作计划

巴厘岛部长级会议的成功极大地鼓舞了WTO成员士气。WTO成员立即着手两方面的工作:一方面进一步落实巴厘岛成果,另一方面开始制订"后巴厘"工作计划。

落实巴厘岛成果的重点是《贸易便利化协定》。根据《巴厘岛部长宣言》,该协定需进一步通过法律审议,并在成员一致同意的基础上,纳入WTO规则体系,最终经成员批准后正式生效实施。成员原定于2014年7月31日总理事会上通过《贸易便利化协定》议定书,并开始成员国内批准程序,但因印度与美国出现分歧,未能按期通过。

2014年11月,印美分歧解决后,总理事会通过了三项决定:一是明确在找到永久解决办法前,"巴厘一揽子协议"中的粮食安全"和平条款"继续有效;二是通过《贸易便利化协定》的议定书;三是多哈回合谈判立即恢复,在2015年7月完成"后巴厘"工作计划。

(六)多哈回合接续谈判受限

在2015年12月19日通过的《内罗毕部长宣言》对总理事会通过的三个决定作出表态。对前两个决定予以肯定,但对第三个决定作出有限定条件的表述:"我们认识到许多成员愿重申多哈发展回合,以及在多哈及此后历届部长级会议通过的宣言和决定,并重申其充分承诺以此为基础结束多哈发展议程。而其他成员并未重申多哈授权,因其认为有必要采取新方式以便在多边贸易谈判中获得有意义的结果。成员间对如何处理谈判存在不同观点。我们承认本组织所拥有的强有力法律框架。尽管如此,所有成员均承诺继续推进关于多哈剩余议题的谈判……但需经全体成员同意。"由此可知,多哈回合剩余议题继续谈判,需经全体成员同意。而妥善处理谈判中存在的不同观点,成为接续谈判的瓶颈。

2017年12月10日至13日,WTO第十一届部长级会议在阿根廷布宜诺斯艾利斯举行。本次会议达成渔业补贴部长决定、电子商务工作计划部长决定、小经济体工作计划部长决定、知识产权非违反之诉和情景之诉部长决定、关于设立南苏丹加入工作组的部长决定。此外相当数量的成员共同发表了关于投资便利化和中小微企业的部长联合声明,以及关于服务贸易国内规制的联合声明。

第五节　WTO 面临的挑战与改革

一、WTO 面临的挑战

（一）挫折未果的多哈回合

迄今为止的多哈回合谈判呈现出几个特点：第一，谈判进程大大滞后原定结束日期。多哈回合原定从 2002 年开始，到 2005 年底结束，至今还未结束。第二，谈判议题一再缩减。谈判议题从启动时的 19 个，缩减到"早期收获"的议题，2014 年才达成《贸易便利化协定》。第三，在精简后的议题谈判中，WTO 成员中的新兴经济体与守成大国成员的谈判应对实力提高，后者在谈判中的强势地位减弱。第四，个别成员往往节外生枝，在枝节上纠缠不休，拖延谈判进程。第五，在 2015 年 12 月 19 日通过的《内罗毕部长宣言》中，竟对多哈回合接续谈判设置难以逾越的鸿沟。第六，谈判进程的特点降低了 WTO 的权威性，削弱成员对 WTO 的信心，迫使成员另寻他路解决关心的贸易问题。

（二）美国对 WTO 的发难

以"美国优先"的特朗普政府采取重大举措重振美国经济。对内，采取各种举措进行再工业化，优化营运环境，抑制产业空心化。对外，把减少美国货物贸易逆差作为重要政策，纠正不利于美国的贸易协定与承担的义务。为此，要重新谈判区域贸易协定，通过强势或先发制人战略，运用美国国内法规（如 301 条款），压服主要贸易对象国家（如中国）接受美国的条件，纠正贸易逆差；认为 WTO 已有规则和争端解决机制对美国不公平；一些成员滥用规则，成为新兴经贸大国。为此，美国政府带头对 WTO 发难，攻击中国；利用合意决策机制，拖延争端解决机制中法官的提名，非议 WTO 规则，提出强烈要求 WTO 改革的动议。

（三）逆全球化、经济国家主义出现

经济全球化是 WTO 存在和发展的基础，追求和参与经济全球化是 WTO 成员参与多哈回合的动力。WTO 建立后，通过推动贸易自由化，促进经济全球化，提高成员人民的福利；与此同时，在经济全球化进程中，经贸出现不平衡发展，发达国家出现产业空心化，失业增多。2008 年金融危机导致全球经济停滞，复苏缓慢。贸易增长速度从高于国内生产总值转为低于国内生产总值年均增长。2015 年、2016 年全球货物贸易出口年均增长率从 2.3% 降低为 1.5%；同期全球国内生产总值年均增长率分别为 2.8% 和 2.3%。贸易带动经济发展作用下降。2015 年后，出现逆全球化和去全球化，各种形式的民族主义和各种保护主义兴起，以特朗普等政治家为代表的经济国家主义出现。因此，推动贸易自由化、促进经济全球化的 WTO 凝聚力减弱，导致双边、区域经贸集团兴起，贸易区域化加深。

（四）成员关注 WTO 改革的焦点不同

WTO 成员已从建立时 128 个增加到 164 个。因 WTO 对其经贸发展和权益维护作用不同，对 WTO 关注利益焦点出现分歧。

以美国为首的发达成员认为 WTO 推动的经济全球化和贸易自由化对其有负面作用,促进新兴经济体的出现和中国的崛起,并对其守成地位构成挑战。它们对 WTO 改革关注的重点是:除去争端解决机制,决策机制,谈判方式,尤为关注新兴经济体的政策透明度,国有企业的补贴,要外国公司进行强制性的技术转让,发展中成员自定身份,以获取特殊和差别待遇等。

而最不发达成员关注它们特殊和差别待遇的保留与扩大,希望得到更多能力建设的援助。其原因是:随着关税逐步下降,普遍优惠制对发展中成员发展对外贸易、扩大出口的作用在减弱;因财力不足,它们不能积极参与 WTO 的各种活动,有 39 个发展中成员在 WTO 没有它们的代表处。部分最不发达成员因受困于供应方面出现障碍,经济结构改造缓慢,加以政治不稳定等原因难以吸引外资,进一步被边缘化。

(五)原有协议存在不足和滞后

1. 协定与协议转化要求不一

WTO 创始成员仍然保留"祖父"协定。而对新加入成员则要逐步与 WTO 负责实施管理的协定与协议保持一致。

在从 WTO 协定与协议向本国法规转化中出现弹性和释解加多,埋下争议的隐患。以 WTO《反倾销协议》转化为例。

有的 WTO 成员直接将 WTO《反倾销协议》应用于国内,有的成员通过国内颁布法规,加以适当调整,实施该协议。大多数成员采取了后一种做法。WTO 成员在实施反倾销措施的时候,都设立了不同的反倾销调查和决策机构,以接受反倾销申请、进行反倾销调查和决定采取反倾销措施。尽管各成员反倾销机构不尽相同,但不外乎两种形式:一是一元制结构,以欧盟为代表,即反倾销调查的各个阶段都集中在欧委会;二是二元制或多元制结构,反倾销调查的权力分别由两个或两个以上不同的机构负责行使,在美国倾销调查由商务部负责,损害调查由国际贸易委员会负责。

2. 规则制定滞后于经贸的发展

随着生产网络、外包的发展和新技术的出现,发达成员日益关注相关新规则的制定。其中包括成员边境后市场准入的"隐形"壁垒,如特定的投资条款、不同的知识产权制度、有差别的竞争规则。

随着电商、中小企业贸易的发展,大量数据传输的出现,许多经济领域内部细微的转型,服务已经完全隐含在产品之中,而货物贸易规则与服务贸易规则尚未进行细密的整合。

(六)WTO 功能的缺陷

1. 总干事领导能力偏弱

WTO 决策是成员驱动型,总干事权力由部长级会议授权,对委员会的工作关注甚少,人员轮换过于频繁,影响工作连续性。

2. 争端解决机制任务加重

最近几年,WTO 争端解决机制面临很多挑战。例如,成员对争端解决的需求很高,提交到 WTO 案件数量持续增多,提出了更多和更加复杂的问题,书面意见和报告变得更长。这所有的一切导致了更加沉重的工作负担,造成了经验丰富的专业人员的短缺,影响了办案效率。

3. 公众参与不足

WTO建立后,企业和中介组织参与其活动不足,其感兴趣的议题未得到及时反映,与它们的期望存在很大的差距。

(七)国际社会寄予厚望

WTO建立后,科学技术发展和传播加速,贸易自由化和资本自由化整体加强,新兴产业和业态涌现,要求WTO规则进一步延伸到关境后经济层面,需要WTO职能加强,强化、加快已有规则的细化和新规则的制定。

(1) 强化WTO机制,改进贸易争端机制,细化WTO《服务贸易总协定》。

(2) 规范新产业发展中的补贴等。

(3) 加快以下规则的制定:多边贸易体制与区域贸易协定的协同与促进规则,全球价值链的贸易规则;竞争政策和贸易规则的结合;互联网大发展下的贸易规则;制造业综合发展的国际贸易规则;贸易与创新融合的规则;多边的投资规则;采掘业中的贸易和投资结合规则。

(4) 关注农业和粮食安全,清洁能源贸易治理,贸易和气候变化相互支持和加强,海洋和渔业贸易规则的构建。

二、WTO改革的途径

(一)珍惜WTO业绩,增强对WTO的信心

1995年WTO建立后,在WTO官员和成员共同努力下,遵循确立的宗旨,履行职责,做出了出色的成绩:加强WTO机制的运作、提高权威性和参与全球经济治理的影响力;成员从建立时的128个扩及2018年的164个,其贸易额已占世界贸易额的98%以上;强化了多边贸易体制,其实施和管理60多个贸易协定和协议,促进了WTO成员的合作与发展;促进了加入成员的改革与开放;关注发展中成员尤其是最不发达成员的贸易发展,给予其特殊和差别待遇;推进了贸易自由化、抑制贸易保护主义。总之,以WTO为平台、以规则为基础的多边贸易体制是经济全球化和自由贸易的基石,在推动全球贸易发展、促进经济增长和可持续发展方面作出了非常重要的贡献,成为不同社会制度、不同经济发展阶段和发展水平成员合作的典范。

(二)坚持改革三项基本原则和五个基点

1. 三项基本原则

(1) 维护多边贸易体制的核心价值。非歧视和开放是多边贸易体制最重要的核心价值,也是WTO成员在多边规则框架下处理与其他成员经贸关系的一个根本的遵循,改革应加强多边贸易体制的核心价值,推动WTO在全球经济治理中发挥更大的作用。

(2) 保障发展中成员的发展利益。发展是WTO工作的一个核心,改革应该解决发展中成员在融入经济全球化方面的困难,赋予发展中成员实现其经济发展所需要的灵活性和政策空间,帮助实现联合国2030年可持续发展的目标,缩小南北差距。

(3) 遵循协商一致的决策机制。改革关系到多边贸易体制的未来,改革的议题选择和最终结果应该通过协商一致作出决策,改革的进程应该保证广大成员特别是发展中成员的共同的参与,而不要出现由少数成员说了算的现象,也不要搞"小圈子"。

2. 五个基点

(1) 维护多边贸易体制的主渠道地位。改革应该维护多边贸易体制在全球贸易自由化、便利化进程中的主渠道地位,不能够以所谓的新概念、新表述混淆并否定多边贸易体制的权威性,不能"另起炉灶"。

(2) 优先处理危及WTO生存的关键问题。改革应该将单边主义和保护主义的做法关进制度的笼子,应该尽快解决上诉机构成员遴选明显受阻这些紧迫的问题,确保WTO各项功能的正常运转。

(3) 解决规则的公平问题,并且回应时代的需要。首先,改革应该解决一些发达成员过度农业补贴,对国际农产品贸易造成的长期的、严重的扭曲,应纠正贸易救济措施的滥用,特别是在反倾销调查中的替代国做法。该做法对正常的国际贸易秩序造成了严重的干扰。其次,推动WTO规则与时俱进,能够回应21世纪经济贸易现实的需要。

(4) 保证发展中成员的特殊与差别待遇。对WTO成员通过谈判、认可的发展中成员继续给予特殊和差别待遇;此外,对最不发达成员还要加强援助和支持,促进其改革和发展,提高其在世界贸易中的份额。

(5) 尊重成员各自的发展模式。改革应该取消一些成员在投资安全审查和反垄断审查中对特定国家企业的歧视,要纠正一些发达成员滥用出口管制措施,阻挠正常的技术合作的做法。力戒一些成员否认发展模式的多样性和对不同发展模式的歧视,不将发展模式问题纳入WTO改革和没有事实依据的指责作为WTO改革的议题。

(三) 以包容、共识精神达成WTO改革的议题与进程

(四) WTO核心成员重视责任,应成为WTO改革的表率

扩展阅读:中国关于世贸组织改革的文件

本 章 小 结

(1) 随着第二次世界大战后经济的恢复与发展,世界市场空间和内容不断扩大,竞争加剧。为维护国际贸易秩序,出现了贸易各国应共同遵守的国际规则机制,即建立世界贸易体制的要求。20世纪40年代后期,在联合国主持下开始筹建国际贸易组织,因受美国未批准接受的影响,该组织夭折。此间,由23国于1947年10月30日签订关贸总协定,1948年临时生效,待国际贸易组织成立后,并入其中。因该组织胎死腹中,关贸总协定取而代之,成为世界贸易体制的基础。

（2）在1947年GATT主持下，1948—1993年，举行了八轮多边贸易谈判，谈判内容从关税扩大到非关税，促进了贸易自由化，加速了第二次世界大战后世界经济的恢复和发展。

（3）20世纪80年代以后，在世界经济出现滞涨和新贸易保护主义兴起的背景下，以先天不足的GATT为基础的世界贸易体制需要改进和加强，以适应经济贸易迅速变化的需要。在GATT第八轮多边贸易谈判中，达成建立世界贸易组织的协定。1995年WTO成立，取代1947年GATT成为世界贸易新体制的组织和法律基础。

（4）WTO是1947年关贸总协定的继承和发展，二者有联系但又不同。以WTO为基础的世界贸易新体制的目标是扩大国际贸易，其主要目标是为出口企业的货物和服务产品提供自由、有保证、可预测的国际市场，促进投资自由化，加强对知识产权的保护。这些目标是通过WTO负责实施管理的近30个贸易协定与协议来实现的。

（5）WTO运行以来，做出许多业绩，如维护和加强多边贸易体制，通过有效机制，整合成员经贸关系、促进发展中成员和新成员的发展与改革，落实和拓展贸易规则，发动多哈回合谈判，促进了世界经济全球化和WTO成员的经贸发展。

（6）WTO在做出诸多业绩的同时，也面临挑战，它们包括挫折未果的多哈回合，美国对WTO的发难，逆全球化、经济国家主义出现，成员关注改革的焦点不同，原有协议存在不足和滞后，WTO功能的缺陷，国际社会寄予厚望。由此，WTO需要改革。WTO改革的途径，应是珍惜WTO业绩，增强对WTO的信心，坚持三项基本原则和五个基点，以包容、共识的精神达成WTO改革的议题与进程，WTO核心成员应做出表率。

思 考 题

1. 什么是WTO确立与发展的基础？
2. WTO的含义和职能是什么？
3. WTO负责实施管理的贸易协定与协议有几大类？
4. WTO建立后有哪些业绩？
5. WTO面临哪些挑战与改革？

习 题

第十章 关 税

为了落实对外贸易政策,各国采取了关税措施。本章系统地介绍了各国征收关税的目的、类型,征收依据和关税减让谈判成果与当前 WTO 主要成员关税情况。通过学习,学生应了解关税的作用,知悉关税的类别,掌握关税征收的方法和关税保护度的衡量。

第一节 关税概述

一、关税的含义

关税(customs duties,tariff)是进出口商品进出一国关税境域时,由政府设置的海关向进出口商所征收的税。

(一)海关

海关是设在关税境域上的国家行政管理机构,是贯彻执行本国有关进出口政策、法令和规章的重要工具。其任务是根据这些政策、法令和规章对进出口货物、货币、金银、行李、邮件、运输工具等实行监督管理、征收关税、查禁走私货物、临时保管通关货物和统计进出口商品等。海关还有权对不符合国家规定的进出口货物不予放行、罚款,甚至没收或销毁。

(二)关境

海关征收关税的领域叫作关境或关税领域。通常关境和国境是一致的,但设有经济特区的国家,关境小于国境;而在组成关税同盟的国家,关境大于各成员国的国境。

(三)关税属性

关税是一种间接税。这是因为关税主要是对进出口商品征税,其税负由进出口贸易商垫付税款,然后把它作为成本的一部分加在货价上,在货物出售给买方时收回这笔垫款。这样,关税负担最后便转而由买方或消费者承担。

二、关税的双重作用

(一)关税的积极作用

1. 对外贸易政策的重要措施

根据国家关系,设置不同关税栏目,达到相互贸易促进、发展、维护和抑制的作用,贯彻国家对外贸易政策。

2. 增加国家财政收入

关税是各国国家财政收入的一部分,但比重在下降。由于发达国家国内市场的发达程度高于发展中国家,发达国家关税在国家财政收入中的比重比较低,而发展中国家则比较高。

3. 保护国内幼稚核心新产业的发展

通过设置较高关税,削弱国内幼稚和新兴产业的进口商品的竞争压力,保护这些产业产品的生产和发展。

4. 弥补国内市场的短缺

通过较低税率或免税,鼓励本国不能生产或生产不足的原料、半制成品、生活必需品或生产急需品的进口,以满足国内的生产和生活需要。

5. 通过关税调整平衡贸易差额

当贸易逆差过大时,提高关税或征收进口附加税以限制商品进口,缩小贸易逆差。当贸易顺差过大时,通过减免关税、扩大进口,缩小贸易顺差,以缓解与有关国家的贸易摩擦。

6. 调节生产和市场的运行

通过关税结构,可以调节生产要素的流动方向,实现合理的产业布局;实现国民收入的再分配;满足国内不同阶层的需要。

(二)关税的消极影响

(1)进口关税设置过高,会刺激走私活动,造成关税流失。

(2)进口关税太高,保护过分,使被保护的产业和企业产生依赖性,影响竞争力的培育和提高。

(3)关税结构不合理,对企业的保护作用会下降,甚至出现负保护。

(4)一般不设置出口关税,因为不利于出口的扩大。

三、关税水平

关税水平(tariff level)是指一个国家进口关税的平均税率,可以反映该国征收关税的目的。它有以下两种计算方法。

(一)简单算术平均法

简单算术平均法(method of simple arithmetic mean)是以一个国家的税则中全部税目的税率之和除以税目总数,其公式为

关税水平=税则中所有税目的税率之和÷税则中所有税目之和×100%

该方法优点是计算简单,缺点是不能真实反映该国家征收关税的目的,看不出关税结构对产业的保护程度。此法当今世界各国使用者不多。

(二)加权算术平均法

加权算术平均法(method of weighted arithmetic mean)是以一国各种进口商品的价值在进口总值中的比重作为权数进行计算。具体方法有以下三种。

1. 全部商品加权平均法

这种方法以一定时期内,一国进口关税总税额除以进口商品总价值得到的加权算术平均数为关税水平。其公式为

$$关税水平 = 进口关税总额 \div 进口商品总值 \times 100\%$$

该方法克服了简单算术平均法的弊端,能比较真实地反映一国的关税水平。但是,若一个国家的税则中税率为零的税目较多,则计算出的结果数值偏低;反之,则偏高。因此,这种方法仍没有把一国关税设置目的与对国内经济的保护程度真实地反映出来。

2. 有税商品加权平均法

有税商品加权平均法是把税则中税率为零的商品的进口值从进口商品总值中扣除,仅以有税税目项下商品进口值相加作为除数的加权平均法。其公式为

$$关税水平 = 进口关税总额 \div 有税商品进口总值 \times 100\%$$

这种计算方法比较真实地反映了一国关税的总体水平。

3. 选择性商品加权平均法

在进行国际关税比较时,有时还采用另一种加权平均法。其公式为

$$关税水平 = 有代表性商品进口关税总额 \div 有代表性商品进口总值 \times 100\%$$

加权算术平均法多为各国采用,根据关税减让谈判需要,可分别加以运用。

第二节 关税类别

一、按商品流向分类

(一)进口关税

进口关税是指进口国家的海关在外国商品进入关境时,根据海关税则向本国进口商所征收的税收。

(二)出口关税

出口关税是指出口国家的海关对本国产品输往国外时,对出口商品所征收的税收,由出口商缴纳。

(三)过境关税

过境关税又称通过关税,是指一国对于通过其关境的外国货物所征收的关税。

为促进世界贸易发展,大多数国家都不征收过境关税,只征收少量的准许费、印花费、登记费和统计费等。

二、按征税目的分类

(一)财政关税

财政关税是指以增加国家的财政收入为主要目的而征收的关税。一般考虑三个条件:征税的进口货物必须是国内不能生产或无替代用品而必须从国外输入的商品;征税的进口货物,在国内必须有大量的消费;关税税率要适中或较低,若税率过高,将阻碍进

口,达不到增加财政收入的目的。

随着经济发展和其他税源增加,财政关税在财政收入中的重要性已相对降低,关税收入在各国的财政收入中所占的比重普遍呈下降的趋势。

(二)保护关税

保护关税是指以保护本国工业或农业发展为主要目的而征收的关税。其税率比财政关税高,且随产品的加工程度递增,通常是将进口商品纳税后的价格高出国内同类产品价格的部分作为保护关税的低限。但如果保护关税超过此限过多,反而会影响被保护企业竞争力的提高。

(三)惩罚关税或报复关税

一国对他国因对其进行贸易歧视,违背协议,而对从其进口的商品征收的进口附加税。

三、按征税待遇分类

(一)普通关税

普通关税是指对与本国没有签署贸易或经济互惠等友好协定的国家原产的货物征收的非优惠性关税。一般由进口国自主制定,只要国内外的条件不发生变化,则长期使用,税率较高。

(二)优惠关税

1. 含义、目的与设置

优惠关税是指对来自特定国家的进口货物在关税方面给予优惠待遇,其税率低于普通关税。

它一般是在签订有友好协定、贸易协定等国际协定或条约的国家之间实施的,目的是增加签约国之间的友好贸易往来,加强经济合作。

优惠关税设置互惠和单方面两种。前者指签订优惠协定的双方互相给对方优惠关税待遇;后者指给惠国只对受惠国给予优惠关税待遇,而受惠国对给惠国不提供反向优惠的关税待遇。

2. 类别

1)最惠国待遇关税

最惠国待遇是指缔约方相互间现在和将来所给予第三国在贸易上(包括关税)的特权、优惠和豁免同样给予缔约对方,关税当然包括在内。它存在于国家之间和签署多边贸易协定的缔约方之间。如 WTO 成员之间可实施最惠国待遇税率。它低于普通关税税率,但高于特惠关税税率。

2)特定优惠关税

特定优惠关税是指给予来自特定国家的进口货物的排他性的优惠关税,其他国家不得根据最惠国待遇条款要求享受这种优惠关税。

第二次世界大战后,最知名的特定优惠关税是《洛美协定》。它是 1975 年 2 月 28 日欧洲共同体与非洲、加勒比与太平洋地区 46 个发展中国家(1987 年增至 66 国)在多哥首都洛美签订的贸易和经济协定。这些发展中国家在第二次世界大战以前都是欧洲联盟国家的殖民地和附属国。欧共体国家为保持原有的经济贸易关系，维护其势力范围，通过该协定给予这些国家一定的经济援助和关税特惠。据此，欧共体对来自这些发展中国家的一切工业品和94%的农产品进口免征关税，而欧共体向这些国家的出口产品不享受反向的关税优惠待遇。

3) 普遍优惠制下的关税

普遍优惠制是发达国家对进口原产于发展中国家的工业制成品、半制成品和某些初级产品给予降低或取消进口关税待遇的一种关税优惠，简称普惠制。普惠制的目的是促进发展中国家向发达国家出口制成品和半制成品，以增加发展中国家的外汇收入，加快发展中国家的工业化进程，提高发展中国家的经济增长率。

经过发展中国家的斗争，1970年10月，联合国贸易与发展大会理事会作出了第75(S—Ⅳ)号决议，同意由各发达国家自行制订本国的普惠制方案。1971年6月25日，关贸总协定的各缔约方通过决议，允许各缔约方在实施普惠制期间，暂不受关税及贸易总协定最惠国待遇原则的约束。非普惠制受惠国不得以最惠国待遇为由，要求给惠国给予普惠制优惠。1971年7月1日，欧洲共同体公布其实施普惠制方案，此后，其他发达国家或国家集团相继开始实施普惠制。自1971年起，普惠制以每十年为一个实施阶段。

普惠制有三个基本原则：①普遍性原则。指发达国家应对发展中国家的制成品、半制成品尽可能给予关税优惠。②非歧视原则。指应当对所有发展中国家统一实施普惠制，不应区别不同国家实施不同的方案。③非互惠原则。指发达国家给予发展中国家的特别优惠待遇，而不应要求发展中国家给予反向对等优惠。

截至1999年底，共有190个发展中国家和地区成为发达国家的普惠制受惠国。

鉴于发展中国家的经济发展情况与给惠国和集团本身的经济竞争力变化，各给惠方案都在不断调整。

四、按常规与临时分类

（一）法定关税

法定关税指在海关税则上列出的进出口商品的关税税目的税率。

（二）附加关税

1. 含义

附加关税是指海关对进出口商品除征收科目表列出的关税外，再加征额外的关税。这种税多发生在进口方面。

2. 目的

为了维护国内市场供应，防止出现资源性产品短缺，有时加征出口附加关税。为防止外国商品倾销和非法补贴，保持公平竞争，对歧视和违规进行惩罚，应对国际收支危机等，就加征进口附加关税。附加关税通常是临时性的，实施目的达到以后就撤销。

3. 进口附加税类别

1) 反倾销税

反倾销税是为了抵制外国商品倾销进口，保护国内相关产业而征收的一种进口附加

税,即在倾销商品进口时除征收进口关税外,再征收反倾销税。(见第七章第四节)

2) 反补贴税

反补贴税见第七章第四节。

3) 报复关税

报复关税是指发现贸易对方出现歧视性待遇或违背贸易法规或拒绝接受WTO裁决后,可以通过征收报复关税的办法予以报复。报复关税税率依报复程度而定,一般很高。当贸易对象国取消不公平待遇、歧视性待遇或接受裁决后,这种报复关税也随之取消。

第三节 关税征收、关税减免与关税配额

一、关税征收与依据

关税征收是指海关依据海关税则,向进出口贸易商征收税负。

(一)海关税则

海关税则(customs tariff)又称关税税则,是一国对进出口商品计征关税的规章和对进出口的应税与免税商品加以系统分类的一览表。海关税则一般包括两个部分:一部分是海关课征关税的规章条例及说明;另一部分是关税税率表。

关税税率表主要包括三个部分:税则号列(tariff No.或heading No.或tariff item),简称税号;货物分类目录(description of goods);税率(rate of duty)。

1. 海关税则的货物分类

它主要是根据进出口货物的构成情况,对不同商品使用不同税率以及为满足进出口货物统计需要而进行系统的分类。世界各国海关税则的商品分类方法多以《商品名称及编码协调制度》作为商品分类的基础。

20世纪70年代初,海关合作理事会制定了《商品名称及编码协调制度》,简称《协调制度》(Harmonized System,HS)。它将商品分为21类97章,第97章留空备用,章以下设有1 241个四位数的税目、5 019个六位数的子目。四位数的税目中,前两位数表示项目所在的章,后两位数表示项目在有关章的排列次序。例如,税目为01·04是绵羊、山羊,前两位数表示该项目在第一章,后两位数表示该商品为第一章的第四项。六位数的子目。即表示包括税目下的子目。例如,5202为废棉;5202·10为废棉纱线。

2. 海关税则的种类

依据关税的栏目,海关税则可分为单式税则和复式税则;依据税则制定权,可分为自主税则和协定税则。

1) 单式税则和复式税则

单式税则(single tariff)是指一个税目只有一个税率,适用于来自任何国家的商品,没有差别待遇。现在只有少数发展中国家如委内瑞拉、巴拿马、冈比亚等实行此税则。

复式税则(complex tariff)是指在一个税目下订有两个或两个以上的税栏,对来自不同国家的进口商品适用不同的税率,现为绝大多数国家采用。

2) 自主税则和协定税则

自主税则(autonomous tariff)是指一个国家的立法机构根据关税自主原则单独制定而不受对外签订的贸易条约或协定约束的一种税率。

协定税则(conventional tariff)是指一国与其他国家或地区通过谈判,以贸易条约或协定的方式确定的关税率。

这两种税则均可设置单式税则和复式税则。当今世界绝大多数国家采用的是协定税则。

(二) 计税标准

海关在计征各种商品的关税时,从收取最大税额的角度考虑,对不同的商品设置不同的征税方法。通常使用的计税方法有从量税、从价税、混合税、选择税、滑准税和季节税等。

1. 从量税

从量税是按货物的计量单位(重量、长度、面积、容积、功率、件数等)作为课税标准。其表示为每计量单位后的货币单位。多应用于体积较大而价值较少的初级产品。

从量税税额的计算公式为

$$从量税税额 = 商品进口数量 \times 从量关税税率$$

该税的特点是:计税方法简单,有利于进出口货物的迅速通关。对质次价廉的进口商品抑制作用较大,保护作用较强;对质优价高的进口商品抑制作用较小,保护作用较弱。可防止以低价伪报进口的偷逃税。税率不能随物价的涨落经常更改。因此,当贸易价格上涨时,因从量税税率固定不变,税负相对下降,财政收入和保护作用相应降低。反之,当贸易价格下降时,税负不会减少,财政收入和保护作用不会削弱。对一些新产品、古玩、艺术品等难以制定从量税税率。

因制成品在国际贸易中已占绝对比重,使用从量税的国家已经很少。

2. 从价税

从价税是以课税对象的价值量为课税标准的征收方法,税率一般表现为应税税额占货物价格或价值的百分比。

从价税税额的计算公式为

$$从价税税额 = 完税价格 \times 进口从价税率$$

该税特点是:税负公平合理,按照货物的贵贱确定应纳税额;关税负担随价格变动而增减;征收方法简单,同一类货物不必因为质量的差异而分别纳税;有利于各国关税水平的相互比较;容易普遍实施。

从价税也有一些不足。因纳税人诚信度、进出口货物价格波动,确定进出口货物价格的真实性、合理性十分困难。因此,海关需要一套复杂的海关估价制度和稽查制度来确定货品价格,导致延缓通关,增加关税计征的成本。

为了多征收关税或保护本国市场,各国海关有意抬高海关估价,成为危害国际贸易发展的非关税壁垒。为了减少由此给国际贸易带来的障碍,使海关估价规范化,关贸总协定乌拉圭回合达成了《海关估价协议》,确定了海关估价的通用方法。

(1) 以进口货物的成交价格确定完税价格。

(2) 以相同货物的成交价格确定完税价格。
(3) 以类似货物的成交价格确定完税价格。
(4) 以倒扣价格方法确定完税价格。
(5) 以计算价格方法确定完税价格。
(6) 以"合理"方法确定完税价格。

"合理"方法是指海关可采用其他符合《海关估价协议》原则的合理的方法来估价,包括对上述各种估价方法进行灵活处理,以其中最容易计算的方式确定完税价格。

3. 复合税

复合税又称混合税,是指在海关税则中,对一个税目中的商品同时使用从价、从量两种标准计税,以两者之和作为应税额而征收的一种关税。

由于从价、从量两种计税标准各有优缺点,两者混合使用可以取长补短,有利于关税作用的发挥。

复合税税额的计算公式为

复合税税额=货物进口数量×从量关税税率+完税价格×从价税率

4. 选择税

选择税是指在海关税则中对同一税目的商品定有按从价标准和按从量标准计征税款的两种税率。

在应税商品价格上涨时,因从量税的单位应税额不能及时调整,税额相对降低,则可选择从价计税;在应税商品价格下跌时,从价计税税额相对降低,则可选择从量计税;对质次价廉的进口商品或商人低报价格的商品,均可按从量标准计征关税。

5. 滑准税

滑准税是指对同一税目的商品按其价格的高低分开档次并依此制定不同税率,依该商品的价格高低而适用其不同档次税率计征的一种关税。

其优点在于它能平衡物价,保护国内产业发展。其缺点是使交易容易出现投机行为。

滑准税的一种典型形式是差价税。差价税的税率是按照进口货物价格低于国内市场同类货物价格的差额来确定的,又称"差额税"或"不定额税"。差价税可分为部分差价税、全部差价税和倍数差价税等几种。部分差价税是对进口货物价格与国内市场价格差额部分征税,以鼓励此种货物进口;全部差价税或倍数差价税是对进口货物价格低于国内市场同类价格的全部差价或差额倍数征收关税,其目的是限制进口。差价税通常没有固定税率,多是根据进口货物逐件进行计征。

欧盟为保护成员的农业,对进口的农产品多采用差价税。

6. 季节税

季节税是对有季节性的鲜货、果品、蔬菜等产品,按其进口季节不同制定两种或两种以上的税率,在旺季采用高税率、在淡季采用低税率计征的一种关税。其目的是维护供销平衡和稳定市场。

(三) 通关手续

通关手续又称报关手续,是指出口商或进口商向海关申报出口或进口,接受海关的监督与检查,履行海关规定的手续。办完通关手续,结清应付的税款和其他费用,经海关同意,货物即可通关放行。通关手续通常包括货物的申报、查验、征税和放行环节。

二、关税减免

(一) 关税减免的含义与依据

关税减免指由于进口国经济、政治等方面的原因或根据国际条约、惯例,需要免除某些纳税义务人或某些进出口应税货品的纳税义务。

为了方便国际贸易和其他国际交流的进行,海关合作理事会在《关于简化与协调海关业务制度的国际公约》中推荐了一些应予关税减免的范围,建议各国采用,但不限制各国给予进一步的方便和优惠。

(二) 减免范围

(1) 有关国际协定中规定的货品:如联合国教科文组织《关于进口教科文材料的协定》《促进教科文视听材料的国际交流的协定》中规定的教科文物品;《国际民航公约》列出的器材;《关于便利进口商业货样和广告品的国际公约》中所指的价格低廉的商业样品和广告品等。

(2) 无商业价值的样品:如按其大小除展出外无其他用途的原材料及产品;按商业惯例黏附在卡片上或做样品用的非贵重材料制品。

(3) 人体治疗物质、血型鉴定和组织分类试剂。

(4) 因迁居而进口的动产。

(5) 布置第二居所使用的家具和家用物品。

(6) 其他:嫁妆和结婚礼品,学习用品,遗产,个人礼物,送给慈善或救济机构的物品,奖品,阵亡将士墓用材料,宗教用品,供测试用的产品,供牲畜在运输途中食用的草料和饲料,供运输途中货物防护用的产品和材料,进境供旅客、船员或乘务员以及运输工具自身所需的备用物料。

(三) 减免关税的批准和约束条件

在批准程序方面,各国要提供方便和简化手续,减免税进口后的货物必须在海关准予减免税进口时核准的用途范围内使用,不得用于其他用途或销售。

三、关税配额

(一) 关税配额的含义

关税配额(tariff quotas)是对一定数额以内的进口商品,给予低税、减税或免税待遇;对超过数额的进口商品则征收较高的关税。多用于农产品的进口。如美国为保护国内农业生产者利益,对部分农产品实行关税配额。

(二) 关税配额的类别

按商品进口的来源,可分为全球性关税配额和国别关税配额。按征收关税的目的,可分为优惠性关税配额和非优惠性关税配额。前者是对关税配额内进口的商品给予较大幅度的关税减让,甚至免税,而对超过配额的进口商品则征收原来的最惠国税率。

第四节 关税保护度

关税的保护程度是衡量或比较一个国家对进口商品课征关税给予该国经济的保护所达到的水平。它用名义保护率和有效保护率来表示。

一、关税名义保护率

关税名义保护率(NPR)是指对一商品由于实行关税保护而引起的国内市场价格超过国际市场价格的部分与国际市场价格的百分比。其计算公式为

$$NPR = (P' - P)/P \times 100\%$$

式中，P 为进口商品的国际市场价格；P' 为进口商品的国内市场价格。

国内市场价格的提高所导致的国际市场与国内市场价格差的比率，即为关税名义保护率。例如，在国际市场上某种汽车的售价为每辆 10 000 美元，对其进口征收 10% 的关税，则该国国内同类汽车售价可从 10 000 美元提高到 11 000 美元。那么，该国关税对汽车的名义保护率为：$(11\,000 - 10\,000)/10\,000 \times 100\% = 10\%$。

二、关税有效保护率

（一）有效保护理论的提出与发展

第二次世界大战以后，世界经济发生了巨大变化。跨国公司的出现对国际分工和国际贸易结构产生了巨大影响。大规模生产由一种产品从始至终的全过程的纵向全面生产，发展到零部件、投入品的专业分工生产与合作，形成了世界范围内的专业化分工生产，致使中间产品的贸易量不断扩大，逐渐形成了以中间产品为主的国际贸易商品结构。这种情况对关税名义保护率的真实性提出了挑战。

经济学家巴拉萨(Bela Balassa)指出："经济学家们传统地把注意力集中在最终产品贸易上，似乎全部生产阶段均在一国内完成，从而仅限于考察关税（名义保护率）对这类贸易的影响。但是，由于中间产品贸易的存在，名义保护率就不足以说明保护的真实程度。因为事情的结果必然受到对加工活动保护的影响，而不是受到最终产品本身的保护的影响。同时，中间产品贸易在国际交换中占有相当大的比重，若把机械设备作为投入品看待，那么，这类产品占世界贸易的五分之四。" 1955 年加拿大经济学家巴伯(C. L. Barber)在《加拿大关税政策》一书中，首次提出了有效保护(effective protection)的概念。1970 年，在关税与贸易总协定秘书处和瑞士国际问题研究所的主持下，在日内瓦召开了第一个有效保护理论国际性会议，并出版了论文集《有效关税保护》(*Effective Tariff Protection*)，对关税有效保护的概念进行了深入研究。

（二）关税有效保护率的概念

关税有效保护率是指一种加工产品在关税结构作用下带来的增加值的增量与其在自由贸易条件下加工增加值的百分比。如以 ERP 表示有效保护率，V 表示自由贸易条件下某一产品生产过程的增值，V' 表示在各种关税保护措施作用下该产品生产过程的增值，

则该产业的关税有效保护率公式为
$$ERP=(V'-V)/V\times 100\%$$

（三）有效保护率与名义保护率的区别

有效保护率关注的是在产品生产增值过程中，关税对被保护行业的生产过程所产生的影响。而名义保护率关注的是被保护产品的市场价格差异。仍以上例为例加以说明。

1. 名义保护率

在国际市场上某种汽车的售价为每辆 10 000 美元，某进口国的国内市场相同汽车的价格在关税保护（征收关税 10%）下为每辆 11 000 美元。那么，该国对汽车的名义保护率为：$(11\ 000-10\ 000)/10\ 000\times 100\%=10\%$。显然，在这种情况下，名义保护率等于进口商品的从价税率。

2. 有效保护率的提升

假设国际市场上汽车售价为每辆 10 000 美元，整套散件每套售价 8 000 美元。该国对汽车及其整套散件实行完全自由贸易。在充分竞争下，可以忽略进口运输、保险等有关费用时，该国国内市场上汽车及其整套散件价格应与国际市场相同。此时，国内汽车组装生产的加工装配增值为 2 000 美元。如该国对汽车实行保护，征收 10% 的关税，而对其整套散件仍实行自由贸易。纳税以后，国内汽车价格可从 10 000 美元提高到 11 000 美元，则装配过程增值为 $11\ 000-8\ 000=3\ 000$ 美元。根据有效保护率公式，可知对汽车的保护从名义保护率的 10% 变为有效保护率的 50%。
$$ERP=(3\ 000-2\ 000)/2\ 000\times 100\%=50\%$$

3. 有效保护率逆转

假如对汽车的进口征税不变，但对汽车整套散件不再实行自由贸易，而要征收 20% 的关税，则汽车整套散件的国内市场售价从 8 000 美元提高到 9 600 美元。那么装配过程的增值为 $11\ 000-9\ 600=1\ 400$ 美元，其有效保护率为 -30%。
$$ERP=(1\ 400-2\ 000)/2\ 000\times 100\%=-30\%$$

由此可见，对其投入品汽车整套散件加征关税，结果使汽车装配产业的保护从正保护转变为负保护。

三、关税有效保护率的政策意义

（一）有效保护与关税结构

通常，各国关税税率呈升级趋势，即随着初级产品、半制成品到制成品加工程度的深化，税率不断提高。若制成品关税税率高于其投入品的关税税率，可使关税有效保护率高于关税名义保护率。但是，如果其投入品关税税率等于或高于制成品的税率，则会降低关税名义保护的实际有效保护，甚至出现负保护。因此，要以关税对国内产业提供切实保护时，必须制定合理的关税结构。

（二）有效保护与关税制度

1. 海关监管下的加工制度

海关监管下的加工制度（processing under customs control，PUCC）是允许某些货物

在进入关境内自由流通前,暂时不征收关税,在海关监管下进行加工,然后按加工后的状态适用税率计征关税的一种海关制度。在各国产业中有时一类产出品的投入品由于某种原因必须以高关税保护,而该产出品作为其他行业的投入品又受到这些行业的限制,不能提高关税税率。在投入产出系数较大的条件下,投入品税率高于产出品的税率将导致负保护。此时生产者有可能把产出品的生产过程从境内转向境外。而海关监管下的加工制度可以避免这种情况的发生。

2. 加工贸易保税和复出境退税

有效保护理论说明,由于对出口品来说进口同类产品的关税为零,而其投入品关税不为零时,对国内该产品会出现负保护。各国对国内生产的出口品的进口投入品实行保税,或对加工后复出境的产品实行退还其进境时征收的关税和进口环节的国内税,使投入品的税率为零,从而避免出现负保护。

(三) 有效保护与产业政策

有效保护关税运用于国家产业政策时,最主要的是对进口产品中的材料、零部件实施低税率和零关税,不因同类进口商为之付出关税而增加开支,保持对整个产业的有效保护。

第五节 关税减让谈判

WTO 所指的关税减让,内容包括:削减关税并约束减让后的税率;约束现行的关税水平;约束上限税率;约束低关税或零关税。

一、关税减让谈判的基础与原则

(一) 关税减让谈判的基础

1. 商品基础

它是各国的海关税则上列出的商品。在谈判中以协调税则税号确定商品范围。

2. 税率基础

税率是关税减让的起点,每次关税减让谈判是以上一次谈判确定的税率作为进一步谈判的起点。加入 WTO 时关税谈判的基础税率,一般是申请方开始进行关税谈判时国内实际实施的关税税率。

(二) 关税减让谈判指导思想与做法

根据《1994 年关贸总协定》的规定,WTO 成员关税减让谈判应坚持互惠互利原则。为此,在谈判中,应坚持以下原则。

1. 考虑对方需要

关税谈判应充分重视每个成员经济发展阶段、经济发展水平和商品的竞争力,考虑本身和对方的关税谈判的要求。

2. 对谈判情况保密

通常,一个成员要与若干成员进行关税谈判,但具体的谈判是在双边基础上进行的。

因此,双方对谈判承诺的情况在谈判结束前要保密。

3. 按照最惠国待遇原则实施

关税谈判达成的谈判结果,应按照最惠国待遇原则,对WTO所有成员实施。

二、关税减让谈判权的确定

根据WTO规定,只有享有关税谈判权的成员才可参加关税谈判。凡具备以下条件之一者,可享有关税谈判权。

1. 产品主要供应利益方

在谈判前,一个WTO成员是另一个WTO成员进口某项产品的前三位供应者,视为主要供应方,有权向对方提出关税谈判的要求。

此外,如某个成员的某种产品出口额占其总出口额的比重最高,虽然不是产品主要供应利益方,但有权要求参加关税减让谈判。

2. 产品实质供应利益方

在谈判前,一个WTO成员某项产品的出口在另一方进口贸易中所占比例达到10%或10%以上,则该成员被称为有实质供应利益方,有权向被供应方提出关税谈判的要求。

3. "潜在利益"供应方

如果一个WTO成员对某项产品在谈判时不具有主要供应利益,也没有实质供应利益,但这项产品在该成员的出口中处于上升的发展阶段,今后可能成为该成员有主要供应利益或有实质供应利益的产品;或者这项产品在世界其他国家已成为该成员具有主要供应利益的产品,则该成员一般视为具有"潜在利益"。它也有权要求进行关税谈判,但是否与之谈判要由进口方决定。

4. 最初谈判权方

一个WTO成员与另一方就某项产品的关税减让进行了首次谈判,并达成协议,则该成员对这项产品享有最初谈判权,通常称为有最初谈判权方。当作出承诺的一方要修改或撤回这项关税减让时,应与有最初谈判权方进行谈判。

最初谈判权的规定,是为了保持谈判方之间的权利与义务平衡。最初谈判权方一般都具有主要供应利益,但具有主要供应利益方不一定对某项产品要求最初谈判权。

三、关税减让谈判的类型与方式

(一)关税减让谈判的类型

1. 多边关税减让谈判

它是指由所有WTO成员参加的、为削减关税壁垒而进行的谈判。多边关税谈判可邀请非成员参加。1947年关贸总协定主持下的八轮多边贸易谈判中的关税谈判,就属于多边关税减让谈判。

2. 双边修改或撤回减让表的关税谈判

它是指一个WTO成员修改或撤回已作出承诺的关税减让,包括约束税率的调整或改变有关税则归类,与受到影响的其他成员进行的谈判。

3. 加入 WTO 关税谈判

任何一个加入 WTO 的申请方都要与原成员方进行关税谈判,以削减并约束申请方的关税水平,作为加入后享受多边关税减让成果的补偿。

加入时的关税谈判,减让是单方面的。申请方有义务作出关税减让承诺,无权向成员方提出关税减让要求。

(二)关税减让谈判的方式

1. 产品对产品谈判

它是指一个 WTO 成员根据对方的进口税则产品分类,向谈判方提出自己具有利益产品的要价单,被要求减让的一方根据有关谈判原则,对其提出的要价单按其具体产品进行还价。提出要价单的一方通常称为索要方。索要方的要价单一般包括具有主要供应利益、实质供应利益及潜在利益的产品关税减让要求。

2. 公式减让谈判

它是指对所有产品或所选定产品的关税,按某一议定的百分比或按某一公式削减的谈判。公式减让是等百分比削减关税,因而对高关税的削减幅度会较大,对低关税的削减幅度较小。

3. 部门减让谈判

它是指将选定产品部门的关税约束在某一水平上的谈判。部门减让的产品范围,一般按照《商品名称及编码协调制度》的 6 位编码确定。

如将选定产品部门的关税统一约束为零,则该部门称为零关税部门;将选定产品部门的上限关税税率统一约束在某一水平,则该部门称为协调关税部门。

在多边关税减让谈判中,没有固定模式,通常以部门减让及产品对产品谈判方式为主。

四、乌拉圭回合关税减让谈判成果

在 1947 年 GATT 的主持下,从 1986 年到 1993 年举行了乌拉圭回合多边贸易谈判,参加谈判的 117 个国家和地区就关税减让达成了如下成果。

(一)工业制成品

(1)关税减让。发达国家减让关税 40%,发展中国家和经济转型国家各为 30%。

(2)约束关税。世贸组织任一成员都不能随意将其关税税率提高到超过其减让表所载明的约束税率水平。发达国家和经济转型国家 98% 的进口工业品纳入约束关税。发展中国家的进口货物中,纳入约束税率的比例为 73% 左右。

(3)根据《纺织品与服装协议》的规定,在 10 年内,取消原"多种纤维安排"项下对纺织品的限额和其他限制措施。

(4)原"多种纤维安排"下的配额水平在 10 年过渡期内大大提高,提供改善的市场准入条件。

(5)在 4 年内(在 1999 年 1 月 1 日以前),取消针对其他工业制成品实施的"自愿出口限制"。

(二) 农产品

(1) 通过关税化取消全部非关税措施。
(2) 对于关税化形成的新关税和其他关税进行约束,使它们不再提高。
(3) 发达国家削减约束关税的 36%,发展中国家削减 24%。

(三) 各种类型成员方的关税税率变化

发达国家整体工业制成品的加权平均关税从乌拉圭回合之前的 6.3% 下降到乌拉圭回合后的 3.8%,经济转型国家整体从 8.6% 下降到 6.0%,发展中国家均有程度不同的下降。详细情况见表 10.1、表 10.2 和表 10.3。

表 10.1 乌拉圭回合前后各发达成员工业品的加权平均关税   %

发达成员	贸易加权平均关税	
	乌拉圭回合之前	乌拉圭回合之后
发达国家	6.3	3.8
澳大利亚	20.1	12.2
奥地利	10.5	7.1
加拿大	9.0	4.8
欧盟	5.7	3.6
芬兰	5.5	3.8
冰岛	18.2	11.5
日本	3.9	1.7
新西兰	23.9	11.3
挪威	3.6	2.0
南非	24.5	17.2
瑞典	4.6	3.1
瑞士	2.2	1.5
美国	5.4	3.5

资料来源:International Trade Centre UNCTAD/WTO. Business Guide to the Uruguay Round, p. 245. (不含石油)。

表 10.2 乌拉圭回合前后各经济转型成员工业品的加权平均关税   %

转型经济成员	贸易加权平均关税	
	乌拉圭回合之前	乌拉圭回合之后
转型经济体	8.6	6.0
捷克	4.9	3.8
匈牙利	9.6	6.9
波兰	16.0	9.9
斯洛伐克	4.9	3.8

资料来源:International Trade Centre UNCTAD/WTO. Business Guide to the Uruguay Round, p. 245. (不含石油)。

表 10.3　乌拉圭回合前后各发展中成员工业品的加权平均关税　　％

发展中成员	贸易加权平均关税	
	乌拉圭回合之前	乌拉圭回合之后
阿根廷	38.2	30.9
巴西	40.6	27.0
智利	34.9	24.9
哥伦比亚	44.3	35.1
哥斯达黎加	54.9	44.1
萨尔瓦多	34.5	30.6
印度	71.4	32.4
韩国	18.0	8.3
马来西亚	10.2	9.1
墨西哥	46.1	33.7
秘鲁	34.8	29.4
菲律宾	23.9	22.2
罗马尼亚	11.7	33.9
新加坡	12.4	5.1
斯里兰卡	28.6	28.1
泰国	37.3	28.0
土耳其	25.1	22.3
委内瑞拉	50.0	30.9
津巴布韦	4.8	4.6

资料来源：International Trade Centre UNCTAD/WTO. Business Guide to the Uruguay Round，p. 246.

第六节　当前 WTO 主要成员关税态势

依据 WTO、ITC 和 UNCTAD 共同发表的 *WORLD TARIFF PROFILES* 2018，简要介绍 WTO 主要成员美国、欧盟、日本、巴西、印度 2016 年或 2017 年的关税实施情况。

一、美国

（一）进口商品关税税率

整体关税。2016 年贸易加权平均关税为 2.4%，其中农业产品为 4.0%，非农业产品为 3.1%。2017 年简单平均最惠国待遇税率总体为 3.4%，农业产品为 5.3%，非农业产品为 3.1%。

（二）2016 年主要出口贸易伙伴及其关税率

1. 农产品

中国最惠国待遇税率简单平均为 15.9%，加权平均为 7.1%；免税进口占总税目的比重为 7.1%。加拿大为 22.4%、11.9% 和 91.2%；墨西哥为 17.9%、22.7% 和 100.0%；日本为 18.4%、13.7% 和 23.8%；欧盟为 13.8%、4.8% 和 14.9%。

2. 非农产品

欧盟最惠国待遇税率简单平均为 4.4%，加权平均为 1.4%，免税进口占总税目的比重为 24.4%；加拿大为 2.5%、2.3% 和 100.0%；墨西哥为 4.6%、2.9% 和 100.0%；中国为8.9%、6.5%和9.4%；日本为2.6%、0.6%和55.0%。

二、欧盟

（一）进口商品关税税率

整体关税。2016年贸易加权平均关税为3.2%，其中农业产品为8.7%，非农业产品为4.2%。2017年简单平均最惠国待遇税率总体为5.1%，农业产品为10.8%，非农业产品为4.2%。

（二）2016年主要出口贸易伙伴及其关税率

1. 农产品

美国最惠国待遇税率简单平均为6.8%，加权平均为2.3%，免税进口占总税目的比重为23.5%；中国为15.8%、12.5%和7.2%；瑞士为38.2%、25.0%和32.1%；日本为22.0%、16.5%和24.1%；沙特（2015年）为4.8%、31.2%和21.9%。

2. 非农产品

美国最惠国待遇税率简单平均为3.9%，加权平均为1.6%，免税进口占总税目的比重为40.0%；中国为9.0%、8.2%和8.2%；瑞士为1.8%、1.0%和99.0%；土耳其为4.5%、4.1%和99.4%；日本为3.7%、1.4%和47.8%。

三、日本

（一）进口商品关税税率

整体关税。2016年贸易加权平均关税为2.5%，其中农业产品为12.9%，非农业产品为1.4%。2017年简单平均最惠国待遇税率总体为4.0%，农业产品为13.3%，非农业产品为2.5%。

（二）2016年主要出口贸易伙伴及其关税率

1. 农产品

中国香港最惠国待遇税率简单平均为0.0%，加权平均为0.0%，免税进口占总税目的比重为100.0%；中国台北为15.6%、20.3%和20.2%；中国为16.4%、16.3%和4.3%；美国为4.7%、3.1%和30.5%；欧盟为13.3%、7.5%和12.7%。

2. 非农产品

中国最惠国待遇税率简单平均为8.9%，加权平均为6.0%，免税进口占总税目的比重为8.8%；美国为3.8%、1.8%和39.9%；欧盟为4.4%、2.6%和22.6%；韩国为6.4%、4.4%和17.7%；中国台北为4.9%、2.5%和33.1%。

四、巴西

（一）进口商品关税税率

整体关税。2016年贸易加权平均关税为10.3%，其中农业产品为12.2%，非农业产品为10.1%；2017年简单平均最惠国待遇税率总体为13.4%，农业产品为10.2%，非农业产品为13.9%。

(二) 2016 年主要出口贸易伙伴及其关税税率

1. 农产品

中国最惠国待遇税率简单平均为 16.5%,加权平均为 5.9%,免税进口占总税目的比重为 4.2%;欧盟为 14.3%、9.2% 和 13.8%;美国为 8.6%、20.3% 和 70.9%;日本为 18.1%、6.5% 和 33.8%;俄罗斯为 18.8%、29.2% 和 8.4%。

2. 非农产品

中国最惠国待遇税率简单平均为 7.9%,加权平均为 0.9%,免税进口占总税目的比重为 13.4%;美国为 3.7%、1.2% 和 76.7%;欧盟为 4.2%、1.2% 和 23.9%;阿根廷为 15.1%、16.6% 和 100.0%;墨西哥为 4.5%、5.1% 和 62.4%。

五、印度

(一) 进口商品关税税率

整体关税。2016 年贸易加权平均关税为 7.5%,其中农业产品为 34.8%,非农业产品为 5.5%;2017 年简单平均最惠国待遇税率总体为 13.8%,农业产品为 32.8%,非农业产品为 10.7%。

(二) 2016 年主要出口贸易伙伴及其关税税率

1. 农产品

欧盟最惠国待遇税率简单平均为 11.7%,加权平均为 5.7%,免税进口占总税目的比重为 21.3%;美国为 4.6%、1.6% 和 74.0%;沙特为 10.1%、6.1% 和 26.5%;阿联酋为 5.3%、2.6% 和 26.4%;孟加拉国为 16.2%、4.6% 和 21.5%。

2. 非农产品

美国最惠国待遇税率简单平均为 4.3,加权平均为 3.0%,免税进口占总税目的比重为 70.0%;欧盟为 4.4%、4.7% 和 52.1%;中国香港为 0.0%、0.0% 和 100.09%;阿联酋为 4.6%、2.8% 和 7.2%;中国为 8.8%、5.6% 和 9.6%。

六、中国

(一) 进口商品关税税率

整体关税。2016 年贸易加权平均关税为 5.2%,其中农业产品为 11.8%,非农业产品为 4.6%;2017 年简单平均最惠国待遇税率总体为 9.8%,农业产品为 15.6%,非农业产品为 8.6%。

(二) 2016 年主要出口贸易伙伴及其关税税率

1. 农产品

日本最惠国待遇税率简单平均为 15.7%,加权平均为 10.4%,免税进口占总税目的比重为 37.1%;欧盟为 12.0%、7.6% 和 15.6%;中国香港为 0.0%、0.0% 和 100.0%;美国为 4.2%、3.1% 和 29.0%;韩国为 53.6%、88.8% 和 4.0%。

2. 非农产品

美国最惠国待遇税率简单平均为 4.0%,加权平均为 2.9%,免税进口占总税目的比重为 40.1%;欧盟为 4.5%、3.2% 和 23.4%;中国香港 0.0%、0.0% 和 100.0%;日本为

3.4%、2.1%和68.6%；韩国为6.5%、4.5%和17.3%。

本 章 小 结

（1）关税是各国落实对外贸易政策的主要手段之一，自古有之。关税可以增加国家财政收入，调节进出口贸易结构和贸易方向，维护贸易关系等。

（2）在关税设置时，因纳税对象不同、征税目的不一、税率优惠差异，出现了各种形式的关税。其中影响较大的是进口关税，以及普惠制下的关税和差别关税。

（3）各国征收关税的依据是海关税则和政府临时文件。海关税则变化的特点是：税号排序按协调制度进行；计税方法很多，因制成品在国际贸易中占绝大比重，故从价税成为各国尤其是发达国家主要的计税标准。因贸易对象关系不同，税则栏目向多栏发展。

（4）由于跨国公司的大发展，以及水平型国际分工和加工贸易的深化发展，关税的名义水平难以反映对产业保护的真实程度，因而学术界加强了对关税有效保护率的研究，各国在设置关税或下调关税税率时，重视名义关税率下的有效保护率。

（5）为了扩大市场，展开贸易合作，各国相互之间进行关税减让谈判；为了贸易自由化，进行多边关税减让谈判。在1947年关贸总协定主持下进行的八轮多边贸易谈判中，关税成为重要内容之一。

（6）21世纪以来，WTO主要成员关税的整体下降情况，针对不同国家不同大类产品设置了不同的税率。

思 考 题

1. 什么是关税？其有哪些作用？
2. 按征收目的划分，关税分为几种？
3. 反倾销税征收的依据是什么？
4. 普惠制的主要特点是什么？
5. 海关计税的方法有几种？
6. 海关税则是如何构成的？
7. 关税减免包括哪些内容？
8. 关税减让谈判的方式有几种？
9. 乌拉圭回合关税减让谈判的主要成果是什么？
10. 印度、巴西的最惠国税率高于美国、欧盟和日本？

习 题

第十一章 非关税壁垒

除了关税措施,世界各国还广泛采用各种非关税措施来发展和保护本国的贸易。本章就非关税壁垒的产生、种类、影响和相关规则做了介绍和分析。通过学习,学生应了解各种非关税壁垒的含义,知道非关税壁垒的作用,掌握非关税壁垒的发展趋势。

第一节 非关税壁垒的产生与发展

一、非关税壁垒的含义与产生

非关税壁垒(Non-tariff barriers,NTB)是指各国政府除了关税以外用于限制进出口的措施。其种类繁多,作用不断加强。其产生与加强背景缘于以下原因。

(一)加强竞争的需要

为了应对经济危机、关税不断减让的趋势,各国政府为了支持本国企业在本国市场上的竞争,诉诸非关税壁垒的要求加强。

(二)保护生态环境和国民健康

随着生活水平的提高和公众环保意识的加强,各国国民对衣、食、住、行的条件以及用品的卫生和安全要求关注加强,各国相应法规不断出台,对相应进口产品约束加多、加严。如美国于1973年成立了消费品安全管理局(Consumer Product Safety Commission, CPSC),颁布了《消费品安全法案》《易燃纤维法案》《联邦管制危险物品法案》《1970年安全包装法案》《1994年儿童安全保护法案》。

(三)对产品规格、质量要求的加严

随着经济全球化、国际分工的深化,产品国际价值链形成,对分工生产的产品要求加严。

(四)便于运用

1. GATT/WTO允许正当的非关税措施

基于保护生态环境、国民健康和经济全球化的考量,GATT/WTO允许正当的非关税措施,但要公正、透明和规范。但各国在实施中,有意违背这些要求,成为贸易壁垒。

2. 制定迅速,容易实施

关税不能随意改动,但非关税壁垒制定比较迅速,能尽快实施。

3. 比较隐蔽,不易发现

非关税壁垒制定往往与环保、技术和国民意愿结合,比较隐蔽,难以界定,应对迟缓。

二、非关税壁垒设置的基点

世界各国在设置非关税壁垒时,其构成主要要素如下。

(1) 关税管理措施和通关环节壁垒。如复杂的计税标准、征收程序,关税配额中的不当做法,复杂的检验程序,信息提供的不充分等。

(2) 进口数量限制的随意。如不合理的进口禁令、进口许可证与配额。

(3) 对进口产品征收歧视性的国境税调整,如对进口商品的间接税的征收。

(4) 苛刻的技术要求。如对进口产品设置不合理的技术法规和标准,复杂的认证、认可程序等。

(5) 歧视性的卫生与植物卫生措施要求。如对进口产品设置苛刻且不合理的检疫标准和检疫程序。

(6) 缺乏透明度的歧视性的政府采购。

(7) 实施不合理的限制出口措施。

(8) 供应链的不确定性。如承包企业交货时间的不确定和供应链的失调与不稳定。

(9) 国际商品协定的约束与国际卡特尔的垄断。

三、非关税壁垒的国际管理

非关税壁垒的强势发展有其合理的方面,但在设置和实施中又出现了滥用和歧视的成分,构成了不正当的贸易保护,抑制了国际贸易的正常发展。

GATT/WTO所主持的多边贸易谈判中,在关税减让谈判的同时,加强对非关税壁垒的关注,达成对国际贸易有显著影响的非关税壁垒的约束和规范协议。它们涉及传统的非关税壁垒、技术性贸易壁垒、绿色贸易壁垒、贸易不便利壁垒。其主要特征是带有妥协性质,不同国家权利与义务存在差别,逐步实施。

第二节 传统的非关税壁垒与管理

一、进口配额制

进口配额制(import quotas system)是指一国政府在一定时期(如一季度、半年或一年)内,对某些商品的进口数量或金额加以直接限制。在规定的期限内,配额以内的货物可以进口,超过配额不准进口,或者征收更高的关税或罚款后才能进口。进口配额主要有以下两种类型。

(一) 绝对配额

绝对配额(absolute quotas)是指在一定时期内,对某些商品的进口数量或金额规定一个最高额数,达到这个额数后,便不准进口。它又有以下两种方式。

1. 全球配额

全球配额(global quotas,unallocated quotas)属于世界范围的绝对配额,对于来自任何国家或地区的商品一律适用。主管当局通常按进口商的申请先后或过去某一时期的实际进口额批给一定的额度,直至总配额发放完毕,超过总配额就不准进口。

2. 国别配额

国别配额(country quotas)是在总配额内按国别或地区分配给固定的配额,超过规定的配额便不准进口。为了区分来自不同国家和地区的商品,在进口商品时进口商必须提交原产地证明书。国别配额体现了一国对外政治经济政策。它可以分为自主配额和协议配额。

自主配额(autonomous quotas)由进口国家完全自主地、单方面强制性地实施,不需征求输出国家的同意。通常是参照以往情况确定,容易贯彻国别政策。

协议配额(agreement quotas)是由进口国家和出口国家政府或民间团体之间协商确定的配额。如果配额是双边的民间团体达成的,应事先获得政府许可,方可执行。

为了加强绝对进口配额的作用,一些实施国家往往对进口配额规定得十分繁杂。例如对配额商品定得很细,有的按商品不同规格规定不同的配额,有的按价格水平差异规定不同配额,有的按原料来源的不同规定不同配额,有的按外汇管制情况规定不同配额,有的按进口商的不同规定不同配额等。

(二) 关税配额

关税配额见第十章第三节。

二、"自愿"出口配额制

"自愿"出口配额制("voluntary" export quotas)是指出口国家或地区在进口国的要求或压力下,"自愿"规定某一时期内(一般为3~5年)某些商品对该国的出口限制,在限定的配额内自行控制出口,超过配额即禁止出口。

它与绝对进口配额制有所不同。后者是由进口国家直接控制,而前者是由出口国家直接控制。但它们都有限制商品进口的作用。

"自愿"出口配额制带有明显的强制性。进口国家往往以商品大量进口使其有关工业部门受到严重损害,造成所谓的"市场混乱"为理由,要求出口国家"自愿"限制商品的出口,否则就单方面强制限制进口。

根据WTO规则,进口配额制和"自愿"出口配额制要逐步取消。除非因特殊情况,不得再重新设置。

三、进口许可证制

(一) 含义与类别

进口许可证制(import licence system)是指进口国家规定,某些商品必须事先领取许可证,才可进口,否则一律不准进口。

从进口许可证与进口配额的关系上看,进口许可证可以分为两种:一种为有定额的进口许可证,即国家有关机构预先规定有关商品的进口配额,然后在配额的限度内,根据进口商的申请对于每一笔进口货发给进口商一定数量或金额的进口许可证。另一种为无定额的进口许可证,即进口许可证不与进口配额相结合。

从有无限制上,进口许可证一般又可分为两种:一种为公开一般许可证(open general licence),它对进口国别或地区没有限制,进口商只要填写公开一般许可证后,即可获准进口。另一种为特种进口许可证(specific licence),进口商必须向政府有关当局提出申请,经政府有关当局逐笔审查批准后才能进口。这种进口许可证,多数都要标出进口国别或地区。

(二) 实施程序的规范

WTO 负责实施和管理的《进口许可程序协议》对进口许可使用作出了如下规范要求。

1. 使用前提

可以使用,但需防止不恰当地实施而导致贸易扭曲,并考虑到发展中成员的发展及财政和贸易需要。

2. 使用的一般规范要求

1) 及时公布必要的信息

WTO 成员应在已向世界贸易组织通知的官方公报、报纸、杂志等出版物上,公布进口许可证申请程序、申请的资格、需要接洽的行政机关,以及产品清单等。公布的时间应不迟于上述规定生效之日前 21 天,特殊情况最晚不得迟于生效之日。

2) 简化申请和展期手续

申请程序应尽可能简化,表格应尽可能简单。为使申请者提供必要的文件及信息,至少给予申请者 21 天的合理时限。申请者原则上应只需接洽一个同申请有关的行政机关。

3) 对存在微小差错的申请不得予以拒绝

这些微小差错包括非因企图欺诈或严重疏忽而造成的遗漏或差错,货物在装船或运输等过程中发生的微小差异等。

4) 不得在外汇供应上实行歧视

不管货物是否受进口许可证管理,任何进口商都应在同等条件下获得支付进口货物所需的外汇。

5) 允许安全例外和保密例外

《进口许可程序协议》允许进口方根据《1994 年关贸总协定》第二十一条"安全例外"的规定,采取有关措施。成员方可以不提供会导致妨碍法律实施、损害公共利益或企业合法商业利益的保密资料。

3. 自动进口许可制度

实施自动进口许可制度后,不得对进口货物产生限制;不得歧视许可证申请者,任何符合法律要求的申请者均有资格提出申请并获得许可证。

4. 非自动进口许可制度

该制度适用于对配额及其他限制性措施进行的管理。管理中应做到:保证许可证管理的透明度;及时、公正地实施许可程序;合理分配许可证;对误差采取补偿措施。如果符合正常商业惯例的微小误差,导致了进口货物的数量、金额或重量超过许可证规定的水平,主管机构可在未来的许可证分配时作出补偿性调整。

四、海关任意估价管理

(一) 海关任意估价管理的含义

它是指海关在征收关税时,为了保护本国市场,对进口商品通过提升税号、按照国内同类产品价格计价等办法提高关税,为进口商品设置障碍,影响国际贸易正常发展,成为非关税壁垒。

(二) 海关估价的规范

WTO 负责实施管理的《海关估价协议》中,对海关估价作出规范。

1. 适用货物范围

协议只适用于商业意义上正常进口的货物。

2. 海关估价的方法

进口成员海关应在最大限度内以进口货物的成交价格作为货物完税价格。在无法使用这种方法时,可使用其他五种方法即相同货物的成交价格、类似货物的成交价格、倒扣价格、计算价格和"合理"方法。

在实施中,应严格按上述顺序。海关不得颠倒六种估价方法的适用顺序,但进口商可以要求颠倒使用第四种和第五种计算价格方法的顺序。

3. 进口商的权利与义务

进口商必须如实申报进口货物的价格及有关信息,并与海关进行充分合作。如海关怀疑进口商申报价格的真实性和准确性,可要求进口商进一步提交资料或证据,以证明申报价格是经合理调整后的实付或应付价格。但海关在采取这种做法时,应向进口商陈述理由。海关应将最终的估价决定书面通知进口商。

进口商对海关估价决定有申诉的权利,包括两个方面:第一,向海关内部主管复议的部门提出申诉;第二,向司法机关提出申诉。

五、歧视性政府采购管理

(一) 歧视性政府采购的含义

政府采购是指政府为政府机关自用或为公共目的而选择购买货物或服务的活动,其所购买的货物或服务不用于商业转售,也不用于供商业销售的生产。歧视性政府采购是指政府通过立法,优先采购国内企业的商品,构成了对别国厂商的歧视。如按照《1933年购买美国货物法》,美国联邦政府在采购时应优先购买美国产品,且其中 50% 以上的部件由美国制造。各国均有类似的立法,由此构成了对外国产品的非关税壁垒。

(二) WTO 对政府采购的规范

WTO 以《政府采购协议》对政府采购进行规范。

1. 协议特点

该协议局限于自愿接受 WTO 成员,被称为诸边协议(plurilateral agreements),对未参加的成员不适用。

2. 规范内容

1) 适用范围

只适用于签署方在各自承诺的清单中列出的政府采购实体。

2) 采购限额

中央政府和地方政府采购金额达到协议规定的最低限额以上受到约束；最低限额以下不受约束。

协议规定中央政府采购实体购买货物和非工程服务的最低限额是 13 万元特别提款权，中央政府采购实体购买工程服务的最低限额是 15 万元特别提款权。地方政府采购实体和其他采购实体的最低限额，由各签署方根据自身的情况分别作出承诺。

3) 采购行为

（1）非歧视原则。签署方进行政府采购时，不应在外国的产品、服务和供应商之间实施差别待遇；给予外国产品、服务和供应商的待遇，也不应低于国内产品、服务和供应商所享受的待遇。

（2）透明度原则。签署方的采购实体要在已向世贸组织通知的刊物上发布有关政府采购的信息，包括招标的规章和程序，采购通知；签署方每年应向世贸组织通知列入清单的采购实体的采购统计数据，以及中央政府采购实体未达到"最低限额"的采购统计数据。

（3）公平竞争原则。采购实体应为供应商提供公平竞争的机会，优先采用公开招标和选择性招标。

第三节 技术性贸易壁垒与管理

一、技术性贸易壁垒的含义与特色

技术性贸易壁垒（technical barriers to trade，TBT）是指各国为保证其进出口商品的质量，或保护人类、动物或植物的生命或健康及保护环境或防止欺诈行为而设立的技术法规、技术标准、合格评定程序等。如其中含有非科学、不合理的成分，构成贸易扭曲，就成为贸易壁垒。

20 世纪 90 年代以后，技术性贸易壁垒成为最主要的非关税壁垒。

二、技术性贸易壁垒的特点

技术性贸易壁垒具有很大的模糊性。首先，技术性贸易法规设置的目的是保护生产安全、环境和国民健康，具有合理性。其次，通过国家立法形式加以确定，具有合法性。再次，为了竞争等原因，有意设置过分苛刻的技术规定和要求，形成难以识别其非理性的困境。最后，发达国家在技术性法规设置上处于前沿，因此也是技术性贸易壁垒的主要实施者。

三、技术性贸易壁垒对国际贸易的影响

（一）对发达国家的贸易影响

发达国家由于科学技术比较发达，容易适应技术标准要求的变化；发达国家居民消费

水平和对商品的各种要求比较接近,对商品标准的要求不会产生很大差距,容易调整;发达国家之间贸易与投资关系密切,相互依靠性很强,若出现针对性很强的技术性贸易壁垒,容易采取报复措施;发达国家在国际标准制定时处于支配地位,是技术性贸易壁垒主要实施者。因此,技术性贸易壁垒对其贸易正面影响高于负面作用。

(二) 对发展中国家的贸易影响

由于科学技术相对落后,技术检验能力薄弱,企业生产水平不高,国民对生活质量、环境关注不足,发展中国家难以适应发达国家科学、合理的技术要求,应对技术性贸易壁垒的能力薄弱。因此,技术性贸易壁垒对其贸易的消极影响大于积极作用。

(三) 对整个国际贸易的影响

1. 科学、合理的技术要求

(1) 有利于人类健康和安全。

(2) 改善生态环境,实现可持续发展。

(3) 优化出口国家的商品结构。

(4) 促进发展中国家的科技发展。

(5) 推动国际标准化。

(6) 减少或杜绝"假冒伪劣"商品贸易。

(7) 促进经济全球化。

2. 技术贸易壁垒

(1) 加深不公平贸易竞争。

(2) 影响国际贸易正常发展。

(3) 带来"创造性"科技伤害贸易的后果。

(4) 抑制发展中国家贸易发展。

四、技术性贸易壁垒管理

(一) 技术性贸易壁垒管理的背景

科学、合理的技术性贸易措施在促进国际贸易发展的同时,其非科学、不合理的成分又抑制了国际贸易的健康发展。为加大促进作用,抑制负面效应,关贸总协定在1970年成立了一个政策工作组,专门研究制定技术标准与质量认证程序方面的问题,起草防止技术性贸易壁垒的协议草案。

在乌拉圭回合中,达成了《技术性贸易壁垒协议》,由WTO负责实施与管理。

(二)《技术性贸易壁垒协议》的规范要求

1. 适用产品范围

该协议适用于所有产品,包括工业品和农产品,但政府采购实体指定的采购物品不受约束。另外,该协议未涉及动植物卫生检疫措施,有关问题由《实施卫生与植物卫生措施协议》进行规范。

2. 制定、采用和实施技术性措施应遵守的规则

1) 必要性规则

成员只能采取为实现合法目标所必需的技术性措施。如果成员采取的技术性措施对其他成员的贸易产生重大影响,经其他成员请求,该成员应说明所采取措施的必要性。

2) 贸易影响最小规则

成员应努力采取对贸易影响最小的技术性措施,即在考虑由于合法目标不能实现可能导致的风险后,采取的技术性措施对贸易的限制,不应超过为实现合法目标所必需的限度。

3) 协调规则

成员应在力所能及的范围内,充分参与有关国际标准化组织(ISO)活动。国际标准化组织是当今世界上最大的非政府性标准化专门机构。其主要活动是制定国际标准,协调世界范围内的标准化工作,组织各成员和技术委员会进行情报交流,与其他国际性组织合作,共同研究有关标准化问题,制定国际标准和合格评定程序指南的工作。成员应积极考虑接受其他成员的技术性措施作为等效措施,只要这些措施能够充分实现同一合法的目标。为避免对产品的多重测试、检查和认证对贸易造成的不必要壁垒,减少商业成本和不确定性,鼓励成员之间通过谈判,达成合格评定相互承认协议。

4) 对发展中成员的特殊和差别待遇规则

成员应采取措施,确保国际标准化机构制定对发展中成员有特殊利益的产品的国际标准。鼓励发达成员对发展中成员在制定和实施技术性措施方面提供技术援助。

3. 技术法规、标准与合格评定程序的含义

1) 技术法规的内容与设置

技术法规是强制性执行的有关产品特性或相关工艺和生产方法的规定。其主要包括国家政府部门或经授权的非政府机构制定的技术法规。技术法规包括国家安全、产品安全、环境保护、劳动保护、节能等内容。

如果有关国际标准已经存在或即将拟就,成员应以这些标准或其中的相关部分为准。在其中的相关部分无法达到合法的目标时,各成员可自行设立。

2) 标准的含义

标准指经公认机构批准供通用或重复使用的、非强制执行的关于产品特性或相关工艺和生产方法的规则或指南,可包括有关专门术语、符号、包装、标志或标签要求。这一解释来自世贸组织的《技术性贸易壁垒协议》。

3) 合格评定程序的含义

合格评定程序是指任何直接或间接用于确定产品是否满足技术法规或标准要求的程序。其主要包括:抽样、检验和检查;评估、验证和合格保证;注册、认可和批准;以及上述各项程序的组合。只要能确保符合自身的技术法规或标准,成员就应采用国际标准化机构已经发布或即将拟就的有关指南或建议,作为合格评定程序的基础。

4. 及时通知

为确保成员制定、采用和实施技术法规或合格评定程序具有透明度,协议规定,如果成员拟采用的技术法规或合格评定程序不存在相关的国际标准,或与有关国际标准中的技术内容不一致,且可能对其他成员的贸易有重大影响,该成员应履行通知义务。通知的内容包括拟采取措施的目的和理由,以及所涵盖的产品;通知的时间应在该措施还没有被批准,且可进行修改的规定期限内;通知的渠道是通过技术性贸易壁垒委员会向其他成员通报。该成员还应在已向该委员会通报的出版物上发布有关公告,使有关利害方知晓将制定某项技术法规或合格评定程序。

第四节 绿色贸易壁垒与管理

一、绿色贸易壁垒的含义与成因

各国为了保护人类、动物或植物的生命或健康,保护自然环境,对进出口的农、畜、水产品等初级产品、制成品,以及服务,实施必要的卫生及环保措施。这些措施如果含有不合理、不科学、违背国际标准和指南成分,就会扭曲正常贸易,构成贸易壁垒,影响国际贸易的正常发展。

20世纪90年代以后,国际贸易中绿色贸易壁垒开始盛行,其原因如下。

(一)国际社会保护环境的要求

为抑制全球自然生态环境恶化,改善生态环境,国际标准化组织1987年3月推出了全面质量管理标准体系ISO 9000,而后又制定了ISO 14000。它是为保护全球环境和世界经济持续发展而制定的系列环境管理标准。

ISO 14000要求:加强环保和污染预防;推动绿色革命,增加生态系统运转的生态存量,增强生态系统的转化功能;引导绿色消费;统一全球的环保评价标准。

(二)消费观念的更新

许多国家尤其是发达国家的消费者要求政府制定规章制度,保护消费者的食品安全,实施"绿色产品"和"绿色生产"。人们对产品的绿色要求从生产过程扩展到服务环境。

(三)竞争的需要

为了在竞争中取胜,世界各国尤其是发达国家成员有意加强动植物卫生检疫方面的措施,来保护本国市场。

(四)应对恐怖事件

2001年"9·11"事件后,美国于2002年颁布《公众健康安全与生物恐怖主义预防应付法》。美国食品与药物管理局为执行该法,于2003年颁布了《行政性扣留可疑食品法》《食品企业注册法规》《记录的建立和保持法》和《进口食品的预先通报制度》等。

二、绿色贸易措施的形式

(一)技术标准

技术标准是指由公认机构核准的描述产品或有关工艺和生产方法的规则、指南或特性的一系列非强制性文件。如国际标准化组织相继公布了ISO 9000、ISO 14000;1998年欧盟制定了ASOUN 9000,对26个大类消费品制定了详细和全面的标准。

(二)环境标志

绿色环境标志是由政府部门、公共或民间团体依照一定的环境保护标准,向申请者颁发并印在产品及包装上的特定标志,以向消费者表明该产品从研制、开发到生产、销售、使用,直到回收利用的整个过程都符合环保要求,对生态环境和人类健康均无害。自1977年德国第一个推行"蓝天使"环境标志制度以来,已有40多个国家实施了类似的制度。

(三)包装制度

绿色包装是为节约资源,减少废弃物,用后易于回收利用或再生,易于自然分解,不污染环境的包装。其措施如下。

(1)以立法形式规定禁止使用含有铅、汞、镉等成分的包装材料。

(2)制定强制包装再循环或再利用的法律,如德国的《包装物废弃处理法令》、日本的《回收条例》等都规定,啤酒、饮料、洗涤剂等产品一律使用可循环使用的容器。

(3)通过立法设置标签标志规定。如美国食品与药物管理局不但要求大部分食品的标签必须标明至少14种营养成分的含量,还要求必须详尽地标明各种功能性成分和热量值,对字体和线条都有详尽的要求。

(四)卫生检疫制度

基于保护环境和生态资源,确保人类和动植物免受污染物、毒素、微生物、添加剂等的伤害,要求对进口产品进行卫生检疫的国家不断增多,检疫规定日益严格。1993年4月,在第二十四届联合国农药残留法典委员会召开的会议上,各国讨论了176种农药在各种产品中的最高残留量等指标。以此为基础,欧盟对在食品中残留的22种主要农药制定了新的最高残留限量。美国制定了《联邦食品、药品及化妆品法》,要求对这些产品的进口,必须通过美国食品与药物管理局的检验检疫。

(五)管制制度

绿色环境管制是指为保护环境而采取的贸易限制措施。如以保护环境为名,对进口产品征收关税,甚至采取限制、禁止或制裁的措施。此外,对本国厂商进行环境补贴。美国食品与药物管理局还规定,所有在美国出售的鱼类都必须具有来自未受污染水域的证明,否则不准出售。

如上述措施含有不科学、非理性成分,就成为贸易壁垒。但是难以识别和判断。

三、绿色贸易壁垒的影响

与技术性贸易壁垒对国际贸易的影响基本相同,不再赘述。

四、绿色贸易壁垒的管理

为了消除不正当绿色贸易壁垒给国际贸易带来的负面影响,在乌拉圭回合中,达成了《实施卫生与植物卫生措施协议》,由WTO负责实施管理。

(一)协议的目的和内容

1. 目的

在保护成员领土内人的生命免受食品和饮料的添加剂、污染物、毒素及外来动植物病虫害传入危害的同时,不妨碍贸易正常发展。

2. 内容

卫生与植物卫生措施包括：所有相关的法律、法规、要求和程序，特别是最终产品标准；工序和生产方法；检测、检验、出证和审批程序；各种检疫处理；有关统计方法、抽样程序和风险评估方法的规定；与食品安全直接有关的包装和标签要求等。

（二）管理办法

1. 允许成员基于合理目标使用

基于保护人类、动物或植物的生命或健康的目的，可以采取适当的保护措施。

2. 正当使用

这些措施不得构成成员之间任意或不合理歧视的手段，或构成对国际贸易的变相限制。

3. 基于国际标准建立措施

这些国际组织包括食品法典委员会、国际兽医组织以及在《国际植物保护公约》范围内运作的有关国际和区域组织。

4. 承认出口成员的合理措施

如果出口成员对出口产品所采取的卫生与植物卫生措施，客观上达到了进口成员适当的卫生与植物卫生保护水平，进口成员就应接受这种卫生与植物卫生措施，并允许该种产品进口。

5. 根据有害生物风险分析确定保护水平

有害生物风险分析是指进口方的专家在进口前对进口产品可能带入的病虫害的定居、传播、危害和经济影响，或者对进口食品、饮料、饲料中可能存在添加剂、污染物、毒素或致病有机体可能产生的潜在不利影响，作出的科学分析报告。

在进行有害生物风险分析时，应考虑有关国际组织制定的有害生物风险技术分析方法，同时还要考虑有关技术和经济成本等因素。

6. 接受两个概念

应接受"病虫害非疫区"和"病虫害低度流行区"这两个概念。病虫害非疫区是指没有发生检疫性病虫害，并经有关国家主管机关确认的地区。成员在接受病虫害非疫区这一概念的同时，也应接受病虫害低度流行区的概念。病虫害低度流行区是指检疫性病虫害发生水平低，已采取有效监测、控制或根除措施，并经有关国家主管机关确认的地区。与病虫害非疫区一样，病虫害低度流行区可以是一个国家的全部或部分地区，也可以是几个国家的全部或部分地区。

7. 保持法规的透明度

成员应确保及时公布所有有关卫生与植物卫生措施的法律和法规。除紧急情况外，成员应在卫生与植物卫生措施有关法规的公布和生效之间留出一段合理的时间，以便让出口成员的生产商，尤其是发展中成员的生产商有足够时间调整其产品和生产方法，适应进口成员的要求。

8. 发展中成员享有的特殊待遇

成员在制定和实施卫生与植物卫生措施时，应考虑发展中成员的特殊需要；成员同意以双边的形式，或通过适当的国际组织，向发展中成员提供技术援助。

（三）《实施卫生与植物卫生措施协议》的作用

该协议在一定程度上为正确运用绿色贸易壁垒和抑制不正当的绿色贸易壁垒作出了规范，但因存在以下问题，很难从根本上杜绝不正当的绿色贸易壁垒的运用。

1. 复杂性

绿色贸易壁垒涉及众多技术法则、标准、国内政策法规，商品评定程序复杂。不同国家和地区间达成一致的标准难度非常大，容易引起争议。

2. 不易分辨

因经济发展水平阶段不一、科学技术水平存在差异、国民收入和消费偏好不同，对各国尤其是发达国家所设置的绿色贸易壁垒是否合理和科学，不易分清。在这方面，发展中国家的难度更大。

3. 超规建法

2001年"9·11"事件后，美国于2002年颁布的《公众健康安全与生物恐怖主义预防应付法》，及2003年颁布的《行政性扣留可疑食品法》《食品企业注册法规》《记录的建立和保持法》和《进口食品的预先通报制度》，出于应对恐怖事件，一些WTO成员予以认同，但这些法规超出了WTO规则约束的范围。

第五节　市场准入壁垒与管理

随着国际贸易规模的扩大和贸易活动环节的增多，作为一种"隐形"的"贸易的非效率"的市场准入壁垒抑制贸易自由化的深化，日益受到WTO成员的关注，成员强烈要求简化贸易环节，消除市场准入壁垒，促进国际贸易便利化，深化贸易自由化。

一、贸易便利化含义与壁垒的形成

WTO和UNCTAD认为，贸易便利化是指国际贸易程序（国际货物贸易流动所需要的收集、提供、沟通及处理数据的活动、做法和手续）的简化与协调。经济合作与发展组织（OECD）认为贸易便利化是国际货物从卖方流动到买方并向另一方支付所需要的程序及相关信息流动的简化和标准化。亚太经济合作组织（APEC）的定义是：贸易便利化一般是指使用新技术和其他措施，简化和协调与贸易有关的程序和行政障碍，降低成本，推动货物和服务更好地流通。

由于历史和加强竞争的需要，WTO成员在贸易环节上出现过密、过多和过繁现象。如贸易法规透明度不够，进出口税费高和手续繁杂，过境不顺畅，成员间海关合作不足，发展中成员尤其是最不发达成员贸易便利化建设能力薄弱等。由此成为WTO成员市场准入的"隐形"壁垒。这些壁垒增加贸易中的不确定性，加重贸易成本，减少中小贸易厂商的竞争机会，影响发展中成员尤其是最不发达成员繁荣贸易发展。

二、市场准入壁垒的管理

消除市场准入壁垒受到WTO成员的关注，在1996年新加坡部长级会议上把贸易便利化议题纳入工作日程。

2013年印度尼西亚巴厘岛第九届部长级会议上,达成《贸易便利化协定》(Agreement on Trade Facilitation,TFA)。2014年11月27日,WTO总理事会发布《修正〈马拉喀什建立世界贸易组织协定〉议定书》,将它纳入WTO议定书,在2/3成员方核准后生效实施。

2017年2月22日WTO总干事阿泽维多在日内瓦WTO总部宣布,核准TFA的成员已达112个,超过WTO 164个成员的2/3,该协定正式生效。

三、协定宗旨与主要内容

(一)协定宗旨

期望以此协定进一步加快WTO成员对货物、包括过境货物的流动、放行和结关;加强成员间在贸易便利化和海关守法问题上的有效合作;加强对发展中成员特别是最不发达成员在此领域能力建设方面的援助与支持。

(二)贸易便利化主要内容

1. 提高贸易法规透明度

1)迅速公布贸易程序信息与文件

WTO成员应以非歧视和容易获取的方式迅速公布进出口程序及表格和单证、关税和国内适用税率、进出口或过境征收的规费和费用文件;海关货物归类或估价规定、与原产地规则有关的法律法规及行政裁决办法;进出口或过境的限制或禁止;针对违反进出口或过境程序行为的处罚规定,申诉程序,与任何一国或多国缔结的与进出口或过境有关的协定或协定部分内容,与关税配额有关的程序。

其途径是通过互联网;建立或设立一个或多个咨询点;向贸易便利化委员会通知公布贸易信息的官方地点、网站链接地址和咨询点联络信息。

2)提前公布贸易法规,应给予评论与磋商机会

WTO成员在法律法规生效前应尽早向贸易商及其他利益方提供机会和适当时限,就过境货物的流动、放行和结关的拟议或普遍适用的法律法规等进行评论和磋商。

3)进行预裁定

所谓预裁定,就是在货物进口前,海关可通过经贸企业预先提交的材料,对货物的归类和原产地等事项作出初步评估。在货物到达后,海关只需进行简单核对即可放行,可减少通关时间,提高通关效率。

如一成员拒绝作出预裁定,应立即书面通知申请人,列出相关事实和作出决定的依据。预裁定在作出后应在一合理时间内有效,除非支持该预裁定的法律、事实或情形已变化。

如一成员撤销、修改或废止该预裁定,应书面通知申请人,列出相关事实和作出决定的依据。

4)申诉或审查程序

WTO成员应允许贸易厂商就海关行政决定提出行政申诉或司法审查。如该成员未在其法律或法规规定的期限内作出申诉或审查决定,或出现不适当的拖延,贸易厂商有权向更高一级的行政机关或司法机关提出上诉或审查的要求。

2. 改进食品、农产品检验检疫程序

如加严进口食品安全检查,海关或其他主管机关应立即通知承运商或进口商;增加新

的检验要求要以风险评估为依据,采取产生贸易限制较小的方式,仅适用于特定入境地点,在情况变化或不复存在后应迅速终止等;在首次检验不合格时,经申请,贸易厂商可获得二次检验的机会。

3. 规范进出口收费和处罚规定

及时公布对进出口征收费用的信息,并在公布时间与生效时间之间留出过渡期;对收费要求要进行定期审议,以期减少收费的数量和种类;海关费用不得超过所提供服务的成本。

海关作出的处罚决定应与贸易行为违反程度和严重性相一致,应向被处罚人提供书面说明,列明违法性质和所使用的法律、法规或程序。如被处罚人在海关发现前主动披露违法情节,则海关应减轻处罚。

海关建立风险管理制度等,便利货物的放行与清关。

4. 简化进出口手续

减少和简化进出口手续与单证要求,接受进出口证明单证副本;鼓励以国际标准为依据,规定进出口手续和单证要求;设立具有一点提交和一点反馈功能的单一窗口;取消与税则归类和估价有关的装运前检验;不得强制性要求使用海关代理等。

5. 提高过境自由度

每一成员应给予自任何其他成员领土过境的产品不低于给予此类产品在不经其他成员领土而自原产地运输至目的地所应享受的待遇。

鼓励各成员为过境运输提供实际分开的基础设施(如通道、泊位及类似设施)。一旦货物进入过境程序,不必支付任何海关费用或受到不必要的延迟或限制,直至其在该成员领土内的目的地结束过境过程。

允许货物抵境前提前提交和处理过境单证与数据。过境运输抵达该成员领土内出境地点海关,如符合过境要求,则该海关应立即结束过境操作。如一成员对过境运输要求以保证金、押金或其他适当货币或非货币手段提供担保,则此种担保应仅以保证过境运输所产生的要求得以满足为限。一旦该成员确定其过境要求已得到满足,应立即解除担保。每一成员应以符合其法律法规的形式允许为同一经营者的多笔交易提供总担保或将担保展期转为对后续货物的担保而不予解除。每一成员应使公众获得其用以设定担保的相关信息,包括单笔交易担保,以及在可行的情况下,包括多笔交易担保。

在存在高风险的情况下或在使用担保不能保证海关法律法规得以遵守的情况下,成员可要求对过境运输使用海关押运或海关护送。

每一成员应努力指定一国家级过境协调机构,其他成员提出的有关过境操作良好运行的所有咨询和建议均可向该机构提出。

6. 加强海关合作

海关已成为WTO成员间贸易便利化的节点,各成员海关既有共性,又有差异和隔绝状态,海关效率已成为贸易便利化的基础,为此,协定要求成员间加强海关合作。鼓励各成员通过委员会等方式分享保证海关规定得以遵守方面最佳做法的信息,成员在能力建设的技术指导或援助和支持方面开展合作,以管理守法措施并提高此类措施的有效性。

(三)成员待遇和管理机构

1. 发展中成员和最不发达成员享受特殊待遇

1)原则规定

以2004年"七月框架"协议及《香港部长宣言》确定的模式确立特殊待遇;实施本协定条款的程度和时限应与发展中成员和最不发达成员的实施能力相关联,如发展中成员或最不发达成员仍然缺乏必要能力,则在获得实施能力前,不要求实施相关条款;最不发达成员可作出与其各自发展、财政和贸易需求或其管理和机构能力相一致的承诺。

2)自行拟定执行条款类别

它包括A、B、C三类。A类为发展中成员或最不发达成员指定的自本协定生效时起立即实施的条款,或对于最不发达国家成员在生效后1年内实施的条款。B类为发展中成员或最不发达成员指定的在本协定生效后的过渡期结束后的日期起实施的条款。C类为发展中成员或最不发达成员指定的在本协定生效后的过渡期结束后的日期起实施的、同时要求通过提供能力建设援助和支持以获得实施能力的条款。

3)能力建设援助的提供

(1)成员同意提供能力建设援助。捐助成员同意依据共同议定的条款,通过双边或适当国际组织,向发展中成员和最不发达成员提供能力建设援助和支持。

(2)能力建设援助的原则。各成员应努力在提供实施本协定的能力建设援助和支持方面适用下列原则:考虑接受国和地区的整体发展框架及在相关和适当时,考虑正在开展的改革和技术援助项目;在相关和适当时,包括用以处理区域和次区域挑战并促进区域和次区域一体化的活动;保证将正在开展的私营部门贸易便利化改革活动纳入援助活动;促进各成员间及与包括区域经济共同体在内的其他相关机构之间的合作,以保证自援助中获得最大效益和结果。

2. 管理机构

为负责实施与管理协定的执行,WTO设立两个贸易便利化委员会。分别是WTO框架内的贸易便利化委员会和成员贸易便利化委员会。

四、协定生效后的作用

据OECD测算,协定实施后,将使各类经济体贸易成本出现实质性下降,其中低收入经济体贸易成本可下降14.5%,中低收入经济体贸易成本下降15.5%,中高收入经济体贸易成本下降13.2%。据WTO估算,协定实施后,将使全球贸易成本减少约14.3%,到2030年将令全球出口额外增加2.7%,推动全球经济额外增长0.5%。总干事阿泽维多强调说,协定实施后的贡献比取消全世界所有关税的意义还大。

相对于发达经济体,发展中经济体和最不发达经济体,由于目前承担更高的贸易成本,所以将从协定实施中获益更多。

WTO预计,协定实施后,发展中经济体和最不发达经济体的出口商品数量将分别增加20%和35%;两者的海外市场规模将扩大30%~60%,将有助于减少它们在面对外部经济动荡时的脆弱性。

本章小结

（1）为了应对不断下调的关税，加上保护国民健康和维护生态环境等原因，各国采取的关税以外限制进出口的措施不断增多。它们包括控制进出口数量的非关税壁垒、技术性贸易壁垒、绿色贸易壁垒等形式的壁垒。非关税壁垒因其目的不同，出现了正当和不正当两种情况，不能一视同仁，有的要进行规范，有的要逐步取消。

（2）在控制进口数量的非关税壁垒中，有进口配额制、"自愿"出口配额制、进口许可证制、海关任意估价、歧视性政府采购。其中，影响最大的是进口配额制，要逐步取消。其余的受到抑制，负面影响日益减少。

（3）技术性贸易壁垒十分复杂，各国尤其是发展中国家难以防范。为了促进国际贸易发展和维护各国生产进行，WTO通过《技术性贸易壁垒协议》予以规范，对WTO成员设置技术标准等提出要求，使其对国际贸易的不利影响降到最低。

（4）绿色贸易壁垒是指为了保护环境和国民身体健康，而对进口的食用产品施加的验证要求。其中，有的是正当的，有的是不正当的，比较复杂，不能笼统反对。为了减少它对国际贸易的不良影响，WTO通过《实施卫生与植物卫生措施协议》为WTO成员对进口农畜产品等设置的检验标准等提出规范，使其对国际贸易的不利影响降到最低。

（5）由于管理和加强竞争的需要，WTO成员在贸易环节上出现过密、过多和过繁现象。如贸易法规透明度不够，进出口收费高和手续繁杂，过境不顺畅，成员间海关合作不足，发展中成员尤其是最不发达成员贸易便利化建设能力薄弱等。由此成为WTO成员市场准入的"隐形"壁垒，增加贸易中的不确定性，加重贸易成本，减少中小贸易厂商的竞争机会，影响发展中成员尤其是最不发达成员繁荣贸易发展，抑制贸易自由化深入。为促进贸易自由化，WTO在巴厘岛部长级会议上达成《贸易便利化协定》，以减少市场准入壁垒对国际贸易发展的负面作用。

思 考 题

1. 什么是进口的非关税壁垒？
2. 非关税壁垒兴起的原因是什么？
3. 影响进口的非关税壁垒有几个？各自的作用是什么？
4. 技术性贸易壁垒的含义是什么？
5. 绿色贸易壁垒是如何表现的？
6. 《贸易便利化协定》的主要内容有哪些？

习 题

第十二章 国际服务贸易

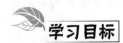

在国际货物贸易发展的基础上,国际服务贸易兴起,并成为国际贸易的重要领域。本章系统分析了国际服务贸易的特点,国际服务贸易迅速发展的原因、特点与自由化。通过学习,学生应了解国际服务贸易的内容,知道国际服务贸易的发展趋势和意义,掌握国际服务贸易自由化的特点。

第一节 国际服务贸易概述

一、国际服务贸易的含义

经济学上的"服务"是指一种特殊形式的劳动产品。马克思指出:"服务这个名词,一般地说,不过是指这种劳动所提供的特殊使用价值,就像其他一切商品也提供自己的特殊使用价值一样;但是,劳动的特殊使用价值在这里取得了'服务'这个特殊名称,是因为劳动不是作为物,而是作为活动提供服务的。"①

国际服务贸易是指国家之间服务的交换,表现为国家之间服务的提供与消费。美国在《1974年贸易法》的第301条中,首先使用了"世界服务贸易"一词。

二、国际服务业的类别与贸易形式

(一) 国际服务业的类别

WTO《服务贸易总协定》把服务贸易分为12个大类和149个分部门。其主要类别如下。

1. 商务服务

(1) 专业性服务(professional services):法律,工程设计,旅游机构,城市规划与环保,公共关系,咨询,安装及装配(建筑工程除外),设备的维修等。

(2) 计算机及相关服务(computer and related services):计算机硬件安装和咨询,软件开发与执行,数据处理,数据库服务。

(3) 研究与开发服务(research and development services):自然科学、社会科学及人文学科的研究与开发等。

(4) 不动产服务(real estate services):不包括土地租赁服务在内的不动产范围内的服务。

---

① 马克思,恩格斯.马克思恩格斯全集:第26卷[M].北京:人民出版社,1962:435.

（5）设备租赁服务（rental/leasing services without operators）：交通运输（汽车、卡车、飞机、船舶等）和非交通设备（计算机、娱乐设备）的租赁服务，不包括涉及操作人员的雇用或所需人员的培训服务。

（6）其他商务服务（other business services）：生物工艺学，翻译，展览管理，广告，市场研究，管理咨询，技术检验及分析；与农、林、牧、采掘业、制造业相关的服务；与能源分销相关的服务；人员的安置与提供；调查与保安；建筑清洁；摄影，包装，印刷与出版；会议服务等。

2. 通信服务

所有有关信息、操作、存储设备和软件功能等服务，包括邮政、速递、电信、视听和其他电信服务。

3. 建筑及相关工程服务

建筑物的总体建筑，民用工程的总体建筑，安装和组装，建筑物的装修等服务。

4. 分销服务

佣金代理、批发、零售、特许等服务。

5. 教育服务

初等教育、中等教育、高等教育、成人教育、其他教育等服务。

6. 环境服务

排污，废物处理，卫生和相似服务。

7. 金融（含银行和保险）服务

（1）银行和其他金融服务（不含保险）：存款，贷款，与债务市场有关的服务。

（2）所有保险及与保险相关的服务：货物运输；非货物运输保险；附属于保险的业务。

（3）其他。

8. 与健康有关的服务及社会服务

医院，其他人类健康，社会服务等。

9. 旅游和与旅行有关的服务

饭店和餐馆，旅行社和旅游经营者，导游服务等。

10. 娱乐、文化和体育服务

文娱、新闻社、图书馆、档案馆、博物馆和其他文化服务；体育和其他娱乐服务等。

11. 运输服务

海运，内水，航空，航天，公路，管道，所有运输方式的辅助服务等。

12. 其他未包括的服务

（二）国际服务贸易的形式

国际服务贸易的出口表现为提供，进口表现为消费。因此，国际服务贸易进出口是以提供地点和消费地点划分的。WTO《服务贸易总协定》列出了国际服务贸易提供的四种形式。

（1）跨境交付（cross border supply）：从一成员境内向任何其他成员境内提供服务。

（2）境外消费（consumption abroad）：在一成员境内向任何其他成员的服务消费者提供服务。

(3) 商业存在(commercial presence)：一成员的服务提供者在任何其他成员境内通过商业存在提供服务。

(4) 自然人流动(movement of personnel)：一成员的服务提供者在任何其他成员境内通过自然人的存在提供服务。

三、国际服务贸易的特点

与国际货物贸易相比，国际服务贸易具有以下特点。

(一) 服务不可库存和不可输送

服务产品的生产过程同时也就是消费过程，服务的生产(提供)和消费往往是同时发生的，因而构成服务贸易产品的不可库存和不可输送性。

(二) 服务与其价值载体不必同时转移

在货物贸易中，货物出售以后，货物价值载体与货物使用价值一并转移给买方；而服务贸易更多地依赖于生产要素的国际流动，因此，服务贸易提供(出售)的只是使用价值，而价值载体并不提供(出售)给服务的消费者。

(三) 服务贸易价格不易确定

从服务消费者的角度来看，他们对服务定价和商品定价的评估不同：第一，由于服务的无形性和异质性，消费者通常对服务持有不准确或有限的参考价格；第二，消费者将服务价格作为反映服务质量的关键信号；第三，对服务的消费者来说，货币价格不是唯一的相关价格，他们还要考虑参与服务或等待服务的时间成本，选择和确定所需服务的搜寻成本，以及接受服务的便利成本和精神成本；第四，由于服务的价格名称多样，如酬金、手续费、租金、运费、保险费等，消费者对这些名称认知不同。

从服务提供者的角度来看，虽然在货物商品定价中所采用的策略，如渗透定价、折扣定价、心理定价等，也适用于服务定价策略，但是服务定价需要考虑的因素远远不止这些。服务提供者不仅要围绕生产和销售成本、顾客需求和竞争对手的价格三个基点来考虑，还要涉及社会学、心理学、国家的服务价格政策及各个行业和服务自身的特点等，这就决定了服务贸易中的价格确定比货物贸易中的价格确定复杂得多。

(四) 服务具有较强的垄断性

服务行业涉及服务进口国家的主权、安全、伦理道德等极其敏感的领域和问题，因此，国际服务贸易市场多受国家控制或直接经营，具有较强的垄断性。

(五) 服务贸易保护具有刚性和隐蔽性

由于服务贸易标的的特点，各国政府对本国服务业的保护，无法采取货物贸易上惯用的关税壁垒和非关税壁垒的办法。而只能采取在市场准入方面予以限制或进入市场后不给予国民待遇等方式，这种保护常以国内立法的形式加以施行。这种以国内立法形式实施的市场"限入"式壁垒，使国际服务贸易受到的限制和障碍往往更具刚性和隐蔽性。

(六) 服务贸易管理难度大

从宏观上讲，国家对服务进出口的管理，不仅仅是对服务中物的管理，还必须涉及服务提供者和消费者的人的管理,涉及包括人员签证、劳工政策等一系列更为复杂的问题。某些服务贸易如金融、保险、通信、运输以及影视、文化教育等,还直接关系到输入国的国家主权与安全、文化与价值观念、伦理道德等极其敏感的政治问题。因法律的制定与修订均需一定时间,相关的法规管理往往滞后。

从微观上讲,服务本身的固有特性,也使得企业营销管理过程中的不确定性因素增多,调控难度增大。突出表现在对服务的质量控制和供需调节这两个企业营销管理中最为重要的问题上。服务具有异质性,使得服务的质量标准具有不确定性。服务也难以通过货物贸易中保退、保换等办法挽回质量问题所造成的损失,从而增大了服务质量管理的难度。

(七)服务贸易统计数字低于实际数字

在国际服务贸易统计上,联合国机构采用的是国际货币基金组织国际收支手册分类统计数据,被称为"商业服务"(commercial service)。它在统计时主要包括以下三项内容。

1. 运输

运输包括所有的运输服务,即海洋运输、航空运输和其他运输。

2. 旅游

旅游包括为个人游客和商务游客所提供的货物和服务。最通常的货物和服务是指住宿、食品和饮料、娱乐和交通、礼品和纪念品。

3. 其他服务

其他服务包括通信服务、建筑服务、保险服务、金融服务、计算机和信息服务、专利和许可服务、其他职业服务和个人的文化与消遣服务。

由于服务产业本身的复杂多样,国内服务贸易与国际服务贸易统计尚未完全区分开,国际服务统计体系尚未完全确立,服务贸易统计的准确性较差。因此,现有的国际服务统计数字可能大大低于实际数字。如公司内部不断扩大的服务跨境交易通常没有计入国际收支表中。另一种未计入国际收支统计中的重要的服务贸易就是机构贸易,即外国联营公司在东道国进行的销售。与此相反,公司内部的跨境商品交易就可能在国际收支表中列为出口或进口。

第二节 当代国际服务贸易状况

一、当代国际服务贸易发展的特点[①]

(一)发展速度与货物贸易持平,约占总贸易的1/5

国际服务出口贸易额从1967年的700亿~900亿美元增加到1980年的6 500亿美元、1990年的8 308亿美元,2017年则高达54 292亿美元。

国际服务贸易在世界总贸易中的比重从20世纪70年代的10%提高到1990—2000年的19.2%。2000年后,由于货物贸易中商品价格提高,服务贸易额的增长速度略低于

---

① 根据WTO、UNCTAD官方网站数据计算。

货物贸易,2000—2006 年,服务贸易年均增长速度为 10%,货物贸易年均增长速度为 12%,2005—2012 年的平均增长速度均为 8%,2017 年,服务贸易增长率为 7.9%,而货物贸易为 10.7%。服务贸易在世界总贸易中的比重从 2000 年的 19.2% 下降到 2012 年的 18.7%,2017 年又增长至 23.5%。

(二) 其他商业项目是国际服务贸易的最大项目

在国际服务贸易出口中占第一位的是其他服务,占第二位的是旅游服务,占第三位的是运输。2003 年在国际服务贸易额中,运输服务占 22.6%;旅游服务占 29.2%;其他服务贸易额为 8 650 亿美元,占 48.2%。2017 年这三项服务所占比重分别为 17.6%、24.8% 和 54.1%。

(三) 发达国家是国际服务贸易的主体

在国际服务贸易出口中,发达国家所占比重高于其在国际货物贸易中的比重。1990 年为 80.5%,2000 年为 75.5%,2013 年为 67%,2017 年为 68.4%。其中主要国家为美国、英国、德国、日本、法国、意大利、西班牙和荷兰。

在国际服务贸易进口中,发达国家所占比重也高于其在国际货物贸易中的比重。1990 年为 76.8%,2000 年为 70.8%,2013 年为 58.2%,2017 年为 59.6%。其中主要国家为美国、德国、英国、日本、法国、意大利、荷兰、爱尔兰和西班牙。

在国际服务贸易中,发达国家整体为顺差。

(四) 发展中国家(地区)在国际服务贸易中所占比重上升

发展中国家(地区)在国际服务贸易出口中的比重 1990 年为 18.5%,2000 年为 23.1%,2013 年为 30.2%,2017 年为 29.3%。其中主要国家和地区为:中国内地、印度、中国香港、新加坡和韩国。

发展中国家(地区)在国际服务贸易进口中的比重同年分别为 21.3%、27.4%、36.9% 和 37.6%。其中主要国家和地区为:中国、印度、韩国和新加坡。

发展中国家(地区)的国际服务贸易整体为逆差。

二、当代国际服务贸易发展的原因

(一) 服务业逐渐成为主要产业

第二次世界大战后,在新技术革命的推动下,各国普遍在产业结构调整中加快服务业的发展,使服务业在国民经济中的份额和就业人员的比重大幅度提高。发达国家服务业在国内生产总值中的比重从 1990 年的 66.08% 提高到 2017 年的 80%;同期发展中国家的比重从 49.09% 提高到 51.44%。在国民经济日益向服务化方向发展的趋势下,国家间的服务贸易也随之增加。[①]

(二) 跨国公司推动服务国际化

20 世纪 60 年代后,跨国公司发展极为迅速。在跨国公司全球经营和发展的过程中,

---

① 根据 UNCTAD 官方网站数据计算。

许多跨国公司深感服务业对其获取竞争优势的重要性,加大对服务贸易领域的投入,从而加速了服务国际化的进程。通过跨越国境数据资料的流动和世界信息网的建立,跨国公司有能力提供越过其传统部门的各种服务,如银行提供非银行服务。同时,跨国公司通过扩大其活动和经营范围继续为顾客服务,这在保险业和银行业中表现得较为明显。巨型跨国公司的发展提高了供应世界市场各种服务的能力,并为跨国性服务公司的建立提供了条件。

(三)服务业成为竞争的重要手段

在世界市场上,非价格竞争成为主要的竞争手段,服务成为非价格竞争的重要组成部分,为非价格竞争力的增强提供了重要的保证,这也大大促进了服务的"可贸易性"。

(四)国际经济技术合作方式的多样化

世界经济的相互依赖加深,国际经济合作方式多样化,也为国际服务合作的扩大创造了条件。国际服务合作方式主要有以下几种。

(1)承包外国各类工程。

(2)服务输出。如派出各类技术工人、海员、厨师、医生、工程师、会计等从事体力和脑力劳动的人员,为输入国提供服务。

(3)各种技术性服务出口或生产技术合作。如出口各种技术、专利、科技知识、科研成果和工艺等知识产权形态的产品。

(4)向国外租赁配有操作人员的各种大型机械。

(5)向海外提供咨询服务。如提供计算机软件使用以及经营管理铁路、公路、电力工程等方面的咨询服务。

(五)通信、信息和交通运输业的迅猛发展

通信和信息技术在国际贸易中的广泛采用,把一系列国家的经济要素引入国际交换市场,加深了各国服务业相互间的依存关系,为服务贸易的发展提供了良好的环境。货物贸易的发展要求交通运输业进一步发展。

(六)政府的支持和促进

由于服务业在维护一国经济及政治利益方面均处于重要的战略地位,因此各国政府普遍大力扶植和发展服务业,也采取了诸多保护服务市场和鼓励服务出口的措施。

(1)政府鼓励投资,加速服务行业发展,并有意识地利用外资发展本国落后的服务业。如法国政府鼓励外国投资者在巴黎地区以外开设服务企业。

(2)大力发展信息及电信技术设施,鼓励数据跨越国境自由流动。

(3)提供财政支持,建立新的基础设施,改造旧的服务设施。

(4)大力发展教育,努力提高人力资本素质。

(5)支持和鼓励区域间服务部门的合作和一体化。如欧洲共同体在一体化协定中授权成员国间进行服务自由移动,广泛支持服务合作的一体化。

第三节　国际服务贸易壁垒与自由化

一、国际服务贸易壁垒的含义

所谓国际服务贸易壁垒，一般是指一国政府对外国服务生产者（提供者）的服务提供或销售所设置的起障碍作用的政策措施，即凡直接或间接地使外国服务生产者或提供者增加生产或销售成本的政策措施，都有可能被外国服务厂商认为属于服务贸易壁垒。此外，服务贸易壁垒还包括出口限制。设置服务贸易壁垒的目的：一方面在于保护本国服务业的市场，扶植本国服务部门，增强其竞争力；另一方面旨在抵御外国服务业的进入，削弱外国服务业的竞争力。

二、国际服务贸易壁垒的种类

国际服务贸易壁垒达 2 000 多种，可以划分为四大类，即针对产品移动、资本移动、人员移动和商业存在设置的壁垒。

（一）产品移动壁垒

产品移动壁垒包括数量限制、当地成分或本地要求、补贴、政府采购、歧视性技术标准和税收制度等。在数量限制方面，如规定一定的服务进口配额；在当地成分方面，如服务厂商被要求在当地购买设备；在本地要求方面，如德国、加拿大和瑞士等国禁止在东道国以外处理的数据在国内使用；通过政府补贴，提高本国服务厂商的竞争力，可有效地阻止外国竞争者的进入；在政府采购方面，如规定公共领域的服务只能向本国厂商购买；在歧视性的技术标准和税收制度方面，如对外国服务厂商使用设备的型号、大小和各类专业证书等的限制，外国服务厂商可能比国内厂商要缴纳更多的交易附加税、经营所得税和使用设备（如机场）的附加税。

（二）资本移动壁垒

资本移动壁垒主要有外汇管制、复汇率和投资收益汇出的限制等。外汇管制主要是指政府对外汇在本国境内的持有、流通和兑换，以及外汇的出入境所采取的各种控制措施。外汇管制将影响到几乎所有外向型经济领域。不利的汇率将严重削弱服务竞争优势，它不仅会增加厂商的经营成本，而且会削弱消费者的购买力。针对投资者的投资收益汇回母国设置壁垒方面，如限制外国服务厂商将利润、版税、管理费汇回母国，或限制外国资本抽调回国，或限制汇回利润的额度等措施，在相当程度上限制了服务贸易的发展。这类限制措施大量存在于各国的建筑业、计算机服务业和娱乐业。

（三）人员移动壁垒

人员移动壁垒指各国政府限制服务提供者进入本国或进入本国后从事经营的行业等。各种移民限制和出入境的烦琐手续，以及由此造成的长时间的等待，都构成人员移动的壁垒形式。

（四）商业存在壁垒

商业存在壁垒又称开业权壁垒或生产创业壁垒。据调查，2/3 以上的美国服务业厂商都认为开业权限制是它们遇到的影响最大的服务贸易壁垒。如加拿大规定,外国银行在国内开业银行中的数量不得超过预定比例。即使外国厂商能够在东道国开设分支机构,其人员构成也受到诸多限制:除移民限制外,政府还采用多种办法限制外国服务厂商自由选择雇员,如通过就业法规定本地劳工比例或职位等;有些国家还规定,专业人员开业必须接受当地教育或培训。

三、国际服务贸易自由化

(一)国际服务贸易自由化的原因

1. 经济全球化的推动

在第三次科学技术革命的作用下,传统的商品市场在发展,新的商品市场不断涌现,各种服务业的市场不断形成。服务业已成为各国经济发展的重要组成部分。如美国是当前国际服务贸易的最大国家,美国服务贸易出口的增加,既是美国经济、服务业发展的结果,同时也对美国经济发展、国内就业、国民生产总值产生了巨大影响,对改善美国在国际贸易中的地位、维护其国际经济竞争力起到了重要作用。发展服务业、扩大国际服务贸易也已成为发展中国家提高国民经济生产效率、获取外汇收入、扩大就业的重要途径。

国际服务贸易在市场全球化和世界市场扩张中正起着非常重要的作用,已经成为各国进行商品生产和销售,实现商品价值,进行扩大再生产的不可或缺的环节,成为世界市场存在和发展的枢纽。

2. 货物贸易发展的需要

货物贸易的发展促进了与货物贸易相关的服务,如航运、港口服务和商业保险的发展;跨国公司在按其全球生产经济战略进行商品的设计和销售时,需要获取国外市场各种特征的详细资料,需要通过各种服务解决在投资和生产中遇到的距离、语言、习惯、法律和规则等的限制,这在很大程度上推动了服务贸易向更广阔、更深入的方向发展。反过来,服务贸易的发展也能够促进货物贸易的发展。如集装箱和航空运输成本的下降,大大促进了世界货物贸易。

3. 服务成为竞争优势的重要因素

为了提高竞争能力,各国企业尤其是跨国公司日益需要通过各种服务联系生产、销售和分配的各个环节,扩大要素投入品的生产效率,降低产品成本,改进和提高质量。因此,当代制造业的标准企业要从事商品和服务的生产与经营。如果工业公司不能生产其竞争所需要的服务,将被迫付出高价购买服务,在世界市场上处于竞争劣势。从事其他产业的公司同样如此。在当今世界经济迅速发展、技术水平不断提高、竞争日益激烈的情况下,获取低廉的有效服务,将成为公司、企业参与市场竞争的重要因素。

4. 发达国家的倡导与推动

发达国家在服务业上具有绝对优势和比较优势,为了发挥这些优势,提高竞争力,它们积极提倡服务贸易自由化。其中,美国最为积极。其原因是,服务贸易自由化给美国服务业带来了巨大的利益。美国服务业在国内生产总值中的比重已达到70%以上,服务贸易自由化可以释放美国在服务业上的竞争优势,为美国跨国公司的扩张提供便利条件,由此带来的服务贸易的巨额顺差又可以弥补美国在货物贸易上的巨额逆差。为此,美国商界和政界强烈要求其他国家开放服务市场,为服务贸易自由化扫除障碍。在《1984年美国贸易与关税法案》中,美国国会授权政府就服务贸易、国际投资和知识产权问题与他国进行双边与多边谈判,并积极推动把服务贸易自由化列入关贸总协定乌拉圭回合的议题。

(二)国际服务贸易自由化的表现

1. 经贸集团内部服务逐步自由化

在作为欧盟成立的基本条约——《罗马条约》的第三部分"共同体政策"中,专门有一章是"服务"。其中,规定了要逐步废止成员国国民在共同体内自由提供服务的限制。要求自条约生效起,各成员国一般不得在提供服务方面对已实现的自由化采取新的限制,并规定理事会制订一个服务贸易自由化的总计划。此后,欧盟在银行业、保险业、证券业、运输业等行业推行了自由化。

北美自由贸易区《北美自由贸易协定》第一章"目标"就将"消除贸易壁垒,促进成员之间商品和服务的流动"作为协定的第一项一般目标,后面还有数个章节涉及三国之间服务贸易的自由化安排问题。

2. WTO成员的服务贸易自由化

1)通过协定保证

1993年12月15日结束的乌拉圭回合多边贸易谈判达成了《服务贸易总协定》。该协定旨在在促进所有参与国的互惠利益和确保权利与义务总体平衡的基础上,为服务贸易逐步达到更高水平的自由化奠定基础。

2)服务贸易自由化的特点

(1)自由化进程的逐步性。服务业自由化进程应适当尊重各成员的国家政策目标及其总体和各部门的发展水平。为此,允许成员根据自身情况谈判,确定开放和不开放的服务行业部门;在对外开放的部门可以列出全部开放和局部开放的部门;经过谈判,最终确定对外开放的服务业与开放程度,并载入"服务贸易具体承诺减让表"。

(2)对不同经济发展阶段的成员待遇的区别性。在服务业市场准入上,允许发展中成员"有适当的灵活性,以开放较少的部门,放开较少类型的交易,以符合其发展状况的方式逐步扩大市场准入"。

(3)非歧视原则应用的有限性。"服务贸易具体承诺减让表"应用最惠国待遇条款。"每一成员对于任何其他成员的服务和服务提供者,应立即和无条件地给予不低于其他国家同类服务和服务提供者的待遇。"但国民待遇条款只适用于开放的服务行业,不适用于不对外开放的服务行业。

(4)市场准入仍具有一定的限制性。在作出市场准入承诺的服务部门,成员可以根据需要,在减让表中列出以下六种限制中的一种或多种:第一,以数量配额、垄断、专营服务提供者的形式,以经济需求测试要求的形式,限制服务提供者的数量;第二,以数量配额或经济需求测试要求的形式限制服务交易或资产总值;第三,以数量配额或经济需求测试要求的形式,限制服务业总数或以指定数量单位表示的服务产出总量;第四,以数量配额或经济需求测试要求的形式,限制特定服务部门或服务提供者可雇用的、提供具体服务所必需且直接有关的自然人总数;第五,限制或要求服务提供者通过特定类型法律实体或合营企业提供服务的措施;第六,以限制外国股权最高百分比或限制单个或总体外国投资总额的方式限制外国资本的参与。

3) "服务贸易具体承诺减让表"的内容

(1) 整体结构。其包括两个部分:第一部分是"水平承诺",表中列出了服务行业适用的内容;第二部分是"部门承诺",表中列出了对各具体部门或分部门所做的承诺。

(2) 承诺内容。其由四栏构成:第一栏为部门或分部门,列出开放的部门或分部门;第二栏是市场准入限制,以序号列出市场准入限制的种类;第三栏是国民待遇限制,是指在商业存在时给予国民待遇的限制内容;第四栏是其他承诺。

4) WTO成员服务对具体服务业的承诺

(1) 发达成员。在列出的149个具体服务部门中,发达成员作出了64%的承诺,如果排除视听服务、邮政、速递和基础电信服务及运输服务,它们承诺的覆盖率高于80%。但在健康服务、教育服务、娱乐、文化和体育服务及商务服务中的一些具体服务中承诺很低。

(2) 经济转型成员。经济转型成员所做的承诺覆盖了149种具体服务业的一半以上,但在商业服务中的一些具体服务,如健康服务、娱乐、文化和体育服务等方面承诺很低。

(3) 发展中成员。发展中成员列入减让表的服务部门的比例比发达成员和经济转型成员要少得多,149种具体服务业只涉及了16%,但绝大多数发展中成员作出承诺的具体服务业包括与旅游相关的饭店和餐馆服务。

各类成员对具体服务业的承诺见表12.1。

表 12.1　各类成员对具体服务业的承诺　　　　　　　　　　　　%

	149种服务行业的承诺	不包括视听服务、邮政、速递和基础电信服务及运输服务的149种具体服务行业
发达成员	64	82
经济转型成员	52	66
发展中成员	16	19

资料来源:世界贸易组织官方网站。

四、国际服务贸易自由化的效益

(1) 促进竞争机制发挥作用。一方面,通过竞争可以提高服务质量、改进管理、降低成本;另一方面,有利于引进先进技术和管理经验,提高服务的专业水平。

(2) 有利于各国具有比较优势的服务部门发挥效益,在全球范围内实现规模效益。

(3) 有助于服务提供者充分考虑消费者的需要,提高服务质量,使广大消费者受益。

(4) 促进服务业的发展,以产生更多的就业机会。

(5) 加强各国政策法规,增加透明度和可预测性,有利于提高资本的利用率。

(6) 提高贸易过程的便利化,促进整个国际贸易的发展。

服务贸易自由化不仅有利于发达国家服务业的发展,也有利于发展中国家的经济发展。

本 章 小 结

（1）国际服务贸易是在世界货物贸易发展的基础上，随着各国尤其是发达国家的产业结构不断优化而出现的，目前其贸易额约占整个国际贸易额的20%。服务业和服务贸易的发展已成为各国和企业提高竞争力的重要部分。

（2）国际服务贸易包括12个大类和149个子类。国际服务贸易的表现为前述类别服务业的跨境交付、境外消费、商业存在和自然人流动形式。受到发展阶段的限制，发达国家的服务贸易较为发达。

（3）由于经济独立和意识形态等原因，各国对服务行业的保护程度较高，其自由化程度滞后于货物贸易。在经济全球化的推动、跨国公司的要求，以及科技革命的作用下，20世纪80年代以后，发达国家借助其服务业的竞争优势，推动服务贸易自由化，并把服务贸易自由化的内容纳入关贸总协定乌拉圭回合的多边贸易谈判，达成了《服务贸易总协定》。

（4）《服务贸易总协定》的目标就是促进WTO成员的服务贸易自由化。但考虑到发展中国家服务业发展比较落后和竞争力不强的现实，其在服务业自由化的进程中受到一些特殊和差别待遇。该协定有利于国际服务贸易的发展。

（5）由于没有国际服务贸易统计的标准体系，加上国际服务贸易与国内服务贸易不易剥离，因此国际服务贸易额的统计数字低于国际服务贸易额的实际数字。

思 考 题

1. 与国际货物贸易相比，国际服务贸易有什么特点？
2. 第二次世界大战后，国际服务贸易迅速发展的原因是什么？
3. 当代国际服务贸易的发展有哪些特点？
4. 服务贸易壁垒产生的原因是什么？
5. 世界范围内，服务贸易自由化是如何进行的？
6. 发展中成员在具体服务承诺中的比重为何最低？

习 题

第十三章 与贸易有关的知识产权保护

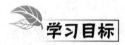

随着知识经济时代的到来,国家之间科学技术传播的增多,与贸易有关的知识产权保护日益受到重视。本章比较系统地介绍了知识产权制度的产生、与贸易有关的知识产权保护的背景与做法。通过学习,学生应了解知识产权的特点,知道对与贸易有关的知识产权保护的方式。

第一节 知识产权概述

一、知识产权的含义

知识产权(intellectual property)这一概念于17世纪由法国人卡普佐夫最先使用,是指公民或法人对其在科学、技术、文化、艺术等领域的发明、成果和作品依法享有的专有权,也就是人们对自己通过脑力活动创造出来的智力成果所依法享有的权利。

二、知识产权的类别

1957年建立的世界知识产权组织(World Intellectual Property Organization,WIPO)于1967年7月14日签订的《建立世界知识产权组织公约》第2条第8项列出的知识产权包括:

(1) 关于文学、艺术及科学作品的权利。
(2) 关于表演艺术家的演出、录音和广播的权利。
(3) 关于在一切领域中因人的努力而产生的发明。
(4) 关于科学发展的权利。
(5) 关于工业品式样的权利。
(6) 关于商品商标、服务商标、厂商名称和标记的权利。
(7) 关于制止不正当竞争的权利。
(8) 关于在工业、科学及文学艺术领域的智力创作活动所产生的权利。

三、知识产权的特征

知识产权作为一种财产权,与普通意义上的财产权不同,具有以下特征。

(一) 客体的无形性

知识产权的客体是基于智力活动而形成的创新成果,是无形财产。因其不占据一定的空间,难以实际控制,知识产权所有权人即使在其权利全部转让后,仍有利用其创造的智力成果获取利益的可能性。因此,法律上有关知识产权的保护、知识产权侵权的认定、知识产权贸易等比货物贸易复杂。

知识产权的"无形性"必须通过一定的物质载体表现出来,才能使人们感受和了解。但知识产权保护的法律体系着重于这些智力劳动成果本身,而不在于这些物质载体。如著作出版后,读者可购买该著作,并拥有所有权,但没有该著作的著作权。

(二) 主体的专有性

知识产权的专有性是指权利人对其智力成果享有垄断性的专有权,未经其同意或法律规定,其他任何人均不得享有或使用该项权利,其他任何单位或个人无权干预或妨碍知识产权人行使其权利。

各国法律对于权利人的这种独占的专有权都实行严格的保护。除通过依法规定的条件和程序,使用"强制许可"对权利人的专有权加以变更外,任何侵犯专有权的行为均构成侵权。专有权是知识产权最基本的法律特征,也是知识产权制度存在的保证和发展的动力。

(三) 有效期的时间性

知识产权具有时间性,即它在一个法定的期限内受到保护。法律对知识产权的有效期做了限制,超出有效期限,权利即告终止,而进入公有领域,成为人类共享的公共知识,任何人都可以合法使用。由于各国对知识产权不同对象的保护期限存在差别,因而同一知识产权对象在不同国家可能获得的保护期限是不同的。例如,对发明专利的保护期有的国家为15年,有的国家则为20年。

各国虽然对商标规定了有效期,但允许商标所有权人到期后申请延续,对延续次数没有限制。例如,可口可乐等一些历史较长的商标可能经历了数十年,甚至上百年。

(四) 专有权的地域性

知识产权的地域性是指按照一国法律获得确认和保护的知识产权只在该国具有法律效力,其他国家对该国知识产权没有保护义务。签有国际公约或双边互惠协定的除外。

此外,某项知识产权经过一定的国际合作方式,可以在更多的国家与地区范围内得到保护。

(五) 国家机构的认可性

知识产权因国家主管机关依法确认或授予而产生。知识产权所有者想正常地按自己意愿行使对其知识产权的占有、使用、处分权,就必须通过国家主管机关授权或认可,才能得到国家法律的保护。此外,政府机构对知识产权进行审查、注册,也可把一些不符合创新性等法定标准的智力成果排除在保护范围之外。注册时会对知识产权人、法律保护期、具体知识产权内容进行明确记录,这也有利于知识产权侵权纠纷的解决。

第二节 知识产权保护制度

一、知识产权保护的产生

从14世纪开始,在文艺复兴的带动下,以技术革命为核心的产业革命在欧洲兴起。

工业革命时期英国经济发展迅速,出现了造纸、火药、纺织、冶金等一系列新兴的工业部门。产业资本家为了增强竞争力,除了不断使用新技术、新发明以外,越来越认识到要从法律上寻求保护,以国家法律形式确认其对发明的垄断权。1623年英国颁布了《垄断法》。美国于1790年、法国于1791年、荷兰于1817年、德国于1877年、日本于1885年先后颁布了本国的专利法,极大地推动了知识产权保护制度在世界范围内的发展。

18世纪末19世纪初,商标保护制度也得到发展,1803年法国颁布了《关于工厂、制造场和作坊的法律》,1809年颁布了《备案商标保护法令》,1875年又颁布了确立全面注册商标保护制度的商标权法。英国于1862年、美国于1870年、德国于1874年、日本于1884年先后颁布了注册商标法。

为保护版权,1710年,英国颁布了世界上第一部成文的版权法《保护已印刷成册之图书法》。法国在18世纪末颁布了《表演权法》和《作者权法》。1790年美国制定了统一的联邦著作权法。德国于1837年通过了第一部《著作权法》。日本在1875年和1887年先后颁布了两个《版权条例》,1899年颁布了《著作权法》。

在中国,1910年清政府颁布了《大清著作权律》,1928年国民政府颁布了《著作权法》。

二、知识产权保护的发展

随着世界范围内经济、文化交流的日益频繁,知识产权的国外保护问题日益突出。在各国知识产权立法不断完善的同时,地区和全球范围内的知识产权立法活动也迅速发展。

(一)加强保护知识产权的国家立法

各国尤其是发达国家通过国家立法加强对知识产权的保护,在这方面,美国表现得十分突出。在美国《1988年综合贸易与竞争法》中专门设有"特别301条款",以保护知识产权。美国认为,本国的许多产品,包括农药、化肥、书籍、音像资料、计算机软件等知识产品,被进口国大量仿制和复制,从而影响了美国的经济利益,因此制定了该条款,以保护美国人的版权、专利和商标。

该条款要求政府在每年4月30日以前宣布一份在保护美国知识产权方面做得不够的国家名单,并限定这些国家在一定的时间内与美国谈判解决纠纷,否则将对这些国家和地区向美国出口的产品征收高额关税,以示惩罚。美国在动用此条款时,一般采用三个步骤:①把与之有一般纠纷的贸易伙伴列入"监督名单"。②把与之有较大纠纷的贸易伙伴列入"重点监督名单"。被列入该名单的国家有三个条件:在知识产权保护方面具有最苛刻、最恶劣的立法、政策或做法的国家;上述立法、政策或做法对相关的美国产品有最不利的影响;对提供充分或有效的知识产权保护没有进行有诚意的谈判,或在双边或多边谈判中没有取得明显进展。③被列入"优先观察名单"的国家和地区,如在1年内没有在保护美国知识产权方面采取重大措施,将被列为"需优先解决"的国家。这时,美国将对其进行为期半年的调查,在此期间,双方若能通过谈判达成解决纠纷的协议,美国就不采取报复措施;若不能达成协议,美国可在征求公众意见的基础上,于1个月后对部分进口商采取报复措施,也可以再将谈判期限延长3~4个月,届时,再视谈判结果决定是否采取报复措施。

凭借此项条款,美国迫使巴西、韩国、希腊、泰国、日本和欧盟提高了对美国知识产权的保护。

此外,美国还借助《1930年关税法》第337条款,加强了对在外国生产并出口到美国的产品侵犯美国知识产权行为的管制。

该条款规定,如果任何进口行为存在不公平行为(主要针对侵犯专利权、商标权、著作权、半导体芯片模板权利等),并且对美国产业可能造成抑制和垄断,则由美国国际贸易委员会对其发起调查。若认定其存在违反该条款的行为,则发布排除令或终止令,或两者同时发布,美国海关将禁止任何来源的侵权商品进入美国境内(普遍排除令)或者禁止来自指定的进口商或者生产商的商品进入美国境内(有限排除令)。如2001年1月1日—2003年9月30日,美国共发起56起337条款调查。其中47起涉及专利侵权指控;4起涉及侵犯商品外观和商标权;2起涉及商标侵权和其他不公平行为;1起涉及盗用商业机密和其他不公平行为;1起涉及专利侵权、商标侵权和其他不公平行为;1起涉及专利侵权和其他不公平行为。

(二)通过国际公约和组织保护知识产权

1. 国际公约与条约

20世纪以来,在工业产权领域产生了15个国际公约,主要有《保护工业产权巴黎公约》《商标国际注册马德里协定》《专利合作条约》等。在版权领域有10个公约,主要有《保护文学艺术作品伯尔尼公约》《世界版权公约》《保护表演者、录音制品制作者与广播组织罗马公约》等。此外,还有《科学发现国际登记日内瓦条约》《保护奥林匹克会徽内罗毕条约》和《集成电路知识产权条约》。在知识产权的国际保护领域,还有一些地方性公约起着独特的作用,如《欧洲专利公约》《建立非洲、马尔加什工业产权专利局的协定》等。

2. 联合国世界知识产权组织[①]

1)机构性质

世界知识产权组织是由"国际保护工业产权联盟"(巴黎联盟)和"国际保护文学艺术作品联盟"(伯尔尼联盟)于1967年7月14日在瑞典的斯德哥尔摩共同缔约建立的政府间国际组织。1974年12月,它成为联合国系统下的第14个专门机构,总部设在瑞士日内瓦,在美国纽约、巴西里约热内卢、日本东京和新加坡都设有办事处。

WIPO是关于知识产权服务、政策、合作与信息的全球论坛。WIPO负责通过国家间的合作,促进对全世界知识产权的保护,管理建立在多边条约基础上的关于专利、商标和版权方面的23个联盟的行政工作,并办理知识产权法律与行政事宜。WIPO对26项条约进行管理,其中包括《建立世界知识产权组织公约》。WIPO的很大一部分财力用于同发展中国家进行开发合作,促进发达国家向发展中国家转让技术,推动发展中国家的发明创造和文艺创作活动,以利于其科技文化和经济的发展。WIPO现有成员国192个,约250个非政府组织和政府间组织在WIPO的各种会议中具有正式观察员地位。

根据《建立世界知识产权组织公约》设立的以下组成机关是世界知识产权组织的最高决策机构。该组织的大会是其最高权力机构;成员国会议由全体成员国组成,每两

---

① 内容来自世界知识产权组织官网。

年召开一次会议,与大会同时间同地点举行;协调委员会是大会和成员国会议的咨询及执行机构;国际局是该组织以及受该组织管理的各联盟的秘书处。此外,世界知识产权组织管理的各项条约分别设立了各联盟成员国大会(如 PCT 联盟大会、马德里联盟大会等)。

国际局受大会和成员国会议的管理,由以总干事为首的来自各国的常任职员组成;总干事由大会根据协调委员会提名任命,任期 6 年。国际局下设有关工业产权法律、版权法律、情报、公约保存以及专利、商标、外观设计和原产地名称注册等业务机构。

仲裁中心是联合国知识产权组织的仲裁机构,设在日内瓦,其任务是选用仲裁员,组织仲裁庭。它设有两个部门:一是仲裁委员会,主要任务是起草仲裁规则;二是仲裁顾问委员会,由 34 人组成,主要任务是解决仲裁庭和仲裁员不能解决的事项。仲裁中心有 450 名仲裁员,来自 43 个国家。仲裁员的选用方式有官方推荐(如日本)和个人申请,中国基本上是贸易促进会推荐的。

仲裁中心受理的案件范围主要是知识产权方面发生的争议。除此之外,如果当事人自愿申请到中心仲裁,或在协议条款中选择中心仲裁,内容与知识产权有联系,中心也受理。对当事人协议中没有约定仲裁地为中心仲裁的,中心可予确定,主要考虑三种情况:方便双方当事人的地点;协议约定适用的法律;仲裁员的居住地。

2) WIPO 管理的国际公约与条约

WIPO 管理着保护知识产权的国际公约,对 26 项条约进行管理,其中包括《建立世界知识产权组织公约》。

WIPO 管理第一组条约规定了国际上议定的各国知识产权保护的基本标准:

(1)《保护工业产权巴黎公约》,缔结于 1883 年,是各种工业产权中缔结最早、成员国最为广泛的一个公约。

(2)《保护文学艺术作品伯尔尼公约》,缔结于 1886 年,是版权保护方面的主要公约之一。截至目前,共有 177 个缔约方。

(3)《制止商品来源虚假或欺骗性标记马德里协定》,1891 年 4 月 14 日通过。

(4)《保护表演者、录音制品制作者和广播组织罗马公约》,简称《罗马公约》,缔结于 1961 年 10 月 26 日。《罗马公约》是一个保护表演者表演、广播组织的广播等邻接权的国际性公约。

(5)《保护录音制品制作者防止未经许可复制其录音制品公约》,1971 年 10 月 29 日签订。

(6)《关于播送由人造卫星传播载有节目的信号的公约》,1974 年 5 月 21 日在布鲁塞尔通过,简称《布鲁塞尔公约》。

(7)《保护奥林匹克会徽内罗毕条约》,1981 年 9 月 26 日于内罗毕通过。

(8)《关于集成电路知识产权的华盛顿条约》,1989 年 5 月 26 日于华盛顿通过。[①]

(9)《商标法条约》,1994 年 10 月 27 日于日内瓦签订。

(10)《世界知识产权组织表演和录音制品条约》,1996 年 12 月 20 日通过。

---

① 条约尚未生效。

(11)《世界知识产权组织版权条约》,1996年12月20日在日内瓦通过。

(12)《专利法条约》,2000年6月在日内瓦召开的外交会议上通过,2005年4月28日生效,同时通过的还有《专利法条约实施细则》以及《外交会议的议定声明》。

(13)《商标法新加坡条约》,2006年3月27日于新加坡签订。

(14)《视听表演北京条约》,由保护音像表演外交会议于2012年6月24日在北京通过。

(15)《关于为盲人、视力障碍者或其他印刷品阅读障碍者获得已出版作品提供便利的马拉喀什条约》,于2013年6月27日通过。

WIPO管理的第二组条约(亦称为"全球保护体系条约"),确保一次国际注册或申请在任何一个有关签署国中有效。世界知识产权组织依这些条约所提供的服务,简化了在被要求对某一具体知识产权进行保护的所有国家中逐个提出或提交申请的手续,并降低了其费用。

(1)《国际承认用于专利程序的微生物保存布达佩斯条约》,1977年4月28日在布达佩斯签订,1980年9月26日修正。

(2)《工业品外观设计国际注册海牙协定》,是1925年11月6日在荷兰海牙签订的旨在建立工业品外观设计国际注册制度、简化工业品外观设计专利申请手续的国际公约,1928年生效。该协定现有1934年伦敦文本、1960年海牙文本和1999年日内瓦文本。现行法为1999年日内瓦文本。该协定曾分别于1934年、1960年、1961年、1967年和1979年修正。

(3)《保护原产地名称及其国际注册里斯本协定》,1958年10月31日签订,1967年7月14日和1979年9月28日修正。

(4)《商标国际注册马德里协定》,1891年4月14日签订,1990年、1911年、1934年、1957年、1967年和1979年修正。

(5)《商标国际注册马德里协定有关议定书》,1989年6月27日于马德里通过,并于2006年10月3日和2007年11月12日修正,是对商标国际申请与注册程序方面进行规定的公约。

(6)《专利合作条约》,缔结于1970年,2001年10月3日进行了最新修正。

WIPO管理的第三组即最后一组条约为分类条约,建立了分类制度,这些制度将关于发明、商标和工业品外观设计的信息按可操作的结构编成索引,以便于查询。

(1)《建立工业品外观设计国际分类洛迦诺协定》,1968年10月8日签订于洛迦诺。

(2)《商标注册用商品和服务国际分类尼斯协定》,1957年6月15日签订,1967年、1977年和1979年修正。

(3)《国际专利分类斯特拉斯堡协定》,1971年3月24日签订,1979年10月2日修正。

(4)《建立商标图形要素国际分类维也纳协定》,1973年6月12日签订,1985年10月1日修正。

第三节　与贸易有关的知识产权保护的加强

一、与贸易有关的知识产权保护受到重视的原因

（一）知识在国际贸易中的地位突出

当代科学技术特别是高科技的发展和技术跨界转让途径的扩大，使知识产权在各国经济发展中起着主导作用，商品中的科技含量逐年上升。世界经济和贸易的竞争，实质上已成为科技的竞争。20世纪80年代以来与知识产权相关的贸易领域迅速扩大，贸易额大幅度上升。从20世纪60年代开始，国际技术贸易额平均每5年便翻一番。此外，国际贸易中高科技和知识、资本密集型产品所占比例呈上升趋势，涉及专利、商标等知识产权问题的纠纷也越来越多。国际经贸活动中的知识产权保护，已成为各国都不可回避和不容忽视的问题。

（二）知识成为竞争的重要手段

1. 知识时代的到来

随着知识经济的到来，企业为此展开的竞争主要表现在技术创新和谁拥有专利权的竞争。只有拥有创新的技术才能获得发展，才能在激烈的市场竞争中掌握主动权。美国把知识产权当作国家基础性的战略资源，把强化知识产权保护作为重要的竞争手段。日本明确提出从科技立国到知识产权立国的基本国策。印度、韩国也通过知识产权推动产业升级，力图在国际分工中占据有利的地位。一个国家或企业拥有的专利数量的多少已经成为衡量其竞争力的一个重要指标。如世界知识产权组织在1997年年度报告中，就工业产权进行统计分析后得出结论：专利申请量居前几名的国家，其经济发展速度和工业发展水平也居世界前列。日本、德国和美国是经济大国，它们在国内外的专利申请量也名列前茅。

2. 知识成为提高商品竞争力的基础

随着世界市场竞争的加剧，高科技已成为企业在市场上竞争取胜的关键。含有知识产权的产品在国际贸易中所占的比重越来越大，如新的药品和其他高科技产品，电影、音乐、书籍、计算机软件、知名品牌商品、植物新品种等。美国电影、音像、计算机、传媒等"版权产业"2015年产值达2.1万亿美元，占美国国民生产总值的11.69%，雇用员工1 137万人，占总就业人口的8%，核心版权业的产品出口和对外转让版权收入超过1 770亿美元。[①]

为了竞争，发达国家的企业在专利技术的开发应用上倾注了大量的人力、物力和财力，而且在技术研制成功之后，又以最快的速度申请专利，以维持和保护这一技术优势。例如，日本企业界和经济界把知识产权视为与物力、财力、人力三大企业经营资源并列的"第四资源"。

---

① International Intellectual Property Alliance. Copyright industries in the U.S. economy 2016 report[R/OL]. December 2016, www.iipa.com.

3. 知识成为控制市场的重要手段

技术转让通过三条途径进行：货物与服务的国际贸易，外国直接投资和发放合同性的技术证，国际技术贸易。通过国际技术贸易，一方面，可以控制技术转让接受方的市场，出现了限制性的贸易惯例；另一方面，技术转让方可以获取高额的无形资产收入。由此发达国家通过专利获取了大量收益。2000年，在净专利收入上，美国为190.1亿美元，德国为67.7亿美元，法国为33.3亿美元，日本为56.7亿美元，英国为29.7亿美元，瑞士为20亿美元；一些发达国家的跨国公司在国外的分支机构收取了大量的版税和许可证费。2000年美国跨国公司在国外的分支机构从如下国家收取的版税和许可证费分别为：德国为1亿美元，日本为7.83亿美元，韩国为3.88亿美元，墨西哥为1.48亿美元，巴西为1.24亿美元，印度尼西亚为1.81亿美元。①

（三）存在不正当竞争

1.《保护工业产权巴黎公约》列出的三种不正当竞争行为

（1）不择手段地对竞争者的营业所、商品或工商业活动造成混淆性质的一切行为。

（2）在经营商业中，损害竞争者的营业所、商品或工商业活动名誉的虚假说法。

（3）在经营商业中使用易使公众对商品的性质、制造方法、特点、适用性或数量产生误解的表示或说法。

2. 联合国贸易和发展会议的《发展中国家商标、厂商名称和不正当竞争行为示范法》解释中列出的十二种不正当竞争行为

（1）贿赂竞争者的买主以获得或保持他们的惠顾。

（2）进行间谍活动或对其雇员进行贿赂以获得竞争者的经营秘密或贸易秘密。

（3）未经许可而使用或泄露竞争者的秘密或技术诀窍。

（4）劝诱竞争者的雇员违反雇佣合同或脱离其雇主。

（5）有意地以减少竞争者的贸易和妨碍竞争为目的而提起专利或商标侵权诉讼，对竞争者进行威胁。

（6）抑制贸易以阻止或妨碍竞争。

（7）以妨碍或压制竞争为目的而进行倾销，即以低于成本的价格销售，对该国产业造成严重损害。

（8）造成向顾客提供按照非常有利的条件购货的机会的错觉，而事实并非如此。

（9）依样仿效竞争者的商品、服务、广告或贸易的其他特点。

（10）鼓励或利用竞争违反合同。

（11）与竞争者的商品或服务进行比较的广告宣传。

（12）故意违反不是与竞争直接有关的法律规定，以便通过这种违反或不正当利益而超过其他竞争者。

（四）假冒与仿冒风行

1. 假冒

"假冒"一词起源于英国。根据美国《布莱克法律词典》(*Black Law Dictionary*)的定

---

① 世界银行.2002 全球经济展望[M].北京：中国财政经济出版社，2002：123.

义,"假冒"是一种行为,其性质和潜在的影响是欺骗公众,使其将某人的物品当作另一个人的物品。"假冒"所包括的范围要比一般商标侵权的范围广泛得多,它横跨商标和不正当竞争两个领域。也就是说,商标侵权在某种情况下构成"假冒",但"假冒"并不一定属于商标侵权。

美国法学家将"假冒"分为以下四大类。

(1) 明显假冒(express passing off):指甲方利用乙方的商标出售自己的产品。

(2) 非明显假冒(implied passing off):指甲方向买主出示乙方的货样,但实际出售的是自己的产品。

(3) 明显逆假冒(express reverse passing off):指甲方购买乙方的产品,然后贴上甲方的商标出售。

(4) 非明显逆假冒(implied reverse passing off):指甲方购买乙方的产品,然后在没有任何标志的情况下出售。

2. 仿冒

"仿冒"属于一种严重的商标侵权行为。美国《商标法》第 45 条认为,"仿冒"是指一种伪造标记,它与一个已注册标记完全相同或者无实质区别。《与贸易有关的知识产权协定》(Agreement on Trade Related Aspects of Intellectual Property Rights,TRIPs)指出:"冒牌货物指包括包装在内的任何如下货物:未经许可而载有的商标与此类货物已有效注册的商标相同,或其基本特征不能与此种商标相区分,并因此在进口国法律项下侵犯了所涉商标所有权的权利。"[①]

"仿冒"在国际贸易中所造成的经济后果远远大于一般商标侵权和"假冒"。目前每年有价值数百亿美元的仿冒产品充斥着国际市场,有些仿冒产品已打入高技术领域并造成了严重的后果。据美国有关部门和组织报道,在美国的一些飞机上发现了仿冒的零部件,在美国"波音"737 客机上甚至发现了仿冒的飞机发动机。另外,美国宇航部门发现在航天飞机上竟有一些仿冒的电子部件。但绝大多数的仿冒产品属于普通民用产品,最常见的有手表、收录机、照相机、化工产品以及药品等。一方面,由于绝大部分仿冒产品质量低劣,无疑会给用户带来经济上的损失;另一方面,仿冒产品可能最终给真正的商标所有人造成无可挽回的损失,因为仿冒产品可能彻底摧毁商标的声誉。

(五) 盗版严重

盗版产品是指那些侵犯版权及其相关权利的产品。出版商和音像录制品生产商常常成为盗版的牺牲品。技术进步大大提高了复制的工艺水平,为盗版提供了可乘之机。在高额利润的驱使下,盗版猖獗,大大危害了知识产权拥有者的权益。计算机软件、音像和图书产业是当前国际贸易中被非法大量复制、受害最重的行业之一。

《与贸易有关的知识产权协定》指出:"'盗版货物'指任何如下货物:未经权利持有人同意或未经在生产国获得权利持有人充分授权的人同意而制造的复制品,及直接或间

---

① 世界贸易组织乌拉圭回合多边贸易谈判结果(法律文本)[M]. 对外贸易经济合作部国际经贸关系司,译. 北京:法律出版社,2000:344.

接由一物品制成的货物,如此种复制品在进口国法律项下构成对版权或相关权利的侵犯。"①如据美国商务部估计,擅自播放专有权音乐的电台每年获利12亿美元,美国出版商因被侵权翻印而每年损失达7亿美元。美国声称其"每年在知识产权方面的损失共达600亿美元"。

二、原有知识产权保护制度存在缺陷

(一) 各国知识产权保护法律不一

从有关国家的国内立法情况来看,有的国家尚未制定知识产权法;有的即使制定了,但保护范围较小;有的国家对药品、化学产品和生物制品等不授予专利权。有的国家专利保护期短,有8年的,有的甚至只规定5年;并且存在执法不力或根本不执行的情况。如在专利制度方面,美国对国内发明实行"发明在先"原则,对在国外发明后向美国专利局申请专利则实行"申请在先"原则,而大多数国家都实行"申请在先"原则(美国已开始提出按"申请在先"原则处理)。法国对外国公民实行互惠原则,而大多数国家或公约实行的是"国民待遇"原则。又如在版权保护方面,法国对计算机软件的保护期是登记后25年,而许多国家是保护50年。此外,国际贸易中假冒品和伪造商标泛滥,而许多国家国内有关立法对此存在保护不力或执行不力的情况。

(二) 国际知识产权保护体系不完善

1. 整体约束力不足

原有的有关知识产权的国际公约和协定的参加签约成员国不多,管辖区域太窄,缺乏一个权威的执行机构来协调各国的立法和政策措施。

2. 保护范围滞后

已有的有关知识产权保护公约等未包括新的技术,如集成电路、生物技术、计算机软件等。

3. 争端解决机制乏力

已有的有关知识产权保护公约等因缺乏有效的争端解决程序和制裁机制而不能使知识产权得到实质的保护。

三、通过乌拉圭回合加强保护

(一) 发达国家的强力推动

在科学技术发明与专利方面具有绝对优势的发达国家,尤其是美国强烈主张在乌拉圭回合中把与贸易有关的知识产权问题列入谈判议题,经过与发展中国家讨价还价,最终把《与贸易有关的知识产权协定》列入乌拉圭回合谈判议题。

(二) 提高了对与贸易有关的知识产权的保护力度

(1) 就与贸易有关的知识产权达成的协定,属于多边贸易协定,是参加谈判者必须接

---

① 世界贸易组织乌拉圭回合多边贸易谈判结果(法律文本)[M].对外贸易经济合作部国际经贸关系司,译.北京:法律出版社,2000:344.

受的协定。参加乌拉圭回合的谈判方众多,前后达 120 多个,约占世界贸易额的 90%。受到约束国家的数目远远高于接受世界知识产权组织各种公约和条约的成员数目。

(2) 推动成员国内与贸易有关的知识产权保护的法律、法规趋于规范和一致。《马拉喀什建立世贸组织协定》第 16 条规定:"每一成员应保证其法律、法规和行政程序与所附各协定对其规定的义务相一致。"这样,可以使所有世界贸易组织成员国内与贸易有关的知识产权立法有共同的基础。

(3) 能够比较有效地解决知识产权上的争端。当世界贸易组织成员在与贸易有关的知识产权上发生争端时,要按照世界贸易组织负责实施管理的《争端解决谅解》处理,该谅解对争端解决的程序做了明确规定,对争端解决的时间作出了约束。

(三) 达成《与贸易有关的知识产权协定》

在 GATT 乌拉圭回合谈判中,达成《与贸易有关的知识产权协定》,于 1994 年 4 月 15 日在摩洛哥马拉喀什为谈判各方签署。

该协定的宗旨为:"减少对国际贸易的扭曲和阻碍,并考虑到需要促进的知识产权的有效和充分的保护,并保证实施知识产权的措施和程序本身不成为合法贸易的障碍。"

协定由 1 个序言和 7 个部分组成,共 73 条。第一部分规定了总则与基本原则;第二部分规定了知识产权的效力、范围及使用标准;第三部分规定了知识产权在国内的执行;第四部分规定了知识产权的取得、维持及相关程序;第五部分规定了知识产权争端的防止与解决;第六部分规定了过渡期的安排;第七部分规定了机构安排与最后条款。

第四节 WTO 对与贸易有关的知识产权的保护

一、保护的知识产权类别与时间

TRIPs 列入的与贸易有关的知识产权包括版权和相关权利、商标、地理标识、工业设计、专利、集成电路布图设计(拓扑图)、对未披露信息的保护。

(一) 版权和相关权利

1. 版权和相关权利的含义

版权是指作者对其创作的文学、艺术和科学作品依法享有的专有权利,包括署名、发表、出版、获得报酬等权利。

相关权利是指与作品传播有关的权利,即表演者、录音制品制作者和传媒许可或禁止对其作品复制的权利。一些成员也称有关权利为邻接权。例如,未经表演者许可,不得对其表演进行录音、传播和复制;录音制品制作者对其录音制品的复制和商业出租享有专有权;传媒有权禁止未经许可对其传播内容进行录制、翻录和转播。

2. 版权和相关权利的保护期限

版权的保护期不得少于 50 年;表演者和录音制品制作者的权利应至少保护 50 年;传媒的权利应至少保护 20 年。

(二)商标

1. 商标的含义

商标是一企业的商品或服务与其他企业的商品或服务区分开的标记或标记组合。这些标记包括人名、字母、数字、图案、颜色的组合。注册商标所有人享有专有权,以防止任何第三方在贸易活动中未经许可使用与注册商标相同或近似的标记,来标示相同或类似的商品或服务。

驰名商标应受到特别的保护,即使不同的商品或服务,也不得使用他人已注册的驰名商标。

2. 商标的保护期限

商标的首次注册及各次续展注册的保护期,均不得少于7年。商标的注册可以无限期地续展。

(三)地理标识

1. 地理标识的含义

地理标识是指识别一货物来源于一成员领土或该领土内一地区或地方的标识,该货物的特定数量、声誉或其他特定性主要归因于其地理来源。

各WTO成员应对地理标识提供保护,包括对含有虚假地理标识的商标拒绝注册或宣布注册无效,防止公众对商品的真正来源产生误解或出现不公平竞争。对葡萄酒和烈酒地理标识提供了更为严格的保护。成员方应采取措施,防止将葡萄酒和烈酒的专用地理标识用于来源于其他地方的葡萄酒和烈酒。

2. 地理标识的保护期限

保护期限不受限制。但对在起源国不受保护或已停止保护,或在该国中已废止的地理标识无义务保护。

(四)工业设计

1. 工业设计的含义

对新的或原创性的独立创造的工业设计提供保护,如工业设计不能显著区别于已知的设计或已知设计特征的组合,则不属于新的或原创性设计。受保护的工业设计的所有人有权阻止未经所有权人同意而生产、销售或进口所载或所含受保护设计的复制品。

鉴于纺织品设计具有周期短、数量大、易复制的特点,因而得到了特别重视。对纺织品设计保护设置的条件,特别是费用、审查或公布的要求,不得无理损害寻求和获得保护的机会。

2. 工业设计的保护期限

工业设计的保护期限应至少达到10年。

(五)专利

1. 专利的含义

所有技术领域中的任何发明,无论是产品还是方法,只要它们具有新颖性,包括发明性步骤,并可供工业应用,都可授予专利。

2. 拒绝专利授予的条件

如果某些产品发明或发明的商业性开发,会对公共秩序或道德,包括保护人类、动植物或植物的生命或健康或对环境造成严重损害,则成员方可以拒绝授予专利。另外,对人类或动物的诊断、治疗和外科手术方法,除微生物以外的植物和动物的主要生物方法,也可拒绝授予专利权。

3. 专利权的内容

专利所有人享有的专有权包括:防止对于未经所有权人同意的第三方制造、使用、销售,或为这些目的而进口该产品的行为;防止第三方未经所有权人同意而使用该方法的行为,以及使用、销售或为上述目的进口依该方法直接获得的产品。

4. 专利权的强制使用

WTO各成员的法律可以规定,在特殊情况下,允许未经专利持有人授权即可使用(包括政府使用或授权他人使用)某项专利,即强制许可或非自愿许可。但这种使用须有严格的条件和限制,如授权使用应一事一议;只有在此前合理的时间内,以合理的商业条件要求授权而未成功,才可申请强制许可;授权应给予适当的报酬等。

5. 专利的保护期限

专利的保护期应不少于20年。

(六) 集成电路布图设计(拓扑图)

1. 集成电路布图设计的含义

集成电路是指以半导体材料为基片,将两个以上元件(至少有一个是有源元件)的部分或全部互连集成在基片之中或者之上,以执行某种电子功能的中间产品或最终产品。

布图设计是指集成电路中的两个以上元件(至少有一个是有源元件)的部分或全部互连的三维配置,或者为集成电路的制造而准备的上述三维配置。

2. 权利持有人的权利

WTO成员方应禁止未经权利持有人许可的下列行为:为商业目的进口、销售或以其他方式发行受保护的布图设计;为商业目的进口、销售或以其他方式发行含有受保护的布图设计的集成电路;为商业目的进口、销售或以其他方式发行含有上述集成电路的物品。

3. 集成电路布图设计的保护期限

集成电路布图设计的保护期应不少于10年。

(七) 对未披露信息的保护

1. 未披露信息的特征

未披露信息具有以下三个特征:一是属于秘密,该信息尚不为通常处理所涉信息范围内的人所普遍知道或容易获得;二是具有商业价值;三是已采取合理步骤来保持其保密性质。

2. 未披露信息拥有者的权利

合法拥有该信息的人,有权防止他人未经许可以违背诚实商业行为的方式,披露、获得或使用该信息。为获得药品或农药的营销许可而向政府提交的机密数据,也应受到保护,以防止不公平的商业应用。

二、知识产权保护的措施

（一）执法程序

各成员应保证国内法中包括该协定规定的执法程序。执法程序应公平和公正。案件裁决以书面形式作出。

（二）维权措施

执法机关有权责令一当事方停止侵权，特别是有权在结关后立即阻止涉及知识产权侵权行为的进口货物进入其管辖范围内的商业渠道；有权责令侵权人向权利持有人支付足以补偿其因知识产权侵权所受损害的赔偿；有权把侵权的货物和货物材料与工具清除、销毁；有权采取迅速和有效的临时措施保护权利持有人的权利。

在证据确凿的情况下，海关可中止放行有侵权行为的货物进入流通领域或出口。

各成员可以运用刑事程序和处罚。可使用的救济包括监禁和/或罚金；扣押、没收和销毁侵权货物或主要用于侵权活动的任何材料和工具。

成员政府可以设立联络点，就侵权货物、假冒商标货物和盗版货物的贸易交流信息与合作。

三、对与贸易有关的知识产权保护的意义

（1）保持公平竞争。
（2）杜绝假冒伪劣产品危害。
（3）使人类发明创造可持续进行。
（4）鼓励发明创造。
（5）刺激新兴产业发展。

第五节　国际知识产权交易

一、国际知识产权交易的含义

国际知识产权交易（international technology trade）是指与贸易有关的某些知识产权拥有者转让其使用权并收取报酬的行为。

二、国际知识产权交易的范围

纳入知识产权交易的知识产权分为以下三类。

（1）工业产权技术：发明专利、外观设计和商标权等。
（2）非工业产权技术：技术诀窍、设计方案、设计图纸、技术说明书、技术示范等。
（3）专门服务：咨询、信息和管理服务等。

三、国际知识产权交易的特点

（1）贸易标的：无形。

(2) 贸易标的转移：一般为使用权而非拥有权。
(3) 标的价格：难以估算。
(4) 交易过程复杂并涉及产权保护等问题。

四、国际知识产权交易的方式

（一）许可贸易

它是指某些知识产权人作为许可方向被许可方授予使用该项技术的权利，被授予方要向授予方支付一定报酬。其中包括专利许可、商标许可、专有技术许可、计算机软件许可、商业秘密许可。

（二）特许经营

它是指一家已经取得成功的企业，将其商标、商号名称、服务标志、专利、专有技术以及经营管理的方式和经验全盘转让给另一家企业使用，由后者向前者支付一定特许费的交易行为。特许经营是一种长期合同。

（三）技术服务和咨询

它是指独立的专家或专家小组或咨询机构作为服务方应委托方的要求，就某个具体的技术课题向委托方提供专业知识性服务，并由委托方支付一定数额技术服务费的活动。

（四）合作生产

它是指一国公司和企业与另一个国家的公司和企业根据合同，合作生产某种产品或合作研制某个项目或联合设计某种产品的一种经济合作和转让技术相结合的综合方式。

本 章 小 结

(1) 知识产权是人们对自己通过脑力劳动创造的智力成果依法享有的权利。从19世纪开始，陆续出现了一些保护知识产权的国际协定。20世纪60年代以后，世界知识产权组织成立，但因其约束力不够，参加签约成员国不多，管辖区域太窄，缺乏一个权威的执行机构来协调各国的立法和政策措施，使保护受到局限。

(2) 随着经济的发展和竞争的需要，知识产权本身或知识产权转化的商品在国际贸易中的重要性不断提高。一些组织和个人为了提高竞争力和扩大市场，出现了严重的侵权和盗版行为，伤害了与贸易有关的知识产权拥有者的利益；同时，一些知识产权拥有者无度地提高知识产权转让要价，也影响了知识产权的正当使用与传播。加强对知识产权正当保护的呼声越来越高。为此，在关贸总协定乌拉圭回合的谈判中达成了《与贸易有关的知识产权协定》。

(3) 知识产权名目众多，但列入《与贸易有关的知识产权协定》的知识产权只有7项，即版权和相关权利、商标、地理标识、工业设计、专利、集成电路布图设计（拓扑图）、对未披露信息的保护。由于受该协定约束的成员众多和协定统一实施的特点，对这些与贸易有关的知识产权的保护有所加强；同时，也加强了对知识产权拥有者正当行使其权利的规定，如专利所有者在转让时因索费过高，国家可以支付适度报酬并强制性转让。

（4）为了保护知识产权，被侵权者可以诉诸法律、行政程序寻求保护。相关机构对侵权货物可以没收、销毁；对侵权人可以采取罚款、扣押甚至刑事处分；禁止侵权货物进口或出口等。

（5）国际上科学技术传播的增多，促进了国际知识产权的交易，其交易内容、交易方式等均不同于货物贸易。

思 考 题

1. 何为知识产权？
2. 知识产权的特征是什么？
3. 美国如何保护知识产权？
4. WTO如何对与贸易有关的知识产权进行保护？
5. 为何要进行强制性专利许可？
6. 国际知识产权交易有什么特点？

习 题

第十四章 国际投资与国际贸易

国际投资,尤其是对外直接投资和跨国公司对当今国际贸易的发展起着巨大的作用。本章系统介绍了国际投资的类别,对外直接投资的发展、动因与贸易效应,对外直接投资的鼓励、限制和自由化政策,跨国公司在对外直接投资中的重要地位和相关理论。通过学习,学生应了解对外直接投资的动因和效应,知道跨国公司的经营战略和作用,掌握外国直接投资与跨国公司的一些基本理论。

第一节 国际投资概论

一、国际投资的含义

国际投资是指资本从一个国家或地区转移到另一个国家或地区的一种国际经济活动,其目的是获取比国内更高的经济效益。

二、国际投资的分类

(一)按投资时间长短划分

按投资时间,国际投资可分为长期投资(long term investment)和短期投资(short term investment)两类。通常,期限在5年以上的投资称为长期投资;期限在5年以下的投资称为短期投资。

(二)按资本的来源划分

按资本来源,国际投资可分为公共投资(public investment)和私人投资(private investment)。公共投资是指由政府或国际组织出于公共利益的目的而进行的投资,如政府贷款兴建公共设施或兴修水利工程,或由国际金融组织贷款进行上述项目的投资,均属公共投资。私人投资是指投入的资本是由私人筹集,为谋取投资利益的一种投资,通常由一国的自然人、法人(主要是私人拥有的公司企业)或其他经济组织进行。

(三)按资本的特性划分

1. 对外间接投资

对外间接投资(foreign portfolio investment)包括证券投资和借贷资本输出,其特点是投资者不直接参与被投资企业的经营管理。

证券投资是指投资者在国际证券市场上购买外国企业和政府的中长期债券,或在股票市场上购买上市的外国企业股票的一种投资活动。

借贷资本输出一般有以下几种方式。

1）政府援助贷款

政府援助贷款是各国政府或政府机构之间的借贷活动,带有援助性质。它利息较低（约3%）,偿还期较长（可达二三十年）,有时甚至是无息长期贷款。这种贷款一般有指定用途,如用于支付从贷款国进口的各种货物,或用于某些开发援助项目。有些国家,如美国的政府对外援助贷款中,军事和粮食援助占了50%以上,其余投放在公用事业和农业等方面。

2）国际金融机构贷款

国际金融机构一般包括国际货币基金组织、世界银行、国际开发协会、国际金融公司、各大洲的银行和货币基金组织以及联合国的援助机构等。该贷款条件一般都比较优惠,但并不是无限制的。如世界银行只贷款给会员国政府或由政府担保的项目。贷款用途的重点是发展公用事业、教育和农业,贷款必须专项专用,并接受世界银行的监督。国际开发协会的贷款一般只向最不发达的发展中国家的会员国发放。

3）国际金融市场贷款

国际金融市场贷款一般是指中长期贷款。国际金融市场上的商业银行贷款,贷款期限可达10年,但贷款利率高,可用于借款国的任何需要。

4）中长期出口信贷

中长期出口信贷是指出口国为了支持或扩大本国大型设备的出口,提高国际竞争能力,鼓励本国的银行对本国出口商或外国进口商提供利率较低的贷款,以解决本国出口商的资金周转困难,或满足外国进口商对本国出口商支付货款需要的一种融资方式。

2. 对外直接投资

对外直接投资（foreign direct investment,FDI）是指一个国家的投资者输出生产资本直接在另一个国家的厂矿企业进行投资,并由投资者直接参与该厂矿企业的经营和管理。

对外直接投资的方式主要有以下四种。

1）开办独资企业

包括设立分支机构、附属机构、子公司等,外资股份为100%。

2）合办合资企业

合资企业是两国或两国以上的投资者在一国境内根据东道国的法律,通过签订合同,按一定比例或股份共同投资建立,共同管理,分享利润,分担亏损和风险的股权式企业。一般为有限责任制企业（股份有限公司）,并具有法人地位。

以上两种投资方式都是新建企业的投资方式,也被称为"绿地投资"（greenfield investment）。

3）并购方式（merger and acquisition,M&A）

按国际货币基金组织的定义,拥有25%投票权的股东,即被视为直接控制。美国规定,凡拥有外国企业股权10%以上者,均属对外直接控制。

4）投资者利润的再投资

投资者在国外企业获得的利润不汇回本国,而拿来对该企业进行再投资。

对外直接投资活动量的表现如下。
(1) 流量是指在给定的某一时期内(通常是一年)所发生的对外直接投资的数量。
(2) 存量是指在某一时间内所拥有的外国资产的累计价值综合。
(3) 流出量是指从一个国家向外流出的外国直接投资量。
(4) 流入量是指向一个国家流入的外国直接投资量。

三、对外直接投资的动机与决定因素

(一) 对外直接投资的动机

1. 进取

它包括：开辟新市场，获取更大的利润，为本国市场提供新产品，扩大企业规模。

2. 防御

它包括：保护国内市场，维护已占有的外国市场，保证原料供应，获取技术和管理诀窍，缓解经济衰退的影响，化解本币升值的压力。

3. 服务贸易的特点促成服务业的对外直接投资

许多服务业是生产和消费同时进行的，与有形的商品不同，很多服务无法在身处异国的双方之间进行交易。如某些信息不能存储，生产和消费必须同时进行；某些信息可以存储，但它们只能在消费当地生产。有些服务，通过市场进行贸易的潜在收益不如接近市场、与客户沟通、信任和信心增强带来的好处大。因此，需要通过对外直接投资把服务业带到国外市场。

(二) 投资时考虑的因素

外国直接投资者在东道国投资时，要对以下各种因素进行分析与论证。
(1) 国家资源状况。它包括自然资源、人力资源和财力资源。
(2) 东道国合作伙伴的合作能力及当地产业链的配合。
(3) 国家投资环境。诸如：政治、经济和社会是否稳定；当地购买力大小；基础设施和地理位置；服务和服务业的基础设施状况；外国人的生活条件是否完备；外国投资法规的完备性与执法力度。

四、当代对外直接投资的发展态势[①]

(一) 对外直接投资额整体先升后降，有所起伏

从第二次世界大战到 2000 年前，世界对外直接投资迅速发展。世界对外直接投资流入量从 1980 年的 541 亿美元增加到 1990 年的 2 074 亿美元，2000 年高达 14 132 亿美元。进入 21 世纪以来，因经济衰退，世界对外直接投资活动出现停滞，投资量有所下降。2003 年降到 6 014 亿美元，之后增长迅速，2007 年高达 20 027 亿美元，2012 年又降至 13 510 亿美元，2017 年升至 14 300 亿美元。1980—2017 年世界对外直接投资额见表 14.1。

---

① 数据来源于联合国贸易与发展会议官方网站。

表 14.1　1980—2017 年世界对外直接投资额　　　　　　　亿美元

年份 项目	1980	1990	2000	2003	2007	2010	2011	2012	2017
流入量	541	2 074	14 132	6 014	20 027	14 085	16 515	13 510	14 300
流出量	516	2 414	12 403	5 841	22 720	15 049	16 780	13 910	14 300

资料来源：根据联合国贸易和发展会议，统计手册 2018 编制，见 http://unctad.org。

（二）大类国家发展不平衡

1. 发达国家居于主要地位，但比重有所下降

在世界对外直接投资流入量的比重中，发达国家 1980 年为 86.1%，1990 年为 83.2%，2000 年为 80.8%，2012 年为 41.5%，2017 年为 49.7%。同期，发达国家在世界对外直接投资流出量中的比重分别为 93.9%、95.1%、88.0%、65.4% 和 70.6%。发达国家是对外直接投资的净流出地区。

2. 发展中国家居于次要地位，但比重有所上升

在世界对外直接投资流入量的比重中，发展中国家 1980 年为 13.8%，1990 年为 16.8%，2000 年为 18.7%，2012 年为 52.0%，2017 年为 46.9%。同期，发展中国家在世界对外直接投资流出量中的比重分别为 6.2%、4.9%、11.8%、30.6% 和 26.6%。发展中国家是对外直接投资的净流入地区。

3. 经济转型国家地位弱小，但比重在提高

在世界对外直接投资流入量的比重中，经济转型国家 1980 年为 0.04%，1990 年为 0.04%，2000 年为 0.05%，2012 年为 6.47%，2017 年为 3.3%。同期，经济转型国家在世界对外直接投资流出量中的比重一直低于 5%。

1980—2017 年各类国家对外直接投资变化见表 14.2。

表 14.2　1980—2017 年各类国家对外直接投资变化　　　　　　　%

年份 类型	1980	1990	2000	2003	2007	2010	2011	2012	2017
发达国家	86.14 /93.84	83.2 /95.1	80.78 /87.95	64.45 /88.85	65.91 /83.2	49.44 /68.43	49.65 /70.5	41.51 /65.38	49.7 /70.6
发展中国家	13.81 /6.16	16.76 /4.9	18.72 /11.79	32.22 /9.3	29.43 /14.53	45.23 /27.46	44.52 /25.15	52.03 /30.63	46.9 /26.6
经济转型国家	0.04 /—	0.04 /—	0.05 /0.26	3.33 /1.85	4.66 /2.27	5.33 /4.11	5.83 /4.34	6.47 /3.99	3.3 /2.8

注：/前数字为对外直接投资流入量比重，/后数字为对外直接投资流出量比重。

资料来源：根据联合国贸易和发展会议，统计手册 2018 编制，见 http://unctad.org。

（三）对外直接投资转向服务业

20 世纪 70 年代初期，服务业仅占全世界对外直接投资存量的 1/4，1990 年这一比重不到 1/2；而 2002 年，它已上升到 60%，约达 4 万亿美元，2011 年又降为 40%，2015 年升至 65%。同一时期，初级产品部门占全世界对外直接投资存量的比例由 9% 下降到 6%，2011 年升至 14%，2015 年又降至 6%；而制造业降幅更大，由 42% 降到 34%，2011 年升至46%,2015年又降至26%。

服务业对外直接投资主要集中在贸易和金融,但二者所占比重呈下降趋势。它们在对外直接投资流入存量中的比重从1990年的25%降到2002年的18%,在对外直接投资流出存量中的比重从17%下降到10%;金融在对外直接投资流入存量中的比重从1990年的40%下降到2002年的29%,在对外直接投资流出存量中的比重从48%下降到34%。而同期商务活动在对外直接投资中的比重有大幅度的提高。商务活动在对外直接投资流入存量中的比重从13%提高到26%;在对外直接投资流出存量中的比重从7%提高到36%。这种变化趋势在大类国家中大体一致,具体变化见表14.3。

表14.3 1990年、2002年对外直接投资存量的主要行业结构　　　　　　　%

部门/行业	1990年			2002年			
	发达国家	发展中国家	世界	发达国家	发展中国家	东南欧和独联体国家	世界
对外直接投资流入存量							
服务业总计	100	100	100	100	100	100	100
贸易	27	15	25	20	14	21	18
金融	37	57	40	31	22	29	29
商务活动	15	5	13	23	40	10	26
对外直接投资流出存量							
服务业总计	100	100	100	100	100	100	100
贸易	17	16	17	10	12	17	10
金融	48	62	48	35	22	39	34
商务活动	6	11	7	34	54	19	36

资料来源:联合国贸易和发展会议.世界投资报告2004[M].南开大学跨国公司研究中心,译.北京:中国财政经济出版社,2006.

对外直接投资转向服务业的主要原因有三个:第一,服务业在经济中的地位上升。2012年,服务业平均占发达国家国内生产总值的74.91%,占发展中国家国内生产总值的51.44%。① 第二,许多服务在消费地当地生产。因此,对外直接投资是将服务带入国外市场的主要方式。第三,各国已放宽对服务业对外直接投资的限制,使增加流入量成为可能,尤其是进入以往对国外封闭的行业。

(四)跨国公司成为对外直接投资的主体

2012年,跨国公司的国际生产继续稳步扩张,因为直接外资流量虽处于较低水平,但仍会增加现有直接外资存量。2012年,直接外资存量增长了9%,达到23万亿美元。跨国公司的外国子公司的销售额达到了26万亿美元,较2011年增长了7.4%。外国子公司雇员总人数为7 200万,较2011年增加了5.7%。

---

① 数据来源于联合国贸易和发展会议官网数据库。

(五)以非发达国家为主体的跨国公司后来居上

2012年,以发达国家为主体的100家最大的跨国公司的国际生产增长处于停滞状态。不过,设在发展中经济体和转型经济体的100家最大的跨国公司的外国资产增加了22%,其国际生产网络的扩张仍在进行。①

(六)对外直接投资自由化成为主流

伴随着经济全球化,世界各国对对外直接投资的政策多数由限制转向鼓励,限制政策逐步取消和减少。

第二节 对外直接投资效应

一、促进国际贸易的发展

(一)避开东道国的贸易壁垒

对外直接投资可以绕过贸易对象国和经济贸易集团设置的关税与非关税壁垒,使投资者和东道国的企业在同等条件下进行竞争。此外,通过对外直接投资,投资者不仅可以进入当地市场销售渠道,而且可以利用当地的对外贸易渠道进入其他国家的市场。

(二)可以替代对外直接贸易

对外直接投资对对外贸易的替代作用来源于一国企业拥有优势的比较。企业是选择投资还是贸易,主要取决于出口贸易中运输成本和直接投资生产中所需付出的固定成本之间的比较。美国经济学家马库森(Markusen)等对此进行了系统的研究。

当企业准备在东道国通过直接投资生产产品供应市场时,它需要付出建立新的生产点所需的固定成本,但如果该企业可以在东道国当地采购原材料的话,它就可以节约出口贸易运输产品所带来的成本(以及贸易壁垒带来的成本)。在这种情况下,如果直接投资应付出的固定成本低于出口贸易所必需的运输成本,则直接投资可以替代出口贸易。

但是,如果企业在东道国生产的时候仍然需要从投资母国或者第三国进口原材料,直接投资仍然不能完全避免运输成本,这时就需要考虑生产工艺流程的特点。有的产业运输主要原材料和半成品的成本远远高于成品的运输成本,如冶金业,这时企业更应该选择靠近原材料基地进行生产,将成品出口到消费国。有的产业运输主要原材料和半成品的成本远远低于成品的运输成本,这时企业则更应该选择靠近市场投资建厂,替代成品的国际贸易。例如,可口可乐在东道国建立装瓶厂就是这种情况。

(三)为贸易发展奠定基础

对外直接投资直接影响到投资国和东道国产业之间与产业内部分工的发展。第二次世界大战后,在对外直接投资中,发达国家既是投资国又是东道国,所以它们之间的分工以水平型的国际分工为主,它们相互之间成为主要的贸易对象。在发达国家的对外直接投资中,发展中国家中的新兴工业化地区也成为次要的东道国,它们之间的国际分工从垂

---

① 数据来源于联合国贸易和发展会议,世界投资报告2013。

直型转变为垂直分工和水平分工相结合的混合型，这些国家和地区也成为发达国家主要的贸易对象。此外，随着对外直接投资领域的变化，产业获得相应的发展，国际贸易结构也随之变化。20世纪90年代以后，对外直接投资领域从资源型产业转向制造业，接着转向服务业，国际贸易交换的产品内容也随之不断丰富和扩大。

（四）加强贸易竞争、垄断与渗透

1. 直接投资便于商业情报的收集

在国外进行直接投资的企业会更容易、准确、及时获得当地市场的商业情报。这对于企业适时地采取生产和销售措施来促进产品的销售是大有裨益的。

2. 直接投资可提高产品的竞争能力

通过对外直接投资就地生产和就地或到邻近地区销售商品，减少了运输成本和其他费用。此外，还可使产品更好地适应当地市场的消费习惯和消费者偏好，缩短了交货期，并且易于提供销售服务和咨询。这些因素都会提高产品的竞争能力。

3. 抢先占领市场

利用技术上的领先优势，通过对外直接投资在国外建立使用新技术生产新产品的企业，在其他企业仿造或制造出类似产品之前就取得生产和销售上的垄断。如美国的跨国公司在西欧发展合成纤维、电子计算机等新兴工业时就是这样做的。

（五）使产品生产和销售有机结合

传统的贸易方式是由商人作为生产者和用户消费者的中介，在国际贸易中则由进出口商作为国家间商品贸易的媒介，专业的进出口贸易公司占有十分重要的地位。在对外直接投资中，跨国企业设置了自己的贸易机构或者建立了自己的贸易公司，经营进出口业务。这样便于了解市场动态和需求，及时调整销售战略，按需生产，使产品适销对路。更重要的是，跨国企业内部的产品交换不需要外部贸易企业介入。

二、推动贸易自由化

对外直接投资的发展加速了生产国际化的进程。跨国投资企业在世界各地组织生产，进行全球性生产网络、销售渠道和国际物流的建设。因此货物、服务产品和生产要素在国际的自由移动对于对外直接投资和国际经营活动是十分必要的。这种切身利益决定了跨国企业不仅需要资本的自由移动，而且需要货物、服务和生产要素的自由流动，从而推动和加速了贸易的自由化。

三、对国际收支的双重影响

（一）对投资国国际收支的双重影响

1. 积极作用

对外直接投资的利润流回国内，使国际收支经常账户受益。如果国外子公司能够带来对投资国资本设备、中间产品、配套产品等出口的需求，那么对外直接投资也可以改善投资国的国际收支经常账户状况。

2. 消极影响

资本流出首先表现为国际收支资本项目的恶化。如果对外直接投资的目的是把在低成本的生产地生产的产品用于对投资国销售,那么投资国的贸易状况(经常账户)就会恶化。例如,当美国的一家纺织公司关闭它在南卡罗来纳州的工厂,而像许多企业那样把它的生产挪到中美洲,则美国的进口增加,贸易状况恶化。如果对外直接投资代替直接出口,对投资国的国际收支经常账户也是不利的。

(二) 对东道国国际收支的双重影响

1. 积极作用

资本流入本身可以改善国际收支中的资本项目。如果对外直接投资能替代进口商品和服务,它就能改善东道国的国际收支经常账户状况。例如,日本汽车公司在美国大量的对外直接投资,代替了从日本的进口。因此,美国的国际收支经常账户状况多少有些改善,因为许多日本公司现在是从美国的生产厂而不是从日本生产厂来供应美国的市场。

2. 消极影响

对外直接投资对东道国国际收支状况也可能产生不利影响。对外直接投资所带来的最初资本流入将被外国子公司把收入汇回投资国的资本流出所抵消。当东道国国际收支恶化的时候,对外直接投资可能出现的撤资现象使得国际收支状况进一步恶化。

第三节 对外直接投资限制与自由化

通常,各国尤其是资本相对剩余的国家鼓励本国资本对外直接投资。东道国出于政治和经济方面的原因,初期往往对对外直接投资采取限制政策,但随着经济的发展,多由限制政策转向鼓励,随着经济发展不平衡和"再工业化"的追求,一些国家对对外直接投资又采取限制。

一、限制性政策

外资的进入带来效益的同时,也将在政治、经济贸易等方面产生许多负面影响。为了抵制这些负面影响,各国往往采取以下三方面的限制政策。

(一) 市场准入和开业方面的限制

联合国贸易和发展会议报告指出,东道国在市场准入方面对外国投资企业的限制措施主要包括以下内容。[①]

(1) 不对外国直接投资开放某些部门、行业或活动领域。

(2) 特定部门、行业或活动领域外国企业准入或开业数量限制。

(3) 最低投资数额要求。

(4) 追加投资或利润再投资要求。

(5) 投资审查、授权与登记。

(6) 发展或环境保护等其他要求的有条件准入。

(7) 投资的特定法律形式(按当地公司法组建)。

---

① 联合国跨国公司与投资司.世界投资报告(1996)[M].北京:对外经济贸易大学出版社,1997:293-294.

(8) 进入方式限制(如不允许并购或必须符合某些附加条件等)。
(9) 非股权投资特殊要求(如 BOT 协定)①。
(10) 投资区域限制。
(11) 投资项目所需资本品进口限制(机器、软件)。
(12) 投资者存款担保(金融机构)。
(13) 外国投资者参与私有化限制或附加条件。
(14) 准入税费和公司税。
(15) 国家安全、政策、海关、公共道德规范要求。

(二) 所有权与控制权方面的限制

所有权与控制权方面的限制是指东道国政府对外资企业中外方的所有权与控制权进行限制,以保证在外资企业的内部决策中实现本国的参与控制。联合国贸易和发展会议报告指出,该方面的限制包括以下内容。②

(1) 不允许外国人在企业中控股(外国投资股份比例不得超过 50%)。
(2) 强制性合资(外国投资必须与国有资本或东道国私人资本合资经营)。
(3) 外资逐渐退出要求(外资企业转让股权)。
(4) 企业及企业所有权国籍限制。
(5) 限制使用长期外国贷款(5 年以上)。
(6) 外国投资者持有股票、债券类型限制(无选举权股票)。
(7) 外国投资者股票或其他专有权自由转让限制(未经过东道国有关单位的批准,不得转让股票)。
(8) 外国持股人权利限制(如红利支付、清算后资本汇回、选举权、正在经营的项目的某些信息披露的否决权)。
(9) 东道国政府"黄金股"持有规定。黄金股(golden shares)是一种最早在英国实施的特殊持股方式,一般不代表任何财产权利,但可赋予持股股东在企业的一些决策事项中的特别否决权(一旦外国投资者的股份超过某一特定的比例,政府将进行干预)。
(10) 政府有权为外商投资企业指定一名或数名董事会成员。
(11) 董事会国籍限制或高级外籍管理人员人数限制。
(12) 某些决议的政府否决权或重要决议董事会全票通过要求。
(13) 决议实施前政府咨询要求。
(14) 外国垄断限制或公共企业私有化的经营限制。
(15) 土地或不动产所有权及其转让限制。
(16) 工业产权或知识产权所有权限制或保护不力。
(17) 外国技术转让限制。

---

① BOT 是指 build、operate 和 transfer,即建设、经营及转让。这是基础设施投资建设和经营的一种形式。在这种方式下,政府特许项目公司建设并经营某基础设施,以收回投资并获得一定利润。特许期结束后,项目转交政府经营。

② 联合国跨国公司与投资司.世界投资报告(1996)[M].北京:对外经济贸易大学出版社,1997:294-295.

(三) 经营方面的限制

经营方面的限制是指东道国对外资企业建立后的经营活动加以限制，以趋利避害，即增加外资企业的积极效应，减少外资企业的消极后果。联合国贸易和发展会议报告指出，该限制包括以下内容。①

(1) 外国主要专业人员、技术人员聘用限制，包括签证、批准方面的限制。

(2) 业绩要求，如在零部件采购方面的当地成分要求、加工要求、技术转让要求、人员招聘要求、区域或全球产品指令、培训要求、出口要求、贸易平衡要求、进口限制、当地销售要求、当地销售与出口联系配额制度、出口创汇要求等。

(3) 政府采购限制（外国投资者被排斥在政府采购供应者之外，或需要提供特殊的担保）。

(4) 资本品、零部件加工投入品进口限制。

(5) 当地原材料、零部件和生产投入品采购限制。

(6) 土地和不动产长期租用限制。

(7) 国内经营地点转移限制。

(8) 多元化经营限制。

(9) 电信网络准入限制。

(10) 数据、资料流动限制。

(11) 垄断或参与公共事业经营限制（如以特定价格提供某类公共服务的限制）。

(12) 当地信贷获得限制。

(13) 外汇获得限制（不能满足供应为进口商品、支付外商金融机构贷款项和利润汇出所需的外汇）。

(14) 资本和利润汇出限制（逐笔审批、额外税收或转让后若干年方可汇出）。

(15) 主要与教育和媒介服务相关的文化限制。

(16) 信息披露要求。

(17) 特定行业和活动领域外国企业经营特殊要求（如外国银行分支机构）。

(18) 经营性许可和特许（如资金转移）。

(19) 特别专业资格、技术标准要求。

(20) 外国企业广告限制。

(21) 技术使用费、技术援助费限制或特别税收规定。

(22) 特定技术、品牌等使用限制，或逐步审批和带有附加条件。

(23) 原产地规则追溯要求。

(24) 当地生产联系或经销设置建立准入要求。

另外，还有国家安全、公共秩序、公共道德等方面的经营限制。

---

① 联合国跨国公司与投资司.世界投资报告(1996)[M].北京:对外经济贸易大学出版社,1997:295-296.

二、鼓励性政策

（一）财政鼓励措施

财政鼓励措施指各种旨在降低外国投资者税收负担的政策措施，它是东道国最经常采用的鼓励措施。联合国贸易和发展会议报告指出，该鼓励措施主要有以下做法。[①]

(1) 降低标准公司所得税税率。

(2) 规定外国投资企业在一定的期限内免交所得税。

(3) 可以用未来的利润抵消免税期内的亏损。

(4) 加速固定资产折旧的税收减免奖励。

(5) 投资或利润再投资鼓励。

(6) 社会保障费上缴减免。

(7) 根据雇佣人数或其他劳工支出对应缴税收予以减免。

(8) 根据营销或促销开支减免公司所得税。

(9) 附加值提高奖励。

(10) 根据产出净值中的当地成分比重给予公司所得税减免或奖励。

(11) 根据净增值给予所得税奖励。

(12) 进口方面的奖励。

(13) 资本品、设备或与生产过程相关的原材料投入品免征进口关税。

(14) 进口原材料退税。

(15) 出口方面的奖励。

(16) 减免出口税。

(17) 出口收入税收优惠。

(18) 特殊创汇活动或制成品出口所得税减免。

(19) 根据出口业绩对国内销售予以税收方面的奖励。

(20) 出口退税。

(21) 出口净值当地所得税奖励。

（二）金融鼓励措施

金融鼓励措施是指东道国采取的各种旨在为新的直接投资项目或某些经营活动直接提供资金和融资担保，甚至直接支付某些资本和经营成本的政策措施。联合国贸易和发展会议报告指出，该鼓励措施主要有以下几种。[②]

(1) 政府对投资项目的投资、生产或营销予以补贴。

(2) 补贴性贷款。

(3) 政府对外国投资企业的贷款进行担保。

(4) 政府对外国投资企业的出口信贷进行担保。

---

① 联合国跨国公司与投资司.世界投资报告(1996)[M].北京：对外经济贸易大学出版社，1997：297.

② 联合国跨国公司与投资司.世界投资报告(1996)[M].北京：对外经济贸易大学出版社，1997：298.

(5) 公共机构参与外国投资企业的商业风险投资。

(6) 对汇率变动、货币贬值等商业风险或外国直接投资企业被政府征收、政治骚动等非商业风险实行政府优惠费率保险(政治骚动风险通常由国际机构担保)。

(三) 其他鼓励措施

为了吸引外资,一些东道国还采取其他方面的鼓励措施。联合国贸易和发展会议报告指出,它们包括如下内容。①

(1) 补贴性基础设施建设。

(2) 提供补贴性服务。其中包括为寻找融资渠道、实施和管理项目,以及为投资可行性研究提供帮助,提供市场信息,供应原材料和基础设施,提供生产工艺和营销技术顾问咨询,为开发新技术或提高质量控制的培训和再培训提供帮助等。

(3) 优惠的政府合同。

(4) 不再给后来者开放市场或给予垄断权。

(5) 不引进进口竞争。

(6) 外汇优惠待遇,如特殊汇率、特殊外债股权转让率、消除国外贷款汇率风险、出口收入外汇特许。

三、对外直接投资自由化与国际投资体制

(一) 对外直接投资自由化的含义

对外直接投资自由化是指东道国缓解或消除针对外国直接投资者的各种限制性政策和规定。

鉴于对外直接投资对东道国经济贸易发展的积极作用较大,各国对外直接投资的限制性政策逐步弱化,主动对外国直接投资自由化,此外,还参与双边、区域协议和世界贸易组织等促进投资自由化。

(二) 投资自由化的方式

1. 对外直接投资单边自由化

单边自由化是指东道国主动修改政策与法律,放宽对外国投资者的限制。其内容涉及外汇管理、股权和有价证券的投资与贷款、税务制度、反垄断法等。2017年修订投资相关法律法规的国家有65个,涉及126件法规,其中84%有利于对外直接投资。

2003—2017年世界各国投资规则的变化见表14.4。

表14.4 2003—2017年世界各国投资规则的变化

项目\年份	2003	2004	2005	2006	2007	2008	2009	2010	2011	2012	2017
投资体制发生变化的国家数目	59	80	77	74	49	41	45	57	44	53	65
法规变化的数目	126	166	145	132	80	69	89	112	67	86	126
有利于外国直接投资*	114	144	119	107	59	51	61	75	52	61	93

---

① 联合国跨国公司与投资司.世界投资报告(1996)[M].北京:对外经济贸易大学出版社,1997:298.

续表

项目 \ 年份	2003	2004	2005	2006	2007	2008	2009	2010	2011	2012	2017
不利于外国直接投资**	12	20	25	25	19	16	24	36	15	20	18
中性变化***	0	2	1	0	2	2	4	1	0	5	15

* 包括自由化措施或旨在加强市场功能和激励的措施。

** 包括旨在加强管制以及减少激励的措施。

*** 有时投资措施的变化影响难以评估。

资料来源：联合国贸易和发展会议，世界投资报告 2012—2018，表Ⅲ.1。

发展中国家和经济转型国家修改投资法规的重点是，减少外资进入部门的限制，或使原先对外国直接投资关闭或限制的行业经营自由化。

2. 对外直接投资双边与区域自由化

在修改外国投资法律的同时，各国注意将外国直接投资自由化纳入双边协定。双边投资协定从 1998 年底的 1 726 项增加到 2004 年底的 3 196 项。截至 2017 年末，国际投资协定共有 3 322 项，其中包括 2 946 项双边投资条约和 376 项"其他国际投资协定"。

为保证投资顺利进行，往往把避免双重征税协定与双边投资协定一起签署，避免双重征税协定从 1998 年底的 1 873 项增加到 2004 年底的 2 559 项。其中，36%是发达国家与发展中国家签订的，29%是发达国家之间签订的协定，19%是东南欧和独联体国家之间签订的，13%为发展中国家之间签订的。

3. 对外直接投资多边自由化

多边自由化是指通过 WTO 相关协定促进外国直接投资自由化。1995 年 1 月 1 日建立的 WTO 负责实施管理的与外国直接投资相关的协定与协议有：《与贸易有关的投资措施协议》和《服务贸易总协定》。

1)《与贸易有关的投资措施协议》中的自由化内容

协议规定，各成员方实施与贸易有关的投资措施，不得违背《1994 年关贸总协定》中的国民待遇原则和取消数量限制原则。该协议列举了 5 种违反上述原则的与贸易有关的投资措施。无论这些投资措施是针对外国投资企业的，还是针对成员方本国企业的，都要进行自由化。

(1) 当地含量要求。即要求企业购买或使用最低限度的有关国产品或任何国内来源的产品的规定。如规定有关国产品的具体名称，企业购买或使用有关国产品的数量或金额，企业在生产中必须使用的有关国产品的最低比例。

例如，1997 年印度尼西亚公布的汽车产业政策中对投资汽车产业提出了国产化要求。美国、欧洲共同体和日本根据《与贸易有关的投资措施协议》中禁止使用当地含量要求的规定，对此提出了异议，迫使印度尼西亚在 1999 年 7 月取消了国产化的要求。

(2) 贸易平衡要求。即要求企业购买或使用的进口产品数量或金额，以企业出口当地产品的数量或金额为限。

(3) 进口数量限制与贸易平衡要求。彻底限制企业当地生产所需要或与当地生产相关产品的进口，或要求企业进口产品的数量或金额以出口当地产品的数量或金额为限。

(4) 外汇平衡要求。将企业可使用的外汇限制在与该企业外汇流入相关的水平,以此达到限制该企业当地生产所需要或与当地生产相关产品的进口的目的。

(5) 出口数量限制。限制企业出口或供出口的产品销售。如规定有关限制出口的产品的具体名称,限制企业出口产品的数量或金额,限制企业出口产品的数量或金额占该企业当地生产的产品数量或金额的比例。

2)《服务贸易总协定》中有关国际投资自由化的内容

(1) 自由化对象:与国际投资有关的服务贸易形式——"商业存在"。它是指东道国内各种类型的商业或专业机构,在创建、收购或新建、购买分支机构或代表处时涉及的外国直接投资。

(2) 自由化内容。给予成员方在东道国国内投资的企业(商业存在)以最惠国待遇,减少对服务提供者数量、服务交易额和资产额、服务交易次数和服务产出的限制。

此外,作为主要的资本输出组织的经济合作与发展组织(OECD)于1995年发起活动,希望缔结一个全球性、综合性的多边投资条约(multilateral agreement on investment, MAI)。1995—1998年进行的三年谈判中只是起草了一个草案,尚未成为正式条约。

(三) 国际投资体制

国际投资体制是关于国际直接投资促进及保护的规则,已开始在已有协定和文件基础上谋建。

1. 欧、美开始谋划

在WTO《与贸易有关的投资措施协议》、《服务贸易总协定》、世界银行《华盛顿公约》和《汉城公约》中已涉及投资的多边纪律。

2009年12月,欧盟《里斯本条约》正式生效,该条约对《欧洲联盟条约》进行了大幅度修改。其中的一项重要修改就是将欧盟的共同商业政策从原来的贸易等领域,扩展到了对外直接投资领域。

2012年4月,欧盟与美国发布《关于国际投资共同原则的声明》,敦促各国政府维持开放、透明、非歧视的投资环境。欧美达成的七项共同原则包括:第一,开放的非歧视的投资气候。声明强调的非歧视原则包括投资建立阶段,实际上认可了准入前国民待遇原则。第二,一个公平的竞争环境。该条特别强调了"竞争中性",要求保持国有企业与其他企业竞争的公平性。第三,对投资者和投资的高水平保护。该条强调在征收和国有化出现的情况下,投资者应该得到"即时、充分和有效"的补偿。第四,公平并有约束力的争端解决机制,包括投资者-国家间仲裁机制。第五,充分的透明度和公共参与规则。第六,负责任的商业行为。第七,狭窄界定的国家安全审查机制,确保审查仅仅基于国家安全考虑。

声明发表之后,欧盟在与其他国家签订的双边协定中开始纳入这些原则。它已在2014年达成的《加拿大欧盟自贸协定》以及欧盟-新加坡自贸协定中体现。

2. G20提出全球投资政策指导原则

二十国集团在2016年杭州峰会上提出《全球投资政策指导原则》,其内容如下。

(1) 认识到全球投资作为经济增长引擎的关键作用,政府应避免与跨境投资有关的保护主义。

（2）投资政策应设置开放、非歧视、透明和可预见的投资条件。

（3）投资政策应为投资者和投资提供有形、无形的法律确定性和强有力的保护，包括可使用有效的预防机制、争端解决机制和实施程序。争端解决程序应公平、开放、透明，有适当的保障措施预防滥用权力。

（4）投资相关规定的制定应保证透明及所有利益相关方有机会参与，并将其纳入以法律为基础的机制性框架。

（5）投资及对投资产生影响的政策应在国际、国内层面保持协调，以促进投资为宗旨，与可持续发展和包容性增长的目标相一致。

（6）政府重申有权为合法公共政策目的而管制投资。

（7）投资促进政策应使经济效益最大化，具备效用和效率，以吸引、维持投资为目标，同时与促进透明的便利化举措相配合，有助于投资者开创、经营并扩大业务。

（8）投资政策应促进和便利投资者遵循负责任企业行为和公司治理方面的国际最佳范例。

（9）国际社会应继续合作，开展对话，以维护开放、有益的投资政策环境，解决共同面临的投资政策挑战。

这是首个多边投资规则框架。它虽然是一个非约束性的指导原则，却为今后投资领域约束性多边规则的制定打下了基础。

第四节　跨国公司

一、跨国公司的含义

联合国对跨国公司的定义是："跨国公司是股份制的或非股份制的企业，包括母公司和它们的子公司。母公司的定义为一家在母国以外的国家控制着其他实体的资产的企业，通常拥有一定的股本。股份制企业拥有10%或者更多的普通股或投票权者，或者非股份制企业拥有等同的数量（资本权益）者，通常被认为是资产控制权的门槛。子公司是一家股份制的或非股份制的企业，在那里一个其他国家的居民的投资者对该企业管理拥有可获得持久利益的利害关系。"[①]

根据以上定义，只要是跨国界进行直接投资并且获得控制权的企业就叫跨国公司（transnational corporation），又称为多国公司（multinational corporation）。

二、跨国公司的发展

19世纪60年代，发达资本主义国家的一些大型企业通过对外直接投资，在海外设立分支机构和子公司。如德国的弗里德里克·拜耳化学公司，瑞典的柯佛列·诺贝尔公司，美国的胜家缝纫机公司、威斯汀豪斯电气公司、爱迪生电气公司、伊斯曼·柯达公司等都在这一时期先后到国外投资设厂，开始跨国性经营，成为现代跨国公司的先驱。

---

① 联合国贸易和发展会议.1997年世界投资报告（英文版）[R/OL],1997:295.

两次世界大战期间,由于战争和经济危机,跨国公司发展速度较慢。第二次世界大战后,跨国公司迅速发展。20世纪90年代以后,跨国公司取得巨大发展,形成了"八化"特点:经济规模巨大化;追求利润最大化;战略目标全球化;公司管理一体化;运行机制当地化;生产销售网络化;科研技术垄断化;世界地位强化。

三、跨国公司的经营战略

(一)扩大公司内部贸易

1. 公司内部贸易的含义

公司内部贸易是指跨国公司内部进行的产品、原材料、零部件、技术与服务的贸易活动。

2. 公司内部贸易的利益

(1)降低外部市场造成的经营不确定风险。

(2)降低交易成本。如减少对外交易谈判、签约和合同履行所发生的成本。

(3)能很快适应高技术产品生产的需要。

(4)增强公司在国际市场上的垄断地位和竞争能力,实现全球利益最大化。

(5)有利于内部贸易价格的运用。

内部贸易价格,通常称为转移价格或调拨价格,即公司内部母公司与子公司、子公司与子公司之间在进行商品和劳务交换时,公司内部所实行的价格。它是根据跨国公司的全球战略目标,由公司上层制定的。转移价格可分为转移高价和转移低价两种,可带来如下效益。

① 减轻纳税负担。跨国公司的子公司分设在许多国家和地区,其经营所得须向东道国政府纳税。但各国税率高低差别较大,税则规定也不统一,跨国公司往往利用各国税率的差异,通过转移价格(高出低进或高进低出)人为地调整母公司与子公司的利润,把公司总的所得税降到最低限度。同时,鉴于各国关税税率也存在差异,一般情况下,公司向设在高关税国家的子公司发货时,以偏低的转移价格来降低子公司交纳的关税税额。

例如,某跨国公司在A国和B国都设有子公司。A国的企业所得税税率为30%,B国的企业所得税税率为10%。现在该跨国公司需要将一批零部件从A国子公司出口到B国子公司进行装配加工,这时采用的价格应该尽量高还是尽量低呢?显然,该公司希望尽量将在A国的利润转移到B国,这样其缴纳的所得税总额将较低,因此,从避税的角度讲,这笔交易所使用的价格应该尽量偏低。

② 增强子公司在国际市场上的竞争能力。如果子公司在当地遭遇强有力的竞争,或欲占领新市场,跨国公司就采用转移低价向子公司供应产品,降低子公司的成本,以提高子公司的竞争能力。同时,低价高利也可以提高公司在当地的信誉,便于子公司在当地发行证券或取得信贷。

③ 减少或避免金融风险。首先,可以减少或避免汇率的风险。如果预测某一子公司的东道国货币可能贬值,跨国公司就可以采取子公司高进低出的办法,将利润和现金余额抽回,以减少因货币贬值造成的损失。其次,可以避免东道国的外汇管制。有些东道国政府为了外汇收支平衡,限制外国公司利润和投资本金的汇回时间与数额,在这种情况下,

子公司便可以利用高进低出的办法将利润或资金调出东道国。

跨国公司使用转移价格对各国的税收和经济管理都造成了一定的困难,因此许多国家的税收法规都规定,其税收征管部门有权依照市场独立企业之间交易的价格来核算跨国公司位于该国的企业应该获得的利润,以防止税收的流失。

(二) 实行限制性商业惯例

限制性商业惯例(restrictive business practice,RBP)又称限制性商业做法。1980年4月联合国贸易和发展会议达成的《管制限制性商业惯例多边协议的公平原则和规则》,对其定义为:"凡是企业具有下述的行为和行动,即通过滥用或谋取滥用市场力量的支配地位,以限制进入市场或以其他方式不适当地限制竞争,从而对国际贸易,特别是发展中国家的国际贸易及其经济发展造成或可能造成不利影响;或通过企业之间正式的或非正式的、书面的或非书面的协议或安排,造成同样的影响的都称之为限制性商业惯例。"

限制性商业惯例在国际技术转让中采用较多。大多数情况下,跨国公司无论在实现技术转让的内循环,即向子公司转让技术,还是向局外企业转让技术时,在技术转让合同中一般都包含这样或那样的限制性规定或条款,如限购条款、搭售条款、市场限定条款、技术反馈条款等。这些条款都在很大程度上限制了公平竞争,加强了跨国公司的垄断地位。

(三) 及时调整投资方向

随着经济全球化的加速和知识、服务经济时代的到来,跨国公司不断调整投资方向。跨国公司的国际直接投资从寻求自然资源或廉价劳动力为导向转向以寻求知识创新(研发)和服务为导向。

(1) 产业布局。知识密集型产业如信息技术产品、生化、医药等,服务业中的电信、软件开发、金融、保险、会计事务、管理咨询、广告等逐渐成为跨国公司投资的热点。

(2) 区位选择。跨国公司日益选择能提供优秀人才和具备知识创新潜力的地区进行投资,推动了科技园区的建立。目前全世界建立的比较规范的科技园区已超过1万个。

(3) 建立风险投资机制,促进高新技术产业化。跨国公司在美国已建立4 000多家风险投资公司,居世界首位,每年为1万多家科技企业提供资金支持。

(4) 提高人力资源素质。跨国公司日益重视公司体系内部全球范围内的人力资源开发和培训,重视员工的终身教育和终身培训,促使整个企业成为学习研究型的创新企业。

(5) 逐步加大研发(R&D)的投资比重。跨国公司海外R&D机构增多,海外R&D支出不断上升。

(四) 建立公司战略联盟

20世纪90年代以来,跨国公司的发展出现了跨国公司联盟的新趋势,实行国内公司集团化、国际市场竞争联合化。以此分担研发费用,分散投资风险,共同开拓市场。其形式主要有以下两类。

1. 势均力敌的大跨国公司相互结盟

大跨国公司发挥各自的优势形成互补关系,共同研发新技术和新产品,从单项合作发展到航空、航天、电子、汽车多部门,从生产到销售的多环节合作。跨国公司联合方式的最新发展是国际性战略联合,它是两个国家以上的跨国公司围绕共同的战略目标而建立起的互相补充、互相衔接、共同开发、共担风险、共享收益的合作关系。这种战略联盟多出现在重大的新技术、新工艺、新产品、新市场、新资源的研制与开发、应用和开拓市场的联合方面。

2. 发展跨国公司群

由一家大的跨国公司和一批中小型跨国公司组成跨国集团,通过合资企业、分包合同、销售协议、生产协作、技术转让等多种方式联合在一起,发挥各自最具优势的方面,提高整体竞争力。

在世界150多家大型跨国公司中,以不同形式结成战略联盟的跨国公司高达90%。

(五)多种经营

跨国公司为了增强竞争能力,在很大程度上通过企业兼并的方式,从外部来扩大资本实力。企业兼并的方式,有横向兼并,即同行业企业的兼并;有纵向兼并,即同一生产过程前后企业的兼并。

20世纪80年代以来,跨国公司更多地采用混合兼并方式。这种兼并使跨国公司日益向综合多种经营方向发展。多种经营给跨国公司带来的益处包括:可增强垄断企业的经济潜力;有利于资金合理流动与分配,提高各种生产要素和副产品的利用率;便于分散风险,稳定企业的经济收益;可以充分利用企业的生产能力,节省共同费用,增加利润收入。

(六)"当地化"

"当地化"战略的主要内容包括:外籍管理人员当地化;人才开发当地化;零部件生产当地化;产品销售当地化;研发当地化;营运管理当地化。以中国为例,许多跨国公司越来越多地培训和任命中国本土中高层管理人员,并开始有步骤地撤出本国高级管理人员。在华跨国公司和外资企业的人力资源本地化程度平均已超过了90%,管理人才基本都实现了95%以上的本地化,来自中国内地的研发人员平均已经占到95%。微软(中国)公司已拥有微软亚洲研究院、微软亚洲工程院、微软中国技术中心、微软互联网技术部(中国区)等科研机构,研发本土化的步伐越来越快。

"当地化"战略在一定程度上迎合了发展中国家和地区发展民族工业的愿望,受到东道国的欢迎;有利于比较优势的发挥和国民待遇的取得;"人才当地化"有利于克服文化、语言上的差异,建立良好的人际关系,可以迅速打开市场,拓宽销售渠道。

(七)广泛使用电子商务

当今世界,网络技术的进步带动了网络经济的迅猛发展。国际互联网络以及企业内部网络的建立,使网络在世界经济发展中的作用越来越大。充分运用电子商务已成为跨国公司的重要战略。电子商务给跨国公司带来了如下好处。

1. 使跨国公司的触角超越了传统范围

它将公司之间的业务往来包容在自己的业务范围之内,使得各种决策信息在总部与分布在世界各个角落的全球性公司或其子公司之间及时地传递和交流,从而给跨国公司带来无限的商机,推动了"无国界经济"的发展。

2. 推动了跨国公司组织结构的调整

电子商务使跨国公司的组织结构出现两大变化。第一,跨国公司从命令型、金字塔型等级控制结构向网络型多边横向联系转变。第二,跨国公司从上下级之间实行命令和控制转向以知识型专家为主的信息型结构,集中决策和直接命令的工作方式日益向分散决策和灵活反应转变。

(八)构筑全球性的生产和销售网络

(1)跨国公司在世界范围内优化资源和资源组合。充分利用东道国的优势,把一个产品的资金、原材料、技术、劳动力、产品的各种零部件分散到不同国家的企业进行供应和生产。

(2)加强产业链。跨国公司根据全球经济贸易发展战略和目标分工原则,在许多国家分工生产零部件,集中装配,定向销售,构筑和加强产业链。

(3)进行"离岸外包"(offshore outsourcing)业务,以使跨国公司高层主管集中时间与精力,集中公司的资源,加强研发等业务。

21世纪初以来,跨国公司纷纷将非核心业务外包给发展中国家,形成全球瞩目的"离岸外包"浪潮。全球外包公司集中在美、欧、日等发达国家的跨国公司,每年"离岸外包"业务的总价值达到5 500亿美元。如波音与麦道两家飞机公司合并以后,为了更快地发展新型飞机,将外包协作的重要零部件由25种增加到55种,其中70%的业务由发展中国家的中小企业承包。软件行业"离岸外包"业务的比例最大。

"离岸外包"可为跨国公司带来低成本的竞争优势。如2000年,一个中等规模开发项目的软件功能点的成本在美国是895美元,在德国是1 150美元,而在印度是90美元,在中国是74美元。因此,微软、IBM、Sun、SAP、BEA等公司纷纷将软件研发的外包放在印度和中国。

(九)提升软竞争力

在全球化时代,企业间的竞争已经从硬件竞争上升到软件的竞争,从技术、产品的竞争上升到企业理念和道德的竞争。其中,强化公司责任成为重要部分。

公司责任(corporate responsibility)有的还表述为"企业社会责任"(corporate social responsibility,CRS)和"可持续发展"(sustainable development,SD)。

跨国公司的公司责任主要包括三个方面的含义:第一,公司经营成功获取利润要回报股东;第二,承担社会责任(企业内部员工的安全、健康、福利,企业外部利益相关者的利益,包括社区、政府、客户、供应商等);第三,提高资源利用率,减少排放,保护环境。

跨国公司通过以下六种方式实现和强化公司责任。

(1)事件推广(cause promotions):通过资金、公司现有资源等各种赞助方式支持或推动某一公益事业事件,如赞助特殊奥林匹克运动会、残疾人运动会。

(2)事业关联营销(cause related marketing):利用自有产品销售推动某一公益事件,即按该产品销售的一定比例用于支持某一公益事件,如每销售一件产品,以销售额中的1%用于捐赠给红十字会。

(3)企业社会营销(corporate social marketing):通过支持某项活动来改变公众的行

为,促进公众健康、安全或环保等,如组织艾滋病宣传活动。

(4) 爱心奉献(corporate philanthropy):向慈善机构或社会的直接捐赠。

(5) 志愿者(community volunteering):鼓励公司员工、供应商、股东等作为志愿者提供技能等服务,如公司员工为智障儿童授课。

(6) 履行社会责任的商业实践(social responsible business practices):通过投资某项业务,用以改善社区建设、环境保护等公益事业,如公共健康与艾滋病媒体研究等。[①]

四、跨国公司的作用

(一) 其直接投资有助于东道国资本形成

跨国公司的直接投资为东道国尤其是发展中国家的资本形成,特别是对经济增长极为重要的产业(如技术密集型制造业和服务业)中的资本形成作出了贡献。如2004年直接投资流入存量约占发达国家固定资本形成总额的6.1%,占发展中国家固定资本形成总额的10.5%,占东南欧和独联体国家固定资本形成总额的19.1%。

跨国公司子公司较高的劳动和资本要素的生产率对东道国国内投资效益带来了积极的影响,进而通过竞争压力、示范学习效应、与当地供应商和消费者的前后向联系等,促进当地企业提高效率。跨国公司的投资体制对东道国的资本市场发育、发展和成熟具有强大的促进作用。

(二) 其经济活动成为东道国 GDP 的重要部分

跨国公司的直接投资促进了东道国经济和贸易的发展,对外直接投资流入存量在各大类国家和地区的国内生产总值中的比重都明显提高。如在发达国家和地区,该比重从1990年的8.2%提高到2004年的20.5%和2017年的44%。同期,发展中国家和地区的该比重从9.8%提高到26.4%和33%;东南欧和独联体国家的该比重从0.2%提高到21.5%和39%。[②]

(三) 成为全球研发的主力军

跨国公司承担着全球研发的大部分。如2002年世界研发支出最多的700家公司(其中至少有98%的公司是跨国公司)的研发支出达到3 110亿美元,约占世界研发支出总额的46%,占世界商业性研发支出的69%。一些大公司的研发支出高于许多国家。福特汽车、辉瑞、戴姆勒-克莱斯勒和西门子4家跨国公司的研发支出都超过60亿美元,丰田汽车和通用汽车两家跨国公司的研发支出也在50亿美元以上。同年,研发支出接近50亿美元的发展中国家只有中国、韩国和巴西。

在研发支出最多的700家公司中,80%以上的公司来自美国、日本、德国、英国和法国;其中只有1%的公司来自发展中国家、东南亚和独联体国家。研发支出最多的700家公司从事的研发产业最多的是:信息技术硬件、汽车、制药和生物技术、电子电器。其余分别为:信息技术软件和计算机服务、化学、航空和国防、工程、电信、保健产品和服务。

---

① 王志乐.软竞争力——跨国公司的责任理念[M].北京:中国经济出版社,2005:13,37.
② 联合国贸易和发展会议.世界投资报告(2018)(中文版)[M].北京:中国财政经济出版社,2018:287-298.

跨国公司的研发正在国际化。如美国跨国公司国外研发支出占其研发支出的比重从1994年的11.5%上升到2002年的13.3%。2003年联合国贸易和发展会议所调查的公司国外研发支出占研发支出总预算的平均水平为28%。①

（四）产销网络加深了全球性的国际分工

跨国公司通过直接投资构成全球性的生产、销售和服务网络。通过这些网络，跨国公司为出口增长提供了便利；通过进口资本货物，跨国公司缓解了可能导致增长减速的供给短缺问题，对全球性的再生产提供了条件。这种生产和销售网络密切了世界各国之间的国际分工，改变着发展中国家参与国际分工的形式。《当公司统治世界》的作者给我们描绘了汽车业的生产销售网络图。

以一个真正的大国际公司如汽车业为例，公司生产高度精密并且相当昂贵的产品。沿着一个正方形的四条边写下所有制造商的名字（汽车业至少有20个大公司的名字）。不管公司是生产一种还是多种产品，或在世界的任何一个地方，只要它们相互之间在设计、研究、部件、整体组装、布局或销售等方面进行风险共担或相互结盟，我们就用线把它们连起来。很快，这幅图就变成了一团让人眼花缭乱的乱麻；就好像每个公司都与其他公司联系在一起了。在计算机硬件、计算机软件、航空航天、药品、通信、国防以及其他许多领域情况也很类似。②

（五）促进东道国的人力资源开发

跨国公司的直接投资常常将资本、技术、管理、培训、贸易和环境保护结合在一起，进行一揽子行动，为东道国带来一揽子有形和无形的综合资产，有助于东道国人力资源的开发。跨国公司的子公司通过对手工和技术工人提供职业培训，对管理人员提供正式与非正式培训来提高就业水平等，对东道国的人力资源开发产生了良好的作用。

（六）成为全球资本市场的组织者

跨国公司筹融资的外部化，使它成为全球资本市场的组织者。跨国公司在全球的投资和经营活动加速了跨国银行的发展。跨国银行的分支机构遍及全球，已将世界上所有主要的国际金融中心联结成一体。跨国公司的投资更多来源于本公司系统外，其投资结构呈现出外部化趋势。目前统计的外国直接投资额实际上只包括内部投资部分，也就是说，只包括跨国公司母公司向海外子公司的投资额、海外分支所得收益的再投资和海外分支向母公司的借款额。联合国的投资报告指出，跨国公司外部投资约为内部投资的4倍。而且，跨国公司外部融资的范围有所扩大，形式趋于多样，使它成为国际资本流动的组织者。

（七）跨国公司控制着世界贸易

随着跨国公司的巨大发展，它像巨大的章鱼把触角伸向世界贸易的商品生产和销售，控制和集中着世界各国与主要产品的贸易。

据估计，全球10%的企业创造了全球80%的利润。超级明星企业决定了一国的出

---

① 联合国贸易和发展会议.世界投资报告(2005)(中文版)[M].北京：中国财政经济出版社,2006：109-111.
② 戴维·C.科顿.当公司统治世界(中译本)[M].广州：广东人民出版社,2006：260-261.

口。一项在32个发展中国家开展的研究发现,平均而言,一国最大的5家出口商的出口量占据该国出口量的1/3。该将近一半的出口增长和1/3的出口多元化引起的增长归功于最大的5家出口商。富裕国家中1%最大出口商在出口总量中的平均比重为55%。①

五、跨国公司对世界经济和政治的影响

跨国公司从全球战略出发,力图把世界各国的经济联合起来,形成统一的、无国界的全球经济,使世界上的巨头公司能够在没有政府干预的情况下让货物与资本在全球范围内自由流动,实现利润最大化。跨国公司的影响力从经济走向政治和国家权力。

第五节 对外直接投资和跨国公司理论

鉴于跨国公司在全球对外直接投资中的巨大影响,学界通常把对外直接投资与跨国公司结合在一起进行研究。研究的内容集中于外国直接投资的动因、确定投资的条件和公司结盟等问题上。

一、垄断优势理论

这一理论由对外直接投资理论的先驱、美国学者海默(Stephen Herbertt Hymer)创立,由金德尔伯格加以完善。

在海默以前的经济学理论认为,对外直接投资和间接资本输出都是国际资本移动。国际资本移动源于各国利率的差异,资本从资本充裕的国家流向资本稀缺的国家。但海默认为,直接投资与间接投资具有不同的性质。直接投资的特征在于控制国外的经营活动,而间接投资的目的在于获得股息、债息和利息。

20世纪60年代初,海默利用产业组织理论解释美国企业对外直接投资的决定因素。产业组织理论认为,从事多国经营的企业拥有独到的特点。他认为,东道国的当地企业(民族企业)与跨国经营企业相比,具有三个方面的优势:第一,民族企业更能适应本国政治、经济、法律、文化诸因素所组成的投资环境;第二,民族企业常能得到本国政府的优惠和保护;第三,民族企业不必担负跨国经营企业所无法逃避的各种费用和风险,如直接投资的各种开支、汇率波动的风险等。

因而,一家企业对外直接投资必须满足以下两个条件,以与东道国当地企业竞争:第一,企业必须拥有竞争优势,以抵消在与当地企业竞争中的不利因素;第二,不完全市场的存在,使企业拥有和保持这些优势。

随后,金德尔伯格将不完全市场或不完全竞争市场作为企业对外直接投资的决定因素。不完全市场的表现为:产品市场不完全;资本和技术等要素市场不完全;规模经济带来的市场扭曲;政府的关税等贸易限制措施造成的市场扭曲。前三种不完全市场使企业拥有垄断优势,如产品市场不完全可以使企业保有产品差异;企业可以利用国际专业化生

---

① 世界银行集团.2019年世界发展报告(中译本)[M].世界银行官网,2019:35.

产突破规模的限制,取得内部规模经济的优势,从而限制竞争者的介入。第四种不完全市场则导致企业通过对外直接投资,利用其垄断优势,绕过东道国的贸易壁垒进入东道国市场。

垄断优势理论只解释了企业进行海外直接投资的原因,但并没有解释企业为何不采取商品直接出口,或转让特许权的方式到海外扩展。

二、内部化理论

内部化理论由英国学者巴克利(Peter J. Buckley)和卡森(Mark O. Casson)提出,由加拿大学者拉格曼(A. M. Rugman)加以发展。

内部化理论形成于20世纪70年代中期。此前的对外直接投资理论多以美国企业的海外直接投资为研究对象,依靠经验研究而不是具体的实证分析,故缺乏普遍的理论意义。这就需要研究各国各行业企业海外投资的决定性因素,建立企业海外直接投资的一般理论。巴克利和卡森通过对跨国经营企业内部资源配置机制的研究,首先提出了内部化理论。

该理论认为,中间产品(指知识、信息、技术、商誉、零部件、原材料等)市场是不完全的。这种不完全是由某些市场失效及中间产品的特殊性质所致,如信息具有公共物品的性质,在外部市场上转让容易扩散。中间产品的这种特性导致交易价格的不确定性,使企业正常经营活动所需的中间产品市场是不完全的,导致企业市场交易成本的增加。为最大限度地追求利润,企业必须建立内部市场,利用管理手段协调企业内部资源流动与配置,避免市场不完全对企业经营效率的影响。当企业内部化超越国界时,就成为企业对外直接投资的过程。因此,企业内部化的因素就成为决定企业对外直接投资的因素。

巴克利和卡森认为,影响中间产品市场交易成本和企业实现中间产品市场内部化的因素有四种:①行业特定因素,主要包括中间产品的特性、外部市场结构等。②国别特定因素,指东道国政府的政治、法律、经济状况。③地区特定因素,指地理位置、社会心理、文化差异等。④企业特定因素,指企业的组织结构、管理经验、控制和协调能力等。

此外,他们还提出,中间产品市场不完全有两种基本形式:一是技术等知识产品市场的不完全;二是零部件、原材料等中间产品市场不完全。

三、国际生产折中理论

国际生产折中理论是由英国里丁大学邓宁教授提出的。他认为,以往的理论只能对国际直接投资作出部分解释,且未将投资理论与贸易理论结合起来,因此,需要一种折中理论来分析跨国公司的产生。该理论包容了经济理论中的厂商理论、区位理论、工业组织理论,又吸收了国际经济学中的各派思想,把国际贸易、对外直接投资和非股权转让三者合为一体。

国际生产折中理论认为,企业对外直接投资需要满足以下三个条件。

第一,企业在供应某一特定市场时要拥有对其他国家企业的净所有权优势。这些所有权优势主要表现为独占某些无形资产的优势和规模经济所产生的优势。

第二,如果企业拥有对其他国家企业的净所有权优势,那么,在它使用这些优势时,必须比将其转让给外国企业去使用更加有利,也就是要具有内部化优势。

第三,如果企业在所有权上与内部化上均具有优势,那么,它把这些优势与东道国的区位因素相结合必须使企业有利可图。区位因素包括东道国不可移动的要素禀赋优势及对外国企业的鼓励或限制政策,要素禀赋一般指东道国的自然资源、人力资源、市场容量等。

邓宁对所有权优势、内部化优势和区位优势的内涵做了如下解释。

1. 所有权优势

它包括对有形资产和无形资产占有上产生的优势、生产管理上和多国经营形成的优势。

2. 内部化优势

企业使其优势内部化的动机是避免在资源配置上因外部市场的不完全性对企业经营产生的不利影响,使它不能保持和利用企业技术创新的垄断地位。市场不完全可分为结构性的与知识性的两种。前者指竞争壁垒、贸易战等;后者指难以获得生产与销售的信息。因此,在技术等无形产品的生产与销售领域,以及某些自然资源生产加工的产品与销售领域,企业需要把优势内部化,以避开外部市场机制不完全带来的问题。

3. 区位优势

区位优势取决于东道国以下方面的状况,包括要素投入和市场的地理分布状况、各国生产要素的成本及质量、运输成本、通信成本、基础设施、政府干预的范围与程度、金融制度、国内外市场的差异程度、以及因历史、文化、风俗习惯、商业惯例而形成的心理因素等。企业从事国际生产必然要受到这些因素的影响。

因此,企业必须同时兼备所有权优势、内部化优势和区位优势,才能从事有利的对外国的直接投资活动。如果企业仅有所有权优势和内部化优势,而不具备区位优势,这就意味着缺乏有利的国外投资场所,因此企业只能将有关优势在国内加以利用,而后依靠产品出口来供应当地市场。如果企业只拥有所有权优势和区位优势而无内部化优势,则企业拥有的所有权优势难以在内部加以利用,只能将其转让给外国企业。如果企业具备了内部化优势和区位优势而无所有权优势,则意味着企业缺乏对外国直接投资的基本前提。

四、战略联盟理论

20 世纪 80 年代以后,随着世界市场竞争加剧,跨国公司为了保持和发展生存空间,纷纷采用战略联盟的形式,增加公司的竞争力和生命力,跨国公司战略联盟的理论应运而生。其中比较权威的理论是邓宁的三因素论。

邓宁在《解释国际生产》一书中分析了跨国公司热衷于建立战略联盟的原因。他认为,20 世纪 80 年代以来有三个方面的发展促成了跨国公司在竞争战略上的转变。

(一)技术的进步

许多高科技的应用是为了实现多种目的。如机器人、微芯片、与计算机相关的通信技术等。此外,这些新技术还有另一种特性,即它的有效利用常常要求与其他技术相结合。而且许多技术创新需要大量人力、物力和资本,为了得到有效的利用,要求跨国公司必须与大小不等和不同地理位置的其他公司建立联盟。

（二）国家的存在

跨国公司认识到，它们的未来不是取决于国内而是取决于世界经济的发展趋势；而且，跨国公司也意识到所有经济体仍然是国家，协调它们的经济政策以保持国际经济正常运行是符合自己利益的。因此，跨国公司倾向于与东道国进行合作。20世纪80年代末新兴工业化国家出现了全球竞争的态势，跨国公司随之出现了联盟以进行竞争。为了加强自身的竞争力，新型公司积极通过建立联盟寻求合作者。在当代世界经济中，决定一个国家和一个公司国际竞争地位的是技术、人力资源和组合系统，而不再是自然要素禀赋。技术创新和组织上的进步使跨国公司在选择投资、经营活动的区位时，有了更大的自由。它们在哪个国家和地区落户，通常不受有无资源及其成本的限制，而是受技术质量、人的技能和通信设施等的制约。

（三）企业活动范围的变化

20世纪80年代以前，跨国公司的界限受到自身的创业视野、技术能力、财政资源以及组织能力的限制。20世纪80年代以后，形势发生了很大变化。跨国公司为使它们经营链条的各个环节以最低交易成本进行，越来越要求在供应商和顾客之间采取更加合作的姿态，在某些情况下，已经接近准一体化的水平。在某些国家（如美国），这种关系的条件可以在有法律约束的合同中规定，也可以建立在道义承诺、相互容忍、相互信任和共同维护声誉的基础上。

这些新的发展态势是科学技术进步和国际竞争激化所带来的直接结果，使跨国公司之间在价值增值链的所有环节，都有非股权联盟大量涌现。

跨国公司建立战略联盟在付出高投入的同时，也取得了更大的收益。高投入包括为建立联盟而提供的研发设备和人力资本，投资于新的培训教育、销售和批发设施等。此外，还要承担联盟后出现的消极溢出效应，面临竞争力削弱的风险。更大的收益包括分享研究与开发的成果，生产成本的降低，技术能力的提高，风险的减少，新市场的开拓，新见解的吸纳，经营和管理技术的改善，文化差异的缩小，经营方法的交流等。它们可增强公司的综合竞争能力，并导致由联盟经营范围扩大而带来的成本节约或一体化。

五、公司跨国投资区位说

随着贸易自由化和投资自由化，企业跨国经营的区位选择面临不同的机遇与挑战，引发学界的研究，并提出一些新说法。

（一）企业"异质"说

美国哈佛大学教授梅里兹（Melitz）认为，当各国之间国际贸易壁垒撤除的时候，同一行业不同生产率的企业可能面临不同的机遇和挑战。生产率最高的企业由于贸易壁垒的撤除，获得了进入国外市场的机会，因此可以进一步扩大市场占有份额。生产率较低的企业由于生产利润较低，不足以弥补到国外市开拓市场的固定成本，只能退出市场。[①]

---

① MELITZ M J. The impact of trade on intra-industry reallocations and aggregate industry productivity[J]. Econometrica，v71(6，Nov.)，2003：1695-1725.

（二）产权决定说

美国学者安塔斯（Antràs）研究企业对于某个生产环节，到底应该自己生产还是外包生产，企业到底应该是在本国生产还是通过投资到国外生产。他认为，产权是促进生产的一种激励手段，谁拥有更多的产权，谁就有更多的动力投入生产。而最优的产权配置应该使得生产中比较重要的一方获得更多的产权。例如，对于处于产品生命周期早期的产品来说，由于它技术含量较高，研发环节的重要性很高，装配环节重要性较低，因此产权应该更多地赋予以研发为核心业务的新型企业，而由这个企业雇用装配者进行生产。但是对于处于生命周期后期的产品来说，研发环节可能不是很重要了，于是可以赋予装配加工者更多的产权，创新企业可以将装配环节外包给独立的装配者。[①]

本章小结

（1）国际投资活动成为世界经济活动中的重要现象，它对投资国和东道国的经济贸易发展具有重大的影响。在国际投资活动中，对外直接投资占有重要地位。跨国公司成为国际对外直接投资的主要承担者。

（2）第二次世界大战以后，在第三次科技革命的推动下，发达国家产业结构不断优化，为了追求高额利润，绕过关税和非关税壁垒，发达国家企业通过直接投资方式，进行工厂外迁，出现了跨国企业和跨国公司。

（3）发达国家一直是外国直接投资的投资国和东道国，也是跨国公司的缘起国和大多数跨国公司的拥有者。随着发展中国家的经济发展，尤其是新兴工业化国家的崛起，它们也开始进行对外直接投资活动，产生了发展中国家的跨国企业和跨国公司。

（4）为了兴利除弊，各东道国对外国直接投资设置了鼓励、限制政策。随着外国直接投资积极效应的显现，对外国直接投资出现了自由化政策。它通过单边、双边和多边进行自由化。

（5）跨国公司是外国直接投资的主要承担者。为了追求利润最大化，跨国公司制定全球性的经营战略，形成国际生产链和销售渠道网，配置全球资源，促进了商品的生产和流通以及资本的国际流动。

（6）为了分析跨国公司产生和发展的原因，出现了许多跨国公司的理论，诸如垄断优势理论、内部化理论、国际生产折中理论、战略联盟理论和一些新学说。

思 考 题

1. 国际投资如何分类？
2. 对外直接投资的动因是什么？
3. 对外直接投资产生了何种贸易效应？

---

① Pol Antràs. Firms, contracts, and trade structure[J]. The quarterly journal of economics. 2003,118(4): 1375-1418.

4. 东道国通过什么措施鼓励外资进入？
5. 世界贸易组织以什么协议进行投资自由化？
6. 跨国公司经营战略的主要内容是什么？
7. 跨国公司对外直接投资的作用是什么？
8. 跨国公司理论主要解决了什么问题？

习　题

第十五章 世界贸易中的中国

本章介绍中国对外贸易的建立与发展,对外贸易政策的演变,参与国际分工和与世界市场融合的进程,接受的国际协定与参加的国际金融组织和世界贸易组织。

通过学习,学生应知道中国对外贸易建立与发展状况,知晓中国对外贸易政策的逐渐演变与效益,掌握中国参与国际分工的形式与格局、与世界市场融合的途径,中国接受和参加的国际协定和世界金融与贸易组织。

第一节 中国对外贸易的建立与大发展

一、对外贸易的建立与发展阶段

1949年10月1日中华人民共和国成立后,通过废除1949年前帝国主义在中国贸易领域中的特权,没收官僚资本,建立起国营对外贸易企业,改造私营进出口商,改变了旧中国对外贸易的殖民地和半殖民地性质。通过计划经济体制,实行对外贸易统制和保护贸易政策,确立了独立自主的高度集中的贸易体制。在坚持自力更生方针下,对外贸易立足于中国经济的恢复与发展,在对外贸易关系中,坚持平等互利原则。

中华人民共和国成立到2019年,对外贸易发展经历了两个重要阶段。1950年到1978年为改革开放前阶段,对外贸易发展基础为计划经济,对外贸易从恢复到发展,整体呈现低速、低质、低位的局面。1979年后为改革开放阶段,对外贸易发展基础从计划经济过渡到由计划商品经济,到特色社会主义市场经济的确立、完善与提升。对外贸易出现大发展,在货物贸易、服务贸易、贸易依存度、贸易对象、利用外资与对外投资、外汇储备与人民币地位、专利申请、国际经济地位与贡献、参与国际分工和进入世界市场、贸易政策、管理体制与经贸教育方面取得巨大进步和成就。对世界经贸发展贡献不断加大。

二、对外贸易的发展成就

(一)货物贸易:从小国成为第一大货物贸易国家

1. 贸易额与差额:贸易额从小到大,从逆差转变为顺差

货物贸易总额从1950年的11.35亿美元增长到1980年的378.2亿美元、2012年的38 671亿美元和2017年的41 070亿美元。同期出口贸易额分别为5.25亿美元、182.7亿美元、20 487亿美元和22 630亿美元,进口贸易额分别为5.83亿美元、156.8亿美元、18 184亿美元和18 440亿美元。同期贸易差额分别为0.58亿美元逆差,25.9亿美元、2 303亿美元和4 190亿美元顺差,见表15.1。

表 15.1　中国四个年份货物贸易额增长　　　　　　　　　　亿美元

年　份	进出口总额	出　口	进　口	贸易差额
1950	11.35	5.25	5.83	−0.58
1980	378.2	182.7	156.8	25.9
2012	38 671	20 487	18 184	2 303
2017	41 070	22 630	18 440	4 190

资料来源：中国统计年鉴；联合国贸易与发展会议,2018年统计手册。

2. 贸易结构：不断优化

1) 出口

改革开放以前,出口贸易中主要是初级产品。改革开放以后,初级产品所占比重下降,制成品所占比重不断上升。二者所占比重,1953 年为 79.4% 与 20.6%；1985 为 50.6% 与 49.4%；1995 年为 14.4% 和 85.6%；2005 年 6.4% 和 93.4%；2010 年 5.1% 和 94.8%。此后年份变动不大。

2) 进口

改革开放前后,制成品所占比重一直高于初级产品所占比重。前者大致为 2/3,后者为 1/3。

3. 贸易地位：急剧提高

改革开放前中国在世界出口货物贸易中的地位低下。从 1950 年到 1978 年中有 15 个年份低于 1%,其余年份也未达到 2%。1977 年为 0.65%,在世界贸易中居第 36 位。

改革开放后中国在世界出口货物贸易中的地位急剧提升。所占比重从 1978 年的 0.75% 提高到 1988 年的 1.67%、1998 年的 3.4%、2011 年的 14.9% 和 2017 年的 13.2%,同期在世界贸易出口中的位次从第 34 位晋升到第 16、第 9、第 2 和第 1 位。

（二）服务贸易：后起高速发展,成为服务贸易大国

1. 贸易额与差额：贸易额高速发展,但存在逆差

服务贸易在 20 世纪 80 年代开始发展。服务贸易出口额从 1990 年的 58.55 亿美元增长到 2000 年的 304.31 亿美元,2010 年的 1 712 亿美元和 2017 年的 2 263 亿美元；同期进口额为 43.52 亿美元、360.3 亿美元、1 933.2 亿美元和 4 641 亿美元。同期贸易逆差为 15.0 亿美元、55.9 亿美元、221.2 亿美元和 2 378 亿美元。

2. 贸易结构：逐步优化

迄今为止,在服务贸易中,运输、旅游和其他商业服务所占比重一直占据主要地位。从 2001 年、2005 年、2010 年和 2017 年,三者所占比重为 85.1%、77.1%、69.3% 和 96.6%。其中运输所占比重为 22.9%、27.9%、26.9% 和 19.8%；旅游所占比重为 44.1%、32.5%、27.8% 和 42.2%；其他商业服务为 18.1%、16.7%、14.6% 和 34.6%。

3. 贸易地位：不断提升

随着服务业的发展,中国在世界服务贸易中的比重迅速提高。在世界服务贸易总额中的比重从 1982 年的 0.6% 提升到 1992 年的 1.0%,1997 年为 2%,2004 年的 3.1%,2007 年的 4.1%,2011 年的 6.1% 和 2017 年的 13.4%。

1992 年前中国服务出口在世界服务贸易出口中的比重一直高于进口所占比重；此

后,中国服务贸易出口在世界服务贸易出口中的比重一直低于进口所占比重。1992年各占1%,2002年各为2.5%和2.7%,2011年各为4.3%和5.8%,2017年各为4.3%和9.1%。

(三) 对外贸易依存度

改革开放以前,中国对外货物贸易依存度一直低于10%。

改革开放以后,中国对外贸易整体依存度从1978年的9.8%骤升到2008年的57.3%,此后由于金融危机和中国国内市场的发展,贸易依存度回落。2011年为48.6%,2017年为33.4%。1978—2017年中国对外贸易依存度变化见表15.2。

表15.2 1978—2017年中国对外贸易依存度变化   %

年 份	进出口依存度	出口依存度	进口依存度
1978	9.8	4.6	5.2
1988	25.4	11.6	13.8
1998	34.2	19.4	14.8
2008	57.3	32.0	25.3
2011	48.6	25.3	23.3
2017	33.4	18.3	15.1

资料来源:依据中国统计年鉴计算。

对外贸易成为中国经济发展的重要支柱。

(四) 对外贸易地区分布:从局部到世界

1. 改革开放前:局部国家和地区

1950年到1978年,中国与发展中国家、西方资本主义国家、中国港澳地区和苏联东欧国家对外贸易呈以下变化。

中国与发展中国家的贸易比重一直在1/5左右;与西方资本主义国家的贸易比重呈马鞍形,从1950年的40.3%剧降到1952年的3.9%,又提升到1960年的16.2%、1970年的55.2%和1978年的56.1%;与中国港澳地区的贸易比重呈马鞍形,1950—1953年在10%以上,1954—1962年降低到10%以下,此后到1978年上升到10%~16%;与苏联东欧国家贸易比重先高后低,从1950年的31.9%升高到1955年的71.9%,到1960年徘徊在50%~60%,此后急速下降到20%以下。

2. 改革开放后:遍及世界

中国主要贸易国家为日本、美国和韩国,集团为欧盟;地区为中国香港和中国台湾。

1984年到2018年,上述集团、国家和地区占中国出口贸易额的比重一直在2/3上下。它们在中国出口贸易额的比重1984年为65.3%(缺韩国和中国台湾),2001年为76.8%,2018年为60.1%;同期,占中国进口贸易额的比重为68.9%、67.8%和46.8%,进出口贸易比重的下降表明中国进出口市场在多元化。但同期内中国与它们贸易各有特色。

日本在中国出口贸易中比重从20.6%下降到16.9%和5.9%;在进口中的比重从31.3%下降到17.6%和8.5%。贸易为逆差。

美国在出口中比重分别为9.3%、20.4%和19.2%,在进口中的比重由14.8%降到10.8%和7.2%,贸易从逆差转为顺差。

欧盟在出口中比重为8.9%、15.4%和16.4%,在进口中比重为12.7%、14.7%和12.8%,从逆差转变为顺差。

中国香港在出口中比重为26.7%、17.5%和12.2%,在进口中比重为10.9%、3.9%和0.4%,贸易为顺差。

中国台湾在出口中比重1994年为1.4%,2011年为1.8%,2018年为2.0%;同期,在进口中比重为12.0%、11.2%和8.3%。贸易一直为逆差。

同期内,韩国在出口中的比重为3.6%、4.7%和4.4%;在进口中的比重为6.3%、9.6%和9.6%,贸易为逆差。

重要年份中国对外贸易主要贸易对象变化情况见表15.3。

表15.3 重要年份中国对外贸易主要贸易对象变化情况　　　　　　　　%

年 份	日本		美国		韩国		欧盟		中国香港		中国台湾	
	出口	进口	出口	进口	出口	进口	出口	进口	出口	进口	出口	进口
1984	20.6	31.3	9.3	14.8	—	—	8.9	12.7	26.7	10.9	—	—
1994	17.8	22.8	9.3	12.0	3.6	6.3	12.1	14.7	26.7	8.2	1.4	12.0
2001	16.9	17.6	20.4	10.8	4.7	9.6	15.4	14.7	17.5	3.9	1.9	11.2
2007	8.4	14.0	19.1	7.3	4.6	10.9	20.1	11.6	15.1	1.3	1.9	10.6
2011	6.1	8.9	17.1	7.1	4.4	9.3	18.8	12.1	14.1	0.8	1.8	7.2
2018	5.9	8.5	19.2	7.2	4.4	9.6	16.4	12.8	12.2	0.4	2.0	8.3

注:欧盟成员国数量1994年前为12个,2001年为15个,2011年为27个。
资料来源:WTO贸易统计,国家统计局中华人民共和国2018年国民经济和社会发展统计公报。

(五)利用外资与对外投资:从微不足道成为大国

改革开放前,利用外资和对外投资微不足道。改革开放后,二者发展态势良好。

1. 利用外资快速增长

利用外资金额从1982年的4.3亿美元增加到1991年的43.66亿美元,1993年突破百亿美元增加到2000年的407.15亿美元,从2001年到2007年从接近500亿美元增加到接近千亿美元;2008年到2016年突破千亿美元。

2. 对外投资出现跳跃式增长

1982年到1991年中国对外投资从不到1亿美元增加到近10亿美元;从1993年到2004年达到两位数,从2005年到2012年突破百亿美元并快速增加到近千亿美元,从2013年到2016年突破千亿美元到接近2 000亿美元。

3. 从外资净流入转变为资本净流出

利用外资金额与中国对外投资占世界的比重,在1982年到2004年前者远远高于后者。1982年两者分别为0.74%和0.16%,2004年两者分别为8.7%和0.6%;从2005年到2013年二者逐渐接近,2005年二者分别为7.55%和1.46%;2009年分别为7.98%和5.13%;2013年分别为8.59%和7.71%,差幅接近;2014年到2016年出现逆转,二者比重从2014年的9.71%和9.82%扩大为2016年的7.66%和12.61%。中国成为资本净流出国。

4. 利用外资存量和对外投资存量差幅缩窄

利用外资存量从1982年到1986年从近20亿美元增加到近百亿美元;从1987年到1994年突破百亿美元增加到近800亿美元;从1995年到2000年突破千亿美元接近2 000亿美元;从2001年到2013年突破2 000亿美元接近万亿美元;从2014年到2016年突破万亿美元接近1.4万亿美元。

中国利用外资存量占世界比重1982年到1990年在0.23%和0.94%之间;1991—2010年在1.0%和4%之间;2014—2016年提高到5%上下。在世界外资流出量中的比重,从1982年的0.01%提升到2007年的0.63%;从2008年的1.15%提升到2014年的2.66%;进一步提升到2015年和2016年的4.4%和4.9%。

5. 利用外资质量提高

2016年联合国贸易和发展会议发布的《全球投资趋势监测报告》对中国利用外资态势作出归结:中国利用外资的结构继续优化,质量有所提高。流入服务业特别是高附加值服务业(如研发)以及高技术制造业的外资继续增长,外资继续向资本技术密集型产业和高附加值领域倾斜,并继续从劳动密集型产业转移出去。

(六) 外汇储备与人民币地位:外汇从短缺到厚实,人民币步入国际化

1. 外汇储备快速增长

外汇储备从1996年的1 050.29亿美元增加到2006年的8 188.72亿美元、2009年的23 991.52亿美元和2011年的31 811.48亿美元,此后一直保持在3万亿美元以上。

2. 人民币入篮

篮子货币来自国际货币基金组织的特别提款权(special drawing rights,SDR)。它是国际货币基金组织于1969年创建的一种国际准备资产和记账单位,是会员在国际货币基金组织普通提款权的补充。SDR采用一篮子货币的定值,2015年前成为篮子货币和其比重为:美元(41.9%),欧元(37.4%),英镑(11.3%),日元(9.4%)。

一种货币被纳入篮子要达到两个标准,即在国际贸易中使用的规范性和"可自由兑换"。在2010年进行的评审中,人民币被认为符合第一个标准,但达不到第二个标准。在2015年的评审中,人民币被认定为"可自由使用货币"。2015年11月30日,人民币"入篮"被确定。新的货币篮子在2016年10月1日生效。其中,人民币所占比重为10.92%,欧元下调至30.92%,英镑下调至8.09%,日元下降至8.33%,美元微降至41.73%。

人民币的"入篮"将推进人民币国际化进程,有利于提供中国以本币进行贸易、投资等国际经贸活动。2020年,人民币如实现自由兑换,像美元一样自由买卖,届时,它将与美元和欧元一道成为主要外汇储备货币。

(七) 从专利申请小国跃为名列前茅大国

中国在知识产权成果上进步迅速,与发达国家差距缩短。世界知识产权组织发布的《2015年世界知识产权指标》指出,中国国家知识产权局在专利、商标、工业产品外观设计等知识产权的全球申请量中均排名第1位,在知识产权授权和持有方面也占有显著比例。

2014年中国专利申请达到92.8万件,占全球总量268万件的34.6%。超过美国和日本的57.8万件和32.6万件,居世界第一。

2018年中国境内专利申请432.3万件。全年共签订技术合同41.2万项,技术合同成交金额17 697亿元人民币。

(八)成为世界第二大经济体,对世界经济增长贡献率加大

中国经济规模(GDP)在1980年约为3 000亿美元,全球排名第8位,仅为美国的1/10;人均310美元,仅为美国的1/40。2016年中国经济规模达到11万亿美元,仅次于美国,约为其60%;人均8 085美元,约为美国的1/7。中国成为世界上仅次于美国的第二大经济体。

2009年到2011年,中国对世界的贡献率达到50%以上,2015年对世界经济增长的贡献率在30%,2016年GDP增长率为6.7%,对全球经济增长的贡献率达到33.2%。

(九)从国际分工外围向国际分工中心进军;对世界市场从局部进入到整体全面融入;接受和参与有助世界市场健康发展的国际条约、区域组织和国际金融、贸易组织

(十)从抵制自由贸易到接受加入以自由贸易为基础的世界贸易组织,成为自由贸易、多边贸易体制的坚定支持者和维护者

(十一)逐步建立起与世界贸易管理体制接轨、与中国国情结合的对外贸易管理体制

(十二)逐步建立起面向世界、面向未来的国际贸易发展的教育体系,培养出德智体全面发展的众多的国际贸易人才

第二节 中国对外贸易政策的演变

中华人民共和国成立后,不同历史时期,对外贸易政策逐步演进。

一、国家管制保护贸易政策(1950—1978年)

(一)政策内涵

1949年9月通过的《中国人民政治协商会议共同纲领》规定,中国"实行对外贸易的管制,并采用保护贸易政策"。它与历史上的贸易保护政策有所不同:第一,它是建立在国家管制基础上的。第二,它体现中国恢复和发展经济的要求。第三,它对贸易保护的深度和措施超过后者。

(二)政策依据

政策依据有七个:第一,历史上后进国家开始都采用贸易保护政策。中华人民共和国成立后,百废待兴,不能例外。第二,中华人民共和国成立后生产力落后,竞争能力弱,为了培育中国的幼稚工业,发展生产力,需要进行保护。第三,计划经济的要求。第四,对西方发达国家敌视中国的应对。第五,马克思、恩格斯有关贸易保护的论述。第六,苏联

建国后列宁有关对外贸易垄断制的论述与实践。第七,参考和吸收李斯特幼稚工业保护的学说。

(三) 政策特点

1. 国家高度垄断对外贸易

经营对外贸易的公司都是对外贸易部所属总公司和口岸分公司,任何地方、任何机构不允许做进出口买卖。

2. 高度集中的计划管理

对外贸易活动的所有环节如收购、出口、进口、调拨、外汇收支等都纳入国家指令性计划管理,并严格执行。

3. 比较严密的贸易法规

在中央政府领导下,制定了有关外贸企业、进出口商品管理、外汇、海关、商检、知识产权保护、涉外仲裁等法规,形成一套体现国家管制贸易保护政策的法规体系。

4. 高效的贸易保护措施

保护对外贸易的措施主要有:国家计划控制,设置高关税,实行外汇管制,监管进出口商品许可证,设立海关和商检,进行货运监管和统一商检等。

5. 坚持平等互利原则

1949年9月通过的《中国人民政治协商会议共同纲领》规定:"中华人民共和国可在平等和互利的基础上,与各外国的政府和人民恢复并发展通商贸易关系。"为此,中国在对外贸易中,坚持国家不分大小、贫富、强弱一律平等,双方的权利与义务对等;进出口商品根据双方的供应和需要交易,尊重对方的民族爱好和习惯;按照国际市场价格水平公平合理作价;严格履行贸易协议和合同,重合同守信用。

6. 尽力发展对外贸易关系

第一,调整和应对与苏联东欧经贸关系的转变。第二,突破以美国为首的发达国家对中国的封锁禁运,发展与欧洲和日本的经贸关系。第三,大力发展内地与中国香港和中国澳门的经贸关系。第四,努力发展同发展中国家的经贸关系。

(四) 政策作用

为中国积累了建设资金,弥补资源和急需生活用品短缺,有助于国民经济的恢复和重建。同时,高度垄断的外贸体制也束缚了对外贸易的发展和作用的发挥。

二、保护贸易政策改革(1978—1992年)

(一) 政策的含义

这是指在邓小平对外开放思想指导下,管制的贸易保护主义从坚定的内向型贸易保护向外向型的保护贸易政策转变。通过逐步开放地区,设立经济特区,发展对外贸易,利用外资,引进先进设备和管理经验,发展旅游等,利用国内和国外两种资源,打开国内和国外两个市场,学会组织国内建设的本领和发展对外贸易关系的两种本领,赢得对外贸易的高速发展,促进国民经济的快速发展。

(二)政策实施

(1) 改革外贸管理体制和经营体制。它们包括：政企分开，权力下放；削弱计划管理，增加市场调节；企业打破财政统收统支，自负盈亏；放开经营，平等竞争；开展加工贸易。

(2) 积极吸收外商直接投资。为此，制定吸收外资法律，对外商直接投资给予税收优惠，改进外汇平衡办法，指引外商直接投资领域，放宽审批权限，进行配套(信贷、土地使用、进出口、人事劳动管理、外汇管理)改革。

(3) 积极利用外国政府贷款和国际援助，开始到国外资本市场发行债券和股票，进行直接融资。

(4) 在一部分地区实行特殊政策，先后设立经济特区、经济技术开发区、上海浦东新区、沿海经济开发区、台商投资区、国家旅游度假区、高新技术产业开发区、保税区等。

(5) 重视技术引进和其他国际经济技术合作。

(6) 1979年主动提出加入国际货币基金组织和世界银行，1980年成为它们的成员。1986年向GATT提出恢复缔约方地位的申请，并开始进行恢复谈判。

(三)政策效益

1. 对外贸易实现高速增长，在世界上的贸易地位显著上升

中国对外贸易额从1978年的206.4亿美元提高到1992年的1 655.3亿美元，年均增长14.89%。出口贸易额占世界贸易额的比重同期从0.75%上升到2.26%，在世界排名从第34位提升到第11位。

2. 对外贸易由连续逆差转变为顺差，外汇储备显著增加

1990年对外贸易告别逆差，国家外汇储备从1979年的8.4亿美元增加到1992年的194.4亿美元，从而增强了国际支付能力，显著改善国际支付信誉，保证按期偿还外债的能力，增强了应对外部金融风险的能力。

3. 进出口商品结构明显优化

工业制成品在出口的比重从1978年的47%以下提高到1987年的66%、1992年的近80%。技术产品开始出口。

4. 市场多元程度提高

相继与190多个国家和地区建立了比较稳定的贸易关系。

5. 加工贸易和外商投资企业成为扩大出口的主力军

加工贸易进出口占中国进出口贸易总额的比重从1988年的25%提升到1992年的43%。

6. 促进了国民经济的发展

第一，推动国民经济的发展。出口占国内生产总值的比重从1978年的4.6%提高到1990年的15.9%。第二，增加了国家税收。1979—1992年征收的关税和进口环节税累积2 028亿元。第三，扩大了社会就业。

7. 推动中国双边经贸关系的改善

8. 示范效应

首先改革和开放地区的经贸高速发展与人们生活的提高，激发了中国政府、企业和国民进一步对内改革和对外开放的动力。

三、从保护贸易政策转向自由贸易政策（1992—2001年）

1992年，中国建立社会主义市场经济体制，要求对外贸易政策从保护贸易政策转向自由贸易政策，从局部开放转变为整体开放。

（一）政策内涵

它是指在社会主义市场经济体制基础上与世界经贸整体对接、融入经济全球化，进行货物、服务和要素流动的互接互补，全面参与国际分工，加入WTO，以促进中国整体经贸发展，对世界经贸发展有所贡献。

（二）政策特点

(1) 局部开放贸易政策的延伸和深化。
(2) 建立在社会主义市场经济体制上。
(3) 具有制度性和全域性开放性质。
(4) 确立的经济基点是开放性经济。
(5) 为中国加入多边贸易体制构建可行性。

（三）政策实施

1. 加大推进外贸体制改革力度，以经济手段调控对外贸易运行

建立外贸企业自负盈亏机制；逐步降低进口关税，1999年、2000年和2001年连续降低进口关税；取消进出口指令性计划；加快下放外贸经营权；改革汇率制度，把国家垄断的汇率制度转变为以市场供求为基础的、单一的、有管理的浮动汇率制度，实现人民币经常项目下完全可自由兑换；进行国有四大专业银行的商业银行化改革，成立国家开发银行、进出口银行和农业银行3家政策性银行。允许外国银行在中国设立分行。

2. 构建全方位、多层次和宽领域的对外开放的格局

全方位是指对世界各类型国家和地区开放；多层次是指形成经济特区-沿海开放城市-沿海经济开发区-沿江、沿边和内地结合在一起的开放格局；宽领域是指对外开放领域涵盖政治、经济、科技、教育、文化、体育、卫生等众多领域。

3. 运用法律手段加强外贸管理

为适应加入WTO和发展社会主义市场经济，1994年7月1日颁布《中华人民共和国对外贸易法》，逐步建立起配套的外贸法规、外商投资法律和公平贸易法规体系。

4. 构建和实施外经贸发展战略

1990年推出外贸市场多元化战略和以质取胜战略，1999年构建和实施科技型经贸战略，20世纪90年代后期提出实施"走出去"战略。

5. 发展国际区域经济合作

1991年11月中国参加亚太经济合作组织（APEC），1994年4月中国正式加入《曼谷协定》，1996年3月中国参加亚欧会议（ASEM），1996年和1997年构建上海合作组织（SCO），2000年10月与非洲国家共同举办中非合作论坛，2000年11月与东盟开始构建中国-东盟自由贸易区等。

（四）政策效益

1. 对外贸易实现大发展

进出口贸易总额从1992年的1 655.3亿美元增加到2001年的5 096亿美元；货物贸易出口额在世界出口中的比重从1992年的2.3%上升到2000年的3.92%，贸易地位从第11位提升到第6位。初级产品在出口中的比重从1992年的20%下降到2000年的10.2%；同期，制成品在出口中所占比重从80%上升到89.8%。外汇储备从1999年的1 547亿美元增加到2001年的2 122亿美元。

2. 加工贸易快速发展

1996年加工贸易超过一般贸易成为贸易的主要方式。它在中国进出口贸易总额中的比重从1992年的43%提高到2001年的47%。

3. 外商来华投资快速发展且质量提高

1992—2001年，中国成为全球投资热点，全国实际使用外资金额从110.1亿美元提高到468.8亿美元。世界最大500家跨国公司中有近400家在中国设立了一批高新技术项目和外商投资研发中心，并逐步进入中国开放的服务业领域。

4. 经济特区等特殊功能区取得重大进展

经济特区功能不断加强，浦东开发区开放取得巨大进展，经济技术开发区高速发展，保税区完善运作方式，边境经济合作区发挥了独特作用。它们在吸收外资承接国际制造业转移的同时，也不断优化外资结构、促进产业链条延伸、加强产业聚集效应，成为参与国际分工和国际市场的重要环节。

5. 对外经济合作稳步发展

对外投资流量从1992年的1.95亿美元增长到2000年的5.5亿美元，投资存量同期从15.9亿美元增长到37.7亿美元。对外承包工程业务遍及180多个国家和地区。中国对外经济技术合作公司从1992年的211家发展到2001年的1 400家。

6. 对外贸易作用加大

对外贸易从调剂市场余缺和出口创汇功能，发展成为拉动经济增长、促进技术进步、调整产业结构、增加财政收入、扩大社会就业、提高居民收入、实现和改善国际收支的重要支柱。

7. 完成加入WTO谈判

1995年，WTO成为多边贸易体制的法律和组织基础。中国社会主义市场经济体制的建立为进入多边贸易体制构建了通道，经过15年的艰苦谈判，中国于2001年12月11日成为WTO第143个成员。接受WTO的有节制的自由贸易理论与协议。

四、接受自由贸易、加入WTO（2002—2012年）

WTO是以自由贸易理论为基础的组织（见第八章）。入世后，中国政府坚持"有约必守"，认真落实加入时的两个文件，即《中华人民共和国加入世贸组织议定书》和《中国加入世贸组织工作组报告书》。在充分享受权利的同时，也忠实履行了义务。中国得到WTO贸易自由化的好处，促进中国对外贸易的巨大、深刻发展，加深了对自由贸易政策的认识。

五、确立中国特色的自由贸易政策(2012年至今)

入世后,在社会主义市场经济体制上实行自由贸易政策。经过实践,党的十八大后形成中国特色社会主义的自由贸易政策。

(一)政策内涵

这是指在中国特色社会主义市场经济体制基础上,确认自由贸易是世界经济发展的重要引擎,它可以促进贸易和投资的自由流动,加强市场竞争,加速优胜劣汰,提高经济效率,加强价值规律的作用,促进经济全球化。而传统的自由贸易造成经济发展失衡、收入差距拉大等。为此,中国坚持开放、包容、共享和均衡的自由贸易政策,以减少过去自由贸易不公平和不合理的因素。

国家主席习近平2014年11月15日在二十国集团领导人第九次峰会上的发言中指出:"我们要继续做全球自由贸易的旗手,维护多边贸易体制,构建互利共赢的全球价值链,培育全球大市场。要继续反对贸易和投资保护主义,推动多哈回合谈判。要推动各种自由贸易协定做到开放、透明、非歧视,避免市场分割和贸易体系分化。"2017年1月17日在世界经济论坛2017年年会开幕式上的主旨演讲中习近平主席再次指出:"我们要坚定不移发展全球自由贸易和投资,在开放中推动贸易和投资自由化便利化,旗帜鲜明反对保护主义。"

(二)政策实施

1. 夯实自由贸易根基

2013年11月12日中共第十八届中央第三次全体会议通过的《中共中央关于全面深化改革若干重大问题的决定》提出构建开放型经济新体制,"适应经济全球化新形势,必须推动对内对外开放相互促进、引进来和走出去更好结合,促进国际国内要素有序自由流动、资源高效配置、市场深度融合,加快培育参与和引领国际经济合作竞争新优势,以开放促改革"。

2017年10月18日,中共中央总书记习近平在其所作的党的十九大报告中提出"推动形成全面开放新格局"。为此,要做好五个坚持,即坚持引进来与走出去更好结合,拓展国民经济发展空间;坚持沿海开放与内陆沿边开放更好结合,优化区域开放布局;坚持制造领域开放与服务领域开放更好结合,以高水平开放促进深层次结构调整;坚持向发达国家开放与发展中国家开放更好结合,扩大同各国利益交汇点;坚持多边开放与区域开放更好结合,做开放型世界经济的建设者、贡献者。

2. 通过"一带一路",普惠中国贸易自由化效益

2013年,"一带一路"倡议开始实施,进一步扩大中国开放,加强了沿线国家的经贸合作,把中国特色社会主义的成果普惠到沿线国家和世界。

3. 加强知识产权保护

党的十八大以来,中国在知识产权方面作出了一系列重大部署,建立起包括商标法、专利法、著作权法、反不正当竞争法等在内的、门类较为齐全、符合国际通行标准的知识产权法律体系,加入了几乎所有主要的知识产权国际公约。

4. 采取单边自由贸易举措

党的十八大以后,中国政府采取了诸多单方面的自由贸易举措。

设立12个自由贸易实验区,对市场准入前国民待遇负面清单管理制度进行先行先试。

2018年两次降进口关税,关税水平由2017年的9.8%降至7.5%。

2018年11月5日至10日在上海举行首届中国国际进口博览会,为全球增加对中国出口提供新机遇。

2019年3月15日,十三届人大二次会议表决通过《中华人民共和国外商投资法》。从企业组织法转型为投资行为法、更加强调对外商投资的促进和保护、全面落实内外资一视同仁的国民待遇原则以及更加周延地覆盖外商投资实践等。

(三)政策效应

1. 激发特色社会主义市场经济体制活力

它表现在:加快竞争性市场环境的形成,迫使中国企业按照市场需求调整产品结构,按照国际标准生产和国际营销规则交易;进一步冲破中国单一的国有经济的垄断局面,民营经济得到发展,形成混合经济;加速中国企业从计划经济的约束转向现代市场经济的自我适应,促进了要素流动市场的形成和政府职能的转变;加强国内法治建设,保证市场经济规律积极作用充分发挥;加快国内外两个市场的融合;中国对全球资本产生巨大吸引力;北京、上海、广州、深圳等城市向国际型和具有特定功能的全国性经济中心城市的转型,对周边城市、周边国家和世界带来经济的辐射和聚集效应。

2. 营商环境大为改善

随着中国知识产权保护制度的完善,在管理执法、注册审查、国际合作、文化环境建设等方面取得了举世公认的巨大成就。中国营商环境大为改善。世界银行公布的《2018年营商环境报告》指出,中国营商环境在全球的排名从2017年的第78位大幅跃升至2018年的第46位。

3. 构建起整体型的经济结构

中国已成为国际公认的工业最齐全的国家。中国几乎拥有各种制造工业,如造船、智能手机、笔记本电脑、平板电脑、芯片制造和封装、液晶面板、卫星导航、民航客机、航空发动机、智能手机芯片设计、通信设备、无人机、互联网等。全球500种重要工业产品中,中国占据第一的有220种。

4. 经贸全面发展的大国成型

其中包括成为第一大货物贸易国家,服务贸易大国,利用外资和对外投资大国,外汇储备大国和人民币"入篮",专利申请名列世界前茅。(见本章第一节)

5. 世界第二大经济体

中国经济规模(GDP)在1980年约为3 000亿美元,全球排名第8位,仅为美国的1/10;人均310美元,仅为美国的1/40。2016年中国经济规模达到11万亿美元,仅次于美国,约为其60%;人均8 085美元,约为美国的1/7。成为世界仅次于美国的第二大经济体。

6. 中国对世界经济增长贡献率加大

2009—2011年,中国对世界的贡献率达到50%以上,2015年对世界经济增长的贡献率在30%,2016年GDP增长率为6.7%,对全球经济增长的贡献率达到33.2%。

7. 诚信体系升华

中国整个社会诚信体系从以道德号召、舆论谴责为主维系社会诚信的模式向更规范、更严密的社会诚信体系发展。逐步形成"人无信不立,业无信不兴,国无信则衰"的理念。

8. 提高了中国的人力和经营者素质

改革开放初期,中国因劳动力成本低而在市场上具有有效的竞争力,成为外商在中国投资设厂的重大引力。随着改革开放的扩大和深化,中国投资基础建设,设立经济特区,重视教育,加大对人力资本的培育,从而形成了高素质的、与外部世界相联系的劳动力队伍,促进国际分工的深化。

与此同时,中国企业家经过锤炼,成为具有世界性的企业家,为构建本身的全球价值链创造了条件和基础。

9. 非物质遗产和传统优秀文化走向世界

随着贸易和对外交流的扩大,中国非物质遗产,如汉语、中医、中药、茶文化、陶瓷文化、饮食文化、戏剧文化、儒家思想、和合文化、工艺美术等走向世界,被世界逐步接受,国际社会对中国认知加深。

第三节 中国参与国际分工与世界市场融合

在国家存在下,国际分工是国家贸易的基础;世界市场是国家间分工商品交换的舞台。

一、中国参与国际分工的转变与原则

改革开放前,中国对资本主义国际分工采取批判态度;对苏联东欧国家的社会主义国际分工态度谨慎。20世纪60年代,中国不参加苏联和东欧国家组成的经济互助委员会(简称经互会),只当经互会的观察员。但中国经济恢复与发展的需要,被迫通过对外贸易出口农副土特产品获取外汇,以支付大量的生产资料和机器设备的进口费用。在国际分工格局中处于外围,分工形式是垂直型的。

其根本原因是错误理解马克思主义有关国际分工论述;认识不到西方经济学家国际分工学所含的合理部分。

在邓小平理论指导下,深入理解两种国际分工理论和学说,解除错误的认识,总结经验教训,在逐步接受自由贸易理论和政策的同时,对国际分工从被动接受到主动参与并创新。

据此,确定中国参与国际分工的原则,即根据经济发展水平,逐步多样化方式参与;把参与国际分工理论从"发挥优势,扬长避短"修改为"发挥优势,扬长补短";坚持自主、平等、互利的原则。

二、改革开放后参与国际分工阶段

（一）部分参与（1979—1991 年）

参与国际分工的途径主要是发展对外贸易。为了扩大出口对外贸易规模，开始引进外资，但数量不多。

（二）全面参与（1992—2001 年）

1992 年后，中国确立社会主义市场经济体制，掀起改革开放高潮，中国参与国际分工的方式由贸易为主转变为贸易与外商投资并举，外资作用加大，中国企业和产业开始嵌入跨国公司的全球价值链，中国逐步从"组车间"成为"世界工厂"。

（三）深入参与（2001—2012 年）

入世后，中国进入对外开放新阶段。中国参与国际分工采取对外贸易、引进外资和对外投资并存的方式。

伴随中国"走出去"战略的加快实施，中国企业对外直接投资规模不断扩大，中国跨国企业开始在世界各地办厂开店，买矿置地，并购入股，设立境外分支机构和网点，开始尝试构建自己的生产经营网络，形成自己主导的价值链。

（四）强化创新（2013 年至今）

党的十八大以后，中国在国际分工中进入强化和创新阶段。

1. 在参与全球价值链中，从"俘获型"转向自主型

随着中国企业创新能力的提高和研发能力的加强；通过引进高质量的外资，加大中国境外跨国公司的构建，中国开始构建中国本身的全球供应链、价值链。中国企业在全球价值链中，从"俘获型"转化为自主型。英国咨询公司 IHS 马基特公司调查报告指出，中国不再是廉价外包业务的目的地，已成为全球供应的中心。

2. 构建国际性的产能分工

截止到 2015 年底，中国已同 20 多个国家签署产能合作协议，初步完成涵盖亚、非、拉、欧四大洲的国际产能合作布局。

3. 加强区域性的国际分工

中国通过加入上海合作组织，中国—东盟"10＋1"、亚太经济合作组织、亚信会议、中阿合作论坛、大湄公河次区域经济合作等多边合作机构，与新西兰、瑞士、澳大利亚等国家签署了 14 个自由贸易协定，加强区域性的国际分工。

4. 开拓国际分工新领域

1）拓宽国际金融领域国际分工

2015 年，中国倡导创立的亚洲基础建设投资银行正式建立，标志着全球迎来首个发展中国家倡议设立的多边金融机构。它不仅为亚洲经济发展提供了新的融资渠道，也为国际分工深化提供了新的动力。

2）谋划枢纽型的国际分工模式

根据产业发展阶段和资源需要，中国从其他发展中国家以及资源型发达经济体大量吸纳自然资源，向发达国家和发展中国家大量出口工业制成品，从发达国家进口先进技术和高端零部件。

3) 开拓超大型和新兴产业的国际分工

随着中国航天、交通、桥梁、新能源、电商、超算产业的兴起,开拓世界分工的新领域。

5. 通过"一带一路"构建新型国际分工

2013年,习近平主席提出"一带一路"倡议,为沿线60多个国家和世界其他国家发展提供了新机遇。由于经济发展阶段不同,资源禀赋各异,经济互补性较强,彼此合作潜力和空间很大,中国与沿线国家开始探索和构建产业型、混合型、全面型的国际分工模式。

三、中国与世界市场的融合

中华人民共和国成立后,中国与资本主义世界市场经历了被围与突围、部分融合到整体融合的两个阶段。改革开放前为被围与突围阶段;改革开放以后,进入部分融合到整体和深入融合阶段。

(一)被围与突围

1. 被围原因

(1) 以美国为首的发达国家对中国采取敌视态度,经济上进行封锁禁运。

(2) 中国的防御。中国经济落后,为保护经济发展,国家垄断对外贸易,防范资本主义经济侵略。

2. 被围后果

中国与资本主义体系国家经济交流受限,对外贸易作用低下,制约经济的恢复与建设。

3. 解决出路

中国政府集合力量,通过各种手段突破封锁禁运,发展对外经贸关系。

4. 突围方法

(1) 发展对苏欧经贸关系。中华人民共和国成立后,接受苏联援助,大力发展与苏联、东欧对外经贸关系。

(2) 创办广交会。中华人民共和国成立初期,中国对外贸易80%是与苏联和东欧社会主义国家以政府协定、易货记账、进出口平衡的方式进行的,贸易渠道有限,贸易规模很小。为进一步扩大进出口贸易,以获取国家大规模经济建设急需的外汇,因此有必要在政府间官方贸易之外,开辟半官方乃至非官方的民间贸易渠道。广州毗邻中国香港、中国澳门,面对东南亚,无疑是这一平台的最佳位置。国家以中国贸易促进会名义,于1956年11月10日在广州举办首届中国出口商品展览会,为中国对外贸易开放窗口。

(3) 奠定物质基础。中国通过发愤图强,自力更生,积极恢复国民经济,重视科技发展,扩大贸易基础,加大对外商和投资者的吸引力,激发他们突破封锁禁运。

(4) 利用中国香港和澳门的区位优势,发展与内地的经贸关系。

(5) 通过各种途径发展与西欧国家、日本和发展中国家的经贸关系,突破封锁禁运。

(6) 改善与美国的政治关系。美国时任总统尼克松于1972年访华后,中美僵持局面打破,经贸关系逐步恢复,封锁禁运政策趋于瓦解。

(7) 恢复在联合国的合法席位。1971年,中国恢复在联合国的合法席位后,与会员国的经贸关系得到改善。

（二）中国与世界市场的融合与深化

1. 构建融合与深化基础

1978年,改革开放成为中国国策,1980年相继恢复在世界银行和国际货币基金组织的合法席位,1986年申请恢复中国在1947年GATT缔约方地位谈判,1992年社会主义市场经济体制确立和逐步完善,2001年成为WTO成员。它们为中国参与20世纪80年代后的经济全球化、为国内市场与世界市场融合和深入发展奠定了基础。2013年后加大和深化对外开放,为国内外市场深化融合提供了条件。

2. 以促会、洽会和商会为枢纽

为打破西方国家对中国的封锁禁运,1952年成立了中国国际贸易促进委员会。它遵循中华人民共和国的法律和政府的政策,促进中国同世界各国、各地区之间的贸易和经济关系的发展。1986年它以国家名义申请加入国际商会。1994年获得通过并组建国际商会中国国家委员会(中国国际商会),进一步发展与世界各国的经贸关系。

从1988年开始成立进出口七大商会,为会员及其他组织提供咨询服务,发展相关贸易。

1997年开始,每年秋季在厦门举办"中国国际投资贸易洽谈会"(简称投洽会)促进中外双向投资。

2018年开始,举办中国进口博览会,扩大市场开放。

此外,加强和提升广交会。迄今为止已连续举办了118届广交会。它已成为中国历史最长、层次最高、规模最大、商品种类齐全、会客商最多、国别范围最广、成交效果最好的综合性国际贸易盛会,被誉为"世界最大的展览会"。

3. 加强商务外交活动

国家高层领导人出访时,经贸企业人士组团随访,扩大商机,加强贸易问题磋商;通过对外援助带动贸易发展和扩大市场;重视驻外事务部门市场调研、提供信息和协助贸易谈判等。

4. 实施对外贸易发展战略

中国根据不同时期经贸发展的需要,制定相应的对外经贸发展战略,均获得良好的效应。

1) 市场多元化战略

改革开放初期,贸易对象主要集中在少数发达国家和中国香港。为争取更大发展,保证中国对外贸易的长期持续、稳定和快速发展,1990年中国正式提出"市场多元化"战略。即在巩固和扩大发达国家市场的同时,加快开拓发展中国家、原苏东国家特别是周边国家的市场。为此,采取的措施有：在适当地区设立贸易中心,到海外市场办加工装配企业,支持对外经贸公司开展贸易,不放松对已有市场的开拓。

2) 以质取胜战略

为加快贸易发展,一些企业忽视质量,盲目扩大出口数量,假冒伪劣商品层出,导致出口量增价下跌,信誉受损,效益下降。为纠正这种不良状况,1991年中国提出并实施"以质取胜"战略,即完善法制和标准,打击制售假冒伪劣产品、扶植优质产品,进行质量监督、加强协调服务、推行国际标准,提高出口商品质量和综合效益。为此,建立和健全出口生产质量许可制度,加强出口商品质量检验,重视"重合同、守信用",制定改革标准和管理体制,推动出口商品名牌建设。

3)"大经贸"战略

在外经贸领域拓宽、贸易规模扩大、经营主体多元化背景下,加强协作愈益重要。为此,1994年实施"大经贸"战略,即鼓励各类企业参与外经贸活动,推动货物、服务和技术贸易的协调发展,加强外经贸主管部门的协作配合,构建各方面发展外经贸的合力,促进贸易与产业的结合,提高综合竞争力。

4)"科技兴贸"战略

20世纪90年代以后,经济全球化深入,科技革命加速,知识经济、高新技术成为国际经贸竞争力的核心。为应对这些挑战,1999年实施"科技兴贸"战略,即在高新技术领域培育一批基础条件好、国际竞争力强、附加值高、有自主知识产权的高新技术企业和产品;以高新技术改造传统出口产业,提高其出口产品的技术含量和附加值;构建"科技兴贸"的措施体系,调动各方面推进该战略的积极性。该战略实施后,高新技术产品出口在制成品中的比重不断提升,推动国内产业结构的升级,提高参与国际分工的深度。

5)"走出去"战略

为稳定外贸的高速发展,进一步拓展世界市场,满足不断增加的对国外战略资源的需求,2000年实施中国企业"走出去"战略。即把外资"引进来"与中资"走出去"并举,鼓励和支持优势企业扩大对外投资,开展跨国经营,发展境外加工贸易、进行境外资源开发、扩大对外承包工程和对外劳务合作、培育中国的跨国公司。该战略实施后,中国优势企业境外投资活动增多,扩大资源供应,推动中国的出口贸易发展,中国跨国公司逐步建立。

6)"互利共赢"战略

进入21世纪后,中国经贸高速发展,经贸地位大大提高,国际作用加大,要求中国加大对国内市场和国际市场的统筹与相互作用,求得共同发展。为此,2005年实施"互利共赢"战略。其要点是:拓展对外开放的广度和深度;既通过对外开放实现自身发展,又通过自身发展促进相互贸易国家和世界的共同发展,给中国人民带来福祉的同时,也为国际社会提供实惠。为此采取的主要措施包括:树立全球性的开放意识,支持国际贸易和金融体制的改革与完善,与发达国家构建新的国家关系,帮助发展中国家增强自主发展能力,积极开展区域合作,推动经济全球化朝向均衡、普惠、共赢方向发展。

随着"互利共赢"战略的实施,中国与世界市场进行深度融合;加工贸易转型升级加速,逐步形成以技术、品牌、质量和服务为核心的出口竞争新优势;推动引资、引技和引智有机结合;加快"走出去"步伐,企业国际化经营力增强;推动双边与多边互联互通,对世界经济贸易贡献率提高;共同缓解了2008年的国际金融危机,抵制和抑制贸易保护主义的泛滥;中国国际地位得到提高和加强。

5. 通过出口信贷、退税等扩大贸易

根据国际普遍做法,中国对出口采取了金融信贷等促进贸易的措施。

中国1980年开办出口卖方信贷(export credit)业务。1985年3月,中国政府批准颁布《关于对进出口产品征、退产品税或增值税的规定》,同年4月1日施行。

1994年设立中国进出口银行,从事出口信贷业务,其中包括出口卖方信贷和出口买方信贷。

1992年,中国银行推出国际保理(international factoring),并参加国际保理联合会(Factors on Chain International,FCI),按其发布的《国际保理管理规则》开展业务。

1989年,国家责成原中国人民保险公司负责办理出口信用保险业务。1994年中国进出口银行成立后,与原中国人民保险公司共同办理此项业务。2001年10月在此基础上组建中国出口信用保险公司,专门从事此项业务。

6. 重视加工贸易

加工贸易是指经营企业进口全部或者部分原辅材料、零部件、元器件、包装物料,经加工或者装配后,将制成品复出口的经营活动,包括来料加工和进料加工。

加工贸易产生于20世纪70年代末,时值"文化大革命"结束,经济百废待兴。一方面国家急需外汇,扩大出口,但缺少出口货源;另一方面,工厂设备大量闲置,工人失业,缺少生产产品的原材料。与此同时,境外企业生产成本提高,纷纷寻找降低成本的出路和途径。1978年8月,广东珠海毛织厂与港商签订第一份毛纺织品来料加工协议,加工贸易应运而生。

加工贸易把中国闲置工厂和大量待业劳动力与国外企业转移的需求和销售市场结合起来,发展迅速,成为中国贸易的重要方式。加工贸易在中国进出口中的比重从1987年的23.21%提升到1995年的47.0%。

加工贸易对中国进入和融入世界市场起了六大作用:第一,吸引几亿中国沿海和内地农村劳动力参与国际市场生产。第二,解决了中国沿海企业与内地企业争原材料、争市场的问题,为沿海企业拓展了国际市场。第三,通过进口原材料、技术设备,引入外资,缓解了国内资金、资源和技术瓶颈,加快了中国工业化和现代化的进程。第四,为中国搭建平台,加快国际产业向中国的转移,加速中国轻纺产业和部分机电产业对国际分工的参与。第五,增加了国家外汇、国家和地方的财税收入,扩大了国内市场。第六,为中国产业结构优化带来动力,激发竞争的活力。

随着中国对外贸易的扩大和参与国际分工的深化,加工贸易在中国进出口贸易中的比重逐步下降,2018年为27.5%。

7. 助推电子商务和数字贸易

电子商务可以把中国传统对外贸易流程电子化、数字化突破时空限制,能有效地降低成本,把握世界市场动向,创造更多商机,增强抗风险能力,加大开拓国际市场的能力。

中国政府从20世纪末开始,陆续出台《国家信息化发展战略纲要》《商务部关于利用电子商务平台开展对外贸易的若干意见》《电子商务"十三五"发展规划》等一系列文件;加大对大数据、云计算、人工智能等相关科学技术发展的支持力度,鼓励数字科技企业的成长,并引导数字技术与贸易进行深度融合,为数字贸易的发展创造了良好条件。据海关统计,2015年到2017年,通过海关跨境电子商务管理平台零售进出口总额年均增长50%以上。2017年达到902.4亿人民币,同比增长80.6%。与此同时,数字产品与服务贸易也呈现高速增长的态势。商务部数据显示,2017年新兴服务出口7 328.4亿美元,增长11.5%;进口为7 271.7亿美元,增长10.6%。

8. 主动扩大对外开放与合作

（1）开发地区从沿海到内地到沿边到整体。

（2）在产业上，从货物到服务到文化。

（3）扩大对外投资，加深与东道国的市场融合。

（4）通过"一带一路"扩大和加强与沿线国家市场融合。

（5）通过自贸实验区和进口博览会扩大国内市场开放。

第四节 中国与国际经贸条约、区域合作和经贸组织

为了促进和维护第二次世界大战后国家之间、世界经贸的发展和运行，在发达国家推动下，世界各国缔结了众多的国际贸易条约，建立了贸易金融组织，构成国际经贸体制。中华人民共和国成立到20世纪60年代末期，受到国内外环境的限制，中国一直置身于外。中国进入联合国后，开始与它们接触。改革开放以后，中国主动加入和参与国际经贸条约和经贸组织。

一、中国参与的国际经贸条约

（一）投资保护和避免双重征税协定

为使来华投资和中国对外投资权益得到保护，中国与128个国家和地区签订了130个投资保护协定，与82个国家签订了避免双重征税协定。前者内容包括：受保护的投资财产种类；对外国投资者的投资及与投资有关的业务活动给予公平合理的待遇；对外国财产的征收、国有化措施及其补偿；投资及其收益的回收；投资争端解决等。后者内容主要包括：对外国公司和个人在华从事生产经营的税务管理；国内企业和个人到境外从事跨国生产经营的税务处理；国际海运和空运、国家间科技文化交流、文体表演以及退休金、养老金等问题税务处理的规定等。

（二）知识产权公约、协定与议定书

中国于1980年加入世界知识产权组织。此后，中国加入的知识产权公约有：保护工业产权的巴黎公约、商标国际注册马德里协定、商标国际注册马德里协定有关议定书、保护文学和艺术作品伯尔尼公约、世界版权公约、保护录音制品制作者防止未经许可复制其录音制品公约、专利合作条约、商标注册用商品和服务国际分类尼斯协定、国际承认用于专利程序的微生物保存布达佩斯条约、国际专利分类斯特拉斯堡协定、世界知识产权组织版权公约、世界知识产权组织表演和录音制品条约等。

（三）国际金融公约

1980年开始，中国相继加入国际货币基金组织、国际复兴与开发银行和亚洲开发银行等主要国际金融组织，并签署了一系列国际金融公约。2007年加入金融特别行动组（Financial Action Force，FATA），中国签署和批准了在反洗钱和反恐怖融资领域的一系列重要国际文件，如《制止向恐怖主义提供资助的国际公约》。

（四）国际环境保护公约

为保护影响国际贸易发展的生态环境，中国缔结或参加了一系列环境保护公约、议定书和双边协定。诸如气候变化框架公约、保护臭氧层维也纳公约；生物多样性公约、濒危野生动植物种国际贸易公约、东南亚及太平洋区植物保护协定、国际热带木材协定；控制危险废料越境转移及其处置的巴塞尔公约、防止因倾倒废物及其他物质而引起的海洋污染的公约；联合国海洋法公约；中国与日本、美国、加拿大、印度、俄罗斯等国签署的有关环境保护的协定等。

（五）国际海关公约

为加强海关在促进贸易便利化的作用，对外开放以后，中国相继签署和加入国际海关关税则出版联盟公约、建立海关合作理事会公约、商品名称及编码协调制度的国际公约；此外，还缔结了一般国际法、海事、电讯等领域的国际公约，承认并采用许多国际通用的贸易惯例、规则或示范法等。

二、中国参加的区域合作

中国改革开放以后，重视参与区域经济合作。中国参与的区域经济合作主要有三种类型。

（一）论坛性质的区域经济合作

诸如亚太经济合作组织（APEC）、亚欧会议（ASEM）、非洲高层论坛、博鳌亚洲论坛等。

（二）构建"经济圈"

中国与周边国家和地区开展次区域经济合作并构建"经济圈"。诸如以大湄公河次区域经济合作为主要内容的"大湄公河经济圈"，以图们江次区域经济合作为主要内容的"图们江经济圈"，以俄罗斯和中国位于东北亚的省区与日、韩、蒙国家之间，围绕区位优势互补及能源和资源开发利用等为主要内容的"东北亚经济圈"，以及以中国位于东南亚的省区与东盟国家之间，围绕北部湾开发利用等为主要内容的"泛北部湾经济圈"等。

（三）参与机制性的区域经济合作组织

按照成员国和地区主权由低到高的让渡程度，机制性的区域经济合作组织可分为贸易优惠安排、自由贸易区、关税同盟、共同市场、经济同盟和完全经济一体化。中国参与的机制性区域经济组织主要有曼谷协定，中国-东盟自由贸易区，内地与中国香港、中国澳门《关于建立更紧密经贸关系的安排》（CEPA），海峡两岸《经济合作框架协议》（ECFA）。

此外，中国还与新加坡、巴基斯坦、智利、秘鲁、哥斯达黎加、新西兰、瑞士等签署了14个自由贸易协定。

三、中国与世界金融组织

（一）世界银行集团

世界银行集团是全球最大的多边开发机构，其宗旨是帮助发展中国家消除贫困、促进可持续发展,其总部设在美国首都华盛顿。它包括5个成员组织:国际复兴与开发银行(International Bank for Reconstruction and Development, IBRD)、国际开发协会(IDA)、国际金融公司(IFC)、多边投资担保机构(MIGA)和解决投资争端国际中心(ICSID)。其中国际复兴与开发银行(通称世界银行)是最重要的成员。

世界银行根据布雷顿森林会议决定,于1945年12月27日成立,1946年6月25日开始办理业务,1947年11月成为联合国专门机构。其成员必须是国际货币基金组织的成员国。总部设在美国华盛顿。截至2019年5月,世界银行有189个成员。

其宗旨是:通过对生产事业的投资,协助成员国的复兴与建设,恢复被战争破坏的经济,使战时经济平稳地过渡到和平时期经济;通过担保或参加私人贷款及其他私人投资的方式,促进外国私人投资。当成员国不能在合理条件下获得私人资本时,可运用该自有资本或筹集的资金来补充私人投资的不足;鼓励国际投资,协助成员国提高生产能力,促进成员国国际贸易的平衡发展和国际收支状况的改善。世界银行资金首先来源于成员国缴纳的股金,在国际市场上发行债券。

世界银行的主要业务是对成员国政府或经政府担保的私人企业提供贷款和技术援助。还对成员国的一些教育、工业、小型企业、城市建设、旅游、人口保健等也发放了一些贷款。此外办理其他一些业务,如向成员国提供技术援助,同商业银行一起对世界银行所批准的成员国的一些大型项目发放联合贷款。

世界银行的最高权力机构是理事会,由每一成员国委派理事和副理事组成。理事和副理事通常由成员国财政部部长或中央银行行长等高级官员担任。其主要职责是批准接纳新成员,增加或减少银行资本,取消成员国资格,决定银行净收入的分配及其他重大问题。

成员国在理事会的股权同其认缴的股本成正比例。成员国有250票基本投票权,然后按其认购的股本,每股增加一票。美国认购的股份最多,有投票权226 718票,占总投票数的17.31%。世界银行的常设机构是执行董事会,在理事会闭会期间,办理该行的日常事务。行长由执行理事会选举产生,并兼任执行董事会主席,连选可以连任。

截至2010年6月30日,认缴股本约1 899.43亿美元,对全球共承诺贷款约5 236亿美元。IBRD执行董事会由26名执行董事组成,其中6名由掌握股权最多的国家美国、日本、中国、德国、法国、英国直接委派,不参加选举。其余20名执行董事由其他成员国的理事按地区组成20个选区,每两年选举一次,其中沙特阿拉伯、俄罗斯为单独选举。

中国是世界银行的创始国之一。中华人民共和国成立后,中国在世界银行的席位长期为台湾当局占据。1980年5月15日,中国在世界银行及其所属机构国际开发协会和国际金融公司的合法席位得到恢复。中国认购的股金为42.2亿美元,有投票权35 221票,占总投票数的2.71%。2010年投票权改革以后,中国在世界银行的投票权从2.71%提高到4.42%,成为世界银行仅次于美国(15.85%)、日本(6.84%)的第三大股东国。

从1981年开始,中国向IBRD借款,该行提供的期限较长的贷款,推动了中国交通运输、行业改造、能源、农业等国家重点建设以及金融、文卫环保等事业的发展;同时该行的培训机构为中国培训了大批了解该行业务、熟悉专业知识的管理人才。截止到2013年12月31日,该行对中国的贷款总承诺额累计近530亿美元,共支持了368个项目。

中国一直与世界银行集团在项目中长期贷款、知识领域和国际发展三个方面保持良好的合作关系。

2008年5月,林毅夫教授被正式任命为世界银行首席经济学家,任期4年。

(二)国际货币基金组织

国际货币基金组织(International Monetary Fund,IMF)是政府间国际金融组织,于1945年12月27日成立,1947年11月15日成为联合国专门机构。截至2019年5月,共有189个成员,总部设在华盛顿。

其宗旨为:通过一个常设机构来促进国际货币合作,为国际货币问题的磋商和协作提供方法;通过国际贸易的扩大和平衡发展,把促进和保持成员的就业、生产资源的发展、实际收入的高水平,作为经济发展的首要目标;促进汇价的稳定,在成员之间保持有秩序的汇价安排,避免竞争性的汇价贬值;协助成员建立经常性的交易的多边支付制度,消除妨碍世界贸易发展的外汇管制;在有适当保证的条件下,基金组织向成员临时提供普通资金,使其有信心利用此机会纠正国际收支的失调,而不采取危害本国(地区)或国际繁荣的措施;按照以上目的,缩短成员国际收支不平衡的时间,减轻不平衡的程度。

基金组织资金主要来自成员缴纳的份额、基金组织创设的特别提款权、基金组织的借款、成员的捐款和基金组织的经营收入。参加基金组织的成员都要认缴一定的份额,其份额根据其国民收入、黄金和外汇储备、进出口贸易以及其他经济指标决定。份额多少决定成员投票权的多少、能取得贷款的额度和分得特别提款权的数目。份额计算单位原为美元,1970年改为特别提款权。2011年1月1日,主要国家货币在特别提款权中的比例为:美元41.9%,欧元37.4%,日元9.4%,英镑11.3%。

组织机构由理事会、执行董事会、总裁、临时委员会、发展委员会、办事机构组成。理事会是最高权力机构,由每个成员指派一名理事和一名副理事组成。执行董事会是处理日常业务的机构,行使理事会委托的一切权力。总裁由执行董事会任免,既是执行董事会主席,又是基金组织工作人员的首脑,在执行董事会的指示下处理基金组织的日常工作。办事机构由5个地区和12个职能部门组成。在联合国、日内瓦和纽约等地设有办事处。

基金组织的业务活动主要是向成员提供贷款、促进国际货币合作、研究国际货币制度改革问题、研究扩大基金组织的作用、提供技术援助和加强同其他国际机构的联系。

基金组织成员的投票权按各自拥有的份额决定。每一成员都有相同的250票基本投票权,再按各自成员的份额每10万特别提款权增加一票,两者相加为该成员的投票权总数。美国拥有的投票权最多,占总投票权的17.69%。

中国是国际货币基金组织的创始成员之一,但中国的代表席位曾长期被中国台湾占据。1950年、1973年、1979年中国外交部多次要求恢复中国的合法席位,1980年4月17日得到恢复。中国在当时该基金组织中的份额为80.901亿特别提款权,占总份额的4%。2010年11月改革后,中国份额从4%升至6.39%。

中国于1981年和1986年从IMF借入7.95亿SDRs(约合8.8亿美元)和5.98亿SDRs(约合7.3亿美元)的贷款,用于弥补国际收支逆差,支持经济结构的调整和经济体制的改革。到20世纪90年代初,两笔贷款已全部提前归还。此后,随着经济实力的不断增强和宏观经济管理水平的提高,中国没有再向IMF提出借款要求,并已逐渐成为净债权国。

IMF每年出版的《世界经济展望》和《国际资本市场》,对中国经济进行分析和预测。它还向中国提供一系列技术援助,为20世纪80年代的中央银行体制改革,90年代以来相继实施的财税体制改革、外汇管理体制改革、人民币经常项目可兑换等重大改革措施提供了有益的咨询;还为改善中国货币政策与财政政策的制定与操作、修改和完善银行法规及会计与审计制度、加强金融监管以及发展金融市场工具等作出了贡献。在IMF援助下,中国建立了符合国际标准的货币银行统计和国际收支统计体系,改进了国民账户统计,建立了外债监测体系。IMF还为中国政府机构的有关人员提供了大量的培训。

四、中国与世界贸易组织

(一)中国与世界贸易组织渊源与加入

世界贸易组织前身是关税与贸易总协定。

中国是GATT原始缔约方之一。1948年4月21日当时中国政府签署GATT《临时适用议定书》,自1948年5月21日起,中国成为GATT第23个缔约方。

台湾当局1950年5月5日退出GATT。1965年1月21日,台湾当局又提出作为GATT观察员资格的申请,在美国的坚持下,该申请得到通过,台湾成为关贸总协定观察员。1971年10月25日,联合国大会通过2758号决议,恢复中华人民共和国在联合国的合法席位。根据该决议,1971年底,GATT取消了台湾当局的GATT观察员资格。

1971年11月18日,国务院总理周恩来批示中国外贸部和外交部,要求就此问题研究对策。鉴于当时的国内外条件,中国政府决定"暂缓参加"。但开始与GATT接触。

1986年7月10日,中国正式提出"复关"申请并开始进行谈判。1994年谈判未果,中国未能成为1995年建立的取代关贸总协定的WTO的创始成员。此后,中国从"复关"谈判转为加入WTO谈判。2001年11月10日,WTO第四届部长级会议审议通过关于中国加入WTO的决定,11月11日,中国政府代表签署中国加入议定书,并提交经全国人大批准、由国家主席签署的批准书。2001年12月11日,中国成为世贸组织第143个成员。依据《中华人民共和国加入世贸组织议定书》和《中国加入世贸组织工作组报告书》两个法律文件,中国可以享受相应权利,也要履行相关义务和承诺。

(二)基本权利、义务与承诺

1. 基本权利

(1)全面参与多边贸易体制。其中包括:全面参与WTO各理事会和委员会的所有正式和非正式会议;全面参与贸易政策审议;运用WTO争端解决机制解决双边贸易争端;全面参与新一轮多边贸易谈判,参与制定多边贸易规则;与申请加入方进行双边谈判等。

(2)享受非歧视待遇。充分享受多边无条件的最惠国待遇和国民待遇,入世前双边贸易中受到的一些不公正的待遇将会被取消或逐步取消。美国、欧盟等在反倾销问题上对中国使用的"替代国价格"条款将在入世15年之日取消。

(3)享受发展中国家大部分权利。对农业提供占农业生产总值8.5%"黄箱补贴"的权利;在保障措施方面享受10年保障措施使用期、在补贴方面享受发展中国家的微量允许标准;在争端解决中,有权要求WTO秘书处提供法律援助;在采用技术性贸易壁垒国际标准方面,拥有一定的灵活性等。

（4）获得市场开放和法规修改的过渡期。在放开贸易权的问题上,享有3年的过渡期;关税减让的实施期最长可到2008年;逐步取消400多项产品的数量限制,最迟可在2005年1月1日取消;服务贸易的市场开放在加入后1～6年内逐步实施;在纠正一些与国民待遇不相符的措施方面,包括针对进口药品、酒类和化学品等的规定,将保留1年的过渡期;对于进口香烟实施特殊许可证方面,中国将有2年的过渡期修改相关法规,以实行国民待遇。

（5）保留国营贸易体制。对粮食、棉花、植物油、食糖、原油、成品油、化肥和烟草8种关系国计民生的大宗产品的进口实行国营贸易管理;对茶、大米、玉米、大豆、钨及钨制品、煤炭、原油、成品油、丝、棉花等的出口实行国营贸易管理。

（6）维持国家定价。对重要产品及服务实行政府定价和政府指导价。其中包括：粮食、植物油、成品油、化肥、蚕茧、棉花、烟草、食盐、药品、民用煤气、自来水、电力、热力、灌溉用水、邮电、旅游景点门票、教育、运输、医疗、专业等服务。

（7）对资源性产品征收出口税。这些资源性产品为鳗鱼苗、铅、锌、锑、锰铁、铬铁、铜、镍等共84个税号的资源性产品。

（8）对进出口商品进行法定检验。

（9）逐步开放服务贸易领域并进行管理和审批。

2．基本义务

1）遵守非歧视原则

在进口货物、关税、国内税等方面,给予外国产品的待遇不低于给予国产同类产品的待遇,并对目前仍在实施的与其不符的做法和政策进行必要的修改与调整。

2）统一实施贸易政策

在整个中国关境内,包括民族自治地方、经济特区、沿海开放城市以及经济技术开发区等统一实施贸易政策。WTO成员的个人和企业可以就贸易政策未统一实施的情况提请中国政府,如情况属实,主管机关将依据中国法律迅速予以处理。

3）确保贸易政策的透明度

公布所有涉外经贸法律和部门规章,未经公布的不予执行。为此设立"WTO咨询点",代表中国政府回答成员咨询,对企业和个人提供准确、可靠的贸易政策信息。在对外经贸法规实施前,先提供草案征询意见。

4）为当事人提供司法审议的机会

在与中国行政诉讼法不冲突的情况下,就有关法律、法规、司法决定和行政决定方面,为当事人提供司法审查的机会。

5）逐步放开外贸经营权

在入世3年内取消外贸经营审批权,已享有部分进出口权的外资企业将逐步享有完全的贸易权。该贸易权仅指货物贸易方面进口和出口的权利,不包括在国内市场的销售权。

6) 逐步取消非关税措施

2005年1月1日之前取消400多项产品实施的非关税措施，此后除非符合WTO规定，否则不再增加新的非关税措施。

7) 取消禁止的出口补贴

依照WTO《补贴与反补贴措施协议》的规定，取消协议禁止的出口补贴，向WTO通报协议允许的其他补贴项目。

8) 实施《与贸易有关的投资措施协议》

取消贸易和外汇平衡、当地含量、技术转让等与贸易有关的投资措施要求。在法规中不强制规定出口实绩要求和技术转让要求。

9) 以折中方式处理反倾销、反补贴条款的可比价格

入世15年内，在采取可比价格时，如中国企业能明确证明该产品是在市场经济条件下生产的，可以该产品的国内价格作为依据；否则，将以替代价格作为可比价格。

10) 接受特殊保障条款

入世12年内，如中国出口产品激增对WTO成员国内市场造成市场紊乱，双方应磋商解决，在磋商中，双方一致认为应采取必要行动时，中国应采取补救行动。如磋商未果，该WTO成员只能在补救冲击所必需的范围内，对中方撤销减让或限制进口。

11) 接受过渡性审议

入世8年内，WTO相关委员会将对中国履行WTO义务和实施入世谈判所作承诺的情况进行年度审议。

3．基本承诺

1) 逐步降低关税

中国关税总水平从2002年12%，下降至2005年10%左右。

2) 逐步开放服务市场

开放服务市场主要承诺如下。

(1) 电信。逐步允许外资进入，但在增值和寻呼方面，外方最终股比不超过50%，且没有管理控制权；在基础电信中的固定电话和移动电话服务方面，外方最终股比不得超过49%。

(2) 银行。入世2年后允许外资银行在已开放的城市内向中国企业提供本币服务，加入5年后允许其向所有中国个人提供本币服务。

(3) 保险。允许外资进入寿险，但外资股比不超过50%，没有管理控制权；3年内逐步放开地域限制。

(4) 证券。A股和B股不合并，不开放A股市场（资本市场），但允许成立合资公司。

(5) 音像。开放录音和音像制品的分销，但不包括出版和制作；音像领域只允许根据中国的法律规定设立中外合作企业；音像制品的输入和分销必须按中国国内法律法规进行审查。

(6) 电影。入世后每年允许进口20部电影。

（三）中国对入世文件的恪守与践行

1. 中国政府高度重视和支持WTO

中国加入WTO后，一直坚决支持以WTO为组织和法律基础的多边贸易体制。2013年，中国国家主席习近平在俄罗斯圣彼得堡会见WTO总干事阿泽维多时强调：以WTO为核心的多边贸易体制是贸易自由化便利化的基础，是任何区域贸易安排都无法替代的。一个开放、公正、透明的多边贸易体制，符合世界各国共同利益，中国是多边贸易体制坚定的支持者，将一如既往做负责任的WTO成员，积极参与多边贸易体制建设。

2. 清理、修改和新建法规，形成新的贸易体制

入世后，全国人大和中央政府共制定、颁布、修订或废除的法律规章有2 300多件，19万多件地方性法规、规章和政策文件。还相继修订贸易法、进出口商品检验法、专利法、商标法、中外合资经营企业法、反倾销条例、反垄断法等。确保中国贸易制度与WTO规则的一致性，形成中国对外经济贸易新体制。

3. 按期或提前履行承诺的义务

中国不但履行了服务市场准入方面全部加入承诺，而且超越了承诺规定的义务。服务业开放领域达到104个，开放度达到62.5%，接近美国、欧盟和日本3个发达成员平均开放度（70.21%）的水平。

4. 加强知识产权保护制度

通过修订反不正当竞争法、专利法、著作权法等法规，逐步建立起比较完备的保护知识产权法律体系。最高人民法院出台《最高人民法院关于审理侵害专利权纠纷案件应用法律若干问题的解释（二）》等与知识产权保护相关的司法解释。2014年在北京、上海、广州设立3个知识产权法院。

5. 不断提高经贸法规透明度

2015年3月修订《中华人民共和国立法法》，明确立法公开的原则；商务部每年编发80期《中国对外经济贸易文告》；认真履行通报的义务，仅2014—2015年，中国就向WTO通报TBT措施160项、SPS措施406项。通报总数居WTO成员前列。

6. 通过争端解决机制处理贸易纠纷

入世后，中国积极进行投诉和应诉的同时，还主动发起214起贸易救济调查。中国作为申诉方，在WTO争端解决机制起诉的案件已达10余起，均获得胜利；同时接受并执行WTO裁决。

7. 积极参与贸易政策审议

到2018年，中国已接受7次贸易政策审议。与此同时，中国也积极参与对WTO主要成员美国、欧盟、日本和新兴经济体的政策审议。

8. 在日内瓦设立驻WTO大使馆

中国在日内瓦WTO总部设立中国大使馆，负责处理中国与WTO的事务。

9. 积极参与WTO活动

中国一直积极参与历届部长级会议，推动多哈回合谈判与改革，支持WTO反对贸易保护主义，推动《信息技术协议》和《贸易便利化协定》等的达成。

前WTO总干事帕斯思卡尔·拉米对中国履行入世义务和承诺的表现，给出"A+"

的评价。

（四）中国入世后红利与规则挑战

1. 红利

（1）对 WTO 规则认识和运用能力提高。

（2）成为 WTO 核心成员,参与规则制定话语权加大。

（3）跃升为货物和服务贸易大国。

（4）成为利用外资和对外投资大国。

（5）成为外汇储备大国,人民币"入篮"。

（6）成为第二大世界经济体,对世界经济贡献加大。

（7）人民福祉提高,国民和企业家素质不断提升。

（8）国际视野拓宽,参与全球治理。

（9）为深化改革开放提供物质、精神和人才奠定基础。

2. WTO 规则对中国的挑战

（1）从对 WTO 规则接受、熟悉和运用转向运用 WTO 规则的谋略和构建新规则的引领。

（2）从 WTO 规则的静态化转向 WTO 规则修订、拓展和规则制定上的较量和影响力的落实。

（3）在 WTO 规则运用涉及对象上,从与部分 WTO 成员的交往转向与 WTO 多数成员的互动上。

（4）在 WTO 规则领域的运用上,从货物贸易规则向服务贸易和与贸易有关的知识产权协定的全面延伸。

（5）从以关境为节点的 WTO 第一代规则转向关境后第二代规则兴起的认知与掌握。

（6）入世后,中国与 WTO 成员的双向传递加大,中国在接受世界正传递的同时,如何抑制和化解经济政治发展不平衡加重的负传递。

（7）面临成员因非经济因素导致滥用 WTO 规则的增多和加重,通过 WTO 争端解决机制维权将成为常态化。

（8）WTO 多哈回合的未果,世界经贸发展的不平衡,导致区域贸易协定的兴起。其中,有些区域贸易协定中规则的范围和尺度超出了 WTO 已有的规则。在理解、包容和接受这些协定上,对中国构成了挑战和压力。

（9）在 WTO 规则改革的建议中,美、欧、日已把规则改革的矛头指向中国。

本 章 小 结

（1）中华人民共和国成立后,通过计划经济体制确立、国家垄断对外贸易与社会主义改造,确立了独立自主的对外贸易体制,以恢复和发展中国的经济。改革开放前,中国对外贸易有所发展,改革开放以后,中国对外贸易取得高速发展,对中国经济和世界经济的发展起到了促进作用。

（2）依据中国不同的经济发展阶段和国际环境的变化，中国相继实行了国家管制贸易保护政策、部分开放型贸易政策和全部开放型贸易政策，确立社会主义特色自由贸易政策。这些贸易政策促进了该经济发展阶段的贸易与经济发展，有助于中国整体经济体系的建立与竞争力的提高。

（3）为了实现国家贸易和经济的发展目标，中国设立了对外贸易的管理机构，构建了贸易法规，对货物贸易、服务贸易和技术产品贸易都设立了相应的管理措施。

（4）国际分工是中国与世界各国发展对外贸易的基础，随着中国自主贸易体制的建立、贸易政策的适时变化，中国参与国际分工的形式日益多样化，在国际分工的地位不断提高。世界市场是中国产品进行世界购销的场所，中国政府和企业通过各种途径进入和开拓世界市场，成为世界市场的重要成员。

（5）国际经贸规则和世界经贸组织有助于维系国际贸易关系，对国际经贸环境有重大影响。为使中国贸易环境得到改善，中国接受了国际经贸规则，参与地区和世界性的金融和贸易组织。

思 考 题

1. 中华人民共和国对外贸易是如何建立的？
2. 中华人民共和国成立到改革开放以后，中国对外贸易取得哪些成就？
3. 改革开放前后，中国对外贸易政策发生什么样的重大变化？
4. 改革开放前后，中国如何参与和构建国际分工？
5. 改革开放前后，中国如何进入、开拓和融入世界市场？
6. 中国在WTO享受什么权利？应尽何种义务？
7. 中国入世后的红利与挑战是什么？

习 题

参 考 文 献

[1] MARKUSEN J R. International trade:theory and evidence[M]. New York:McGraw-Hill,1995.
[2] GANDOLFO. International trade theory and policy[M]. Berlin:Springer-Verlag,1998.
[3] Hugill P J. World trade since 1431:geography, technology and capitalism[M]. Harrisonburg:Jones Hopkins University Press,1993.
[4] WTO. Annual Report. World trade statistics[R/OL]. http://www.wto.org
[5] UNCTAD. Handbook of statistics[R/OL]. http://unctad.org
[6] 姚曾荫.国际贸易概论[M].北京:人民出版社,1987.
[7] 薛荣久.国际贸易[M].5版.北京:对外经济贸易大学出版社,2008.
[8] 薛荣久.国际经贸理论通鉴(六卷七册)[M].北京:对外经济贸易大学出版社,2005—2013.
[9] 薛荣久.马克思主义国际经贸理论探究[M].北京:中国商务出版社,2013.
[10] 陈德铭.中国特色商务发展道路[M].北京:中国商务出版社,2008.
[11] 傅自应.中国对外贸易三十年[M].北京:中国财政经济出版社,2008.
[12] 对外贸易经济合作部世界贸易组织司.中国加入世界贸易组织法律文件[M].北京:法律出版社,2002.
[13] 石广生.中国加入世界贸易组织知识读本[M].北京:人民出版社,2001.
[14] 石广生.中国对外经济贸易改革和发展史[M].北京:人民出版社,2013.
[15] 李宗.当代资本主义阶段性发展与世界巨变[M].北京:社会科学文献出版社,2013.
[16] 斯图尔特·沃尔,等.国际商务[M].赵玉焕,等译.3版.北京:电子工业出版社,2013.
[17] 约瑟夫·E.斯蒂格利茨,安德鲁·查尔顿.国际间的权衡交易:贸易如何促进发展[M].沈小寅,译.北京:中国人民大学出版社,2013.
[18] 赫尔普曼.理解全球贸易[M].田丰,译.北京:中国人民大学出版社,2012.
[19] 贾格迪什·巴格沃蒂.贸易保护主义[M].王世华,常蕊,郑葵方,译.北京:中国人民大学出版社,2013.
[20] 榊原英资.吃遍世界看经济[M].张俊红,译.北京:中信出版社,2010.

教师服务

感谢您选用清华大学出版社的教材!为了更好地服务教学,我们为授课教师提供本书的教学辅助资源,以及本学科重点教材信息。请您扫码获取。

》教辅获取

本书教辅资源,授课教师扫码获取

》样书赠送

国际经济与贸易类重点教材,教师扫码获取样书

清华大学出版社

E-mail: tupfuwu@163.com
电话: 010-83470332 / 83470142
地址: 北京市海淀区双清路学研大厦 B 座 509

网址: http://www.tup.com.cn/
传真: 8610-83470107
邮编: 100084